모두를 위한
양자 컴퓨터

모두를 위한 양자 컴퓨터
누구나 쉽게 이해하는 양자 컴퓨터 원리부터 활용까지

초판 1쇄 발행 2025년 1월 20일
초판 2쇄 발행 2025년 3월 31일

지은이 윌리엄 헐리, 플로이드 스미스 / **옮긴이** 류정원 / **감수자** 허준 / **펴낸이** 전태호
펴낸곳 한빛미디어(주) / **주소** 서울시 서대문구 연희로2길 62 한빛미디어(주) IT출판2부
전화 02-325-5544 / **팩스** 02-336-7124
등록 1999년 6월 24일 제25100-2017-000058호 / **ISBN** 979-11-6921-337-0   03420

책임편집 박지영 / **기획 · 편집** 안정민 / **진행** 안정민
베타리더 김호영, 이영준, 전준규, 전현준, 정현석, 조원양, 한정윤 / **디자인** 표지 · 내지 박정우 / **전산편집** 도담북스
영업마케팅 송경석, 김형진, 장경환, 조유미, 한종진, 이행은, 김선아, 고광일, 성화정, 김한솔 / **제작** 박성우, 김정우

이 책에 대한 의견이나 오탈자 및 잘못된 내용은 출판사 홈페이지나 아래 이메일로 알려주십시오.
파본은 구매처에서 교환하실 수 있습니다. 책값은 뒤표지에 표시되어 있습니다.
한빛미디어 홈페이지 www.hanbit.co.kr / 이메일 ask@hanbit.co.kr

Quantum Computing For Dummies
Copyright © 2023 by John Wiley & Sons, Inc., Hoboken, New Jersey
All rights reserved. This translation published under license with the original publisher John Wiley & Sons, Inc. through Danny Hong Agency, Korea.
Korean edition copyright © 2025 by Hanbit Media, Inc.

이 책의 한국어판 저작권은 대니홍 에이전시를 통한 저작권사와의 독점 계약으로 한빛미디어(주)에 있습니다.
저작권법에 의해 보호를 받는 저작물이므로 무단 전재와 무단 복제를 금합니다.

지금 하지 않으면 할 수 없는 일이 있습니다.
책으로 펴내고 싶은 아이디어나 원고를 메일(writer@hanbit.co.kr)로 보내주세요.
한빛미디어(주)는 여러분의 소중한 경험과 지식을 기다리고 있습니다.

이 시리즈는 해동과학문화재단의 지원을 받아 NAEK 한국공학한림원과 한빛미디어가 발간합니다.

지은이 소개

지은이_ 윌리엄 헐리 William Hurley

텍사스 오스틴에 본사를 둔 양자 컴퓨팅 스타트업 스트레인지웍스의 창립자이자 CEO다. 애플, IBM(마스터 인벤터로 활동), BMC 소프트웨어, 골드만삭스와 같은 회사에서의 기술 리더 역할을 맡았으며, 이전에 카오틱 문Chaotic Moon(액센츄어Accenture에 인수)과 어니스트 달러Honest Dollar(골드만삭스에 인수)를 창립했다. 스택 오버플로Stack Overflow와 협력해 세계 최대의 양자 컴퓨팅 개발자 커뮤니티를 만들었고, 전기전자기술자협회(IEEE)에서 양자 표준 작업 그룹을 설립했다. 『TechCrunch』에 정기적으로 기고하며, 양자 컴퓨팅과 인공지능의 잠재력과 영향에 대해 강연한다. 또한 『Quantum Computing For Babies』(Sourcebooks, 2018)의 공동 저자이기도 하다. 아내와 자녀들과 함께 텍사스 오스틴에서 거주하고 있다.

지은이_ 플로이드 스미스 Floyd Smith

캘리포니아 서니베일에 있는 실리콘 밸리 스타트업 원하우스Onehouse의 제품 마케팅 임원이다. 애플, EA, HSBC, VISA에서 마케팅 및 기술 팀에 있었으며, 런던, 뉴질랜드, 실리콘 밸리에 기반을 둔 스타트업에서도 일했다. 다작 작가이자 블로거로, 책 판매량이 백만 부를 넘는다. 특히 베스트셀러 『Creating Web Pages For Dummies』는 웹 페이지 제작을 수십만 명에게 소개하는 데 성공했으며, 15년 동안 다양한 언어로 번역되었다. 샌프란시스코 대학교에서 정보 시스템 관리 학사 학위를, 런던 정치경제대학교에서 정보 시스템 석사 학위를 받았다. 샌프란시스코 해안가에서 두 자녀와 세 명의 손녀와 가까이 살고 있다.

옮긴이 소개

옮긴이_ 류정원

의사 출신 개발자로 의료기기 스타트업 힐세리온의 창립자이자 CEO다. 서울대학교에서 물리학과 전기공학을 복수 전공하고 가천대학교 의학전문대학원과 뇌과학 연구소에서 의무석사 학위를 받았다. 현재 차세대 기술인 양자 머신러닝 QML 개발을 위해 양자 컴퓨터를 연구하고 있다. 『아이폰 쿨 프로젝트』(지앤선, 2010), 『입문자를 위한 임베디드 시스템』(사이텍미디어, 2003)을 번역했으며 한국 최초 우주인 후보 최종 10인에 올라 『우주를 향한 165일간의 도전』(시그마북스, 2008)을 공동 집필했다.

추천사

리처드 파인만이 "누군가 양자 역학을 이해했다고 한다면, 아마도 그건 새빨간 거짓말일 것이다"라고 말했던 시절이 있다. 하지만 지금, 이 미지의 학문은 과학과 기술의 경계를 재정의하는 혁신의 최전선까지 와 있다. 양자 세계에서 벌어지는 불확정성과 중첩 원리는 이제 더 이상 책 속의 이론이 아니라, 양자 컴퓨터라는 강력한 도구로 진화하는 중이다. 세계의 기업들은 앞다투어 기존의 컴퓨터가 풀지 못했던 문제들을 해결할 기회를 준비하고 있고, 보수의 중심에 서 있는 대학조차 양자 컴퓨팅이라는 기술을 선도하기 위해서 깊이 있게 탐구 중이다. 전례 없는 속도와 효율성으로 매우 복잡한 문제를 해결하는 양자 컴퓨터는 과연 인류에게 새로운 패러다임을 구축하는 혁신이 될 수 있을까? 확실한 건 앞으로 그 변화의 물결에 올라타지 못한다면 여전히 제자리에서 그대로 얼어붙어 있게 될 가능성이 높다는 것이다. 양자 혁명의 중심에 서고자 하는 여정의 완벽한 출발점이 필요하다면 우선 이 책을 펼쳐라. 모두가 가고자 하는 정확한 방향을 가리키는 나침반을 발견하게 될 것이다.

궤도, 과학 커뮤니케이터

바야흐로 양자(퀀텀)의 시대가 다가오고 있습니다. 양자 컴퓨터는 미래 기술의 판도를 바꿀 혁신의 핵심이지만, 그 원리와 실제 응용 가능성은 일반 독자들에게는 다가가기 쉽지 않은 주제입니다. 이러한 상황에서 이 책은 양자 컴퓨팅을 가장 실용적이면서도 이해하기 쉽게 풀어낸, 그야말로 '모두를 위한' 안내서라 할 수 있습니다.

이 책은 전통적인 컴퓨터와 양자 컴퓨터의 개념을 비교하며, 복잡한 수학이나 물리학적 심화 내용 대신 기술의 본질과 핵심을 흥미롭게 설명합니다. 보다 실용적 관점에서 접근하여 양자 컴퓨터가 왜 중요한지, 현재 어느 단계에 있는지, 앞으로 어떤 가능성을 가지고 있는지를 균형 잡힌 시각으로 제시하고 있습니다.

이 책은 특히 양자 컴퓨터의 역사와 현재 기술 수준, 발전에 따른 도전 과제와 미래 전망을 간결하면서도 명확하게 정리해, 독자가 현재 양자 컴퓨터의 발전 상황을 빠르게 이해할 수 있도록 돕습니다. 양자 컴퓨터의 복잡한 세계에 입문하려는 이들에게 더할 나위 없는 필독서로, 이 책은 양자 기술의 현재와 미래를 통찰할 수 있는 기회를 제공합니다.

이 책을 통해 많은 독자들이 미래 기술에 대한 깊은 통찰과 영감을 얻기를 바랍니다.

김갑진, 카이스트 자연과학대학 물리학과 부교수

양자 컴퓨팅과 인공지능은 앞으로 세상을 획기적으로 바꿀 기술로 많은 이들이 주목하고 있다. 인공지능은 최근 챗GPT 등을 통해서 직접 접해본 사람이 많지만, 양자 컴퓨팅은 아직도 신비로운 영역으로 남아 있다. 심지어 과학 기술자들도 양자 컴퓨터의 작동 원리나 현재의 개발 상황에 대해 잘 모르는 경우가 많다. 이는 양자 컴퓨팅의 기반이 되는 양자 역학이 원자나 분자 같은 미시적 세계에서 작동하는 원리로, 우리의 일상 세계를 지배하는 물리법칙과 크게 다르기 때문이다. 이러한 이유로 물리학을 전공하는 학생들조차 처음 양자 역학을 접했을 때 이해하는 데 어려움을 겪는다. 그렇다면 일반 사람들이 이를 어려워하는 것은 어쩌면 당연한 일일지도 모른다.

하지만 양자 컴퓨팅 분야는 빠르게 발전하고 있어, 앞으로 5~10년 이내에 우리 생활 깊숙이 스며들 것이라고 전문가들은 예측한다. 신약 개발, 기후 변화 연구 등 전통적인 컴퓨터로는 한계에 부딪혔던 분야에서 획기적인 기여를 할 것으로 기대되기 때문에, 우리도 이 발전에 뒤처질 수 없다.

이 책은 중첩, 얽힘, 결맞음 등 양자 역학의 기본 원리부터 알고리즘, 프로그래밍까지 알기 쉽게 설명하며, 양자 컴퓨터의 역사와 비즈니스 응용 등 사회·경제적 측면도 다루고 있어 일반인들에게 적합한 입문서라고 할 수 있다. 또한 책의 마지막에는 양자 컴퓨팅 이해와 응용에 도움이 되는 온

추천사

라인 강좌, 튜토리얼, 웹사이트 등 다양한 교육 자료를 소개해, 더 많은 것을 배우고자 하는 이들에게 훌륭한 가이드가 될 것이다.

오세정, 서울대학교 물리천문학부 명예교수이자 전 총장

이제서야 '양자 컴퓨팅'이라는 말을 자주 듣게 되었지만, 그 본질을 제대로 이해하는 사람은 여전히 많지 않습니다. 양자 컴퓨터는 단순한 미래 기술이 아닙니다. 이는 마치 우주의 비밀을 푸는 것처럼, 기술 자체로 철학적 질문을 던지며 새로운 사고를 요구하는 혁신입니다. 그러나 우리는 이 거대한 주제를 이해할 기회를 거의 얻지 못했습니다. 이 책은 이런 어려운 주제를 누구나 이해할 수 있도록 풀어내어, 그 자체로 우리 사회에 큰 가치를 제공합니다.

과학은 단순히 머리로 계산하는 것이 아니라, 가슴으로 느껴야 진정으로 이해할 수 있습니다. 양자 컴퓨터는 정보를 0과 1로만 처리하는 것이 아니라, 양자라는 새로운 영역에서 사고하도록 이끕니다. 이를 이해하려면 양자 물리학에 대한 깊은 감각이 필요하지만, 이 책은 그 어려움을 쉽게 풀어내어 독자들이 막연히 느꼈던 두려움을 떨쳐내도록 도와줍니다.

이 책은 단순히 양자 컴퓨팅을 처음 접하는 이들에게만 유익한 것이 아닙니다. 이미 관련 지식이 있는 전문가들에게도 새로운 통찰을 줄 수 있습니다. 학문은 끊임없는 탐구를 통해 진보하며, 새로운 시각이 있어야 발전할 수 있습니다. 이 책은 그런 면에서 중요한 역할을 합니다.

더 나아가, 이 책을 통해 많은 사람이 양자 컴퓨팅에 관심을 두고, 이 분야에 뛰어들기를 기대합니다. 만약 우리가 국가적으로 양자 컴퓨팅에 더 많은 투자를 하고, 이 기술에 도전할 인재를 양성한다면, 우리나라도 이 혁신의 중심에 설 수 있을 것입니다. 양자 컴퓨팅은 지금까지 상상하지 못했던 새로운 가능성의 문을 열어줄 것이며, 우리나라도 그 문을 선도적으로 열어갈 잠재력을 지니고 있습니다.

결국, 꾸준하고 정직하게 노력하다 보면 길이 열리듯, 이 책 역시 양자 컴퓨팅을 배우고자 하는 이들에게 새로운 길을 열어줄 것입니다. 이 책이 우리 사회에 큰 변화를 불러올 중요한 열쇠가 될 것이라 확신하며, 이 책을 강력히 추천합니다.

조장희, 고려대학교 뇌과학융합센터장 석좌교수

양자 과학 전반에서부터 양자 컴퓨터의 실용적인 정보에 이르기까지 다양한 지식을 제공하는 유용한 책이라 생각합니다. 디지털 정보통신 분야 종사자로서, 양자 분야에 대한 지식이 없는 사람들도 쉽게 이해할 수 있도록 고전 컴퓨터의 발전 과정과 초기 양자 기술 적용에 대한 연구 성과를 소개한 점은 이 책의 큰 장점입니다.

최근 관심이 증가하고 있는 양자 컴퓨터와 양자 통신 분야의 이론적 배경과 응용을 다루며, 향후 발전 방향을 가늠하는 데 큰 도움이 될 것으로 기대합니다.

허준, 고려대학교 전기전자공학부 교수

베타리더의 한마디

양자 컴퓨팅에 대한 막연한 두려움을 떨쳐내고 한 단계 더 나아가고 싶은 분들께, 이 책은 최고의 선택이 될 것입니다. 현재 우리나라에 발간된 양자 컴퓨터 도서 중 초심자를 위해 가장 잘 정리된 입문서로, 양자 컴퓨팅의 첫걸음을 내디딜 수 있는 완벽한 안내서입니다.

권순기, 조지아 공과대학교 컴퓨터과학 석사과정

HPC 관리자로서 양자 컴퓨터가 열어갈 미래는 기존 슈퍼컴퓨터를 대체하는 것이 아니라 컴퓨팅의 새로운 경계를 확장하는 것이라고 생각합니다. 이 책은 양자 컴퓨터가 가져올 혁신을 미리 경험하고, 그 혁신이 불러올 충격에 대비할 수 있도록 돕는 훌륭한 안내서입니다. 상용화까지는 아직 여러 단계의 발전이 필요하지만, 지금 이 책을 통해 탐색하는 미래의 가능성은 현재 우리 일상에 깊이 스며든 인공지능이 가져온 변화에 결코 뒤지지 않을 것입니다.

김호영, 고등과학원 HPC 관리자

퀀텀의 시대. 금방 올 것 같으면서도 아직 오지 않고 있는 시대입니다. 그래도 여기저기에서 움직임이 계속 이어지고 있으며, 저자가 이야기하듯 나중에 따라가느냐, 먼저 시도해 보느냐가 큰 차이를 만듭니다. 한번 시도해 보시길 바랍니다.

이영준, 외국계 IT 회사

양자 과학 기술에 대해 일반인 눈높이에 맞춰 체계적으로 공부하면서 느낀 점은, 양자 과학 기술만의 새로운 용어와 고전 역학의 세계관을 뛰어넘는 사고 체계를 요구한다는 것이었습니다. 이 책은 양자 역학의 기본 개념부터 양자 컴퓨터의 최신 기술까지 폭넓게 다루며, 큐비트, 얽힘, 중첩 등 핵심 원리를 쉽게 설명합니다. 또한 전통적 컴퓨터와의 차이를 설명하고, 양자 알고리즘과 회로의 작동 원리를 체계적으로 정리해 양자 컴퓨팅의 본질을 깊이 이해할 수 있습니다. 양자 과학 기술 분야에 진지하게 입문하려는 독자라면 이 책을 통해 체계적으로 학습할 수 있을 겁니다.

전준규, 농협정보시스템 DT LAB

양자 컴퓨팅에 관심은 많았지만, 실제로 접할 수 있는 국내 도서는 전무했습니다. 외국 자료와 도서를 통해 조금이나마 알게 되었는데, 이렇게 한국어로 된 책이 나와서 기쁩니다. 많은 분이 AI를 넘어 양자 컴퓨팅이라는 영역을 더 깊이 이해할 수 있기를 바랍니다.

전현준, OneLineAI CTO

양자 역학에 순수한 관심을 가지고 영상과 책을 접해 왔다. 하지만 이 책을 읽고, SF 같던 AI가 챗GPT로 일상이 된 것처럼 양자 컴퓨터도 현실이 될 수 있겠다는 생각이 들었다. 양자 컴퓨터와 직접 관련이 없더라도, 책에서 언급한 대로 주기적으로 '양자 컴퓨터'라는 키워드를 통해 기술의 발전 현황을 확인해 보자. 이 책은 오늘날 양자 컴퓨터의 현황을 잘 보여주는 훌륭한 보고서다.

정현석, 일루미나리안 개발자

이 책을 베타리딩하면서 양자 컴퓨팅의 역사, 발전 과정 그리고 기본 이론을 이해할 수 있었습니다. 양자 컴퓨팅에 대한 사전 지식이 많지 않았지만, 4부 '알아 두면 좋은 열 가지 이야기'가 특히 인상 깊었습니다. 복잡한 개념들을 구체적이고 실질적인 질문과 답변 형식으로 풀어내어 양자 컴퓨팅의 현재와 미래를 알 수 있습니다. 양자 컴퓨팅에 대해 알고자 하는 분들께 추천합니다.

조원양, 스마트사운드 AI 융합 팀 리더

양자 컴퓨팅을 이해하기란 쉽지는 않습니다. 그럼에도 AI와 양자 컴퓨터의 시대가 점점 가까워지고 있는 지금, 이를 이해할 필요가 있다고 생각합니다. 이 책은 양자 컴퓨터의 역사, 양자 기술, 애플리케이션, 클라우드 서비스 그리고 비즈니스에 양자 컴퓨팅을 적용하는 방법까지 다룹니다. 유익한 정보가 가득한 이 책을 꼭 읽어 보시길 추천합니다.

한정윤, ADA Korea 데이터 엔지니어

옮긴이의 말

양자 컴퓨터와의 첫 만남은 대학에서 양자 역학을 공부하던 시기로, 마치 기묘한 세계 속에서 길을 잃은 듯한 경험이었다. 거시적 세계의 관점에서 쉽게 이해하기 어려운 양자 역학의 법칙들을 활용하면, 전통적인 컴퓨터로는 엄청난 시간이 걸리는 큰 수의 소인수 분해나 외판원 문제 같은 난제를 순식간에 해결할 수 있는 '꿈의 컴퓨터'로 여겨졌다.

잊고 지냈던 양자 컴퓨터를 다시 떠올리게 된 계기는 십여 년 전 학생을 지도하면서였다. 핵자기공명nuclear magnetic resonance(NMR) 장치로 큐비트를 구현해 양자 컴퓨터를 만들겠다는 야심찬 프로젝트를 진행했기 때문이다. 2000년대 초반에는 양자 컴퓨터가 주로 NMR로 구현되던 시기였고, NMR 장치를 제대로 만들면 양자 컴퓨터도 구현할 수 있을 것이라는 막연한 생각을 했었다. 그러나 아쉽게도 장치와 회로를 완성하고도 자기 공명 신호인 FID 신호를 수신하지 못해 프로젝트는 결국 실패로 끝나고 말았다.

이후 뇌과학, AI, 의학 공부와 스타트업 창업으로 바쁜 시간을 보내면서, 양자 컴퓨터에 대한 생각은 다시 마음속 깊이 가라앉아 있었다. 그러나 카이스트 김갑진 교수님이 유튜브에서 양자 컴퓨터의 원리, 특히 쇼어 알고리즘을 매우 쉽게 설명한 명강의[1]를 들으면서 양자 컴퓨터에 대한 관심이 다시 불타오르기 시작했다.

이 강의에 자극을 받아 쇼어 알고리즘, 양자 푸리에, 그로버 알고리즘 등을 공부하고자 IBM의 자료를 참고하고 키스킷Qiskit으로 직접 코딩을 해 보았다. 이 과정에서 클라우드 플랫폼을 통해 이미 양자 컴퓨터를 직접 코딩할 수 있는 시대가 도래했다는 사실과 그동안의 많은 투자와 급격한 발전에 놀라움을 금치 못했다. 시카고 대학교에서 제공하는 온라인 강좌를 통해 '양자 컴퓨터 시스템 설계 I, II, III' 과정을 수강하며 체계적으로 이론을 공부하게 되었고, 빠르면 5년 내에 양자 컴퓨터의 물결이 다가올 수 있다는 확신도 생겼다.

---

[1] https://www.youtube.com/watch?v=6JBKUG-B83c

양자 컴퓨터를 공부하면서 이처럼 급격히 발전하는 양자 컴퓨터 전반을 다루는 책이 부족하다는 아쉬움을 느꼈다. 양자 역학이나 양자 정보 이론 위주의 이론서는 많지만, 이 책처럼 양자 컴퓨터의 역사와 사회 경제적 영향을 함께 다루는 책은 드물었기 때문에 이 책의 번역을 제안받았을 때 우리나라 독자들에게 꼭 소개하고 싶다는 생각이 들었다.

이 책은 이론적인 부분이나 장치, 실제 코딩 응용을 깊이 다루지는 않지만, 양자 컴퓨팅 전반을 쉽게 짚어내고, 더 공부하고 싶은 독자들에게 어디서부터 시작해야 할지를 안내하는 여행 가이드 역할로는 제격이라고 생각한다.

마지막으로 이 책을 번역하느라 함께할 시간을 충분히 보내지 못해 서운했을 고양이 같은 아내 수경과 곰돌이 승빈, 토깽이 승연에게 깊은 사랑과 감사를 전한다.

류정원

시작하며

양자 컴퓨팅quantum computing은 마치 마리아나 해구 바닥에서 유황을 뿜어내는 열수 분출구처럼 뜨겁고 심오한 분야다. 단순히 깊고 뜨겁기 때문이 아니라, 주위에 기이한 생명체들이 존재하듯 양자 컴퓨팅에 대한 시선이 결코 단순하지 않기 때문이다.

양자 컴퓨팅에 대한 관심이 뜨거운 이유는 발전, 활동, 관심, 투자 규모가 역사상 유례없을 만큼 빠르게 성장하고 있기 때문이다. 더군다나 대중문화에서도 양자 컴퓨팅을 다루고 있어서 더욱 열렬한 관심을 받고 있다. 2023년 오스카상 수상작인 〈에브리씽 에브리웨어 올 앳 원스〉와 넷플릭스 시리즈 〈삼체〉 같은 작품은 양자 컴퓨팅의 기반이 되는 양자 역학quantum mechanics을 생생하고 흥미롭게, 심지어 재미있게 표현한다.

그렇다면 양자 컴퓨팅이 심오한 이유는 무엇일까? 신약 개발, 수명 연장, 기후 변화 등 오늘날 인류가 직면한 가장 크고 어려운 문제에 양자 역학을 직접 적용할 수 있기 때문이다. 양자 세계의 작동 방식은 우리의 이해를 넘어설 뿐만 아니라, 때로는 현실에 대한 우리의 기존 관념을 뒤흔든다.

얽힘entanglement은 양자 컴퓨팅의 핵심 원리이며, 양자 얽힘 관련 연구로 세 명의 과학자가 2022년 노벨 물리학상을 수상하기도 했다. 하지만 그 유명한 알베르트 아인슈타인Albert Einstein조차도 얽힘을 '유령 같은 원격 작용'이라고 불렀다. 양자 컴퓨팅은 이 '작용'과 다른 양자 역학적 원리를 이용하여 놀라운 결과를 제공한다.

『모두를 위한 양자 컴퓨터』를 선보이게 되어서 매우 기쁘다. 이 책이 필요한 곳에서 큰 그림을 그리는 데 도움이 되기를 바라며, '닥치고 계산'하거나 프로그래밍할 때가 언제인지 알려 주겠다. 또한 소중한 시간, 에너지, 돈을 어디에 투자해야 할지와 같은 어려운 비즈니스 결정을 내릴 때도 도움을 줄 수 있을 것이다.

이 책에 대하여

이 책은 양자 컴퓨팅과 관련된 취업, 비즈니스 의사 결정, 투자 또는 매력적인 신기술을 소개할 때 필요한 용어, 기술과 기법을 명확하고 간결하게 설명한다.

다음과 같은 내용을 배울 수 있다.

- » 양자 역학의 핵심 원리와 양자 컴퓨팅과의 관계
- » 실제 응용 사례로 살펴본 오늘날의 기술 현황과 비즈니스, 직업 연관성
- » 양자 컴퓨팅의 활용 방법
- » 양자 어닐링과 게이트 기반 양자 컴퓨팅의 차이점
- » 12가지 유형의 큐비트 중 적합한 게이트 양자 컴퓨팅 방식 선택하기
- » 비즈니스 문제를 해결하는 데 도움이 되는 19가지 양자 알고리즘
- » 양자 컴퓨팅이 비즈니스 문제에 제공할 수 있는 속도 향상 정도
- » 비즈니스에 양자 컴퓨팅을 적용하거나 양자 컴퓨팅 리더가 되기 위한 단계
- » 무료로 시작할 수 있는 클라우드 제공업체 선택하기
- » 양자 컴퓨터 프로그래밍 온라인 강좌와 실습 방법
- » 라이브 포털에 가입하고 양자 컴퓨터 프로그래밍 여행 시작하기
- » 양자 컴퓨팅 지식을 쌓을 수 있는 온라인 및 오프라인 자원
- » 양자 컴퓨팅 관련 직업을 위한 대학 프로그램 정보

이 책을 읽고 나면 양자 컴퓨팅 뉴스를 이해할 수 있고, 동료나 친구들과 이 기술에 대해 토론하는 자신을 발견하게 될 것이다. 심지어 새로운 분야로 진로를 선택하는 것을 고려할 수도 있다. 이 모든 것은 간단한 질문으로 이어진다. 양자 컴퓨팅은 실제로 무엇을 할 수 있을까?

시작하며

이 책은 그 질문에 대한 답을 제시한다. 오늘날 우리가 사용하는 컴퓨터 즉, 전통적인 컴퓨터$^{classical\ computer}$를 양자 컴퓨팅이라는 낯설고 새로운 미지의 존재와 연관시켜 설명한다. 현재 양자 컴퓨터로 무엇을 할 수 있는지, 앞으로 무엇을 할 수 있을지를 보여 준다. 또한 양자 컴퓨팅에 대한 많은 오해를 바로잡는다.

그런 다음, 양자 컴퓨팅 프로그래밍이나 비즈니스에 양자 컴퓨팅을 적용해 업무를 시작하는 방법을 제시한다. 또한 양자 컴퓨팅 발전에 따른 기술 트렌드를 이해하고 새로운 기회를 포착하는 데 도움을 준다.

양자 컴퓨팅은 익숙한 전통적인 컴퓨터와는 상당히 다르다. 이 책은 다양한 양자 컴퓨팅을 현재와 미래에 활용할 시점을 결정하는 데 유용하다.

뉴스나 온라인에서 양자 컴퓨팅 정보를 조금씩 얻을 수 있지만, 이 책으로 전체적인 큰 그림을 먼저 그려볼 수 있다. 비즈니스에 양자 컴퓨팅을 즉시 도입할지 결정할 수 있으며, 필요하다면 바로 실행에 옮길 수 있도록 안내한다.

대상 독자

양자 컴퓨팅에 처음 입문하려는 독자를 위한 책인 만큼, 일정 수준 이상의 물리학이나 수학을 안다고 가정하지 않는다. 또한 이전에 프로그래밍을 한 경험이 있다고 가정하지 않는다. 이 책을 읽기 위해 필요한 가정은 다음과 같다.

» 컴퓨터 또는 스마트폰 사용 경험이 있다.
» 새로운 주제를 추가 조사하기 위해 인터넷에 접속할 수 있다.
» 양자 컴퓨팅이 자신의 직업, 비즈니스 또는 세상을 위해 무엇을 할 수 있는지 궁금하다.

구성

이 책은 총 4부이며 20개 장으로 구성된다. 만약 관심 있는 주제가 있으면 해당하는 장을 먼저 살펴봐도 무방하다. 필요한 모든 정보를 찾는 데 도움이 되는 상호 참조와 이정표가 곳곳에 있으므로 원하는 방식으로 읽으면 된다.

1부에서는 양자 컴퓨팅과 가장 밀접하게 관련된 기술인 양자 역학 및 전통적인 컴퓨팅(오늘날 우리가 사용하는 컴퓨터)을 소개한다.

2부에서는 오늘날 양자 컴퓨팅을 수행할 수 있는 다양한 방법과 가장 진보한(그리고 지금까지 가장 덜 개발된) 형태의 기술인 게이트 기반 양자 컴퓨팅에 사용되는 다양한 큐비트 유형을 자세히 살펴본다.

3부는 신비로운 기술들을 소개하기 때문에 어떤 면에선 실용적이라고 말할 수 있다. 양자 컴퓨팅 알고리즘, 양자 컴퓨터 프로그래밍, 더 많은 것을 배울 수 있는 교육 자료를 소개한다.

4부는 책에서 언급된 핵심 사항을 정리하고 기술 및 비즈니스 정보를 다룬다.

시작하며

아이콘 설명

본문에서 특히 중요하거나 유용한 아이디어가 나올 때마다, 독자의 관심을 이끌기 위해 다음 네 가지 아이콘을 활용했다. 아이콘은 바로 옆 문단에만 적용되니 헷갈리지 않도록 주의하자!

양자 컴퓨팅 분야를 더 쉽게 이해할 수 있는 전문가의 힌트나 간단한 아이디어를 알려 준다.

책 전체가 기술적인 내용을 다루지만, 그중에서도 특히 기술적인 정보를 강조할 때 사용한다. 더 자세히 알고 싶다면 이 아이콘으로 강조된 정보를 다시 읽어도 되고, 그렇지 않다면 건너뛰어도 된다.

이 책의 모든 단어가 잊히지 않기를 바라지만, 일부 정보는 책의 다른 부분에서 떠올릴 수 있도록 표시했다. 양자 컴퓨팅을 빠르게 익히는 데 도움이 되는 요점을 빠르게 찾을 수 있다.

자동차를 운전할 때 경고 신호가 보이면 속도를 줄여야 하는 것처럼 실수하거나 오해를 일으키기 쉬운 부분을 강조해서 표시했다.

참고 링크

이 책의 웹 페이지에는 기본 용어 정의, 다양한 유형의 양자 컴퓨터 설명, 가장 많이 사용되는 큐비트 유형 목록, 양자 컴퓨팅의 온라인 강의 링크가 정리되어 있다. 또한 기술 및 비즈니스에 대한 정보를 담은 보너스 챕터도 제공한다. 이 책에 기술 업데이트가 있으면 여기서도 확인할 수 있다.

- *https://www.dummies.com/book/technology/computers/quantum-computing-for-dummies-300413*
- *https://www.dummies.com/article/technology/computers/quantum-computing-for-dummies-cheat-sheet-300467*

12장에 언급된 무료 프로그래밍 소개를 보려면 와일리[wiley]의 도서 소개 페이지[1]에 방문하면 된다.

---

[1] *https://www.dummies.com/go/quantumcomputingfd*

목차

지은이 소개 / **4**

옮긴이 소개 / **5**

추천사 / **6**

베타리더의 한마디 / **10**

옮긴이의 말 / **12**

시작하며 / **14**

PART 1 양자 컴퓨팅의 성능

CHAPTER 1 양자 컴퓨팅 부트캠프

양자 컴퓨팅은 왜 이렇게 기묘할까 / **32**

양자 컴퓨팅의 성능 파악하기 / **34**

수학으로 풀어내는 양자 컴퓨터 성능 / **42**

양자 컴퓨팅이 가져다 줄 혜택 / **43**

양자 컴퓨팅의 다양한 유형 / **45**

가로막는 장애물 돌파하기 / **48**

CHAPTER 2 초기 컴퓨팅과 전통적인 컴퓨팅의 역사

전통적인 컴퓨터가 사라지지 않는 이유 / **52**

컴퓨터의 선사 시대 둘러보기 / **53**

전통적인 컴퓨팅의 급격한 발전 / **59**

전통적인 컴퓨팅과 양자 컴퓨팅의 결합 / **72**

CHAPTER 3 　양자 컴퓨팅의 뿌리를 찾아서

양자 역학의 핵심 / 75
불확정성의 영향 / 79
양자 역학의 역사 요약 / 81

CHAPTER 4 　양자 기술 1.0 소개

최첨단 레이저 기술 / 98
1930년 이후의 양자 역학 / 99
태양 진지 경쟁의 가속화 / 101
전자 현미경 살펴보기 / 102
트랜지스터 최적화 / 103
원자시계로 시간 재기 / 105
메이저와 레이저 가열 / 106
NMR과 MRI 장치용 스캐닝 / 108
양자 기술 1.0의 효과 / 110

CHAPTER 5 　양자 컴퓨팅 공개하기

양자 컴퓨팅을 위한 프레임워크 완성 / 112
1960-1970년대: 이론화 시대 / 113
1980년대: 토대 마련의 시대 / 117
1990년대: 알고리즘과 하드웨어의 획기적인 발전 / 120
현대 양자 컴퓨팅 경쟁의 시작 / 127

목차

CHAPTER 6 양자 컴퓨팅의 가속화

2000-2010년대: 기술 발전 추진 / 130
2010-2015년대: 더 많은 자원 투자 / 135
2016년부터 현재: 발전의 가속화 시대 / 138
양자 컴퓨팅의 남은 과제 / 141

PART 2 양자 컴퓨팅 옵션

CHAPTER 7 전통적인 컴퓨팅과 양자 컴퓨팅 선택하기

전통적인 컴퓨팅의 한계 / 145
양자 컴퓨팅의 장점 찾기 / 153

CHAPTER 8 양자 컴퓨팅 시작하기

다섯 가지 해결책 종류 식별하기 / 161
알고리즘에 맞춰 춤추기 / 165
지금 시작할지 결정하기 / 166
조직 참여 유도하기 / 168
양자 기반 해결책 고려하기 / 175

CHAPTER 9 스택의 모든 것

스택 분석하기 / 179
대안으로 어닐링 고려하기 / 186

CHAPTER 10 완벽한 큐비트를 향한 질주

큐비트 성과의 세 가지 측면 파악하기 / 199
제한적 양자 이점 경쟁에서 승리하기 / 200
다양한 큐비트 유형 살펴보기 / 201
양자 컴퓨팅 방식별로 매핑하기 / 205
다음 단계 알아보기 / 207

CHAPTER 11 큐비트 유형 선택하기

스코어카드로 선수 구분하기 / 210
양자 컴퓨팅을 위한 전략 선택하기 / 224

PART 3 양자 컴퓨팅과 얽히기

CHAPTER 12 양자 컴퓨터 프로그래밍하기

우리가 하려는 일 이해하기 / 233
어떤 방법으로 할지 알아보기 / 235

목차

기본 사항 알아보기 / **239**

양자 프로그램의 요구 사항 작성하기 / **239**

개발자처럼 생각하기 / **243**

개발 환경 설정하기 / **245**

양자 컴퓨터 프로그래밍을 할 장소 찾기 / **247**

최적화하기 / **248**

QAOA 따라 해보기 / **251**

양자 알고리즘 분석하기 / **256**

이제 어디로 가야 할까? / **258**

CHAPTER 13 양자 컴퓨팅 응용 분야

세 가지로 검토하기 / **259**

양자를 이용한 암호 해독 / **261**

특명, '월리를 찾아라!' / **264**

금융 업계로 진출하기 / **265**

양자의 성공 보장하기 / **266**

물류로 세상을 움직이기 / **267**

머신러닝을 꿈꾸며 / **269**

양자에서 새로운 석유를 찾다 / **270**

물질주의 관점의 중요성 / **271**

건강 증진 시뮬레이션 / **272**

새로운 의약품 찾기 / **273**

안개 예측하기 / **274**

CHAPTER 14 양자 컴퓨팅 알고리즘

양자 컴퓨팅 알고리즘을 응용 분야에 매핑하기 / 278
양자 알고리즘의 기초 이해하기 / 280
양자 동물원 방문하기 / 282
새로운 종류의 시간 정의하기 / 283
도이치–조사 알고리즘으로 시작하기 / 285
쇼어의 양자 컴퓨팅이 가져올 큰 변화 / 286
그로버 알고리즘으로 검색하기 / 288
양자 위상 추정 알고리즘 사용하기 / 289
사이먼 알고리즘 적용하기 / 290
양자 푸리에 변환 알고리즘 구현하기 / 292
바이드만의 양자 제논 효과 알아보기 / 294
HHL 알고리즘으로 선형 방정식 얻기 / 295
QAOA로 문제 해결과 시뮬레이션하기 / 296
VQE의 기초 다지기 / 297
추가 알고리즘 평가하기 / 298
앞으로의 과제 / 299

CHAPTER 15 클라우드 양자 컴퓨팅

주요 선택 유형 살펴보기 / 302
접속 제공업체 살펴보기 / 306
아마존 브라켓의 중요성 / 307
애저 퀀텀에 대한 신뢰 / 309
구글 퀀텀 AI 조사하기 / 312
양자 컴퓨터 공급업체의 포털 개설 / 313
스트레인지웍스로 양자 잠재력 활용하기 / 316

목차

CHAPTER 16 교육 자료

온라인 수업 수강하기 / 327

튜토리얼과 문서 활용하기 / 333

형식에 얽매이지 않는 학습으로 개념 잡기 / 342

상호 작용과 재미에 빠져들기 / 346

PART 4 알아 두면 좋은 열 가지 이야기

CHAPTER 17 양자 컴퓨팅에 대한 열 가지 오해

오해 1: 양자 컴퓨팅은 10~15년 후에나 상용화될 것이다 / 354

오해 2: 큐비트는 0과 1이 동시에 될 수 있다 / 355

오해 3: 양자 컴퓨터가 전통적인 컴퓨터를 대체할 것이다 / 356

오해 4: 물리학자만이 양자 컴퓨터를 프로그래밍할 수 있다 / 357

오해 5: 양자 컴퓨터가 곧 모든 전통적인 컴퓨터 문제를 해결할 것이다 / 357

오해 6: 우리는 모두 '닥치고 계산'해야 한다 / 358

오해 7: 곧 소수의 양자 하드웨어 회사만 존재할 것이다 / 358

오해 8: 양자 기업은 산업 성장에 필요한 모든 인재를 보유한다 / 359

오해 9: 양자 컴퓨팅은 데이터 암호화를 파괴할 것이다 / 359

오해 10: 양자 안전 암호화는 완벽한 데이터 보안을 제공한다 / 360

CHAPTER 18 기술 관련 열 가지 질문과 답

양자 기술이 개인용 제품에 적용될 수 있을까? / 363
양자 영역은 실재할까? 앤트맨이 세상을 구할 수 있을까? / 364
사람들에게 양자 컴퓨팅을 어떻게 설명하나? / 365
양자 컴퓨팅 분야는 어디로 가고 있나? / 365
양자 컴퓨팅은 언제쯤 상업적으로 실용화될까? / 366
양자 컴퓨팅의 가장 멋진 응용 분야는 무엇인가? / 367
양자 컴퓨팅이 가장 파괴적인 영향을 미칠 분야는 어디일까? / 367
쇼어 알고리즘이 RSA를 깨기까지 얼마나 걸릴까? / 368
제조 분야에서 양자 컴퓨팅을 어떻게 활용할 수 있을까? / 368
양자 컴퓨팅과 AI, 머신러닝이 겹치는 부분은 어디일까? / 368

CHAPTER 19 비즈니스 관련 열 가지 질문과 답

새로운 회사, 제품 또는 서비스의 시장을 어떻게 평가할 수 있나? / 371
기업이 얼리어답터가 되어야 할지 어떻게 판단할까? / 372
현재 개발 단계에서는 어떤 역할과 직무가 필요할까? / 373
양자 컴퓨터 코딩을 배우려면 어떤 배경 지식이 필요할까? / 373
처음 시작하는 사람들에게 해 줄 조언이 있다면? / 374
추천하는 대학 프로그램이 있다면? / 374
현재 양자 컴퓨팅을 선도하는 개발자는 누구인가? / 375
스타트업을 위한 아이디어가 있다면 어떻게 해야 하나? / 376
경력에 도움이 된 습관은 무엇인가? / 376
가장 큰 교훈은 무엇인가? / 377

목차

CHAPTER 20 주목할 만한 열 가지 대학 연구 프로그램

옥스퍼드 대학교 / 380

캘리포니아 버클리 대학교 / 380

스탠퍼드 대학교 / 381

캘리포니아 공과대학교 / 381

매사추세츠 공과대학교 / 381

하버드 대학교 / 382

시카고 대학교 / 382

메릴랜드 대학교 / 382

워털루 대학교 / 383

시드니 뉴사우스웨일스 대학교 / 383

찾아보기 / 384

PART

양자 컴퓨팅의 성능

1부에서는 양자 컴퓨팅 하드웨어와 소프트웨어에 대한 큰 그림과 이 분야의 현재 진행 상황을 살펴본다. 오늘날 일상에서 사용하는 PC부터 스마트폰, 로봇 청소기에 이르기까지 다양한 유형의 컴퓨터를 설명하는 접근 방식인 초기 컴퓨팅과 현재의 컴퓨팅을 알아본다. 알베르트 아인슈타인, 닐스 보어Neils Bohr 같은 인물들의 주도로 1900년대 혜성과 같이 등장한 양자 역학의 발견과, 그로부터 이루어진 양자 컴퓨팅의 뿌리를 탐구한다. 또한 X선 기계, TV, 레이저 빔과 같은 초기 양자 컴퓨팅 기술 개발에 양자 역학이 어떻게 처음 사용되었는지 알아본다. 양자 컴퓨팅 알고리즘과 최초의 큐비트 등 양자 역학 기술을 따라 양자 컴퓨팅의 초기 시대를 알아보고, 최근 몇 년 동안 연구 개발, 관심, 벤처 캐피탈 투자 모두 급격히 성장하고 있는 양자 컴퓨팅의 부상을 관찰해 보자.

CHAPTER 1 | 양자 컴퓨팅 부트캠프

CHAPTER 2 | 초기 컴퓨팅과 전통적인 컴퓨팅의 역사

CHAPTER 3 | 양자 컴퓨팅의 뿌리를 찾아서

CHAPTER 4 | 양자 기술 1.0 소개

CHAPTER 5 | 양자 컴퓨팅 공개하기

CHAPTER 6 | 양자 컴퓨팅의 가속화

CHAPTER **1**

양자 컴퓨팅 부트캠프

> **이 장의 주요 내용**
> - 기묘한 양자 컴퓨팅
> - 양자 컴퓨팅의 성능
> - 양자 컴퓨팅 장점 이해
> - 다양한 양자 컴퓨터 유형 관찰
> - 새로운 능력에 대한 장벽 극복

동전을 허공에 튕겨서 올리는 것을 상상해 보자. 뒤집히며 돌고 있는 동전은 앞면일까? 뒷면일까? 동전이 여전히 허공에서 돌고 있는 동안엔 답을 말할 수 없다. 동전이 완전히 땅에 떨어져 멈춘 후에야 확실한 결과를 알 수 있다.

동전이 허공에서 돌고 있는 동안 보여 주는 불확정성^{uncertainty}이 바로 우리가 양자 컴퓨팅에서 다루고 있는 불확정성과 가장 유사하다. 양자 컴퓨팅에선 먼저 기본 연산 단위인 **큐비트**^{qubit}[1]를 불확정 상태로 만든다. 그런 다음 큐비트들을 프로그래밍하고, 프로그램을 실행한 뒤, 마치 동전이 땅에 떨어졌을 때처럼 큐비트로부터 결과를 얻는다.

양자 컴퓨팅은 고정된 0과 1로 이루어진 비트와 바이트를 사용하는 오늘날의 기기와는 많이 다르다. 물리학의 한 갈래로 난해하다고 알려진 양자 역학이 양자 컴퓨팅의 근본 원리다. 그러나 양자 컴퓨팅이 큰 규모의 불확정성을 효율적으로 처리하는 방식은 우리가 일상에서 마주치는 여러 문제에 결정을 내리는 방식과

---

[1] 옮긴이_ quantum bit의 줄임말이다. '큐빗'이라고도 하는데 한국정보통신기술협회에서 발간한 정보통신용어사전을 따라 이 책에서는 '큐비트'로 통일했다.

매우 비슷하게 느껴진다.

양자 컴퓨팅은 오늘날 우리가 사용하고 있는 전통적인 컴퓨팅을 보완하는 것이 목표이며, 이를 대체하려는 것은 아니다. 불확정성을 다루는 작업으로 인류가 직면한 가장 크고 복잡한 문제들을 새롭고 강력한 방법으로 해결하고자 한다. 기후 모델링, 신약 개발, 금융 최적화, 로켓을 발사하기에 좋은 날인지 아닌지 등 오늘날의 컴퓨팅으로 해결하기 어려운 문제를 양자 컴퓨팅으로 해결하려고 한다.

양자 컴퓨팅은 이제 막 시작하는 단계다. 많은 최신 양자 컴퓨터는 한 번에 몇 분의 1초 동안만 작동할 수 있지만, 꾸준히 발전되고 있는 단계다. 초기 단계인 지금 이 순간에도 양자 컴퓨팅은 전통적인 컴퓨팅의 능력을 사용하는 방식에 '다르게 생각하라'는 어느 현자의 말처럼 영감을 주고 있다. 이 장에서는 양자 컴퓨팅의 힘과 잠재력을 소개하고자 한다.

TIP

아마도 생소한 용어와 개념이 많이 등장할 것이다. 하지만 걱정 마시라. 이어지는 각 장에서 모두 설명할 예정이다. 예를 들어, 3장에서는 양자 역학 개념을 설명하고, 양자 컴퓨팅이 양자 역학을 어떻게 활용하는지 설명할 것이다. 이번 장은 앞으로 책을 읽고 난 후에 새로운 양자 컴퓨팅 고수가 될 당신을 위한 부트캠프라고 생각하자.

양자 컴퓨팅은 왜 이렇게 기묘할까

양자 컴퓨터는 신비한 아우라가 풍기는 기묘한 느낌을 자아낸다(2022년에 개봉한 영화 〈닥터 스트레인지: 대혼돈의 멀티버스〉는 사람들이 느끼는 양자 역학의 일반적인 인상을 잘 담아냈다). 왜 그럴까?

여기에는 두 가지 근본적인 이유가 있다. 첫 번째는 양자 역학이 설명하는 물질의 본질에 대한 사람들의 근본적인 오해다. 두 번째는 양자 컴퓨팅이 성숙해졌을 때 인류에게 제공될 것으로 기대되는 상상을 초월하는 강력한 힘이다.

양자 역학(3장에서 자세히 설명)은 어떻게 사람들의 세계관을 변화시킬까? 바위가 떨어지고 로켓이 하늘로 올라가는 이 세계는 고체 물질과 물질의 운동을 다양하게 변화시킬 수 있는 에너지에 지배되는 것처럼 보인다. 그러나 물질은 단순히 응축된 에너지로도 생각할 수 있다.

예를 들어, 원자핵 내부의 양성자^{proton}와 중성자^{neutron}의 질량 대부분은 이런 입자들을 제자리에 유지하는 엄청나게 강력한 에너지 장의 또 다른 형태일 뿐이다. 양자 컴퓨팅에서 가장 중요한 입자 중의 하나인 광자^{photon}는 질량이 전혀 없고 순수한 에너지로 이루어져 있다.

그리고 바로 아인슈타인이 그 유명한 $E=mc^2$ 방정식으로 물질과 에너지는 동등하다고 주장하였다. 이를 해석해 보면, 물질이 내포한 에너지는 질량에 빛의 속도의 제곱을 곱한 값과 같다.

빛의 속도는 초속 약 30만 킬로미터로, 30만은 매우 큰 숫자다. 빛의 속도의 제곱은 훨씬 더 큰 숫자다. 이 거대한 숫자를 아인슈타인의 유명한 방정식 $E=mc^2$에 대입하면, 소량의 물질로도 핵 발전소나 핵무기에서 보여 주는 것처럼 어마어마한 에너지를 얻을 수 있음을 알 수 있다.

양자 역학에서 주목할 점은 물질이 상대적으로 덜 중요하며 입자가 에너지의 뭉치로 작용한다는 점이다. 그리고 양자 컴퓨팅은 양자 역학적 행동을 보이는 이온화된 원자, 광자, 초전도체^{superconductor} 등 다양한 물질의 입자들의 독특한 특성을 활용한다.

양자 컴퓨터에 열광하는 이유는 양자 컴퓨팅의 엄청난 능력 때문이다. 현재 초기 단계의 양자 컴퓨터 중에서 가장 높은 능력치를 지닌 컴퓨터라고 해도 주류 슈퍼컴퓨터와 비교하면 그 능력은 그리 강력하지 않다. 그러나 미래의 양자 컴퓨터는 속도가 엄청나게 빨라질 것으로 기대된다.

앞으로 10~20년 내에 양자 컴퓨터는 특정한 분야의 문제를 해결하는 데 오늘날의 컴퓨터보다 수백, 수천, 심지어 수백만 배 더 빨라질 것으로 보인다. 우리는 인류가 직면한 가장 중요한 과제들을 해결할 컴퓨팅 성능이 주어졌을 때 앞으로 어떤 일이 일어날지 전혀 예측하지 못한다(13장, 14장에서 설명). 아니 상상도 못 할 것이다. 이러한 미래는 분명 매우 흥미진진하다. 그러나 아인슈타인이 양자 역학을 묘사했듯이 '으스스^{spooky}'하기도 하다.

양자 컴퓨팅의 성능 파악하기

양자 컴퓨팅의 이해를 돕는 다섯 가지 핵심 아이디어를 소개한다.

- **큐비트**: 전통적인 컴퓨팅의 핵심이 0과 1로 된 비트라면 양자 컴퓨팅의 핵심은 큐비트다. 큐비트는 양자 역학적 특성을 지닌다. 양자 컴퓨팅에서 일어나는 모든 마법은 바로 큐비트에서 일어난다.

- **중첩**: 기존 비트는 0 또는 1로 값이 제한되어 있지만 큐비트는 측정되기 전까지는 0이나 1이 아닌 정의되지 않은 값을 가질 수 있다. 여러 값을 동시에 가질 수 있는 능력을 중첩이라고 부른다.

- **얽힘**: 전통적인 컴퓨팅에서 비트는 서로 완벽히 분리되어 있어서 서로 영향을 미칠 수 없다. 하지만 큐비트는 서로 얽힌 상태에 있을 수 있다. 한 입자의 변화가 다른 입자에 즉각적인 변화를 일으키고, 한 입자의 값을 측정하면 다른 입자의 대응하는 값을 알 수 있는 상태를 가리켜 '입자들이 서로 얽혀 있다'고 한다.[2]

- **터널링**: 양자 역학에서 입자는 중간에 장벽이 있어도 한곳에서 다른 곳으로 순간적으로 이동할 수 있다. 양자 컴퓨팅은 이 능력을 가장 최적의 해법을 찾는 데 이용한다. 이런 행동을 터널링이라고 한다.[3]

- **결맞음**: 전자 같은 양자 입자가 외부의 교란을 받지 않은 상태를 결맞음^{coherence} 되어 있다고 한다. 결맞음 되어 있는 입자만이 중첩과 얽힘 상태에 있을 수 있다.

이 용어들은 서로 어떤 연관이 있을까? 예를 들어 보자. 좋은 큐비트는 비교적 쉽게 결맞음 상태를 만들고 유지할 수 있어서 중첩, 얽힘 상태를 나타낼 수 있고 터널링을 가능하게 한다. 요즘 '좋은 큐비트'를 찾는 일은 많은 연구와 논란의 대상이 된다. 이 주제는 10장과 11장에서 더 다룰 예정이다.

앞의 다섯 가지 용어는 양자 컴퓨팅이 지닌 잠재력의 핵심이며, 동시에 양자 컴퓨팅을 완전히 구현하기 어렵게 하는 도전적인 문제들과 연관이 있다. 이번 절에서는 각각의 중요한 개념들을 설명할 것이다.

---

2 옮긴이_ 이런 양자 얽힘 현상이 실제로 물리적 거리와 상관없이 발생한다는 것을 증명한 물리학자 세 명에게 2022년 노벨 물리학상이 수여됐다.

3 옮긴이_ 터널링을 활용한 양자 어닐링 기법으로 최적화 문제를 해결하는 양자 컴퓨터가 D-웨이브에서 출시됐다.

전통적인 컴퓨팅은 우리가 매일 사용하는 노트북, 데스크톱 컴퓨터뿐 아니라 스마트폰, 웹 서버, 슈퍼컴퓨터 및 다양한 종류의 기기를 가리킨다. **전통적인 컴퓨팅**이라는 용어가 사용되는 이유는 전통적인 컴퓨터가 인과율을 따르는 고전 역학을 정보 처리에 사용하기 때문이다. 반면 양자 컴퓨팅은 정보 처리 방식이 매우 다르며 실제로 매우 강력한 양자 역학을 이용한다는 점에서 상당히 흥미롭다. 이어서 몇 가지 양자 역학적 원리를 소개하고 2장에서 좀 더 자세히 설명하겠다.

큐비트

비트는 오늘날 우리가 사용하는 노트북, 서버, 스마트폰 및 슈퍼컴퓨터 같은 전통적인 컴퓨팅의 핵심 요소다. **비트**는 2진수를 뜻하는 'binary digit'의 줄임말이다. 여기서 'digit'은 한 자리 숫자를 의미하고, 'binary'는 동전 던지기 결과처럼 0 또는 1 둘 중에 하나의 값을 가질 수 있다는 것을 뜻한다.

컴퓨터에서 비트는 최소한 전원이 꺼질 때까지 0과 1을 설정하고 유지하며 반환하는 작고 저렴한 전자 장치에 저장된다. 단일 비트로는 제한된 정보만 표현할 수 있어서, 비트를 8개씩 묶어 256의 값을 나타낼 수 있는 바이트 단위로 사용한다. 8개의 이진수로 나타낼 수 있는 가능한 모든 조합은 2^8, 즉 256가지다.

큐비트는 광자, 원자 및 초전도체의 미세한 조각과 같은 양자 역학 상태의 물질을 핵심으로 하는 복잡한 장치다. 큐비트는 물질이 환경과 상호 작용을 하지 않도록 유지시켜 주는 강한 자기장 같은 일종의 저장 장치도 포함한다.

큐비트는 비트와 비교하면 훨씬 더 복잡하며 강력하지만, 현재의 큐비트는 두 가지 이유로 아직은 완전히 신뢰하긴 어렵다.

- » 주변 환경의 노이즈로 인해 오류가 발생하기 쉽다. 0이라는 결과가 실수로 1로 뒤집히거나 그 반대로 바뀔 수 있다. 그리고 오류가 발생했는지 쉽게 알 방법이 없다.
- » 큐비트가 중첩, 얽힘 및 터널링을 가능하게 하는 결맞음 상태를 유지하기 어렵다.

오늘날의 큐비트의 상황은 나쁜 식당에 관련된 오래된 농담 같다. '음식은 끔찍한 데 양도 너무 적다!'[4] 큐비트로 생각해 보면, '오류율이 끔찍이 높은데 결맞음 상태는 너무 짧다'고 할 수 있다. 그러나 이 문제에도 양자 컴퓨터는 작동하는 동안 가치 있고 흥미로운 결과를 제공한다.

양자 컴퓨터에서 큐비트는 비트보다 훨씬 복잡하고 비쌀뿐더러 다루기도 쉽지 않다. 하지만 확실히 강력하다.

다음 페이지의 그림은 절대 영도 가까이에서 초전도 큐비트를 유지시키는 냉각 장치의 바닥에 매달려 있는 IBM의 양자 컴퓨팅 모듈이다.

측정되기 전까지 각 큐비트는 0과 1 사이의 무한한 범위의 값을 나타낼 수 있다. 어떻게 큐비트는 이 모든 값을 가질 수 있을까? 큐비트의 핵심은 광자, 전자, 이온화된 원자 또는 초전도체로 만든 인공 원자의 형태로 이루어진 작은 물리적 조각인 **양자 입자**다.

양자 컴퓨팅을 위해선 큐비트의 핵심에 있는 양자 입자는 허공에서 뒤집히고 있는 동전처럼 제어되지 않는 결맞음 상태를 유지해야 한다. 결맞음 상태에서는 특정 순간에 큐비트의 값이 0인지 1인지 알 수 없다. 큐비트의 상태를 측정했을 때, 원하는 방향의 계산이 수행되고 큐비트는 0 또는 1의 값을 그 결과로 나타낸다.

큐비트의 힘은 주로 확률적으로 행동하는 큐비트의 특성에서 비롯된다. 주어진 큐비트로 오류 없이 같은 계산을 여러 번 반복하면 어떤 실행에서는 0을, 다른 실행에서는 1을 나타내지만 이는 오류가 아니다. 최종 결과는 각 큐비트가 0 또는 1을 나타낸 횟수로 구성된다. 그래서 대부분의 양자 계산 결과는 단일 숫자가 아닌 확률 집합으로 나타난다.

큐비트는 생성하기도 어렵고 결맞음 상태를 유지하기도 어렵다. 또한 근처의 큐비트들 간에 제어할 수 없는 방식으로 서로 간섭하는 경향도 있다. 큐비트 길들이기는 유용한 양자 컴퓨터를 만들려면 극복해야 할 가장 큰 도전 과제다.

---

4 옮긴이_ 우디 앨런이 영화 〈애니홀〉(1977)에서 했던 유명한 대사다. 처음 들으면 단순히 식당에 대한 불평 같지만 자세히 생각해 보면 '음식이 맛이 없는데 왜 양이 적다고 투덜거리지?'라는 의문이 드는, 한 번 더 곱씹어 봐야 하는 농담이다.

IBM의 양자
컴퓨팅 프로세서

Lars Plougmann / Flickr

양자 컴퓨터 제작에 널리 사용되는 접근법은 초전도체 큐비트를 이용하는 것이다. 이 방식은 절대 영도에 가까운 극저온을 유지해 열로 인한 간섭을 최소화하고 초전도성을 확보한다.

반면 전통적인 컴퓨터는 상온에서 동작하도록 설계됐다. 그러나 컴퓨터가 발생시키는 열로 인해 온도가 올라가면 작업이 중단될 수 있다. 따라서 열 방출이 필수적이다. 제조업체는 비용이 많이 드는 수냉식이나 다른 냉각 장치를 사용해야 하므로, 컴퓨터 부품을 원하는 만큼 밀집하기 어렵다.

양자 컴퓨팅에서는 큐비트가 추가될 때마다 컴퓨터 성능이 기하급수적으로 증가한다. 그러나 큐비트는 서로 간섭하는 경향이 있어 큐비트를 추가하기는 어려운 일이다.

양자 컴퓨팅의 선두 기업인 IBM은 양자 컴퓨터의 성능을 결정짓는 큐비트 수의 증가 추세를 보여 주는 로드맵을 발표했다. 간략한 로드맵은 다음 그림에 나와 있다. 최신 버전의 로드맵은 웹사이트[5]에서 확인할 수 있다.

IBM의 양자 컴퓨팅 로드맵[6]은 사용 가능한 큐비트 수의 과거와 미래 증가 추세를 보여 준다.

IBM의 양자 컴퓨팅 로드맵은 사용 가능한 큐비트 수의 증가 추세를 보여 준다.

IBM Quantum

중첩, 첫 번째 양자 초능력

큐비트가 동시에 여러 상태가 가능한 성질(또는 현상)을 **중첩**superposition이라고 하는데, 여기에서 'super'는 많음을 의미하고 'position'은 가능성을 의미한다. 기존의 비트는 0 또는 1의 값을 가질 수 있다. 반면, 중첩 상태의 큐비트는 동시에 여러 가능한 값들을 가질 수 있기 때문에 정해진 값을 가지지 않는다. 그러나 큐비트를 측정하는 순간, 큐비트의 에너지 파동 함수가 붕괴되면서 0 또는 1의 값을 얻게 된다.

중첩은 양자 컴퓨팅 성능을 뒷받침하는 주요 두 기둥 중 첫 번째다. 두 번째 기둥인 얽힘은 다음 절에서 다룬다.

3장에서는 기이할 정도로 과학적인 창의성이 넘쳐나던 1900년부터 1930년까지 양자 역학 창시자들이 중첩과 다른 양자 이론을 어떻게 발견했는지 알아본다. 이때는 1차 세계대전의 재앙과 대공황이 시작된 시기이기도 하다.

---

5 https://research.ibm.com/blog/ibm-quantum-roadmap-2025
6 https://www.ibm.com/quantum/blog/ibm-quantum-roadmap-2025

생명과 다중 우주 그리고 만물에 대한 설명

양자 컴퓨팅은 3장에서 기초 수준으로 설명할 양자 역학의 법칙에 의존한다. 양자 역학적 원리는 양자 컴퓨터의 작동에 필수다.

양자 역학의 작동 방식을 이해하는 한 가지 방법은, 양자 역학적 물질 각각의 가능한 상태가 그 가능성을 포함하는 새로운 평행 우주에서 사실이 된다는 점이다. 이 관점은 영화 〈에브리씽 에브리웨어 올 앳 원스〉(2022), 〈앤트맨과 와스프: 퀀텀매니아〉(2023)의 바탕이 됐다. 하지만 다중 우주가 실재하는지에 대한 논란은 여전히 계속된다.

양자 컴퓨팅에서 일상적인 작업을 할 때 이런 논쟁에 휘말릴 필요는 없으며, '닥치고 계산하라'는 명언[7]처럼 닥치고 계산하면 된다. 하지만 엉뚱해 보이는 아이디어는 양자 세계가 얼마나 신기하고 놀라운지 이해하는 데 도움이 될 수 있다. 이 아이디어는 일상 업무에 영감을 줄 수 있으며, 적어도 물체나 사람이 아닌 정보에 관해서라면 시간 여행, 순간 이동, 빛보다 빠른 이동과 같은 공상 과학 소설에나 나올 법한 성과로 이어질 수 있다.

생소한 얽힘 세계로의 초대

미국의 초대 대통령인 조지 워싱턴(George Washington)은 미국인들에게 외국과 얽힘을 피하라고 경고한 적이 있다. 하지만 큐비트 세계에서 얽힘은 양자 컴퓨팅 툴킷의 강력한 추가 도구로서 환영받는다.

얽힘은 두 개 이상의 양자 입자 사이의 일종의 연결이다. 예를 들어, 양자 입자는 **스핀**이라는 속성을 가지고 있으며, 스핀은 0 또는 1로 측정할 수 있다. 두 개의 양자 입자가 얽혀 있는 경우 그중 하나가 스핀이 위로 향하는 것으로 측정되면, 우리는 측정하지 않고도 얽힌 다른 입자의 스핀이 아래로 향할 것이라는 것을 알 수 있다. 첫 번째 양자 입자의 스핀에 영향을 주어 측정할 때 스핀이 위로 가도록 바꾸면, 두 번째 양자 입자의 스핀이 아래로 바뀔 것이라는 것을 측정하지 않고도 알 수 있다.

다음 페이지의 그림은 서로 반대 스핀을 가진 두 개의 얽힌 큐비트 사이의 연결

---

[7] 옮긴이_ 물리학자 데이비드 머민(David Mermin)의 유명한 인용문인 '닥치고 계산하라(Shut up and calculate)'는 종종 리처드 파인먼(Richard Feynman)의 것으로 잘못 알려져 있다. 다만 '숫자를 내놔라'라는 비슷한 구호는 수십 년 전에 시작됐다.

을 보여 준다. 한 큐비트의 스핀을 측정하면 다른 큐비트의 스핀이 반대라는 것을 알 수 있다. 한 큐비트의 스핀을 한 방향으로 변경하면 다른 큐비트의 스핀은 반대 방향으로 변경된다.

앞에서 말했듯이 얽힘은 양자 컴퓨팅의 성능을 뒷받침하는 두 번째 기둥이다. 얽힌 큐비트를 사용하면 하나의 큐비트에 대한 영향으로 다른 많은 큐비트에 연쇄 반응을 일으킬 수 있다.

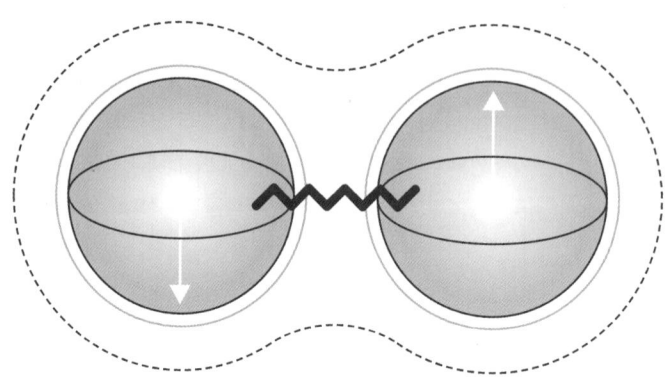

얽힌 큐비트는 서로 영향을 미친다.

얽힘과 중첩은 함께 작동한다. 얽힌 큐비트가 중첩 상태에 있으면 각각의 얽힌 연결도 중첩 상태에 있게 된다. 이런 계단식 불확정성은 양자 컴퓨터의 잠재적 성능을 기하급수적으로 증가시킨다.

양자 컴퓨터에서 프로그래밍하고 계산을 실행하려면 결맞음 상태 유지와 노이즈 제거로 얽힌 큐비트의 잠재성을 확보해야 한다. 그런 다음 큐비트를 측정하고 (큐비트의 결맞음이 깨진다) 각 큐비트의 결과로 0 또는 1을 기록한다.

양자 통신은 멀리 떨어진 곳의 통신을 위해 얽힌 큐비트를 사용한다. 이는 3장에서 더 자세히 알아본다.

결맞음을 통한 양자 컴퓨팅 구현

큐비트는 주변 환경과 상호 작용에서 분리된 **결맞음** 상태로 유지될 때만 양자 컴퓨팅에 사용할 수 있다. 양자 컴퓨팅을 수행하려면 큐비트는 2장에서 설명할 양자 역학의 규칙을 따라야 하며, 이 규칙은 결맞음 상태의 큐비트에만 적용된다.

예를 들어, 태양에서 방출되는 광자와 같이 우주를 떠도는 양자 입자는 결맞음 상태에 있다. 무엇이 입자들을 결이 어긋난 상태로 만들까? 강한 간섭(진동이나 강한 자기장 등), 고체 물체 또는 측정 장치와의 상호 작용이 원인이 된다.

큐비트의 결맞음 상태를 유지하는 것은 어렵다. 열에너지는 결맞음 상태를 깨뜨리기 때문에 큐비트는 차갑게 유지해야 한다. 진동(도로에서 트럭이 지나가는 것을 생각해 보자) 및 주변 환경과 충돌도 마찬가지다. 큐비트는 종종 강한 자기장이나 표적 레이저 빔을 사용하여 내부 양자 입자가 물리적 용기와 충돌하는 것을 방지한다.

빛의 속도를 넘어서

양자 역학의 역사에서 알베르트 아인슈타인은 동시에 쓸 수 없는 두 개의 모자를 썼다.

한 모자는 1905년에 발표된 아인슈타인의 상대성 이론 발견에서 유래한다. 상대성 이론에 의하면 이 우주의 속도는 다른 관측자에 대한 상대적인 움직임에 따라 달라지지만 빛의 속도인 초속 약 30만 킬로미터는 모든 관측자에게 항상 동일하다. 이 보편적인 속도 제한을 **국소성**locality이라고 한다.

다른 모자는 1905년 아인슈타인이 광자를 발견한 데서 나왔다(상대성 이론이 아니라 이 업적으로 아인슈타인이 노벨상 수상의 영예를 안았다). 광자의 발견은 양자 역학의 근간이다.

아인슈타인이 문제 삼은 점은 양자 역학에서 광자 같은 양자 입자가 서로 얽혀 있을 때 한 광자의 스핀을 읽으면 다른 광자의 스핀도 동시에 알 수 있다는 주장이다. 그리고 이 정보는 빛의 속도와 관계없이 즉시 전달된다. 물리학자들은 이 현상을 상대성 이론에서는 불가능한 **비국소성**nonlocality의 주장이라고 부른다.

아인슈타인은 이 현상을 '유령 같은 원격 작용spooky action at a distance'이라고 부르며 싫어했다. 아인슈타인이 큐비트를 생성하는 데 사용할 수도 있는 초전도 기체인 보스–아인슈타인 응축Bose–Einstein condensate 같은 획기적인 양자 발견을 계속하면서도 아인슈타인과 동료들은 얽힘 문제를 반증하려고 많은 노력을 기울였다.

오늘날의 주류 컴퓨터는 고전 역학의 영향을 받으며 빛의 속도로 제한을 받는다. 양자 컴퓨터는 양자 역학에 의존하며, 얽힘을 사용하므로 빛의 속도의 제약을 받지 않는다.

2022년 노벨 물리학상은 얽힘이 실재한다는 것을 보여 준 물리학자들에게 수여됐다. 얽힘에 의존하는 양자 컴퓨팅 분야의 연구자들은 갈릴레오의 뒤를 따라 '그럼에도 계산이 된다'고 속삭였다(갈릴레오는 나중에 사실로 밝혀진 지구가 우주의 중심이 아니라 태양 주위를 돈다는 지동설을 주장한 혐의로 재판을 받았다. 갈릴레오는 '그럼에도 지구는 돈다'고 속삭인 것으로 유명하다).

결어긋남decoherence이 큐비트에 영향을 미치는 유일한 재앙은 아니다. 온도 변화, 진동 또는 물리적 상호 작용은 큐비트가 결어긋남을 일으키지 않고도 제어할 수는 없는 방식으로 큐비트의 값을 변경할 수 있다. 이런 노이즈 때문에 양자 계산 결과에 오류가 발생한다. 노이즈를 최소화하고 오류를 감지하는 것은 양자 컴퓨터가 직면한 두 번째로 큰 도전 과제다.

예를 들어 양자 컴퓨팅 프로그래밍을 위해 큐비트를 조작하려면, 큐비트가 결어긋남을 일으키지 않고 값을 조정하는 방식으로 제어해야 한다. 자기장과 레이저 빔은 결어긋남을 일으키지 않고 큐비트를 조작하는 데 사용되는 수단이다.

큐비트의 값을 측정할 때 두 가지 일이 일어난다.

» 큐비트는 결어긋남 상태가 되고 고전 역학의 규칙을 따른다.
» 큐비트의 값은 0과 1 사이 어딘가에서 0 또는 1로 붕괴된다.

큐비트를 초기화하여 결맞음 상태로 돌아가야 계산에 다시 사용할 수 있다.

혹자는 양자 컴퓨터의 잠재력이 매우 제한적이며, 양자 컴퓨터가 유용한 결과를 얻는 데 필요한 결맞음 수준은 이론적으로나 실제적으로나 불가능하다고 주장한다. 양자 컴퓨팅 분야의 유명인들이 사기를 치고, 양자 컴퓨팅 분야 전체가 거대한 음모라는 극단적인 주장을 하는 사람들도 있다. 더 많은 연구가 진행되어야 양자 컴퓨팅의 한계가 밝혀지겠지만, 사기라는 주장은 음모론에 불과하다.

수학으로 풀어내는 양자 컴퓨터 성능

양자 컴퓨팅은 양자 역학의 원리를 기반으로 하기 때문에 전통적인 컴퓨팅과 비교하면 잠재적인 성능을 완전히 파악하기는 쉽지 않다. 그러나 약간의 수학적인 계산으로 요약할 수는 있다.

전통적인 컴퓨팅의 비트는 한 번에 0 또는 1이라는 두 가지 값 중 하나만 가질 수 있다. 따라서 N 비트 숫자로 나타낼 수 있는 모든 상태를 동시에 저장하기 위해서는 전체 상태 수 2^N에, 각 상태를 나타내는 비트 개수 N을 곱한 값인 $2^N \times N$

비트가 필요하다. 하지만 얽혀 있는 큐비트 집합은 가능한 모든 값을 동시에 가질 수 있다. 그래서 양자 컴퓨터는 N 개의 큐비트로 2^N 상태를 동시에 가질 수 있다. 예를 들어, 백만 개의 가능한 상태를 표현하려면 이천만 개의 비트가 필요하지만, 큐비트는 20개만 있으면 된다.[8]

오늘날의 컴퓨터는 수십억 개의 비트를 가지고 있지만, 가장 복잡한 문제를 해결하려면 많은 수의 비트를 사용해야만 한다. 양자 컴퓨터는 더 적은 수의 큐비트를 가지고 있지만(최근 출시된 IBM 양자 컴퓨터는 433개),[9] 매우 복잡한 문제를 해결하는 데도 수백 개의 큐비트만 있으면 된다.

지금의 양자 컴퓨터는 오류와 짧은 결맞음 시간으로 성능의 제한이 있다. 하지만 이런 요소들이 해결되면 놀라운 결과를 얻을 수 있을 것이다.

양자 컴퓨팅이 가져다 줄 혜택

양지 컴퓨팅이 기묘함과 강력한 성능에 매료되어 시간을 보내기는 쉽다. 그렇다면 양자 컴퓨팅이 인류에게 보여 줄 차별점은 무엇일까?

그 답을 이해하려면 먼저 일반적인 오해를 바로잡아야 한다. 오늘날 인터넷, 소셜 미디어, 머신러닝과 인공지능의 영향으로 사람들은 현재 컴퓨터의 강력한 힘을 걱정한다.

반면에 여전히 현재 컴퓨터로는 풀 수 없는 큰 문제들도 있다. 몇 가지 예를 들자면 기후 변화에 대응하기 위한 더 좋은 배터리 개발, 공기역학 최적화 계산, 복잡한 교통망에서 최적의 경로 설정, 더 효과 좋은 신약 개발 등이다. 이런 대규모 계산 과제는 현재 컴퓨터로는 해결할 수 없다(양자 컴퓨팅이 해결에 기여할 수 있는 과제에 대한 자세한 내용은 13장과 14장을 참고하자).

---

8 옮긴이_ 조금 더 이해를 도우려고 설명을 추가한다. 4 비트로 나타낼 수 있는 상태는 0000, 0001, 0010, ~ 1111 이렇게 총 2^4 = 16가지의 상태다. 각 상태를 나타내기 위해서는 4 비트가 필요하다. 따라서 컴퓨터로 16개의 상태를 동시에 나타내기 위해서는 16 × 4 = 64 비트의 메모리가 필요하게 된다. 따라서 임의의 N 비트 상태를 동시에 저장하기 위해서는 2^N × N 비트가 필요하다.

9 옮긴이_ 최근 IBM은 2023년 12월 4일에 개최된 'IBM Quantum Summit'에서 1,121 큐비트 양자 컴퓨터인 '콘도르'를 발표했다.

그리고 대규모 계산 과제는 바로 양자 컴퓨팅이 큰 변화를 가져올 것으로 기대되는 분야다. 미래의 양자 컴퓨터는 오늘날 해결할 수 없는 문제를 현재 컴퓨터보다 훨씬 더 빠르고 저렴하며 적은 에너지로 해결할 수 있을 것이다.

양자 컴퓨터는 오늘날 우리가 사용하는 컴퓨터와 협력해야만 '자기 역할'을 제대로 할 수 있다. 따라서 양자 컴퓨팅이 할 수 있는 일을 알아볼 때, 이 성과를 달성하려면 기존의 컴퓨팅 성능도 매우 많이 필요하다.

슈뢰딩거 고양이는 진짜 존재할까?

물론 슈뢰딩거 고양이는 진짜가 아니다. 하지만 이 대답의 의미를 조금 더 음미해 보자.

양자 컴퓨팅의 기반이 되는 물리학인 양자 역학은 1900년에서 1930년 사이에 핵심 이론적 연구가 이루어진 이래로 사람들을 혼란스럽게 만들었다(자세한 내용은 3장을 참조하자). 슈뢰딩거 고양이는 이런 혼란을 잘 보여 준다.

천재 물리학자 에르빈 슈뢰딩거는 양자 역학의 **불완전함**을 보여 주기 위해 1935년에 슈뢰딩거 고양이 실험을 고안해 냈다. 하지만 그는 누구보다도 양자 역학의 신비를 가장 잘 요약했다.

슈뢰딩거 고양이 사고 실험에서는 과학자가 방사능 독약 한 병, 붕괴하는 방사능 물질, 고양이 한 마리를 모두 상자에 넣는다. 그림과 같이 어느 시점에 방사능 붕괴로 인해 망치가 떨어져 플라스크가 깨지고 고양이가 죽게 된다. 그러나 방사능 붕괴는 무작위이기 때문에 언제 플라스크가 깨질지 아무도 예측할 수 없다.

과학자는 상자를 닫고 몇 시간을 기다린다. 갑자기 궁금해진다. 고양이는 살아 있을까, 죽었을까?

양자 역학은 '예'와 '아니오'라는 단순한 대답만 제공한다. 그 누구도 특정 시점에 방사능 붕괴로 고양이가 죽었을지를 확실히 말할 수 없다. 따라서 과학자가 돌아와 상자를 열 때까지 고양이는 죽었을 수도 있고 살아 있을 수도 있다.

이 우스꽝스러워 보이는 추측은 물질(고양이 몸)이 한 번에 두 가지 상태에 있는 **중첩**을 보여 준다. 양자 컴퓨팅에서 중요한 중첩은 슈뢰딩거가 처음 사고 실험을 고안한 이래로 무수히 많은 실제 사례로 증명됐다(혹시 걱정할까 봐 말하지만, 고양이는 사실 너무 크고 우리의 물질 세계에 너무 깊숙이 들어와 있어서 중첩 상태가 될 수 없다. 그리고 잘 알겠지만, 고양이는 절대 다치지 않는다. 야옹~).

고양이는 아니지만 임의로 멀리 떨어져 있는 입자들 사이의 신비한 연결인 **얽힘**이라는 관련 원리도 일련의 실험으로 입증되어 2022년 노벨 물리학상을 수상했다. 얽힘과 양자 역학 전반을 '유령 같은 원격 작용'이라고 묘사한 사람은 바로 아인슈타인이었다.

실제 고양이가 치명적인 위험에 처할 수 있다는 의미에서 슈뢰딩거 고양이는 존재하지 않는 실험이다. 그러나 슈뢰딩거의 실험에 바탕이 되는 원리는 양자 컴퓨팅에서 매일 입증되는 것처럼 실제로 존재한다.

양자 컴퓨팅의 다양한 유형

양자 컴퓨팅에는 세 가지 유형이 있으며, 오늘날 모두 활발히 사용되고 연구된다. 8장부터 11장까지 자세히 설명되어 있으므로 여기서는 간략하게 알아본다.

양자 기반 컴퓨팅

전통적인 컴퓨터는 전류를 받아 이진 논리를 적용하는 논리 게이트를 기반으로 하여 흐르는 전류가 없거나(0), 측정할 수 있는 전류(1)를 생성하는 결과를 나타낸다. 수학적 또는 논리적 문제를 충분히 낮은 수준으로 분해하고 논리 게이트로 실행하면 답을 찾을 수 있다.

양자 컴퓨팅에서 얻은 통찰력을 사용하여 전통적인 컴퓨터에서 실행되는 새로운 알고리즘을 만들거나 양자 컴퓨터 시뮬레이터를 전통적인 컴퓨터에서 실행할 때 이를 **양자 기반 컴퓨팅**quantum-inspired computing[10]이라고 한다. 양자 기반 컴퓨팅은 양자 컴퓨팅 개발의 초기 단계에서 새로운 해결책을 찾는 데 생산적인 접근 방식임이 입증됐다.

양자 어닐링

선도적인 컴퓨팅에는 **시뮬레이티드 어닐링**simulated annealing이라는 접근 방식이 있다. 이 방법은 금속을 가열하여 내부 구조를 녹인 다음 냉각하여 더 부드럽고 작업하기 쉬운 형태로 만드는 금속 공학의 담금질과 유사하다. 시뮬레이티드 어닐

---

10 옮긴이_ 양자 컴퓨팅을 다루는 국내 논문이나 문헌에서 'quantum-inspired computing'을 '양자 기반 컴퓨팅'이라 번역한 것을 참고했다.

링은 여러 도시를 방문하는 데 가장 비용이 적게 드는 경로 탐색과 같은 최적화 문제를 해결하는 데 유용하다. 이와 유사한 과정을 사용하여 방정식 집합을 설정하고 결과를 얻을 때까지 일련의 변환으로 문제를 해결할 수 있다.

이 접근 방식의 양자 컴퓨팅 버전을 **양자 어닐링**quantum annealing이라고 한다. 양자 어닐링은 더 진보됐지만, 구현하기 어려운 게이트 기반 양자 컴퓨팅 접근 방식을 사용하지 않는다. 대신 양자 어닐링은 큐비트를 그룹으로 사용해 최적화 문제를 해결하는데, 이는 큐비트를 덜 사용하는 방식이다.

양자 어닐링 컴퓨터는 큐비트 오류를 허용하고 정확하지 않은 결과를 얻을 수 있지만 그래도 대부분 유용하다. 예를 들어, 양자 어닐링 컴퓨터는 배송 트럭의 경로 중에서 유일한 최적 경로를 제시하는 대신 적당히 유용한 경로를 찾아낼 수 있다. 양자 어닐링 방식을 사용하는 양자 컴퓨터를 만드는 실질적인 기업은 D-웨이브 한 곳뿐이며, 최근에는 논리 게이트 양자 컴퓨터도 만들 계획이라고 발표했다.

한때 양자 어닐링 컴퓨터는 실제 양자 컴퓨터가 아니라는 비판을 받았지만 이제는 그렇지 않다. 그러나 게이트 기반 양자 컴퓨터가 가장 많은 관심과 투자를 받고, 연구 개발을 하고 있다.

이론에 의하면 양자 어닐링은 결국 기술적 복잡도가 '낮은' 사용 사례를 처리하는 전통적인 컴퓨팅 접근 방식과, 기술적 복잡도가 '높은' 사용 사례를 처리하는 게이트 기반 양자 컴퓨팅의 조합으로 대체될 것이라고 한다. 결과는 두고 볼 일이다.

게이트 기반 양자 컴퓨팅

대부분의 양자 컴퓨터는 양자 회로를 사용해 전통적인 컴퓨터의 논리 게이트 구조를 재현한다. 이런 컴퓨터를 **게이트 기반 양자 컴퓨터**라고 부른다. 게이트 기반 양자 컴퓨터는 큐비트를 특정한 방식으로 사용하며, 큐비트 작동에 오류가 있으면 양자 논리 게이트가 안정적으로 작동하지 않는다. 오늘날의 큐비트는 오류에서 자유롭지 않기 때문에 현재의 게이트 기반 양자 컴퓨터는 효용성이 떨어진다.

DIFFICULT

게이트 기반 양자 컴퓨팅을 구현하기는 매우 어렵기 때문에 아직 그 잠재력을 완전히 발휘할 수 있을지 확신할 수 없다. 하지만 만약 실현된다면 양자 기반 컴퓨팅과 양자 어닐링 모두 쓸모없게 만들 것이다. 충분한 시간이 지나면 게이트 기반 양자 컴퓨팅은 모든 종류의 양자 관련 컴퓨팅 문제를 처리하는 가장 좋은 방법이 될 것이다.

양자 컴퓨터에서는 실제 물리적 물질을 기반으로 결맞음 상태를 유지하는 네 가지 주요 유형의 큐비트가 사용된다.

- 초전도 금속 루프superconducting metal loop
- 이온 트랩trapped ion
- 광자photon
- 중성 원자neutral atom

각 큐비트의 장단점은 10장과 11장에서 알아본다. 여러 양자 컴퓨팅 회사들은 각기 다른 종류의 큐비트를 기반으로 개발을 진행한다.

이온의 전체 그림

원자는 양성자, 중성자, 전자의 세 가지 입자로 구성된다. 원자의 핵에 있는 양성자는 양전하 1을 띠고, 중성자 역시 원자핵에 존재하며 양성자와 같은 수로 존재하며, 전하가 0이라 전하가 전혀 없다. 원자핵의 양성자 수에 따라 원자의 원자 번호와 원자가 나타내는 원소가 결정된다. 예를 들어, 수소는 양성자와 중성자가 하나씩 있지만 헬륨은 각각 두 개씩 있다.

핵을 돌고 있는 전자는 양성자의 양전하와 같은 크기의 음전하, 즉 -1의 전하를 띤다. 대부분의 물질 상태에서 전자의 수는 양성자의 수와 균형을 이루며, 원자 전체는 중성 전하를 띤다. 이는 양성자와 전자의 전하가 서로 상쇄되기 때문이다.

이온화된 원자에서는 전자가 추가되거나 제거된다. 여분의 전자가 핵에 붙잡히면 원자는 이제 음전하를 띠게 되고, 전자가 원자핵의 인력을 벗어나면 원자는 양전하를 띠게 된다.

큐비트로 논리 게이트 연산을 실행할 수 있을 만큼 결맞음을 유지하기는 어렵다. 따라서 논리 게이트 양자 컴퓨터는 상대적으로 적은 수의 큐비트(이 글을 쓰는 현재로서는 최대 수백 개)로 운영된다. 그리고 이 프로그램은 결어긋남이 일어나기 전 수백만 분의 일 초 동안만 실행되어야 한다.

가로막는 장애물 돌파하기

양자 컴퓨팅의 능력을 조금이나마 느꼈기를 바란다. 양자 컴퓨팅이 이 모든 잠재력으로 더 많은 성과를 내려면 해결해야 할 과제는 무엇일까?

하드웨어는 몇 가지 관련 과제를 해결해야 한다.

- » **더 좋은 큐비트**: 오류율이 낮은 큐비트는 훨씬 더 나은 결과를 만들어 낸다. 큐비트와 제어 장치는 노이즈 발생을 줄여야 한다. 혼선cross-talk(주변 큐비트와 환경 간의 간섭)을 일으키지 않고 열이나 진동과 같은 다른 노이즈로부터 더 잘 격리되어야 한다.

- » **더 많은 큐비트**: 각 큐비트의 성능이 향상되면 큐비트를 더 조밀하고 더 많은 수로 묶을 수 있다. 전통적인 컴퓨팅과 마찬가지로, 컴퓨팅 성능이 크게 향상되면 비용을 절감할 수 있다.

- » **냉각 및 과냉각**[11]: 초전도 큐비트는 매우 낮은 온도가 필요하다. 또한 온도가 낮을수록 모든 유형의 큐비트 오류 감소에 더 좋다. 따라서 더 좋고 저렴하며 제조하기 쉬운 냉각 및 과냉각이 다른 하드웨어 문제를 해결하는 데 도움이 된다.

- » **오류 정정**: 오류 정정에는 여러 가지 해결책이 있는데, 그중 하나는 여러 개의 물리적 큐비트를 자체 수정이 가능한 단일 논리적 큐비트로 결합하는 방법이다. 더 낮은 온도와 더 나은 제어 장치는 오류 수를 줄이고 오류 정정에 대한 부담을 덜어준다.

소프트웨어의 주요 과제는 다음과 같다.

- » **양자 알고리즘**: 주류 컴퓨터의 알고리즘을 최적화하는 데 수십 년이 걸렸지만, 양자 알고리즘은 아직 초기 단계에 있다. 이론적 발전과 실제적인 최적화가 모두 필요하다.

- » **하이브리드 양자 컴퓨팅**: 양자 컴퓨터와 전통적인 컴퓨터가 문제를 원활히 효율적으로 공유하려면 소프트웨어와 하드웨어 모두의 발전이 필요하다. 이 시스템 간의 협업을 하이브리드 양자 컴퓨팅이라고 한다.

- » **오류 완화**: 소프트웨어는 오류를 예측하고 줄일 수 있어 오늘날의 양자 컴퓨터를 더욱 유용하게 만들고 하드웨어 오류 정정에 대한 부담을 줄여 준다.

전문 인력도 부족하다.

- » **과학자 및 연구원**: 양자 컴퓨팅 분야를 발전시키려면 이론적 연구와 고급 개발이 필요하지만, 전문 지식을 갖춘 사람이 너무 적다.

---

11 옮긴이_ 과냉각(supercooling)은 액체나 기체의 온도를 고체가 되는 일 없이 어는점 아래로 낮추는 과정이나 상태를 가리킨다. 상전이 온도 밑으로 내려가더라도 원래의 상을 유지하고 있다.

» **소프트웨어 개발자**: 소수의 소프트웨어 개발자만이 양자 컴퓨팅 시스템을 사용할 수 있고, 발전에 기여할 수 있다.

» **비즈니스 분석가 및 최종 사용자**: 사용자 커뮤니티는 아직 양자 컴퓨팅 시스템에서 어떤 문제를 시도해야 하는지, 단기간에 가치를 제공할 수 있는 개선 사항을 어떻게 요청하는지 알지 못한다.

마지막으로 양자 컴퓨팅은 문제를 바라보는 새로운 관점이며, 이 새로운 관점은 종종 전통적인 컴퓨터에서 사용할 수 있는 더 나은 해결책으로 이어진다. 꾸준한 연구만이 각각의 컴퓨팅과 두 종류의 컴퓨팅을 모두 사용하는 하이브리드 시스템을 최대한 활용하는 방법과 더 나은 아이디어를 제공할 것이다.

이를 모두 고려해 보면 양자 컴퓨팅이 현재 어떤 위치에 있는지 궁금할 것이다. 양자 컴퓨팅은 엄청난 잠재력을 보여 주고 전 세계적으로 수십억 달러의 투자를 유치하고 있지만, 중요 문제에서 아직 전통적인 컴퓨팅보다 우월함을 입증하지 못하고 어색한 위치에 있다.

하지만 이 책이 출간될 즈음, IBM은 양자 컴퓨터가 오늘날 우리가 의존하는 컴퓨터에서는 불가능한 유용한 결과를 얻을 수 있는 능력, 즉 **양자 유용성**quantum utility을 입증하는 연구를 발표했다.

이 연구에서 IBM은 127개의 큐비트를 자랑하는 최신 양자 컴퓨터를 사용해 127개의 막대자석 간의 상호 작용을 시뮬레이션했다. 이것은 기존 컴퓨터로 해결하기에는 너무나 복잡한 문제다. IBM은 전통적인 컴퓨터와 양자 컴퓨터 시스템에서 동일한 문제를 실행했다. 그 결과 슈퍼컴퓨터(강력한 전통적인 컴퓨터)는 IBM의 양자 컴퓨터 용량의 절반 수준인 약 63 큐비트까지 따라잡을 수 있었다. 양자 컴퓨터의 결과물을 슈퍼컴퓨터로 재현하기란 불가능해 보인다.

획기적인 돌파구처럼 보이는 성과를 확인하거나 부정하려면 아직 해야 할 작업이 남아 있으며, 제품 출시 일정에 정확히 127개의 상호 작용하는 막대자석이 있는 사람에게만 즉각 쓸모 있을 것이다. 그러나 어느 웹사이트에서 말한 것처럼 이 성과는 '일종의 계약금, 즉 약속을 지키겠다는 다짐이자 약속을 지킬 수 있다는 증거'로 정말 대단한 일이다.

CHAPTER 2
초기 컴퓨팅과 전통적인 컴퓨팅의 역사

[이 장의 주요 내용]

- 초기 컴퓨팅 개발의 역사
- 오늘날 컴퓨터로의 급속한 발전
- 전통적인 컴퓨팅과 양자 컴퓨팅 결합

양자 컴퓨팅 책에서 사람들이 매일 사용하는 노트북과 데스크톱 컴퓨터, 태블릿과 스마트폰, 웹 서버, 심지어 세계 최대 규모의 슈퍼컴퓨터 등 전통적인 컴퓨터를 다루는 이유는 무엇일까? 여기에는 세 가지 이유가 있다.

첫 번째로 양자 컴퓨터는 특정한 작업만 처리할 수 있기 때문에 전통적인 컴퓨터를 완전히 대체할 수 없다. 전통적인 컴퓨터를 사용해서 양자 컴퓨팅을 설정하고 시작한 다음, 전통적인 컴퓨터로 그 결과를 받게 된다. 따라서 양자 컴퓨터를 사용하려면 전통적인 컴퓨터를 사용해야 한다.

둘째, 양자 컴퓨팅을 전통적인 컴퓨팅과 비교해 보면 양자 컴퓨팅을 잘 이해할 수 있다. 따라서 전통적인 컴퓨팅의 역사와 발전 과정을 제대로 이해하면 양자 컴퓨팅의 특별한 점을 이해하는 데 도움이 된다.

마지막으로, 양자 컴퓨터의 여러 까다로운 작업에서 전통적인 컴퓨터와 양자 컴퓨터가 차례로 특정 단계를 처리해야 하는 하이브리드 작업이 필요하다. 각 종류의 컴퓨터가 가장 잘하는 것이 무엇인지 알아야만 이런 하이브리드 작업을 이해할 수 있으며, 양자 컴퓨팅으로 구현 가능한 흥미로운 프로젝트를 만들 수 있다.

DIFFICULT

새로운 슈퍼컴퓨터는 이미 양자 컴퓨터와 일종의 벌컨 마인드 멜드$^{Vulcan\ mind\ meld}$[1]처럼 효율적인 공동 작업 처리를 가능하게 하는 매우 빠른 상호 연결성을 구축해서 제공한다.

덧붙이자면 전통적인 컴퓨팅의 역사를 살펴보는 과정 자체가 재미있다. 컴퓨터는 우리 삶에서 매우 중요한 부분이며 매일 영향을 미치고 있기 때문에 이런 이야기를 파악해 두는 건 보람 있는 일이다. 이 장을 집필하면서 정말 즐거웠다.

전통적인 컴퓨터가 사라지지 않는 이유

본격적으로 들어가기 전에 컴퓨터가 무엇인지부터 정의해 보자. 이 단어는 실제로 수십 년에 걸쳐 진화해 왔다.

일반적으로 **컴퓨터**라는 단어는 계산 작업을 수행하는 모든 것 또는 모든 사람을 설명하는 데 사용됐다. 다시 말해 계산 작업을 수행하는 사람도 컴퓨터라 할 수 있었으며, 이 사람 컴퓨터가 사용했던 주판, 계산자, 데스크톱 계산기(이것들을 기억하는 것으로 세대를 구분할 수 있다)도 컴퓨터라고 할 수 있다.

하지만 오늘날 컴퓨터라고 하면 계산 작업을 수행하는 데 중점을 둔 전용 기기를 말한다. 양자 역학이 아닌 고전 역학을 사용하여 계산 작업을 수행하는 컴퓨터를 전통적인 컴퓨터라고 한다.

전통적인 컴퓨터는 오늘날의 세상을 지배한다. 우리가 흔히 생각하는 컴퓨터뿐만 아니라 말하는 어린이 장난감, 로봇 청소기, 전기 자동차$^{electric\ vehicle}$(EV) 안에서도 쉽게 컴퓨터를 찾아볼 수 있다(전기 자동차에는 여러 종류의 전통적인 컴퓨터가 함께 작동한다).

이런 일상적인 장치를 **전통적인 컴퓨터**라고 부르는 이유는 무엇일까? 전통적인 컴퓨터는 다음 장에서 설명하는 것처럼 고전 역학의 결정론적 원리를 기반으로

---

[1] 옮긴이_ SF 드라마 〈스타 트렉〉(1966)에서 벌컨인들이 사용하는 기술로 여러 사람 사이에 정신을 융합해 서로 통하게 하는 기술이다.

하는 컴퓨터다. 데이터를 입력하고 프로그램을 실행하거나 스프레드시트를 다시 계산해 보면 언제나 정확히 동일한 결과를 얻을 수 있다.

전통적인 컴퓨터는 저렴하고, 안정적이며, 유지보수(또는 교체)가 가능하고, 대부분 문제에 높은 성능을 발휘한다. 하지만 전통적인 컴퓨터는 몇 가지 문제에서 벽에 부딪힌다. 이와 같은 상황에서 양자 컴퓨터는 실제로 매끄럽게 작동하리라 기대한다.

따라서 이 책의 나머지 부분에서 양자 컴퓨팅을 이해하기 위한 토대를 마련하기 위해서는 이 장에서 컴퓨팅의 초기 역사와 오늘날의 컴퓨터의 출현을 살펴보아야 한다.

양자 컴퓨팅의 미래 가치를 둘러싸고 많은 논란이 있지만, 그보다는 낙관적인 아이에게 큰 말똥 더미를 보여 주며 좋은 점을 말해 보라고 했다는 이야기가 떠오른다. 대답 대신 아이는 삽을 들고 말똥 더미를 여기저기 파기 시작했다. 사람들이 궁금해서 아이에게 이유를 물었다. 아이는 "여기 많은 말똥을 보면 어딘가에 조랑말이 있을 거예요!"라고 말했다. 마찬가지로 양자 컴퓨팅에 투자되는 모든 시간, 관심, 자금이 머지않은 미래에 인류에게 중요한 가치를 가져다줄 것으로 믿는다. 그중 일부가 말똥으로 밝혀지더라도 말이다.

컴퓨터의 선사 시대 둘러보기

사람들은 오랫동안 계산 장치를 발명하고 사용해 왔다. 이 노력이 얼마나 철저했는지를 보여 주는 세 가지 초기 계산 장치를 살펴보자.

- **주판**: 산술 계산에 사용되는 나무 틀에 구슬이 달린 주판. 수천 년 전에 발명되어 한때 전 세계에서 널리 사용됐으며 오늘날에도 여전히 일부에서 사용된다.
- **안티키테라**Antikythera: 약 2천 년 전에 그리스인들이 만든 놀랍도록 진보된 천문 시뮬레이터. 1901년 고대 난파선에서 실제 유적이 발견되기 전까지는 역사에서 잊혀진 채 남아 있었다.
- **계산자**: 기본 계산 및 로그 계산에 사용되는 세 개의 기어를 가진 눈금자. 수백 년 전에 발명되어 최근까지 널리 사용됐다. 오늘날에도 소수의 애호가가 여전히 사용한다.

전통적인 컴퓨터의 전신인 주판

가장 잘 알려져 있고 가장 널리 사용되는 고대 컴퓨팅 장치는 주사위 놀이판과 다를 바 없는 일종의 계산판으로, 수천 년 전에 여러 문화권에서 발명됐다. 이 계산판은 시간이 지나면서 주판으로 발전했다.

주판은 다음 그림과 같이 일련의 구슬이 여러 줄에 꿰여 달려 있는 것을 말한다. 사용자는 구슬을 움직여 숫자를 기록하고 계산한다. 주판은 여전히 일부 상점 주인과 어린이를 위한 장난감 및 교육용 장치로 사용되며, 장난감 가게나 교구 용품점을 돌아다니다 보면 볼 수 있다.

숙련된 사용자에게 주판을 쥐여주면 놀라울 정도로 빠르고 정확하게 결과를 계산한다.

Alexey Kuznetsov / Adobe Stock

이후 버전의 주판은 자리 시스템을 사용하며 오늘날 우리가 아는 방식으로 작동하지만, 숙련된 주판 전문가는 초보를 당황하게 하는 단축키와 기교를 사용한다.

주판은 오늘날의 컴퓨터와 많은 유사점을 지닌다. 작고 정확하며 결정론적이다. 주판 조작에 동일한 입력으로 시작하여 동일한 단계를 밟을 때마다 동일한 결과를 얻을 수 있다. 줄 위의 구슬은 1장에서 소개한 중첩을 나타내지 않는다. 얽힘, 터널링도 당연히 상관없다.

DIFFICULT

주판은 어림짐작 연산에도 사용할 수 있어서, 큰 수 계산에서 '충분한' 근사치를 얻으려고 사용할 수 있다. 하지만 정확한 답을 얻으려 할 때 가장 많이 사용한다.

주판과 함께 자란 사람들 중 일부는 오늘날에도 주판을 사용한다. 하지만 이제 주판은 휴대용 계산기와 휴대폰 계산기 앱으로 대체됐다.

우리가 사용하는 자릿수 체계

오늘날 우리가 사용하는 십진법과 이를 구성하는 데 사용하는 자릿수 체계는 우리 안에 뿌리 깊게 자리 잡고 있다. 사실 십진법 자릿수 체계의 전 세계적인 표준화는 비교적 최근에 이루어진 발명품이다.

로마인들은 1부터 5까지의 숫자를 I, II, III, IV, V로 표기하는 신비한 체계를 사용했는데, I은 1을 나타내고 V는 5를 나타낸다. 하지만 4는 5보다 1이 적은 IV라고 썼다. 로마인은 자릿수 체계를 사용하지 않았고 숫자에는 0이라는 개념이 없었다. 라틴어로 로마인에게 0이라고 하면 그들은 의아한 표정을 지을 것이다.

오늘날 많은 사람이 로마 숫자를 일상에서 접하게 된 이유는 미식축구 결승전인 슈퍼볼에서 로마 숫자를 사용하여 큰 경기의 장엄함을 전달하기 때문이다. 또한 학교에서는 현재의 자릿수 기반인 십진법이 숫자를 표기하는 유일한 방법이 아니라는 점을 강조하려고 로마 숫자를 가르치기도 한다.

2016년에 열린 제50회 슈퍼볼은 로마 숫자 표기법으로 Super Bowl L[2]이라는 명칭으로 널리 홍보됐다. 풋볼 팬이 아니거나 패배한 캐롤라이나 팬서스의 팬이라면 'L이 붙은 슈퍼볼'이라고 말할 수도 있다.

로마 숫자를 설명하는 것만으로도 0에서 9까지의 십진수의 주요 이점을 충분히 알 수 있다. 하지만 십진수에 힘을 부여하는 것은 바로 자릿수 체계다.

우리는 십을 나타내려고 10을 쓴다. 10의 1은 1 뒤에 다른 자리인 0이 있기 때문에 10을 의미하고, 100의 1은 두 자리인 0이 모두 1 뒤에 있기 때문에 100을 의미한다는 것을 안다. 이처럼 자릿수 체계에서 0은 자리를 표시하기 위해 꼭 필요하다.

십진수 자릿수 체계는 바빌로니아인, 마야인, 중국인, 인디언이 사용한 자릿수 체계의 후손으로, 과거에는 어떤 자릿수를 기준으로 사용하는지에 따라 다양했다. 오늘날 컴퓨팅에서 2진수는 기수^{base}로 2(1비트)를 사용하고, 8진수는 기수로 8(3비트)을, 16진수(영화 〈마션〉(2015)에서 매우 중요하게 사용됨)는 기수로 16(4비트, 바이트의 절반이라서 니블이라고도 함)을 사용한다.

---

2 옮긴이_ 로마 숫자에서 L은 50을 뜻한다.

초기 오러리 안티키테라가 발굴되다

사람들이 천체의 움직임을 시뮬레이션하려고 계산 장치를 만든 역사는 오래됐다. 시뮬레이터라고 불리는 이 유형의 장치는 주판이나 눈금자와 같은 계산 장치와는 다르다. 양자 컴퓨팅도 이 구분이 나타난다. 천체의 움직임은 실용적인 관점에서 농작물을 심고 수확할 시기를 예측하거나 점성술 예언 측면에서도 중요했다.

이 장치를 오러리^{Orrery}[3]라고 하는데, 대부분은 복잡했다. 갈릴레오 이전에는 지구가 태양계의 중심에 있다는 잘못된 가정에 기초했기 때문에 더 복잡할 수밖에 없었다. 이 잘못된 가정 때문에 현실(행성이 태양 주위를 돌고 있는)과 일치하는 모델(지구 중심)을 만드는 것이 엄청나게 어려웠다.

오러리는 동력원이 필요하고 정밀한 기어가 필요하다는 점에서 시계와 비슷한 요구 사항을 갖는다. 그래서 역사학자들은 오러리와 시계가 함께 진화했으며, 암흑기와 중세 시대(대략 서기 500년에서 1400년경)에는 천천히 발전했고, 이후 계몽주의 시대에 급속도로 발전했다고 믿었다. 계몽주의 시대는 이성의 시대라고도 불린다.

하지만 1901년 그리스 안티키테라섬의 지중해 난파선에서 발견된 2000년 전의 장치는 이러한 가정을 뒤집어 놓았다. 이 장치와 난파선 모두 기원전 1~2세기 전의 것이다. 지금도 역사가와 과학자들이 조사하고 있는 이 부식되고 찌그러진 장치는 무척이나 복잡한 오러리라고 생각한다.

고고학 기록이나 문서 기록에서 그리스와 로마인들이 컴퓨터의 일종이라고 할 수 있는 이토록 복잡한 장치를 가졌다고 믿는 사람은 아무도 없었다. 왜냐하면 안티키테라(다음 그림 참조)는 모든 오러리와 마찬가지로 사람들이 자연법칙을 모델링하려고 만든 일종의 컴퓨팅 장치인 기계식 시뮬레이터였기 때문이다.

안티키테라는 수십 개의 기어를 가지고 있으며 일식과 월식 등을 예측하려고 설계된 것으로 보인다. 이렇게 복잡한 시계는 천여 년이 지난 1300년대에 시계 제

---

3 옮긴이_ 태양계의(太陽系儀)는 태양계의 움직임을 시뮬레이션하는 기계 장치로, 18세기 이 장치를 최초로 주문한 영국인의 이름을 따서 오러리라고 표기한다.

작 기술이 발전하기 전까지 다시 등장하지 않았다. 이 장치의 복잡성은 안티키테라 이전 모델과 동반 장치가 있었음을 암시하지만, 다시 말하지만 문서나 고고학적 증거는 없다.

모든 오러리와 마찬가지로 오늘날 안티키테라는 인쇄된 천체력, 온라인 문서, 구글 검색, 챗GPT에 질문하기 등의 같은 정보를 제공하지만 더 편리한 많은 도구로 대체됐다.

하지만 1959년에 처음 언급되어 1981년에 다시 제기된 리처드 파인먼^{Richard Feynman}의 양자 컴퓨터 제안은 신약 개발과 재료 과학에서 발견되는 양자 역학적 상호 작용을 모델링하는 시뮬레이션 장치로 사용하기 위함이었다는 사실에 주목할 필요가 있다. 오늘날에는 전통적인 컴퓨터, 그래픽 처리 장치(GPU), 특수 양자 장치, 완전한 성능의 양자 컴퓨터가 계산과 양자 시뮬레이터로 모두 사용된다.

안티키테라는 그 비밀을 조금씩 드러내고 있다.

Marsyas / Wikimedia Commons / CC BY-SA 3.0

더 이상 세상을 지배하지 않는 계산자

계산자는 컴퓨팅 장치의 가장 최근 사례이지만, 이 글을 읽는 많은 분에게는 고대의 역사처럼 보일지도 모르겠다. 다음 그림에 있는 계산자는 거리, 숫자, 로그

(숫자의 거듭제곱) 등을 나타내는 데 사용되는 표시가 있는 눈금자 세트다. 주판과 마찬가지로 계산자는 숙련된 사용자의 손에서만 유용하다.

계산자는 1600년대에 발명됐지만 1800년대 중반에 기술자들 사이에서 보편화됐다. 역사적 사실을 바탕으로 한 영화〈히든 피겨스〉(2016)에는 인간 계산기로 일했던 미국 흑인 여성들이 등장해서 계산자를 사용하여 우주비행사를 달로 보내는 데 필요한 궤도를 계산했다.

버즈 올드린은 달 궤도에 있는 동안 이글을 달 표면에 안전하게 안착시키기 위한 막판 계산을 하려고 계산자를 꺼냈다고 한다. 우주 경쟁을 다룬 영화〈필사의 도전〉(1983)에도 나오는 이야기다!

주판과 마찬가지로 계산자도 1970년대에 포켓용 계산기로 대체됐고, 현재는 휴대폰 앱, 온라인 검색, 컴퓨터로 대체됐다. 하지만 주판과 마찬가지로 계산자도 여전히 핵심 사용자층이 존재하며, 이들 중 대부분은 계산자와 함께 자란 사람들이다. 일부 젊은 사람들도 계산자를 사용하지만, 어르신들처럼 능숙하게 사용하는 경우는 드물다.

한때 계산자는 포병 사격장에서 케네디 우주센터, 달 궤도에 이르기까지 모든 곳을 지배했다.

dvande / Adobe Stock

계산자는 작은 숫자 계산에서는 정확한 결과를 얻고, 대부분의 큰 숫자 계산에서는 근사치를 제공한다. 더 정확한 결과를 얻으려면 연필과 종이로 몇 시간 또는 며칠 동안 작업하거나 귀중한 메인프레임 컴퓨터 시간을 사용해야 하는데, 계산자가 빠르게 제공하는 근사치로도 충분하던 때가 많았다. 계산자 계산의 이 부정확성은 정확하지는 않지만 매우 유용한 결과를 제공하는 오늘날의 양자 컴퓨터와 어느 정도 비슷하다.

초기 컴퓨터에서 배울 점

초기 컴퓨터에 대한 간략한 조사로 다양한 종류의 컴퓨팅 장치가 존재하거나 존재했다는 사실을 알았다. 그리고 특정 컴퓨팅 장치가 사용되기 시작하면, 원래 제작자가 상상하지 못했던 결과와 기술적 진보가 이루어질 수 있다. 예를 들어 계산자는 쥘 베른이 달에 사람이 간다는 아이디어를 대중화했던 1865년 훨씬 이전부터 사용됐지만, 약간 개선된 계산자는 한 세기 후 달 착륙을 가능하게 하는 데 기여했다.

마찬가지로 다음 절에서 설명하는 전통적인 컴퓨터와 양자 컴퓨터 사이에도 흥미로운 역학 관계가 존재한다. 양자 컴퓨터와 양자 컴퓨팅 알고리즘의 개발은 전통적인 컴퓨팅 기술이 최근에 이룬 발전에 많은 영감을 주었다.

이러한 세부 사항 외에도 컴퓨팅의 역사와 현재 전통적인 컴퓨터의 작동 방식을 이해하는 주된 목적은 모든 종류의 컴퓨터, 특히 양자 컴퓨터로 무엇을 할 수 있는지 폭넓게 생각하도록 영감을 얻는 것이다. 전통적인 컴퓨터와 양자 컴퓨터는 함께 또는 개별적으로 세상을 더욱 변화시킬 것이 분명하지만, 이런 변화를 주도하려면 인간의 노력과 상상력이 필수다.

전통적인 컴퓨팅의 급격한 발전

전통적인 컴퓨팅은 코페르니쿠스, 갈릴레오, 뉴턴이 사용한 결정론적 접근 방식인 고전 역학의 원리를 사용한다(3장에서 설명). 한 세기가 넘는 개발 기간을 거친 오늘날의 주류 전통적인 컴퓨터는 성능이 뛰어나고 저렴하며, 신뢰할 수 있다. 하지만 이 장의 뒷부분에서 설명하는 특정 종류의 문제 때문에 어려움을 겪기도 한다.

컴퓨팅의 역사는 여러 가지로 설명할 수 있지만, 여기서는 우리가 살고 있는 세상에 어떻게 나타났는지와, 주요 관심사인 양자 컴퓨팅의 출현을 위한 무대를 마련한 몇 가지 중요한 발전에 초점을 맞추고자 한다. 주요 이정표는 다음과 같다.

» 전자기계식 표 집계기의 등장
» 최초의 전자식 컴퓨터
» 마이크로프로세서의 탄생과 발전

표 집계기의 등장

오늘날 컴퓨터의 직계 조상은 1800년대 후반에 미국 인구 조사를 집계하려고 개발된 표 집계기였다. 표 집계기는 제한적이기는 하지만 주판과 계산자처럼 기본적인 정보 처리 작업인 산술을 계산한다. 1800년대 후반은 철도와 최초의 철제 선박이 등장하였고 세기가 바뀌자마자 최초의 비행기가 등장한 시대였다.

또한 1900년에서 1930년 사이에 양자 역학이 발전한 시대이기도 하다. 발명가들은 빅토리아 시대의 옷을 입고 그 시대의 기술을 사용하면서 오늘날 사람들도 잘 모르는 수학과 물리학을 만들었다. 샹들리에처럼 생긴 과냉각 기계에 둘러싸인 오늘날의 많은 양자 컴퓨터가 아이러니하게도 스팀펑크에 등장하는 기계와 유사한 모습을 하고 있다.

스팀펑크는 공상 과학 소설의 배경이 되는 문학 장르로, 증기 기관 시대를 배경으로 당시의 실제 기계보다 훨씬 더 복잡하고 인상적인 상상 속의 기계가 등장한다. 영화에서 프랑켄슈타인의 괴물을 살아 움직이게 하는 데 사용된, 대기 중에 아크 방전을 일으키고 증기 구름을 뿜어내는 기계를 생각해 보면 쉽게 이해할 수 있다. 오늘날 스팀펑크는 양자 컴퓨팅을 처음 접하는 사람들에게 설명할 때 자주 사용된다. 그 이유는 이 분야의 복잡한 장치들, 특히 샹들리에처럼 생긴 구조물들이 마치 옛날과 미래가 혼합된 것처럼 보이기 때문이다. 양자 컴퓨팅은 최신 기술이지만, 그 장치는 과거의 증기기관 시대를 연상시키는 부분이 있어, 마치 우리가 옛 시대와 새로운 시대를 동시에 경험하고 있는 것 같은 느낌을 주기 때문이다. 심지어 『Quantum Steampunk』(Johns Hopkins University Press, 2022)라는 제목의 책도 나왔다.

이제 전통적인 컴퓨터의 발전으로 돌아가 보자. 다음은 표 집계기에 대한 몇 가지 핵심 사항이다.

- 기계식 베틀(천을 짜는 장치)과 자동 피아노를 본떠 만든 것으로, 종이에 천공해서 프로그래밍에 사용했다.
- 이들은 1달러 지폐 크기의 천공 카드를 입력으로 사용했다(천공 카드는 1980년대에 저자 중 한 명인 스미스가 천공으로 시분할 컴퓨터를 코딩해서 경력을 시작할 정도로 오랫동안 널리 사용됐다).
- 초기 목적은 고정 필드에 대한 합계를 얻기 위한 덧셈이었다.
- 전기로 구동되었지만 본질적으로 기계식이며 도르래, 기어 등을 사용하여 작업을 수행하는 전기 기계식이다(앞서 설명한 안티키테라의 후계자).
- 2차 세계대전에 전자식 컴퓨터가 등장하기 전까지 주요 컴퓨팅 형태였으며, 그 이후에는 점차 사라졌다.

표 집계기는 오늘날의 실리콘 밸리식 스타트업과 비슷한 방식으로 탄생했다. 1800년대 후반까지만 해도 연필과 종이를 사용하여 인구 조사 결과를 표로 작성하는 것은 비용이 많이 들고 오류가 발생하기 쉬우며 시간이 오래 걸려 거의 10년이 걸렸다. 인구 조사는 10년마다 실시되기 때문에 좋은 결과가 나오지 않았다.

그래서 인구 조사 직원인 허먼 홀러리스는 정부 업무를 그만두고 TMC$^{Tabulating\ Machine\ Company}$를 설립했다. 정부는 그와 계약을 맺었고, 1890년 인구 조사는 최초로 기계로 집계하는 인구 조사가 됐다. 홀러리스는 큰 성공을 거두었다.

홀러리스의 TMC는 1911년에 설립된 C-T-R Co.$^{Computing-Tabulating-Recording\ Company}$로 합병되었다. 이 회사는 1924년 International Business Machines(IBM)으로 이름을 바꾸었다.

표 집계기는 수십 년 동안 인구 조사에 계속 사용됐으며, 다음 그림은 1950년 인구 조사 결과를 표로 작성하는 데 사용된 표 집계기를 보여 준다.

표 집계기와
작업자가 1950년
인구 조사 결과를
추가하고 있다.

U.S. Census Bureau / Wikimedia Commons / Public Domain

20세기 대부분 기간에 IBM은 오늘날 상상하기 어려울 정도로 기술 분야를 지배했다. 제품뿐만 아니라 IBM의 경영 스타일, 파란색 정장, 흰색 셔츠, 넥타이를 착용하는 세미정장 스타일 복장 규정, 기업 슬로건인 'Think'는 미국 전역은 물론 전 세계적으로 유명했다.

전통적인 컴퓨터의 수학적 모델

수많은 수학적 이론이 전통적인 컴퓨터를 포함한 컴퓨터의 제작과 사용을 뒷받침한다. 이 중에서 중요한 튜링 기계$^{\text{Turing machine}}$라는 이론적 모델의 발명을 알아본다. 튜링 기계를 만든 앨런 튜링$^{\text{Alan Turing}}$은 최초의 전자식 컴퓨터 개발의 중심 인물이기도 하다.

DIFFICULT

1947년까지 트랜지스터가 발명되지 않았기 때문에 튜링이 개발한 컴퓨터는 전기 기계식 릴레이와 진공관을 사용했다. 릴레이와 진공관을 사용했기 때문에 컴퓨터는 신뢰할 수 없었다. 초기 컴퓨터의 회로에 날아들어 온 한 마리 나방 때문에 작동이 멈췄으며, 이에 따라 **컴퓨터 버그**라는 용어가 생겼다.

오늘날의 전통적인 컴퓨터는 1936년 튜링이 케임브리지 대학교에서 박사 학위 논문을 위해 발명한 튜링 기계를 현실 세계에서 제한적으로 구현한 장치다. 이 수학적 모델은 상상할 수 있는 모든 논리 또는 수학적 연산을 장치가 다룰 수 있는 간단한 단계로 세분화하여 처리한다.

IBM 컴퓨터 사업의 기묘한 운명

IBM은 거의 한 세기에 걸쳐 세 차례의 주요 기술 전환기를 거치며 시대를 수십 년 앞서 나갔다. 하지만 홀러리스가 처음 성공을 거둔 지 100년이 지난 후 네 번째 기술 전환에서 몰락하고 말았다.

IBM은 1900년대 초 표 집계기를 만들어 크게 성장했다. 그리고 2차 세계대전 이후에는 메인프레임 컴퓨터로 성공적으로 전환했다. 그 후 1950년대와 1960년대에 DEC와 유니박[UNIVAC] 같은 신생 기업의 도전을 제치고 미니컴퓨터 사업에서 선두 자리를 차지했다.

IBM은 1980년대 초에 IBM PC로 또 다른 새로운 아키텍처인 마이크로컴퓨터 또는 개인용 컴퓨터에서 주도권을 확보하고자 했다. 하지만 IBM은 시장 지배력을 잃었다.

초기 IBM PC는 친숙한 IBM이라는 이름과 영업 인력에 크게 의존해 시선을 끌었다. 하지만 IBM은 마이크로프로세서는 인텔[Intel], 운영 체제(PC-DOS)는 마이크로소프트[Microsoft]라는 두 개의 핵심 공급업체에 의존했다. 그러나 인텔과 마이크로소프트는 IBM을 피해 컴팩[Compaq]과 같은 독자적인 컴퓨터 공급업체와 협력하여 아키텍처를 상품화하여 IBM과 경쟁했다.

그 결과 1994년 컴팩이 PC 분야에서 1위 자리를 차지하면서 IBM은 선두 자리를 잃었다. 결국 PC 사업부 전체가 손실을 보았다. 2005년에 IBM은 한동안 세계 최고의 PC 회사였던 PC 사업부를 레노버에 매각했다.

오늘날 IBM은 다양한 하드웨어와 소프트웨어 제품, 컨설팅 및 비즈니스 서비스를 판매한다. 현재 IBM은 오픈 소스 소프트웨어, 데이터 분석, 슈퍼컴퓨터, AI 등 다양한 분야의 선두 주자다. 양자 컴퓨팅에 대한 노력으로 IBM을 다시 컴퓨팅의 선두로 끌어올리리라 희망한다.

튜링 기계는 실제 물리적인 기계가 아닌 상상 속의 기계다. 이 상상 속의 기계는 유한한 개수의 상태 중에서 하나의 상태에 있는 읽기-쓰기 헤드를 지닌다. 읽기-쓰기 헤드는 무한한 길이와 넓이의 셀을 갖고 있는 가상의 테이프에 있는 하나의 셀 위에 있다. 물론 수학적 모델이다. 이 제한적이고 불완전한 세상에서 실제 무한한 길이의 테이프는 불가능하다. 테이프의 각 셀에는 유한한 기호 집합 중에서 하나의 기호가 들어 있다. 테이프의 단일 셀 위에 읽기-쓰기 헤드를 배치하는 것으로 각 단계가 시작된다. 읽기–쓰기 헤드는 그 아래 셀에 있는 기호를 읽고 헤드의 현재 상태에 따라 셀에 기호를 다시 쓴다.

셀의 내용은 읽기–쓰기 헤드를 한 단계 왼쪽으로 이동하거나, 한 단계 오른쪽으로 이동하거나, 같은 위치에 머물러 있으라고 지시한다. 또한 셀의 내용은 헤드의 상태를 변경하도록 지시할 수 있으므로 헤드는 다음 셀의 입력에 따라 다른 일련의 작업을 수행한다. 그러면 테이프는 한 단계 전진하여 읽기–쓰기 헤드 아래에 새로운 셀을 배치한다. 이 간단한 규칙에 따르면 이 이상적인 튜링 기계에 충분한 시간이 주어지면 인간이 생각할 수 있는 모든 논리적 또는 수학적 연산을 완료할 수 있다.

튜링 기계 연구는 오늘날 전통적인 컴퓨팅과 양자 컴퓨팅 모두의 기반이 되는 이론적 체계를 탄생시켰다. 하지만 튜링 기계 체계는 독일군에서 사용했던 암호화 장치인 에니그마Enigma로 만들어진 암호를 해독하는 데 처음 실제로 사용됐다. 에니그마 장치는 다음과 같이 생겼다.

2차 세계대전 당시 독일의 에니그마 암호화 장치

Licensed under Creative Commons BY 2.0.

전통적인 컴퓨터 작동의 수학적 모델 정립은 정말 중요하다. 이 모델이 있으면 구축하려는 모든 기계의 이론적 기준점을 만들 수 있다. 달성하려는 목표가 이론적으로 달성 가능한지를 확인하는 데만 수조 원을 써야 할 수도 있다. 확인한 뒤 유일하게 남은 문제는 기술적인 영역이다. 2차 세계대전 중 전자식 컴퓨터의 개발은 튜링의 이론적 작업의 대부분을 실제 구현한 것이고, 원자 폭탄의 개발은 아인슈타인의 이론 작업의 일부를 구현한 것이다. 수학적 모델이 없으면 모든 영역에서 많은 시행착오를 겪어야 하며, 너무나 잦은 오류가 발생한다.

튜링 기계는 튜링 테스트를 통과할 수 있을까?

영화 〈이미테이션 게임〉(2014)에서 유명해진 **튜링 테스트**Turing test라는 말을 들어 봤을 것이다. 이 문구는 튜링 기계와 관련이 있지만, 1930년대에 튜링 기계가 정의된 후 조금 지나서 만들어졌다.

튜링 기계 개념이 전자식 컴퓨터의 표준 구조로 처음 사용되면서 튜링의 동료들은 컴퓨터가 언제쯤 인간만큼 똑똑해질 수 있을지 궁금했다. 또한 컴퓨터가 그 기준에 도달했음을 어떻게 증명할 수 있을지도 궁금했다.

그들은 컴퓨터가 특정 작업에서 사람을 이길 수 있는지 궁금하지는 않았다. 이미 1890년대 홀러리스의 집계기조차도 계산에서는 사람을 이길 수 있었다. 그들은 컴퓨터가 인간과 기계 간의 상호 작용을 구분하는 '말로 설명하기 힘든 미묘한 차이'를 언제쯤 넘어설 수 있을지 궁금해했다. 오늘날 AI 연구자를 비롯한 사람들이 말하는 인공 일반 지능artificial general intelligence(AGI)은 이러한 높은 수준의 역량이 중요하다.

그래서 튜링은 튜링 테스트를 제안했다. 검사자가 원격 단말기 앞에 앉아 인간 및 컴퓨터와 원격 단말기로 대화하는 방식이다. 컴퓨터의 대답이 사람만큼 지적이어서 검사자가 어느 대답이 누가 한 것인지 알 수 없다면 컴퓨터는 튜링 테스트를 통과한 것이다.

수십 년 동안 튜링 테스트는 쉽게 알아차릴 수 있는 결과를 만들어 왔고, 인류를 안심시켰다. 심지어 1997년 체스 대결에서 컴퓨터가 인간 최고의 그랜드 마스터를 이겼거나, TV 게임 쇼 〈제퍼디〉(2011)에서 우승했을 때도 튜링 테스트를 반복해서 통과할 수 있는 컴퓨터는 없었다.

하지만 2023년 챗GPT의 등장은 컴퓨터가 튜링 테스트를 통과하기 직전임을 보여 준다. 예를 들어 챗GPT는 로스쿨 입학에 필요한 미국 변호사 시험에 당당히 합격했다. 머지않아 컴퓨터와 사람이 대화할 때 눈에 보이는 차이는 완전히 사라질 수도 있다.

전통적인 컴퓨터는 두 가지 예외를 제외하고는 튜링 기계다. 우선 테이프 대신 RAM을 쓴다는 점이다. RAM이 테이프를 모방할 수는 있지만, 사용 가능한 RAM이나 테이프의 양이 무한하지 않다.

두 번째, 대부분의 컴퓨터 프로그래밍 언어는 상상할 수 있는 모든 논리 또는 수학적 연산을 수행할 수 있기 때문에 '튜링 완전$^{Turing\ complete}$'하다고 할 수 있다. 그러나 대부분 프로그램이 실행되는 컴퓨터는 유한한 메모리를 가지고 있어서 유효한 프로그램을 실행하는 동안 메모리 부족으로 악질적인 프로그래밍 버그가 발생하기 때문에 튜링 완전하지 않다. 그 후 컴퓨터는 RAM에서 디스크 공간 부족이 문제가 될 수 있는 수준으로 발전했고, 이제는 네트워크 용량이 문제가 될 정도로 발전했다. 사실 모두 같은 문제의 다른 버전이다.

방금 설명한 튜링 기계는 전통적인 컴퓨터와 마찬가지로 결정론적^{deterministic}이다. 예를 들어 전통적인 컴퓨터는 진정한 난수[4]를 생성할 수 없다. 이런 결정론은 많은 작업에서 큰 장점으로 작용한다. '의회 도서관의 내용을 저장하고 요청할 때 특정 정보를 검색하는 것'은 결정론적이기 때문에 좋은 일이다. 그러나 결정론은 다른 작업에서는 심각한 한계가 있으며, 이는 양자 컴퓨터가 등장한 이유이기도 하다(6장에서 설명).

최초의 전자식 컴퓨터 살펴보기

오늘날 전자식 컴퓨터는 기계식 릴레이나 진공관이 아닌 전자 부품을 사용하여 컴퓨팅을 수행한다. 최초의 전자식 컴퓨터인 콜로서스^{Colossus}는 2차 세계대전에서 독일의 암호를 해독하는 데 사용하려고 앨런 튜링의 주도하[5]에 영국에서 만들어졌다.

불행하게도 2차 세계대전이 끝난 후 튜링은 동성애자라는 이유로 박해를 받았다. 그는 강제로 호르몬 주사를 맞아야 했고, 이에 따라 우울증에 시달리다 1954년에 자살했다. 영국의 또 다른 천재 오스카 와일드도 반세기 전에 같은 이유로 박해를 받아 죽었다.

콜로서스와 그 후속 장치들은 진공관을 사용하여 컴퓨팅을 수행했는데, 당시 진공관은 텔레비전을 비롯한 다양한 장치에 전기적 역할을 하는 데 사용됐다. 하지만 대략 1940년대에서 1960년대 사이에 진공관은 대부분 트랜지스터로 대체됐다.

---

[4] 옮긴이_ 특정한 배열 순서나 규칙을 가지지 않는, 연속적인 임의의 수
[5] 옮긴이_ 콜로서스는 우편국의 전화기 엔지니어 토미 플라워스가 설계했다. 앨런 튜링이 만들었다는 오해가 있지만, 튜링이 만든 것은 전기 기계식 봄브다.

DIFFICULT

역설적으로 진공관과 트랜지스터는 양자 역학을 가능하게 하였으며 이에 매우 많은 발전을 이룩했다. 둘 다 결정론적인 작업 deterministic task을 하고자 양자 역학적 원리를 사용한다. 실제로 전자가 한 논리 게이트에서 다른 논리 게이트로 예측할 수 없이 터널링하는 것과 같은 양자 역학적 특성을 트랜지스터가 나타내지 않도록 하는 것은 전통적인 컴퓨터의 설계 및 제조에서 핵심적인 과제다. 터널링은 매우 작은 크기에서 특히 더 피하기 어렵기 때문에 크기가 작아질수록 문제가 되어 기존 전자 회로는 훨씬 더 작아지지 못한다.

트랜지스터 시대에 전통적인 컴퓨터의 기본 아키텍처가 등장했으며, 이 아키텍처의 요소는 다음 페이지의 그림에 나와 있다. 다양한 변형이 존재하지만 아키텍처는 일반적으로 다음과 같은 구성 요소로 이루어져 있다.

» **중앙 처리 장치(CPU)**: CPU는 논리 게이트를 사용하여 명령한다. 논리 게이트는 수학적(이 숫자를 모두 더하기)이든 논리적(알파벳 순서로 이름 정렬)이든 상상할 수 있는 모든 일련의 단계를 CPU에서 수행할 수 있도록 선택된다.

» **RAM**: 빠르고 비교적 비싼 메모리인 RAM은 컴퓨터가 현재 사용 중인 가장 자주 이용하는 프로그램 코드와 데이터를 저장한다. RAM은 일반적으로 전원이 꺼지거나 컴퓨터가 종료되면 지워진다. 점점 더 많은 장치가 지워지지 않는 정적 RAM을 사용하는 추세다.

» **하드 디스크 드라이브**: 하드 디스크 드라이브는 프로그램 코드와 데이터의 정적 복사본을 보관하는 회전하는 자기 디스크다. RAM보다 약 100배 느리지만 약 1,000배 저렴하다. 중요한 점은 하드 디스크 드라이브는 전원이 꺼져도 내용이 손실되지 않는다는 사실이다. 많은 디스크 드라이브가 더 작고 빠르며 전력을 적게 사용하는 플래시 RAM으로 부분적으로 또는 완전히 대체되고 있다.

» **데이터 버스**: 데이터 버스는 정보를 운반하는 바퀴 달린 차량이 아니다. 오히려 컴퓨터 내에서 데이터(프로그램 코드 포함)의 신속한 이동을 위해 미리 설계된 하드웨어 경로다.

» **입출력 장치**: 키보드, 터치패드, 디스플레이 화면과 같은 입력/출력 장치를 이용해 사용자는 컴퓨터와 상호 작용할 수 있다.

» **주변 장치**: 주변 장치란 USB 포트 또는 블루투스Bluetooth 무선 연결과 같은 연결 장치를 사용하여 컴퓨터에 연결되는 프린터나 스마트폰과 같은 외부 장치를 말한다.

이 기본 아키텍처는 1950년대에 도입된 메인프레임부터 1980년대에 도입된 마이크로컴퓨터에 이르는 컴퓨터들에 사용되어 왔다. 그리고 이 아키텍처의 일부 버전이 오늘날의 태블릿과 스마트폰에 사용된다. 비트와 바이트를 소개한 직후에 설명할 마이크로프로세서라는 특별한 요소는 전통적인 컴퓨팅을 일상생활에서 필수적인 것으로 만드는 데 그 무엇보다 더 많은 기여를 했다.

바이트 크기의 데이터 발명에 대한 이해

전통적인 컴퓨터는 0(꺼짐) 또는 1(켜짐)로 설정할 수 있는 단일 정보 단위인 **비트**를 사용하는 것으로 유명하다. 하지만 전통적인 컴퓨터는 **바이트**라고 하는 8개의 비트가 모인 그룹으로 작동하는 것을 좋아한다. 그 이유는 무엇일까?

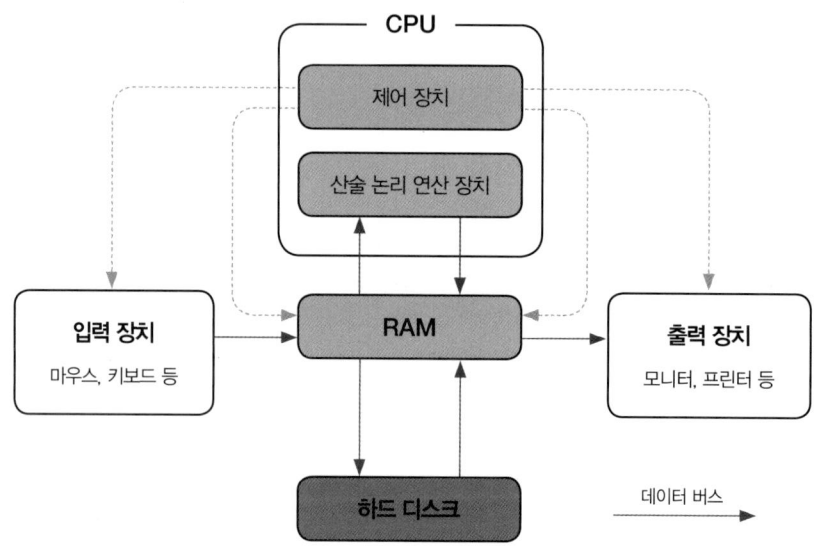

일반적인 전통적인 컴퓨터의 아키텍처

먼저, 2진수는 매일 사용하는 10진수와 마찬가지로 자릿수 기반 체계를 사용한다는 점을 이해하는 것이 중요하다. 하지만 자릿수는 뭔가 특별한 의미가 있다.

0에서 9까지 10개의 숫자를 사용하는 십진수에서는 새로운 자리가 생길 때마다 10의 거듭제곱이 된다. 십진수 837.4에서 8은 800(8이 세 번째 자리에 있으므로)을 나타내고, 3은 30, 7은 7, .4는 10분의 4를 나타낸다. 자릿수를 재배열하면 숫자에서 자릿값의 거듭제곱 때문에 아예 다른 숫자가 된다.

이진수에는 0과 1의 두 숫자만 있으므로 자리가 하나 더 추가될 때마다 10이 아닌 2의 거듭제곱으로 나타낸다. 이진수 1111에서 첫 번째 1은 8, 두 번째 1은 4, 세 번째 1은 2, 마지막 1은 1을 나타내므로 십진수로 15가 된다.

그렇다면 왜 바이트를 사용할까? 바이트는 상당히 광범위한 영숫자 문자를 표현하기에 편리한 크기이며 쉽게 조합하여 다양한 숫자를 표현할 수 있기 때문이다.

영문으로 쓰여진 페이지를 한 번에 한 글자씩 보다 보면 금방 눈이 피로해진다. 하지만 조금만 참고 보면 알파벳 소문자(a~z)와 대문자(A~Z), 숫자(0~9), 구두점(.,–!)과 특수 문자(@$^*)가 대부분 눈에 들어온다. 다양한 종류의 문자를 모두 합쳐도 총 128자 미만이므로 7비트만 필요하다. 2진수에서 가장 낮은 곳에서 가장 높은 곳으로 갈수록 2 더하기 4 더하기 8 더하기 16 더하기 32 더하기 64는 128이 된다. 그래서 1960년대에 문자를 표현하려고 7비트 미국 표준 정보 교환 코드(ASCII)가 공식화됐다.

DIFFICULT

ASCII에서 미국을 주목하자. 표준 미국 영어는 7비트로 충분했다. 하지만 세상에는 문자 a부터 z로 구성된 로마 알파벳이라고 불리는 문자와, 0부터 9까지 기호를 사용하는 아라비아 숫자와, 그 외에 다른 문자를 사용하는 다양한 언어가 있다. 이 언어들에는 u 위에 점 두 개(ü, 움라우트) 또는 n 위에 물결선(ñ, 틸데) 같은 많은 특수 문자를 포함한다. 확장 ASCII라는 새로운 8비트 표준이 나중에 이런 특수 문자를 수용하려고 만들어졌다. 이런 특수 문자들은 그 문자가 없는 언어를 쓰는 사람들에게만 '특별한' 문자다.

물론 세계에서 가장 널리 쓰이는 언어인 중국어와 같은 많은 언어에서는 로마 알파벳을 전혀 사용하지 않는다. 이들은 한때는 생각을 전달했지만 지금은 주로 추상적인 의미로 사용되는 그림에서 파생된 표의 문자를 사용한다. 중국어를 말하고, 읽고, 쓰는 사람들은 이러한 문자의 이중적인 특성을 이용하여 꽤나 놀라운 말장난을 만들어 낼 수 있다.

전 세계에서 사용되는 모든 문자를 수용하려고 **유니코드**라는 새롭고 확장 가능한 표준이 만들어졌다. 유니코드는 16비트를 사용하며, 최대 65,536자(2^{16}에 해당하는 십진수)를 담을 수 있다. 지금은 이 정도면 충분하지만 언젠가 외계인, 개, 고양이, 돌고래, 심지어 실리콘 기반의 비인간 지능과 소통하게 된다면 유니코드는 더 확장해야 할 수도 있다.

ASCII가 정의될 무렵, IBM은 System/360 컴퓨터 라인에서 사용되는 천공 카드용 8비트 코드를 도입했다. 7비트 ASCII 코드와 8비트 천공 카드 코드는 비트 수가 비슷했기 때문에 8비트가 두 가지 용도에 모두 적합해서 8비트(1바이트)가 표준이 됐다.

숫자는 완전히 다른 괴물이다. 특정 컴퓨터 프로그램의 필요에 따라 숫자를 저장하는 형식은 여러 가지가 있다. 부동소수점 숫자의 표준은 32비트, 즉 4바이트로 설정되어 있다. 표준 부동소수점 숫자는 대략 음수 400만에서 양수 400만 사이의 모든 값을 정확하게 저장할 수 있으며, 대부분의 큰 양수 또는 음수의 근삿값을 저장할 수 있다.

양자 컴퓨팅도 이진수는 매우 중요한데, 이는 4장에서 살펴보도록 하자.

IC와 마이크로프로세서의 부상

초기 컴퓨터는 성능을 극대화하려고 교묘하게 배열된 개별 트랜지스터를 사용했다. 1960년경, 디지털 시대의 주역인 집적 회로$^{integrated\ circuit}$(IC)가 개발됐다. IC는 여러 개의 트랜지스터를 하나의 칩에 결합한 것이다.

IC는 오늘날 컴퓨터의 가장 중요한 구성 요소인 마이크로프로세서를 탄생시켰다. 마이크로프로세서는 1970년대부터 여정이 시작됐으며 처음에는 전자계산기에 두뇌를 공급하는 데 사용됐다. 마이크로프로세서가 더욱 강력해지면서 1975년에서 1985년 사이에 Apple I, Apple II, IBM PC, 매킨토시 등 최초의 개인용 컴퓨터에 마이크로프로세서가 사용됐다.

다음 그림은 중요한 초기 마이크로프로세서인 인텔 80486이다. 80486은 100만 개 이상의 트랜지스터를 갖춘 최초의 마이크로프로세서였으며, 단일 트랜지스터의 한쪽 끝과 다른 쪽 끝 사이의 거리인 피처 크기가 1미크론 보다 작았다(0.8미크론). 두 지표 모두 당시로서는 인상적인 이정표였다. 1989년에 출시된 인텔 80486은 오늘날에도 여전히 사용되고 있는 마이크로소프트 윈도우의 당시 최신 버전을 실행하기에 충분한 성능을 제공하는 최초의 마이크로프로세서였다.

중요한
마이크로프로세서인
인텔 80486

Licensed under Creative Commons BY 2.0.

마이크로프로세서는 주어진 크기와 비용의 컴퓨터 칩 성능이 2년 정도마다 두 배로 증가한다는 무어의 법칙의 가장 눈에 띄는 수혜자다. 처음에는 관찰에 불과했지만 수십 년 동안 정확한 예측이 된 이 법칙은 2차 세계대전 이전에는 성세의 일부에 불과했던 컴퓨팅을 전 세계 경제 성장의 가장 큰 원동력으로 발전시켰다.

또한 마이크로프로세서는 컴퓨팅의 가장 중요한 새로운 발전 분야인 인공지능artificial intelligence(AI)과 머신러닝machine learning(ML)에도 핵심적인 역할을 한다. 원래 컴퓨터 게임용으로 대중화된 그래픽 처리 장치(GPU)라는 특수 프로세서는 AI와 ML의 어려운 작업을 고속으로 처리한다.

그러나 GPU조차도 오늘날의 AI 및 ML 프로그램의 야망 때문에 과부하가 걸려 있다. AI와 ML은 양자 컴퓨팅이 발전하면서 가장 큰 수혜자가 될 가능성이 높다.

전통적인 컴퓨팅과 양자 컴퓨팅의 결합

양자 컴퓨팅의 발전은 5장과 6장에서 알아본다. 하지만 여기서 몇 가지 중요한 내용을 비교할 수 있다.

- 양자 컴퓨터는 전통적인 컴퓨터로 합리적인 시간이나 비용으로 해당 작업을 할 수 없을 때만 작업에 사용된다. 따라서 양자 컴퓨터와 소통하는 대부분의 사람은 전통적인 컴퓨터로 작업한다.

- 전통적인 컴퓨터와 달리 양자 컴퓨터를 보유한 기업은 상대적으로 적다. 대부분은 클라우드로 QaaS$^{\text{Quatum as a service}}$라고 하는 종량제 방식으로 양자 컴퓨터에 접속한다. 특정 양자 컴퓨터 제조업체의 클라우드 포털을 이용하거나 아마존의 AWS 브라켓$^{\text{AWS Braket}}$, 마이크로소프트의 애저 퀀텀$^{\text{Azure Quantum}}$ 또는 스트레인지웍스^{Strangeworks} 포털을 사용할 수 있다.

- 양자 컴퓨터는 큐비트와 큐비트를 제어하는 장치로 구성되며, 어느 정도는 전통적인 컴퓨터의 CPU와 메모리 비슷한 역할을 한다.

- 큐비트와 전통적인 컴퓨터 CPU는 종종 작업을 공유한다. RAM, 하드 디스크 드라이브, 데이터 버스와 같은 전통적인 컴퓨팅 기술은 큐비트를 사용하는 양자 컴퓨터와 하나 이상의 마이크로프로세서로 구동되는 전통적인 컴퓨터 간의 상호 작용을 지원하는 데 사용된다.

CHAPTER 3

양자 컴퓨팅의 뿌리를 찾아서

[이 장의 주요 내용]
- 기본 입자와 함께 하는 즐거움
- 불확정성 원리 확인
- 일관된 역사 만들기

양자 역학은 단순한 과학적 업적을 넘어 철학적 혁명을 일으켰으며, 우리가 우주를 바라보는 방식을 변화시켰다. 이는 오늘날까지도 사람들 사이에서 의견이 갈릴 만큼 큰 영향을 미치고 있다. 세상이 작동하는 방식에 대한 우리의 가정은 수세기에 걸쳐 지속된 일상적인 경험과 전통적인 과학적 방법에 기반한다. 하지만 양자 역학은 이 가정에 도전장을 내민다.

과학적 방법의 핵심은 재현 가능성이다. 같은 시작 조건으로 동일한 실험을 여러 번 수행하면 매번 동일한 결과를 얻을 수 있어야 한다. 일상생활도 마찬가지다. 무거운 추를 발 위에 높이 들고 있다가 놓으면 중력 때문에 항상 추는 아래로 떨어지고, 발에 부딪히는 충격으로 몹시 아프다. 이 신뢰성에 대한 믿음을 **결정론**이라고 한다.

하지만 양자 역학은 우주의 근본 상태가 비결정론적이라고 주장한다. 아주 작은 입자로 실험할 때 얻을 수 있는 각 결과의 확률을 말할 수 있지만, 각 시행의 구체적인 결괏값은 실험할 때마다 달라진다. 양자 역학을 사용하면 가능한 각 결과의 **확률**을 소수점 이하 몇 자리까지 정확하게 예측할 수 있지만, 구체적인 결과가 두 번 똑같이 나올 때는 거의 없다.

양자 컴퓨팅은 양자 역학에서도 가장 어렵고 논란이 많은 가정을 사용해 완전히 새로운 방식으로 컴퓨팅을 수행한다. 양자 컴퓨팅의 새로운 세계로 진입할 때 양자 역학의 원리를 이해하면 올바른 종류의 문제에 집중하고, 문제를 더 창의적으로 해결하고, 장애물을 극복하고, 미래의 양자 컴퓨터가 새롭고 더 어려운 문제를 어떻게 해결할 수 있을지를 예측하는 데 도움이 될 것이다.

이 장에서는 양자 역학의 기본 원리를 설명하고 양자 컴퓨팅이 제공하는 가능성과 이를 실현하는 데 있어 업계가 직면한 도전 과제에 양자 역학이 어떤 영향을 미치는지 살펴보고자 한다.

4장과 5장에서 설명할 양자 역학에 기반한 여러 기술을 대학에서 배우거나 연구로 양자 역학에 익숙한 사람들이 많다. 하지만 양자 역학이 아직 고등학교와 일부 대학 과학 교과서에도 완전히 반영되지 않아 생소한 사람도 많다. 따라서 이런 개념을 처음 접한다면 이 장을 두 번 읽어 볼 것을 추천한다. 이 책의 저자 중 한 명인 스미스는 30년 넘게 입문자용 책을 써왔지만 다른 책에서 이런 조언을 한 적이 없다. 하지만 충분히 생각해 볼 만한 가치가 있다.

호레이쇼의 새로운 철학

연극 〈햄릿〉에서 주인공은 이렇게 말한다. "호레이쇼, 하늘과 땅에는 당신의 철학에서 꿈꾸는 것보다 더 많은 것들이 있소." 1603년에 이 희곡을 처음 발표한 셰익스피어는 물리학의 미래를 어느 정도 예견하고 있었을지도 모른다. 결정론은 많은 철학 분야의 기본 원리다. 하지만 양자 역학은 우주의 가장 기본적인 운행조차도 결정적이지 않고 확률 법칙의 지배를 받는다고 분명히 말한다. 또한 관찰하기 전까지는 어떤 일이 일어날지 알 수 없을 뿐만 아니라 관찰하는 행위 자체가 우리가 관찰하고 있는 현실을 변화시킨다.¹

우리 같은 결정론자들에게 상황은 더 심각해진다. 사실 우리 대부분은 경험과 교육으로 결정론자가 되어 있다. 양자 역학에서, 입자는 서로 얽혀 있으며 입자에 대한 정보는 빛의 속도보다 빠르게 다른 입자의 상태에 영향을 미칠 수 있다고 한다. 어떤 의미에서 우주 전체는 얽힘으로 연결된 비비 꼬인 스파게티 한 그릇과 같다.

---

1 옮긴이_ 관찰한다는 행위는 좀 더 추상적으로 말한다면 보존되어 있는 계가 외부와 에너지로 상호 작용을 한다는 뜻이다. 결국 보존되어 있는 계의 상태가 변화된다.

이 철학적 주장은 중첩(결국 확률), 얽힘, 터널링(입자가 장벽의 반대편에 갑자기 나타날 가능성)에 의존하는 양자 컴퓨팅의 핵심이다. 이런 의미를 염두에 두면 양자 컴퓨팅이 제공하는 새로운 가능성을 최대한 활용할 수 있는 영감을 얻을 수 있다.

양자 역학 자체에 대한 자세한 내용은 스티븐 홀츠너의 『Quantum Physics For Dummies』를 참조하기 바란다. 우리는 이 책에서 **양자 물리학** 대신 **양자 역학**이라는 용어를 사용하고 있는데, 두 용어는 거의 같은 의미다.

양자 역학의 핵심

매우 복잡한 주제를 몇 단어로 요약하자면 양자 역학의 핵심은 양자화, 불확정성, 결맞음이다. 이런 원리는 다음 절에서 설명할 조금 모호한 개념인 기본 입자 fundamental particle에 적용된다.

간단히 말하면 다음과 같다.

- **양자화**: 공간, 시간, 물질, 에너지가 더 나눠질 수 없는 작은 알갱이나 입자처럼 개별적인 단위로 구성되어 있다는 뜻이다. 예를 들어 원자의 원자핵을 돌고 있는 전자는 원자핵 주위의 1, 2, 3, 4 에너지 단위를 각각 나타내는 4궤도 중 어느 하나에 있을 수 있다.
- **불확정성**: 기본 입자의 위치와 운동량을 동시에 알 수 없다는 것을 의미한다. 하나를 더 자세히 측정할수록 다른 하나에 대한 불확정성이 커진다. 결과적으로 전자 궤도는 일반적으로 핵 주위의 구름으로 표시되며, 이는 전자가 어디에서 운동하고 있을지에 대한 정보와 특정 시점의 정확한 위치에 대한 불확정성을 반영한다.
- **결맞음**: 기본 입자가 상호 작용이나 측정에서 자유롭기 때문에 뒤에 설명할 중첩과 얽힘을 유지할 수 있는 상태를 말한다. 진동, 열 또는 변화하는 전자기장과 같은 노이즈로부터 각 큐비트를 보호하면 중심에 있는 기본 입자가 결맞음을 유지할 수 있다.

큐비트는 양자 컴퓨터를 구동하는 처리 단위다. 각 큐비트의 중심에는 아주 적은 양의 결맞음된 물질이 있는데, 이는 한 개의 광자, 원자 전체이거나, 심지어 매우 많은 원자로 구성된 작은 초전도 금속 조각일 수도 있다. 초전도 현상은 많은 원자로 되어 있는 금속도 결맞음을 유지하도록 만들 수 있다.

다음 그림은 전자가 존재할 가장 가능성이 높은 위치를 나타내는 전자 궤도의 시각화다. 주어진 궤도에 있는 전자, 즉 주어진 에너지 수준에서 전자는 확률이 낮지만 핵에서 더 멀리, 심지어 훨씬 더 멀리 나타날 수도 있다.

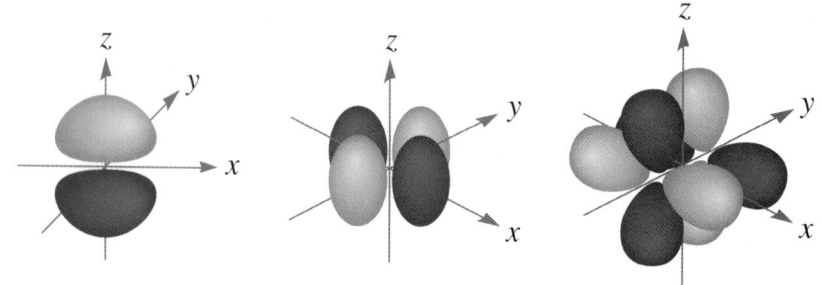

전자 궤도는 원자핵 주변의 각 궤도에서 전자가 존재할 가장 가능성이 높은 위치를 보여주는 도형으로 렌더링된다.

기본 입자의 기본 원리

양자 역학과 양자 컴퓨팅은 우리의 일상적인 경험과는 너무도 달라서 일어나는 일을 설명하려면 새로운 방식으로 단어를 사용해야 한다. **결맞음**과 **기본 입자**는 양자 컴퓨팅 용어에서 가장 중요한 두 가지 용어다.

기본 입자elementary particle는 다른 물질로 더 이상 쪼갤 수 없는 입자를 말한다. 기본 입자는 결맞음 상태에 있을 수 있으며 측정될 때까지 또는 에너지 혹은 다른 물질과 직접 상호 작용할 때까지 그 상태를 유지한다. 여기서 측정될 때까지와 상호 작용할 때까지는 거의 같은 의미다. 측정은 의식적으로 이루어지는 상호 작용이며, 상호 작용은 입자가 사실상 다른 입자에 측정되도록 한다.

전자는 기본 입자이지만, 인간의 몸은 수많은 기본 입자로 이루어져 있고 이들은 끊임없이 상호 작용하기 때문에 기본 입자가 아니다. 양성자와 광자는 더 작은 입자로 구성되어 있지만 대부분 양자 역학적 목적에서는 단일 입자처럼 작용한다. 심지어 원자 전체도 양자 역학적 행동을 보일 수 있다. 지나치게 단순화하자면, 물질의 가장 작은 단위인 광자, 양성자, 전자, 원자는 결맞음을 유지할 수 있지만 일반적으로 그보다 더 큰 단위는 그렇지 않다.

혼란스럽지만 흥미로운 점은 초전도 조건에서는 조금 큰 물질 집합도 결맞음을 유지할 수 있다는 점이다. 초전도를 달성하려면 먼저 적합한 종류의 물질(일반적으로 특정 금속 또는 가스)을 선택하고 절대 영도 근처의 극저온을 유지해야 한다.

과냉각 상태에서는 온도가 낮기 때문에 원자핵이 훨씬 덜 진동하며, 전자는 핵에서 대부분 자유로워져 초전도체는 거의 저항 없이 전하를 전달할 수 있다. 초전도체superconductor는 '매우'라는 뜻의 'super'와 전하를 전달할 수 있다는 의미의 전도성을 나타내는 'conductive'가 합쳐진 단어다.

세계에서 가장 큰 초전도체는 일본과 중국에서 자기부상열차를 추진하는 데 사용되는 초전도 전자석이다. 초전도체는 매우 강한 자기장을 만들어 내어 테스트 트랙에서 열차를 최대 600 km/h로 가속한다. 다음 그림은 일본의 자기부상열차다.

일본에서 첫 번째로 운영된 노선에서 운행 중인 초전도 자기부상열차

Daylight9899 / Wikipedia Commons / CC BY-SA 3.0

오늘날의 많은 양자 컴퓨터는 초전도 온도에서 유지되는 작은 금속 고리로 만든 큐비트를 사용한다. 다른 형태의 큐비트는 전자, 광자, 이온화된 원자, 중성 원자

등 물질의 가장 작은 단위로 만들어진다(더 자세한 목록은 10장과 11장을 참조하자).

초전도를 기체로 확장한 보스–아인슈타인 응축Bose–Einstein condensate (BEC)은 매우 낮은 온도에서 초전도를 유지하는 특정 화학 성분의 기체다.[2] BEC는 실험실에서 큐비트로 사용되지만, 아직 상용 양자 컴퓨터에는 사용되지 않았다.

양자 컴퓨터로 양자 컴퓨터 구축하기

새로운 컴퓨터는 전통적인 컴퓨터를 바탕으로 설계한다. 양자 컴퓨터의 첫 번째 목적은 더 좋고 빠른 양자 컴퓨터를 설계하기 위함이다.

이 잠재적인 발전은 두 가지 측면이 있다. 첫 번째는 재료 과학 분야의 발전이다. 양자 컴퓨터는 새로운 재료의 양자 특성을 시뮬레이션하는 데 매우 뛰어날 것으로 예상되며, 재료 개선의 주요 목표는 고온에서 작동하는 저렴하고 제조하기 쉬운 초전도체를 만드는 것이다.

두 번째는 양자 컴퓨터의 다른 모든 부분이다. 큐비트 관리를 위한 제어부터 양자 알고리즘에 이르기까지 양자 컴퓨터 자체의 개선에 따라 모든 것이 개선될 수 있다. 예를 들어, 훨씬 더 작은 금속 덩어리를 사용하는 더 안정적인 초전도 큐비트가 최종 승자가 될 수 있다. 개선이 또 다른 개선을 낳는 이 무한 반복의 사이클은 양자 컴퓨터에서 이제 막 시작됐다. 양자 컴퓨팅이 탄력을 받게 되면 양자 컴퓨팅을 비롯한 모든 분야에서 모두를 놀라게 할 결과가 나올 것이다.

결맞음의 비용 계산

모든 분야에는 고유한 전문 용어가 있으며, 양자 역학, 특히 양자 컴퓨팅에서는 결맞음이라는 용어가 대표적인 예다. 이를 정의해 보자.

결맞음이란 측정되지 않고 다른 입자와 강하게 상호 작용하지 않는 원자 또는 전자나 광자와 같은 아원자 입자의 상태를 말한다. 또한 제한된 시스템에 결합되어 있지 않을 수도 있다. 예를 들어 원자의 내부 또는 닫힌 궤도에 있는 전자는 제한된 시스템에 묶여 있다. 특정 과냉각 금속과 같이 측정되지 않고 하나 이상의 입자와 강하게 상호 작용하지 않는 물질 덩어리도 결맞음을 나타낼 수 있다. 일부

---

[2] 옮긴이_ 보스–아인슈타인 응축물이 폭발하면 이를 보세노바(bosenova)라고 부른다.

과냉각 금속의 결맞음은 초전도체 특성으로 인한 원자 내에 결합되어 있지 않고 물질 내에서 자유롭게 이동할 수 있는 자유 전자를 가지고 있기 때문에 발생한다.

결맞음 상태에 있는 동안, 입자(여기서는 순환적으로 정의하며 결맞음을 나타낼 수 있는 모든 물질을 의미)는 양자 역학적 특성을 나타낸다. 즉, 입자의 위치와 운동량(질량과 속도)을 정확하게 측정할 수 없다는 불확정성 원리의 영향을 받는다. 또한 중첩과 얽힘, 장벽을 통과하는 터널링 현상을 보일 수 있다.

양자 컴퓨팅은 전적으로 결맞음에 의존한다. 큐비트의 핵심은 입자를 결맞음 상태로 유지하여 중첩 상태를 유지하고, 다른 결맞음 상태의 입자와 얽힘을 유지하며, 때에 따라 터널링으로 양자 특성을 시뮬레이션하거나 계산 문제를 해결하는 데 도움이 되는 방식으로 작동한다.

하지만 결맞음에는 대가가 따른다. 입자의 결맞음을 유지하려면 양자 컴퓨터 운영자는 측정, 상호 작용 또는 간섭에서 입자를 보호해야 한다. 짧은 시간 동안이라도 이를 안정적으로 수행하려면 최첨단 기술이 필요하다.

대부분의 큐비트는 아주 짧은 시간 동안만 결맞음을 유지한다. 이 짧은 시간 동안 작업자는 레이저 빔, 마이크로파 또는 자기상을 사용하여 큐비트를 부드럽게 반복적으로 조작하여 큐비트 세트를 프로그래밍한 다음 결과를 판독한다.

우발적인 간섭이나 의도적인 측정으로 인해 큐비트의 핵심 입자가 결맞음을 잃게 되면 이를 결어긋남이라고 한다. 의도적인 측정 행위로 **결어긋남**이 발생하면 운영자는 그 순간 큐비트에서 0 또는 1을 얻는다. 그런 다음 운영자는 큐비트를 다시 결맞음으로 만들어야 재사용할 수 있다.

불확정성의 영향

하이젠베르크 불확정성 원리는 양자 컴퓨팅에 매우 중요하다. 큐비트는 결맞음 상태로 유지되는 기본 입자로 구성된다. 입자가 결맞음을 유지하는 동안 입자의 중요한 속성은 여러 값을 동시에 가질 수 있다.

현재까지 대부분의 양자 컴퓨팅에서 사용되는 속성은 입자의 스핀이다. 계산이 완료되면 각 큐비트의 스핀을 측정하여 큐비트가 결맞음이 깨지고 그 결과 0 또는 1을 얻는다.

이제는 짐작했겠지만, 입자의 스핀은 행성이나 야구공의 스핀과는 다르다. 스핀은 입자의 자기장이 주변 환경과 상호 작용하는 방식을 설명하는 편리한 용어다. 양자 컴퓨팅에서는 입자의 스핀을 위 또는 아래로 설명하며, 관례에 따라 위에는 1, 아래에는 0의 값을 할당한다.[3]

양자 컴퓨팅은 확률론을 따르기 때문에 프로그램을 실행할 때마다 각 큐비트에서 다른 결과가 나올 수 있다. 운영자는 프로그램을 실행할 때마다 주어진 큐비트에서 0 또는 1을 얻을 확률을 결정하려면 프로그램을 여러 번 실행해야 한다. 이렇게 하면 결과의 통계적 분포가 나오며, 이를 이용해 가능한 각 결과의 확률을 추론할 수 있다. 전체 큐비트 그룹은 프로그램을 실행할 때마다 서로 다른 0과 1의 문자열을 산출한다.

프로그램을 여러 번 실행하고 매번 큐비트를 측정함으로써 운영자는 많은 수의 출력 문자열을 얻을 수 있다. 이 문자열은 확률 분포를 구성하는 데 사용될 수 있으며, 각 가능한 출력의 확률에 대한 통찰을 제공해서 프로그램의 결과를 얻게 한다.

오늘날의 큐비트는 오류에 취약하고 오류 정정 기능이 부족하여 양자 역학적 불확정성과 함께 혼란을 가중한다. 그 결과, 양자 컴퓨터 실행 중 많은 오류가 발생한다. 많은 프로그램을 실행하고 정교한 통계 기법을 사용하여 오류의 대부분(전부는 아니지만)을 제거하고 유용한 최종 결과를 얻으려면 많은 시간이 소요된다.

불확정성은 운동량과 스핀과 같은 속성을 연결하는 두 기본 입자 사이의 연결인 얽힘에도 적용된다. 특정 입자는 측정하기 전까지는 그 입자의 스핀을 알 수 없다. 양자 철학적 용어로 특정 스핀을 가지고 있지 않다는 뜻이다.

---

3 옮긴이_ 원서에는 이렇게 설명되어 있지만, 실제로 IBM의 Qiskit 같은 양자 컴퓨팅 툴에서는 up 스핀을 0, down 스핀을 1로 설정한다. 각 프로그램이나 연산의 정의에 따라 달라진다고 볼 수 있다.

그러나 측정하는 입자가 다른 입자와 얽혀 있으면, 두 입자가 매우 멀리 떨어져 있더라도 첫 번째 입자의 스핀을 측정하면 두 번째 입자의 스핀을 즉시 알 수 있다. 이는 최근 중국의 실험에서 볼 수 있듯이 한 입자가 지구에 있고 다른 입자가 우주에 있어도 마찬가지다.

큐비트가 얽힐 수 있다는 사실과 얽힌 연결 자체가 중첩 상태에 있다는 사실은 양자 컴퓨팅의 성능을 기하급수적으로 증가시킨다. 얽힘이 빛보다 빠른$^{faster-than-light}$(FTL) 방식[4]으로 작동한다는 사실은 양자 컴퓨팅의 잠재적 속도를 크게 증가시킨다.

양자 역학의 역사 요약

양자 역학적 원리가 양자 컴퓨팅에 어떤 영향을 미치는지 살펴보았다. 하지만 양자 역학은 어떻게 발전했을까? 그리고 이 역사는 양자 컴퓨팅의 어떤 가능성을 알려 주게 되었을까?

고전 역학의 발전 과정

먼저 양자 역학이 탄생하기 전 세상이 어떻게 보였는지 생각해 볼 필요가 있다. 역학이라고 불리는 물리학의 수학적 토대는 수 세기에 걸쳐 발전해 왔다. 고전 역학은 양자 역학 이전에 개발되고 사용된 물리 체계의 이름이다. 오늘날 사용되고 있는 비양자 컴퓨터는 고전 역학 원리에 기반하고 있으므로 오늘날의 주류 컴퓨팅을 전통적인 컴퓨팅이라고 부른다.

코페르니쿠스, 갈릴레오, 뉴턴은 고전 역학의 발전을 이끈 대표적인 인물이다. 코페르니쿠스 이전에는 유럽의 과학 사상이 가톨릭교회와 협력하여 발진했기 때문에 과학과 종교적 사상과 이상이 서로 뒤섞여 있었다. 새로운 과학 이론은 면밀한 조사의 대상이었고 많은 사례에서 종교 당국의 가혹한 처벌을 받았다.

---

4 옮긴이_ 정확히는 얽힌 상태가 거리에 관계 없이 연결되어 있다는 것이 맞다. 빛보다 빠르게 정보 자체를 전달할 수는 없다.

일부 다른 문화권에서는 이미 오래전에 진실을 깨닫고 있었지만, 코페르니쿠스 이전까지 유럽인들은 지구가 우주의 중심에 있고 그 주위를 행성과 별들이 돈다고 믿었다. 이를 천동설(지구가 중심에 있고 주변 천체가 돈다는) 모델이라고도 하며, 150년경에 이 견해를 제시한 그리스 철학자 프톨레마이오스의 이름을 따서 프톨레마이오스 체계라고도 불렀다. 밤하늘에서 행성이 거꾸로 움직이는 것을 쉽게 볼 수 있다는 사실만 봐도 이 개념을 지지하기 어렵다.

1543년 코페르니쿠스가 사망하기 몇 달 전, 코페르니쿠스는 행성들이 태양을 중심으로 공전한다는 이론을 세우고 그 결과를 『천구의 회전에 관하여 De revolutionibus orbium coelestium』라는 책에 발표했다.

코페르니쿠스 책의 출판사는 이 책의 이론이 실제로 사실일 필요는 없지만 천문학자들의 더 나은 계산으로 이어졌기 때문에 거짓일지라도 유용하다는 메모를 책에 넣어 당국의 분노를 막았다. 양자 역학과 양자 컴퓨팅을 지지하는 많은 사람은 우리가 그 이론을 완전히 이해하든 그냥 믿든 상관없이 그 이론과 함의가 실제 응용에 유용하다고 주장한다. 이 접근 방식은 실용적인 결과에 초점을 맞추고 철학적 논쟁에서 벗어나려는 시도를 반영하여 '닥치고 계산하자'라고도 불린다.

갈릴레오는 자기 생각을 『두 우주 체계에 관한 대화 The Dialogue Concerning the Two Chief World Systems』라는 책에 발표했는데(다음 그림 참조), 이 책에서는 지구 중심적 관점인 천동설과 태양 중심적 관점인 지동설을 비교했다. 이 책은 결국 가톨릭교회에 의해 금지됐다.

갈릴레오는 다른 사람이 발명했지만 자신이 개량한 망원경을 사용하여 하늘을 탐색하고 목성의 위성을 발견했다. 그는 목성계와 다른 관측 자료로 태양이 태양계의 중심에 있고 지구는 그 주위를 도는 여러 행성 중 하나라는 코페르니쿠스가 옳았다는 결론을 내렸다.

갈릴레오는 1632년에 자기 생각을 발표했다. 그 결과로 그는 재판을 받고 이단 혐의로 유죄 판결을 받았다. 사형 집행의 위협을 받은 그는 자신의 신념을 공개적으로 철회할 수밖에 없었고, 생애의 마지막 10년을 가택 연금 상태로 보냈다. 그는 완전히 실명하기 직전에 마지막 책을 출간한 후 1642년 77세의 나이로 세상을 떠났다.

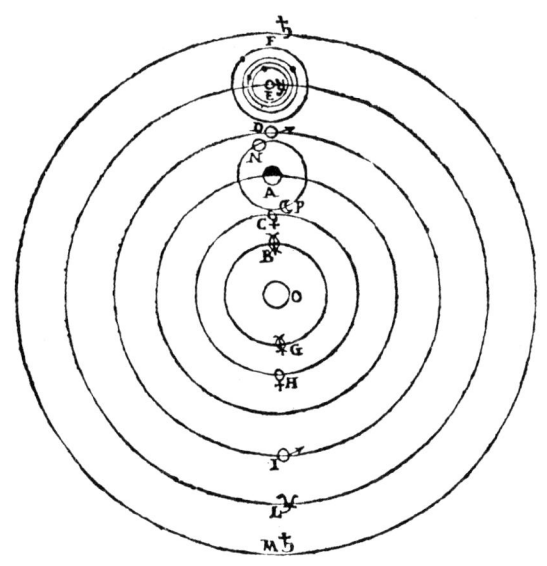

갈릴레오의 대화는 태양 중심적 행성관을 제시했다.

Image Asset Management / AGE Fotostock

그러나 천동설이 세상에 뛰쳐나오는 것을 막을 수는 없었다. 철학자, 수학자, 물리학자들은 새로운 이론을 개발하려고 새로운 아이디어를 사용했다. 그중에서 1687년에 『자연철학의 수학적 원리Principia Mathematica』라는 책을 발표한 아이작 뉴턴Isaac Newton이 가장 돋보였다. 그는 천체의 움직임과 공간과 시간의 작용을 설명하려고 수학을 사용했다. 그는 수량 간의 무한소 차이를 합산하는 것으로 시작하여 훨씬 더 발전시킨 미적분을 개발하여 사용했다.

천재적인 재능과 엄청난 업적에도 뉴턴은 여전히 많은 논쟁에 휘말렸다. 뉴턴과 다른 사람들은 빛이 작고 분할할 수 없는 입자로 이루어져 있다고 주장했다. 크리스티안 하위헌스Christiaan Huygens 등은 빛이 모든 공간에 퍼져 있다고 알려진 신비한 물질인 에테르를 통과하는 파동이라고 주장했다. 뉴턴이 사망한 후 수 세기 동안 파동 이론이 지배적이었다. 하지만 결국 뉴턴과 하위헌스의 주장이 부분적으로 모두 옳았다는 것이 밝혀졌다.

과학은 이 둘과 다른 거장들의 연구 덕분에 빠르게 발전했다. 1770년대 미국 독립 혁명 당시 사용되던 기술은 기원전 그리스와 로마인들도 쉽게 알아볼 수 있는 수준이었다. 말과 마차를 이용한 여행(로마 도로보다 훨씬 열악한 도로), 수차를 이용한 제조, 라틴어로 된 손으로 쓴 편지를 이용한 통신 등을 말한다.

CHAPTER 3 양자 컴퓨팅의 뿌리를 찾아서 83

하지만 제조업은 미국 독립 혁명 무렵인 1760년대 영국에서 시작됐다. 1800년대 말에는 증기기관, 조면기(고통스러운 수작업 없이 목화솜에서 씨앗을 분리하는 기기), 기차, 금속 선박, 전신 등이 전 세계에 보급됐다. 1860년대의 미국 남북전쟁은 최초의 현대전으로, 소총을 든 군대가 기관총의 초기 버전인 개틀링 건 Gatling gun으로 방어하고 있는 진지를 돌격하는 등의 끔찍한 참상이 연출됐다.

현대 컴퓨팅을 향한 한걸음

1800년대 중반, 유명한 수학자 찰스 배비지Charles Babbage는 첨단 기계식 컴퓨팅 장치를 제안하는 분석 엔진을 개발했다. 하지만 당시의 제조 기술로는 필요한 허용 오차에 맞는 기어를 안정적으로 제작할 수 없었기 때문에 장치를 만들 수 없었다.

영국의 수학자이자 작가인 에이다 러브레이스Ada Lovelace[5]는 분석 엔진에서 베르누이 수열을 계산하는 알고리즘을 개발했으며, 이 알고리즘은 최초의 컴퓨터 프로그램으로 널리 알려져 있다. 그녀는 예술과 음악을 창조할 수 있는 기계를 포함한 컴퓨팅의 미래에 대한 비전을 제시하여 컴퓨팅의 상징적인 인물이 됐다. 1970년대 후반에 미국 국방부를 위해 개발된 에이다Ada 컴퓨팅 언어는 오늘날에도 여전히 사용된다.

또한 이 시기에는 원소 주기율표의 창안, 다윈의 진화론 발표, 질병의 세균 이론의 등장 등 화학과 생물학 분야에서 큰 진전이 이루어졌다. 하지만 페니실린은 1928년이 되어서야 발견됐다.

이때까지 과학의 본질적인 특징은 과정이 연속적인 것으로 여겨졌다는 점이다. 던진 공은 공기와의 마찰로 서서히 느려지면서 공간을 부드럽게 이동하고, 가열된 물체는 주변의 온도에 맞춰 점차 냉각된다.

이 연속적인 세계는 예측 가능하다고 믿었다. 우주 전체를 포함한 모든 시스템의 초기 상태를 알고 있고 이론적으로 계산에 사용할 수 있는 충분한 자원만 있다면 그 이후 상태를 정확하게 예측할 수 있다고 생각했다.

모든 사람이 정확한 시간을 쉽게 알 수 있도록 마을 중앙에 시계탑이 세워져 있던 세상에서 이 예측 가능성을 **시계 장치 우주**clockwork universe라고 불렀다. 과학자

---

[5] 옮긴이_ 에이다 러브레이스는 인류 최초의 프로그래머라는 타이틀을 지닌다. 영국의 유명한 시인 조지 고든 바이런의 딸이자 백작 부인이기도 하다. 특히 반복문, 조건문, 서브루틴 같은 제어문을 최초로 만들어서 현대 프로그래밍 언어에 영향을 주었다. 엔디비아 코드명, 암호화폐, 에이다 러브레이스 상 등 후세에 너무나 많은 영향을 미친 천재다.

들은 물리 법칙으로 주어진 시점을 기준으로 우주를 정확하게 앞뒤로 움직일 수 있었다. 이 현실에 대한 관점은 곧 양자 역학으로 완전히 뒤집힌다.

양자 혁명의 시작

양자 혁명의 이론적 토대는 약 1900년부터 1930년 사이에 개발되어 현대 세계를 구성하는 많은 것의 토대를 마련했으며, 양자 역학적 아이디어와 이상이 더욱 광범위하게 적용되면서 계속해서 변화한다.

양자 역학을 기술 발전에 적용한 결과 오늘날 우리가 활용하는 모든 전통적인 컴퓨팅 성능의 기반이 되는 트랜지스터, 레이저, 디스플레이 화면, 의료용 스캐너 등이 탄생했다. 주머니 속의 스마트폰부터 거실의 TV, 인터넷 트래픽을 전송하는 광섬유 케이블에 이르기까지 양자 혁명 없이는 지금의 현대 사회는 상상할 수 없다.

과학, 수학, 심지어 철학을 아우르는 이 거대한 변화의 결과를 이은 가장 최근의 주요 응용 분야가 양자 컴퓨팅이다.

양자 역학의 진화는 흔히 두 부분으로 나뉜다. 첫 번째 양자 혁명은 양자 역학의 발전을 기술에 적용하는 것으로, 결맞음 상태에서 개별 입자를 직접 조작할 수 없는 방식으로 이루어졌다. 첫 번째 양자 혁명으로 개발된 주요 장치 유형 중 일부는 4장에서 알아본다. 두 번째 양자 혁명은 양자 정보 과학의 발전과 양자 정보 이론, 양자 컴퓨팅 및 양자 암호의 탄생으로, 모두 첫 번째 양자 혁명에서 만들어진 장치로 가능해졌다. 두 번째 양자 혁명은 5장 이후에서 알아본다.

양자 혁명은 돌이나 주철 덩어리와 같이 가열된 물체에서 방출되는 에너지의 이상한 현상에서 시작됐다. 이론에서는 이러한 복사가 열에너지나 적외선과 같은 고주파선이라고 생각했다. 그러나 실험 결과 가시광선과 자외선을 포함한 다양한 주파수에서 에너지가 방출되는 것으로 나타났다. 이를 흑체 복사 문제$^{black\ body\ problem}$라고 부른다.

DIFFICULT

양자 역학의 초기 핵심 발전 과정을 설명하면서 여러 방정식을 제시했다. 이 방정식들은 상징적이고 중요하지만, 이 방정식들을 이해하지 못해도 양자 역학의 발전을 이해할 수 있다. 방정식이 혼란스럽거나 산만하게 느껴진다면 건너뛰어도 된다.

1900년 독일에서 이 문제를 조사하던 막스 플랑크$^{\text{Max Planck}}$는 가열된 물체가 방출하는 방사선의 범위를 설명하는 공식을 생각해 냈다.

$$E = hf$$

E는 에너지, f는 방사선의 주파수, h는 현재 플랑크 상수로 알려진 매우 작은 숫자로, 광자의 에너지와 주파수를 연관시킨다. 광자의 에너지는 곧 설명할 아인슈타인의 유명한 질량-에너지 등가 공식을 사용하여 질량으로 변환할 수 있다.

플랑크 상수는 다음과 같다.

$$6.62607015 \times 10^{-34} \text{m}^2\text{kg/s}$$

이 극히 작은 숫자는 양자화의 기본 단위다. 이는 우주에 내재하는 '입자성'을 설명한다.

플랑크는 에너지가 연속적인 주파수 범위에서 방출되는 것이 아니라 플랑크 상수로 서로 분리된 불연속적이고 고정된 주파수에서 방출된다고 가정했다. 이 특정 주파수는 방출될 수 있는 고유한 값을 나타내며, 그 사이에 주파수는 존재할 수 없다.

플랑크는 양자화를 좋아하지 않았고, 자신의 '눈부신' 발견을 기존의 연속적이고 결정론적인 고전 물리학 구조에 다시 맞추려고 수년을 보냈다. 이런 용감한 노력은 오히려 그가 개척한 새로운 접근 방식이 사실임을 증명했고, 당시 누구도 상상했던 것보다 더 광범위하게 적용될 수 있음을 보여 주는 토대를 마련했다.

불과 몇 년 후인 1905년, 독일 특허청 사무원인 알베르트 아인슈타인은 몇 편의 획기적인 과학 논문을 썼다. 그중 하나는 특수 상대성 이론이었다. 아인슈타인은 빛의 속도인 초속 30만 킬로미터가 우주에서 가장 빠른 속도라고 주장했다. 정보를 포함한 그 어떤 것도 빛의 속도보다 빠르게 움직일 수 없다. 이 원리를 **국소성**

이라고 한다. 아인슈타인은 또한 서로를 향해 또는 서로에게서 멀어지는 방향으로 매우 빠르게 움직이는 두 관측자가 각각 빛을 속도의 절대적인 척도로 사용할 수 있음을 보여 주었다.

특수 상대성 이론 논문에서 아인슈타인은 우주에 대한 우리의 이해를 바꾸는 데 가장 큰 역할을 한 하나의 공식을 제시했다.

$$E = mc^2$$

아인슈타인의 질량–에너지 등가 관계라고 불리는 이 방정식에서 E는 주어진 질량에 포함된 에너지의 양을 나타낸다. m은 질량을 나타낸다. c는 빛의 속도로, 큰 숫자인데 이를 제곱하면 매우 큰 숫자가 된다. 더 큰 규모에서 또는 원자핵의 양성자와 같이 제한된 시스템에서 물질이 결합할 때 물질의 에너지 특성은 심각하게 제한되며 물질은 고체처럼 작용한다.

이 공식은 여러 응용 분야 중에서도 원자 에너지와 핵무기로 가는 길을 제시했다. 질량을 에너지로 완전히 변환함으로써 해방될 수 있는 에너지의 양은 엄청나다. 예를 들어 종이 클립의 물질을 완전히 에너지로 변환하면 초기 수소 폭탄과 같은 양의 에너지를 방출할 수 있다.

또 다른 논문에서 알베르트 아인슈타인은 플랑크의 아이디어와 자신의 새로운 생각을 사용하여 빛의 본질에 대한 급진적인 설명을 내놓았다. 그는 빛이 파동과 고체 입자로 동시에 구성되어 있다고 주장했다. 예를 들어 금속판에 빛을 비추면 금속판에 전기가 통하게 되는데, 이를 광전 효과photoelectric effect라고 한다.

아인슈타인이 중요한 이유

아인슈타인의 질량–에너지 등가 관계는 철학적으로 놀라운 의미를 지닌다. 질량과 에너지는 같은 것의 두 가지 측면이라는 점이다. 이를 설명하는 또 다른 방법으로는 질량은 응축된 또는 농축된 에너지라고 말할 수 있다.

이 사고방식은 큐비트의 작동 방식을 이해하는 데 도움이 된다. 결맞음 상태의 물질은 작고 단단한 당구공 같은 일상적인 물질보다는 에너지 다발로 작용한다. 파동처럼 작용하는 에너지 다발은 중첩(하나의 정의된 위치가 없음) 또는 얽힘(서로 에너지적으로 연결됨)을 나타낸다고 생각하면 더 쉽게 이해할 수 있다.

CHAPTER 3 양자 컴퓨팅의 뿌리를 찾아서 **87**

정의에 따라 광자라는 이름을 붙인 이 입자는 항상 빛의 속도로 움직인다. 광자의 에너지는 간단한 공식으로 표현된다.

$$E = hc / L$$

이 공식에서 E는 광자의 에너지, c는 빛의 속도, L은 빛의 파장(가시광선일 때 색을 결정하는), h는 플랑크 상수다.

아인슈타인의 연구는 빛이 입자이자 파동일 수 있으며, 상황에 따라 다른 특성을 보인다는 것을 보여 준다. 아인슈타인은 광전 효과에 대한 이 설명으로 노벨상을 수상했지만 노벨 위원회는 특수 상대성 이론은 언급하지 않았다.

1913년 덴마크의 닐스 보어는 플랑크의 아이디어를 원자의 구조에 적용하여 물리학 및 화학에 혁명을 일으켰다. 그는 원자가 양전하를 띤 양성자와 전하를 띠지 않는 중성자로 구성되어 핵을 이루고 그 주위를 음전하를 띤 전자가 궤도를 돈다고 주장했다. 이 아이디어는 새롭고 혁신적이었다.

하지만 전자 궤도는 임의의 거리에 있는 것이 아니라 양자화되어 있다. 에너지가 가장 낮은 궤도는 두 개의 전자를 담을 수 있고, 한 단계 더 먼 두 번째 궤도는 여덟 개의 전자를 담을 수 있다. 궤도 간의 차이는 보어의 공식으로 나타난다.

$$L = nh / 2\pi$$

즉, 전자의 각 운동량(회전 에너지)인 L은 1, 2, 3과 같은 정수 n에 h를 곱한 값이다. 이를 2π로 나누어 궤도의 순환성을 설명한다.

무엇보다도 보어의 모델은 스펙트럼선을 설명한다. 원소가 가열되면 원소마다 다른 색깔의 빛을 방출한다. 스펙트럼선 사이의 거리는 플랑크 상수로 결정된다. 인간의 시각 시스템은 우리 눈에 도달하는 광자의 에너지 레벨을 구분하려고 색을 지정하도록 진화했다.

보어의 모델은 다양한 원소가 방출하는 스펙트럼선에 대한 설명을 제공한다. 전자가 한 궤도에서 다른 궤도로 이동할 때마다 전자는 핵의 질량과 궤도 사이의 거리에 따라 에너지가 결정되는 광자를 방출하며, 우리는 서로 다른 광자 에너지를 뚜렷한 색으로 볼 수 있다.

계속되는 양자 혁명

1913년 플랑크, 아인슈타인, 보어는 다른 많은 과학자와 함께 양자 역학의 첫 번째 기초를 확립했다. 하지만 그 후 상황은 더욱 이상해져서, 오늘날에도 여전히 세상을 뒤흔들고 있다.

아인슈타인은 보어와 마찬가지로 지적, 정서적으로 고전 물리학의 구조와 확실성에 애착이 있었다. 그는 평생을 자신과 다른 사람들의 생각에 대한 도전적인 함의에 논쟁을 벌이는 데 많은 시간을 보냈다. 아인슈타인은 빛이 좁은 틈새를 통과하면 파동처럼 회절하는 것처럼 때때로 빛은 파동처럼 행동한다는 사실을 증명했다. 그러나 광자가 전자와 충돌할 때 그 상호 작용은 파동과 관계없이 두 입자 간의 충돌로 완전히 설명할 수 있었다.

1924년 프랑스인 루이 드 브로이Louis de Broglie는 아인슈타인의 빛 파동-입자 이중성에 대한 아이디어를 전자에 적용했다. 전자는 입자일 뿐만 아니라 정상파이기도 하다. 모든 물체와 관련된 파장은 또 다른 간단한 공식으로 표현할 수 있다.

$$\lambda = h/mv$$

λ는 파장, m은 질량, v는 속도다. 아직은 낯선 h가 벌써 세 번이나 등장했지만, 그만큼 중요한 상수라는 의미다.

빛의 속도보다 훨씬 낮은 속도에서는 동일한 방정식을 다음과 같이 쓸 수 있다.

$$\lambda = h/p$$

여기서 p는 물체의 운동량으로, 단순히 질량과 속도의 곱에 대한 이름이다.

또한 드 브로이 방정식은 왜 인간이 물체를 고체라고 생각하고, 광자와 같은 작은 물체가 파동처럼 행동할 때 그렇게 놀라는지 설명해 준다. 130 km/h로 움직이는 야구공(메이지리그 기브볼)의 드 브로이 파장은 야구공 크기의 약 1조분의 1에 해당한다. 파장은 그것이 속한 물체의 크기와 비교하면 무한히 작다.

그러나 아원자 규모에서는 입자의 드 브로이 파장이 중요하며 입자 자체와 비슷한 크기다. 이 영역에서는 물질의 파동과 입자 특성 모두 중요하며 무시할 수 없다.

문제는 현실의 이 상호 보완적인 측면을 머릿속으로 시각화하거나 말로 설명하는 데 큰 어려움을 겪는다는 점이다. 이는 우리가 개념화하고 표현하는 능력에 도전하게 만든다.

아주 작은 규모에서는 (때로는 일본 자기부상열차를 가속하는 초전도 자석과 같은 일부 특수한 거시적 물체에서도) 우리가 관찰하는 과정이 최종적으로 얻을 결과를 결정하는 데 영향을 준다.

양자 역학이 계속 발전했음에도 이를 일관되게 설명하기란 어렵다. 하지만 1925년에 베르너 하이젠베르크, 막스 보른, 파스쿠알 요르단은 양자 상태 사이의 전이를 설명하는 방법인 **행렬 역학**을 고안했다. 이는 양자 역학을 설명하는 데 큰 이점을 제공하며, 행렬 연산은 양자 컴퓨팅의 핵심임을 알아냈다.

1927년 베르너 하이젠베르크는 파동 입자 이중성이 내포하는 불확정성을 그의 유명한 불확정성 원리로 요약했다. 물체가 작을수록 질량에 속도를 곱한 값인 운동량의 불확정성이 커진다.

하이젠베르크의 불확정성 원리의 공식은 다음과 같다.

$$\Delta x \, \Delta p \geq h / 4\pi$$

여기서 Δx는 물체의 위치에 대한 표준편차(불확정성의 측정치)이고 Δp는 운동량에 대한 표준편차다. h는 마찬가지로 피할 수 없는 플랑크의 상수로, 그 자체가 존재의 근본적인 입자를 정확하게 표현한다.

위치의 불확정성을 줄이려고 하면 운동량의 불확정성이 증가하고, 그 반대도 마찬가지다. 그리고 이 불확정성의 보존은 현실의 근본적인 특성이며, 우리가 조작하거나 회피할 수 없다.

하이젠베르크의 불확정성 원리는 시계 장치 우주를 무너뜨린다. 불확정성 원리가 적용되는 세계에서는 작은 규모에서 확실한 것은 아무것도 없다. 과거는 과거를 정확하게 설명할 수 없고, 현재는 끊임없이 우리를 놀라게 하며, 미래를 정확하게 예측할 방법이 없다.

따라서 하이젠베르크의 불확정성 원리는 우주가 합리적이고 예측할 수 있으며 확실해야 한다고 믿는 사람들에게 큰 충격을 주었고, 지금도 마찬가지다. 실제로 우주는 과거, 현재, 미래를 근본적으로 알 수 없기 때문이다.

바로 이 답답하고 혼란스러운 불확정성에 전적으로 의존한다는 게 양자 컴퓨팅의 놀라운 부분이다. 각 큐비트는 얽히게 하고, 프로그래밍하고, 추궁하여 무엇이 가능한지 알아내기 위한 우주 불확정성의 작은 조각일 뿐이다.

슈뢰딩거와 그 망할 고양이

이 글을 작성하는 동안 실제 고양이는 어떤 피해도 입지 않았다.

에르빈 슈뢰딩거는 자신의 연구를 뒷받침하는 일부 양자 역학적 주장들이 얼마나 터무니없는지를 강조하려고 양자 수준에서 나타나는 불확정성을 거시적 세계로 가져오는 사고 실험을 고안했다.

악명 높은 그의 사고 실험에서는 소량의 방사성 물질, 가이거 계수기, 망치, 독약병이 들어 있는 밀폐된 상자에 고양이를 넣는다. 방사성 물질이 붕괴하면 가이거 계수가 이를 감지하고 망치가 작동하여 독약병을 깨뜨려 고양이를 죽인다.

그러나 양자 역학에서는 방사성 물질은 관찰될 때까지 붕괴하거나 붕괴하지 않는 중첩 상태로 존재한다. 즉, 상자를 열어 고양이를 관찰하기 전까지 고양이는 살아 있거나 죽은 두 가지 상태가 중첩되어 있다는 뜻이다.

고양이, 망치, 독약병이 있는 거시적 규모에서는 양자 수준 이상의 상호 작용이 너무 많아 중첩 상태가 수 펨토초[6] 이상 지속될 수 없다. 슈뢰딩거 고양이는 특정 시간 동안 살아 있거나 동시에 죽어 있기도 하며, 실험자는 언제든지 고양이의 상태를 확인할 수 있다.

그러나 역설적이게도, 슈뢰딩거가 강조하려고 했던 아주 작은 규모의 모순은 한 세기에 걸친 양자 역학 실험을 통해 사실로 확인됐다.

물론 슈뢰딩거의 사고 실험에서 실제로 고양이가 다쳤다는 것은 사실이 아니다. 고양이의 불쾌감에 대한 기쁨을 뜻하는 전문 용어가 '슈뢰덴프로이데Schrödenfreude'라는 것도 사실이 아니다(이 농담을 조금 더 설명하자면, 다른 사람의 불행에 대한 기쁨을 뜻하는 실제 독일어 단어는 샤덴프로이데Shadenfreude이다).

---

[6] 옮긴이_ 10^{-15}초를 의미한다. 결맞음은 얼마나 특정한 양자 시스템이 잘 보존되어서 상호 작용을 하지 않느냐와 밀접하기 때문에 상호 작용이 많다면 찰나에 결어긋남 상태가 되어 중첩 상태가 깨진다.

양자 컴퓨팅의 토대

지금까지의 모든 발전에도 원자는 여전히 많은 비밀을 간직하고 있다. 1926년 슈뢰딩거는 양자 역학 시스템의 파동 함수를 설명하는 방정식을 제안했고, 이를 처음으로 수소 원자에 적용했다.

이 방정식은 많은 독자에게 익숙하지 않은 미적분과 복잡한 표기법을 사용하여 설명하기 어렵다. 슈뢰딩거 방정식을 요약하면, 전자와 같은 아원자 입자의 위치는 파동 함수라는 것이다. 파동 함수는 시간에 따라 변한다. 처음에는 이것을 고체 입자인 전자의 위치가 시간에 따라 변한다는 의미로 가정했다.

독일의 물리학자 막스 보른은 양자 역학의 확률론적 특성에 초점을 맞춰서 슈뢰딩거 방정식을 새롭게 해석했다. 이 방정식은 전자 같은 입자의 정확한 위치를 설명하는 대신, 입자가 특정 위치에서 발견될 확률을 나타낸다. 이 확률은 시간에 따라 변화하는 파동 함수로 설명되며, 이는 입자가 다른 위치에서 발견될 확률도 변화한다는 것을 의미한다.

한 세기에 걸친 실험을 통해 증명된 이 해석에 따르면, 슈뢰딩거 방정식에서는 전자와 같은 고정된 물체가 존재하지 않는다. 단지 전자가 어디에서 발견될 확률이 더 높거나 낮을지에 대한 확률적 설명이 있을 뿐이다. 어떤 의미에서 측정은 전자를 특정 위치에 존재하도록 소환하는 행위다.

이 해석은 슈뢰딩거를 포함한 많은 전통적 사고를 가진 물리학자들을 혼란에 빠뜨렸다. 슈뢰딩거는 보른과 같이 불확정성을 중시하는 동료들이 같은 연구 결과를 축하하는 동안에도 자신의 연구 결과에 대한 좌절감으로 신경 쇠약에 걸렸다.

파동 함수는 전자의 가능한 상태(여기선 위치)를 중첩한다. 이는 양자 컴퓨팅 프로그램에서 다양한 잠재적 결과를 할당할 때 사용하는 것과 동일한 중첩이다.

아인슈타인은 슈뢰딩거와 함께 불확정성이 우주의 근본적인 속성이라는 생각에 반대하며, 관찰만이 가능성의 구름 속에서 사물을 현실로 드러낸다는 생각에 깊이 반기를 들었다. 보른과 다른 사람들은 하이젠베르크가 불확정성 원리에서 언급한 불확정성을 받아들였고, 이보다 개방적인 그룹이 양자 역학의 주장을 검증하는 수많은 실험을 주도적으로 수행했다.

이 논쟁은 1927년 양자 역학이 중심이 된 제5차 솔베이 회의에서 정점에 이르렀다. 다음 그림은 회의에 참석한 인물들의 사진이다.

제5차 솔베이 회의에는 양자 역학의 주요 공헌자 대부분이 참석했다.

Benjamin Cobbery / Wikipedia Commons / Public Domain

1930년 저명한 과학자 폴 디랙Paul Dirac이 양자 역학의 최초 교과서인 『양자 역학의 원리』를 출간해서, 양자 역학에 대한 창의성이 폭발하던 시대의 정점을 찍고 기초를 확립했다. 이 교과서는 오늘날에도 여전히 사용된다.

'유령 같은 원격 작용' 탐지

양자 역학의 기본 원리를 확립하는 가장 중요한 작업은 1930년경에 완성됐다. 그러나 이 원리를 기반으로 한 새로운 연구와 그 의미에 대한 논쟁은 오늘날까지도 계속된다.

양자 역학이 완전한 이론으로 받아들여지지 않는 이유 중 하나는 '얽힘'이라는 개념 때문이다. 양자 입자는 당구공처럼 서로 충돌하지 않아도 상호 작용할 수 있다. 시공간적으로 충분히 가까워져서 슈뢰딩거가 설명한 파동 함수가 상당 부분 겹치기만 하면 된다.

제5차 솔베이 회의

1927년 벨기에에서 열린 제5차 솔베이 회의에는 양자 역학 발전에 기여한 주요 인물들이 대부분 모였다. 이 회의는 양자 역학에 대한 두 가지 견해가 공개적으로 논의되는 역사적인 자리이기도 했다.

양자 역학의 3대 창시자로 꼽히는 플랑크, 보어, 아인슈타인이 모두 참석하여 활발한 토론을 펼쳤다. 아인슈타인은 양자 이론이 원자 및 아원자 수준에서 자연을 설명하는 데 유용하다는 점에는 동의했지만, 물리학 전체의 기초가 될 수 있는지에 대해서는 의구심을 표했다. 양자 역학의 주장에도, 그는 현실의 본질이 관찰자와 독립적이라는 신념을 유지했다. 그는 이 견해를 끝까지 고수한 것으로 알려져 있다.

닐스 보어는 양자 이론의 대변자로서, 양자 상호 작용을 직접 관찰할 수 없다는 점을 지적하면서도 간접적인 관찰로도 결과가 달라진다고 주장했다. 그는 양자 역학의 확률적 예측이 현실을 정확하게 설명한다는 점을 강조했으며, 이는 오늘날에도 여전히 유효하다.

양자 입자가 상호 작용하면 서로 **얽히게 된다**. 한 입자의 주요 특성이 다른 입자의 동일한 특성과 결합된다.

까다로운 부분은 입자들이 서로 먼 거리를 이동하더라도 얽힌 상태를 유지한다는 것이다. 양자 역학에 따르면, 얽힌 입자 중 하나의 속성을 측정하면 그 값이 나타나므로 다른 입자의 해당 상태를 즉시 알 수 있다. 이 현상은 빛의 속도와 상관없이 즉각적으로 일어난다.

물리학에서는 정보를 포함해 무엇이든 빛의 속도보다 빠르게 움직일 수 있다는 개념을 '**비국소성**nonlocality'이라고 한다. 비국소성은 1905년 아인슈타인이 상대성 이론을 연구하면서 이론적으로 금지된 것으로 여겨졌다. 그는 국소성 위반을 '유령 같은 원격 작용spooky action at a distance'이라고 불렀다.

1964년, 아일랜드의 물리학자 존 벨John Bell은 비국소성이 실제로 유지되는지 테스트하는 방법을 제안했다.[7] 지구와 우주에서 진행된 실험을 통해 얽힘이 국소성의 한계를 넘어 작동한다는 사실이 확인됐다. 비록 벨은 노벨 물리학상을 받지는 못했지만, 이 분야에 기여한 공로를 인정받아 1988년 울프 물리학상을 받았다.

---

[7] 옮긴이_ 벨도 아인슈타인처럼 국소성이 위배될 수 없다고 믿었고, 우리가 모르는 숨겨진 변수가 있으리라 생각하여 이 실험을 제안했다. 아이러니하게도 슈뢰딩거처럼 그가 제안한 실험이 비국소성을 증명하였다. 2022년까지 생존해 있었다면, 아쉽지만 노벨상을 함께 받았을지도 모른다.

그의 연구를 검증한 세 명의 물리학자는 1970년대, 1980년대, 1990년대에 걸쳐 실험했으며, 이들은 2022년에 노벨 물리학상을 공동 수상했다.

오늘날 양자 역학의 의미는 물리학을 넘어 철학적 논쟁을 불러일으킨다. '양자 철학quantum philosophy'이라는 분야가 등장했으며, 이 매혹적인 새로운 철학 분야에서는 현실, 의식, 존재의 본질에 대해 양자 역학이 우리의 이해에 미치는 영향을 탐구한다.

예를 들어, 이 장에서 논의하는 양자 역학의 핵심 개념 중 하나인 중첩과 얽힘은 열띤 철학적 논쟁을 불러일으켰다. 중첩은 양자 입자가 측정되기 전까지 여러 상태로 동시에 존재할 수 있음을 시사하며, 이는 존재의 본질과 관찰자의 역할에 대한 우리의 전통적인 이해에 도전한다.

반면에 얽힘은 양자 입자가 멀리 떨어져 있어도 서로 연결되어 상호 연관된 방식으로 행동할 수 있음을 보여 준다. 이는 공간과 시간의 근본적인 본질에 대한 의문을 제기하며, 우주의 모든 것이 아원자 수준에서 순간적으로 연결되어 있는지에 대한 질문을 불러일으킨다.

이 양자 현상의 철학적 함의는 여전히 탐구되고 논의되고 있으며, 현재 우리가 가진 우주에 대한 지식의 한계에 도전하며 실제의 본질에 대한 새로운 탐구의 길을 열어준다.

아이디어를 둘러싼 이런 논란에도 중첩과 얽힘은 양자 컴퓨팅의 핵심이다. 연구자들은 이 양자 특성을 활용하여 암호화, 신약 개발, 재료 과학 등의 분야에 혁신을 일으킬 수 있는 새로운 기술을 개발하고 있다. 실제에 대한 우리의 이해에 도전하고 철학적 논쟁을 불러일으킨 양자 현상이 또한 양자 컴퓨팅을 구축하는 초석이라는 사실은 놀라울 따름이다.

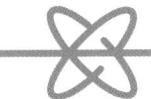

CHAPTER 4

양자 기술 1.0 소개

> **이 장의 주요 내용**
> - 첫 번째 양자 기술의 물결
> - 전자 현미경의 발전
> - 기계식 시계의 종말
> - 첫 번째 물결의 효과

1900년에서 1930년 사이에 창의성, 혼란, 갈등의 폭발 속에서 등장한 양자 역학은 두 가지 거대한 기술의 물결로 이어졌다. 첫 번째는 대략 1930년부터 1980년까지, 두 번째는 1980년경에 시작되어 현재까지 이어진다. 이 두 가지 기술 물결을 양자 기술 1.0과 양자 기술 2.0이라고 부르자.

양자 기술 1.0에서는 과학자들과 기술자들이 양자 역학에서 얻은 통찰을 대략적으로 사용하여 수많은 광자, 전자 및 다른 양자 입자를 다루었다. 개별 입자가 그룹의 일부로 작동하게 하고 유출, 터널링 등을 일으키지 않도록 하는 데 집중했다.

연구자들은 처음엔 아원자 입자를 개별적으로 다룰 수 있는 도구가 없었기 때문에 이렇게 거시적 규모로 작업하는 수밖에 없었다. 양자 기술 2.0에 필요한 도구는 양자 기술 1.0의 일부로 개발됐으며, 현재 이 도구는 점점 더 강력해지고 있다.

이 장에서는 이런 혁신 중 많은 부분을 현재 우리가 살고 있는 양자 기술 물결의 핵심인 양자 컴퓨팅과 연결하여 알아본다.

최첨단 레이저 기술

레이저를 생각해 보자. 레이저는 여러 원자를 들뜨게 해서 진동을 동기화한 다음, 그 결과로 동기화된 광자를 뺨의 종양과 같은 특정 목표물에 조사한다. 의사는 개별 광자를 조준하지 않고 광선 빔을 발사한다. 또한 개별 분자나 세포를 조준하려고 시도하지도 않는다. 광자 몇 개가 빗나가면 이는 누출일 뿐, 양자 컴퓨팅에서처럼 잠재적인 계산 능력이 감소되는 원인이 되지는 않는다.

의사는 의료용 레이저(다음 그림 참조)를 사용하여 들뜬 광자 흐름인 레이저 빔을 종양이 있는 부위에 조사한다. 레이저 빔은 종양 주변의 양성 또는 정상 세포를 증발시키거나 죽일 수 있지만, 의사가 어느 부분을 제거할지 선택한다. 요즘에는 의사들이 일부 시술에 사용하는 더 나은 도구가 있지만 일상적인 작업에는 여전히 레이저가 '최첨단'이다.

의료용 레이저

일반적인 접근 방식은 이 장에서 설명하는 첫 번째 양자 혁명 기술의 특징이다. 여기서 설명한 레이저의 예시에서 알 수 있듯이, 양자 기술 1.0 변화의 물결 속에서 기술자들은 어떤 의미에서는 투박한 장갑을 끼고 일한다고 말할 수 있다. 개별 원자와 전자, 광자 같은 아원자 입자를 조작할 수 있는 도구는 아직 존재하지 않았다. 이런 입자들은 그룹으로 관리하고 영향을 줄 수 있지만 개별적으로 제어할 수는 없다.

신비한 관찰자 효과

과학자들이 양자 기술을 더 잘 다루게 되면서 실제의 본질을 설명하기가 더 어려워졌다.

1801년 토머스 영은 금속판의 슬릿을 통과해 빛을 비추는 이중 슬릿 실험을 고안했다. 이 빛은 첫 번째 판 뒤에 놓인 두 번째 판에 그림자를 드리웠다. 그리고 이 빛은 파동처럼 봉우리와 골짜기가 있는 간섭 무늬를 만들었다. 이중 슬릿 실험은 빛이 파동으로 이뤄져 있다는 것을 보여 주는 듯했다.

이제 과학자들은 한 번에 한 광자씩 슬릿을 통과해 빛을 보낼 수 있게 됐다. 광자는 고체 알갱이로 여겨졌지만, 슬릿에 검출기를 따로 배치하지 않는 한 두 번째 판에 여전히 간섭 무늬를 만들었다. 슬릿에 검출기를 배치해 광자를 관찰하면, 광자는 슬릿을 곧장 통과하여 두 번째 판에 두 개의 분명한 빛 막대를 형성한다.

빛의 움직임에 대한 관찰자의 영향은 아직까지 확실한 설명이 없는 미스터리로 남아 있지만, 모두 그냥 그러려니 하고 받아들인다.

이 물결 속에서 개발된 기술 역시 사람들의 현실 인식에 도전하는 혁명적 변화의 주체가 아니라 고전 역학의 하인 역할을 했다. 레이저는 대체로 우수한 칼, 신호 장치 또는 척도이며 원자시계는 훨씬 더 정확한 시계다. 이런 기술은 중첩, 얽힘, 터널링 같은 양자 역학 특유의 특성을 활용하지 않는다.

DIFFICULT

터널링 전자 현미경이 터널링 현상을 사용한다는 것은 맞다. 하지만, 이 환상적인 전자 현미경은 상대적으로 많은 수의 전자를 사용하여 개별 불규칙성이 아닌 전체적인 예측 가능성에 의존한다.

1930년 이후의 양자 역학

3장에서 양자 역학에 대한 이야기를 마쳤을 때, 이 분야의 기초가 다져졌고, 폴 디랙은 1930년에 양자 역학 최초의 교과서를 저술했다. 그다음은 어떤 일이 일어났을까?

양자 역학은 계속해서 발전하고 개선됐다. 또한 양자 역학이 주도하는 기술 변화의 첫 번째 물결이 시작됐다. 그리고 과학자와 기술자들은 양자 역학의 원리를 사용하여 많은 것을 발명하고 개선하기 시작했다. 하지만 이 작업은 매우 까다로웠고, 수십 년이 지나서야 진전을 보였다.

그녀는 (혁명적인) 과학으로 내 눈을 멀게 했다

DIFFICULT

1982년 토머스 돌비라는 가수가 '그녀는 과학으로 나를 현혹했다'라는 노래를 발표했다. 관심이 있다면 유튜브에서 찾아보자. 흑백이 아닌 컬러 영상이다. 이 노래에서 알 수 있듯이 과학은 오늘날 우리 삶에 없어서는 안 될 필수 요소다. 그래서 과학 이론 변화의 본질을 다루는 지적 이론인 인식론이라는 분야가 있을 정도다. 이 이론이 등장한 데 있어 핵심적인 책은 1962년에 처음 출간된 토머스 쿤의 『과학 혁명의 구조』The Structure of Scientific Revolutions다.

지금은 널리 받아들여지고 있는 쿤의 핵심 주장은 과학 이론은 순조롭게 발전하지 않는다는 점이다. 그 대신 종교적, 철학적 신념을 포함한 일련의 관련 이론과 신념이 널리 받아들여지는데, 이는 거의 의문의 여지가 없는 표준이 됐다. 이 시기의 과학적 연구를 정상 과학이라고 하며, 받아들여진 이론과 실천에 대한 점진적인 개선으로 구성된다.

변화가 찾아올 때는 조정이나 변화가 아니라 철학적 변혁이 일어나 사람들의 세계관을 뒤엎는 형태로 다가온다. 지금은 과학 혁명의 시기다. 그리고 다른 변화와 마찬가지로 혁명적인 과학 변화는 3장에서 설명한 지구 중심 우주에 대한 믿음에서 태양 중심 세계관으로의 변화에서 보았듯이 종종 격렬하고 심지어 폭력적으로 비판과 저항을 받는다.

실제 폭력은 종종 혁명적인 과학적 변화에 수반되거나 그 결과로 발생한다. 플랑크가 자신의 이름을 따서 명명한 볼츠만 상수의 루트비히 볼츠만은 원자론을 지지하는 자신의 연구가 동료들에게 조롱받고 있다고 느껴 1906년에 스스로 생을 마감했다. 현재 원자 이론은 보편적으로 받아들여지고 있으며 볼츠만의 이름과 업적은 계속 이어지고 있다. 그리고 양자 역학의 발견은 수십 년 만에 원자탄과 핵무기를 개발하는 데 직접적으로 이바지했다. 2023년에 개봉한 영화 〈오펜하이머〉에서도 양자 역학을 여러 번 언급한다.

고전 역학에서 양자 역학으로의 진화는 놀랍지만, 아직 불완전한 과정이다. 어쩌면 양자 컴퓨터가 널리 사용되는 미래 시대에 태어난 아이들만이 한 세기가 지났는데도 여전히 새롭기만 한 이 이론을 온전히 받아들일 수 있을지 모른다. 그리고 이 새로운 이론을 확고하게 받아들일 우리 아이들은 현재를 살아가는 우리가 상상할 수 없는 꿈을 꾸게 될 것이다.

이 장에서 중요한 전환점을 나타내는 날짜와 함께 간략하게 설명할 기술들이다.

- 태양 전지(1890)
- 전자 현미경(1931)
- 트랜지스터(1947)
- 원자시계(1955)

- 메이저와 레이저(1953, 1960)
- MRI 스캐너(1977)

태양 전지 경쟁의 가속화

태양 전지는 19세기에 발명되어 1890년대에 최초로 특허를 받았다. 다른 많은 혁신과 마찬가지로 발명가들은 그 원리를 완전히 이해하지 못한 채 연구를 진행했다. 1905년 양자 역학의 산물로서 광전 효과를 설명한 아인슈타인의 논문이 발표되면서 더 큰 그림이 그려지기 시작했다.

그러나 태양 전지가 크게 발전하기까지는 수십 년에 걸친 과학 기술의 발전이 필요했다. 1950년대에 이르러 벨 연구소가 우주 탐사용 태양 전지를 개발했는데, 이 전지는 빛 에너지의 2%를 전기로 변환할 수 있었다. 이는 식물의 광합성 효율(약 1%)을 뛰어넘는 주목할 만한 성과였다.

최근 과학자들은 광합성이 양자 계산과 유사한 과정을 통해 햇빛을 화학 에너지로 변환한다는 흥미로운 실험 결과를 얻었다. 이 에너지는 식물과 그 식물을 먹는 동물(인간 포함)의 생명 활동을 가능하게 한다. 실험에 따르면, 식물이 햇빛에서 흡수한 에너지는 광합성 시스템 안에서 파동처럼 움직이며 여러 가능한 경로를 탐색한다. 놀랍게도 식물은 에너지를 열로 낭비하는 비효율적인 경로 대신, 복잡한 화학 물질을 생성하는 효율적인 경로로 에너지를 모은다. 과학자들은 이 원리를 태양 전지에 적용하여 효율을 크게 높일 수 있을 것으로 기대하고 있다. 이를 위해 식물의 광합성 메커니즘을 집중적으로 연구하고 있으며, 이 연구 결과가 태양 전지의 기술의 획기적인 발전으로 이어질 것으로 전망한다.

태양 전지의 효율은 지속적으로 향상되어 왔다. 1959년에 10%, 1985년에 20%, 2006년에 40%의 효율을 달성했으며, 현재 최고 기록은 50%에 근접해 있다. 다음 그림은 나사^{NASA}가 우주에서 사용하기 위해 개발 중인 차세대 태양 전지다.

첨단 태양 전지가 우주 탐사에 활력을 불어넣고 있다.

NASA/JPL–Caltech / Lockheed Martin

오늘날 태양 에너지는 많은 지역에서 가장 경제적인 에너지원이다. 다양한 종류의 태양 전지가 개발되어 사용되고 있는데, 여기에는 박막 태양 전지와 약 70% 투명도를 가진 창문용 태양 전지 등을 포함한다.

태양 전지는 지구 온난화의 주범인 탄소 배출을 줄여 환경 문제 해결에 크게 기여할 수 있지만 양자 컴퓨팅에 직접 사용되지는 않는다.

전자 현미경 살펴보기

전자 현미경은 1931년에 발명됐다. 이는 광선이 아닌 전자 빔을 사용하여 가시광선보다 최대 100,000배 더 선명한 고해상도 이미지를 생성한다. 이 발명은 디랙의 양자 역학 교과서가 출간된 직후에 이루어졌다(3장 참조).

1965년에는 주사 전자 현미경$^{\text{scanning electron microscope}}$(SEM)이 실용화됐다. SEM은 집중된 전자 빔으로 표면의 상세한 이미지를 만들어, 기존 전자 현미경의 표면 이미징 한계를 극복했다.

1981년에는 터널링 전자 현미경이 시연됐다. 이 현미경은 전자 터널링이라는 양자 역학적 현상을 이용해 더욱 정밀한 측정을 가능하게 했다. 이로써 처음 원자를 직접 관찰할 수 있게 됐다.

터널링 전자 현미경은 날카로운 팁을 시료 표면에 매우 가깝게 위치시키고, 전압을 가해 전자의 터널링 전류를 생성한다. 장벽을 통과하는 전자의 수는 장벽의 두께에 따라 달라진다. 이 전류의 강도를 측정해 표면 이미지를 구축한다. 정확한 이미지 재구성을 위해서는 높은 수준의 간섭 차단이 필요하다.

전자 현미경 기술은 양자 컴퓨터의 설계, 제조, 작동에 유용하며, 특히 더 나은 큐비트 제작을 위한 재료 연구에 중요하게 활용된다.

트랜지스터 최적화

반도체 연구는 양자 역학의 직접적인 결과물이다. 반도체는 정밀하게 조작할 수 있는 제한된 전도도를 가진 물질이다. 1947년에 최초의 트랜지스터가 개발됐고, 이 연구로 1956년 노벨 물리학상이 수여됐다.

트랜지스터는 당시 새로운 전자식 메인프레임 컴퓨터에 빠르게 도입됐다. 이는 결국에는 크기가 크고, 전력 소모가 많으며, 고장이 잦은 진공관을 대체했다. 흥미로운 점은 1960년대 편의점에 진공관 TV의 문제를 진단할 수 있는 테스트 기계가 있었다는 것이다.

3장에서 설명했듯이 트랜지스터와 그 후속 기술인 집적 회로, 마이크로프로세서(다음 그림 참조)는 전통적인 컴퓨팅의 핵심이다. 컴퓨터, 스마트폰, 스마트 시계, 화면이 있는 모든 장치를 포함하여 오늘날 사용되는 거의 모든 전자 기기는 트랜지스터를 기반으로 한다.

마이크로프로세서 웨이퍼

Amazing studio / Adobe Stock

양자 역학적 연구는 전통적인 컴퓨팅의 급속한 성장과 보편화를 이룬 원동력이다. 그러나 앞서도 언급했듯이 트랜지스터는 전자 터널링과 같은 양자 효과를 활용하지 않고 피하도록 신중하게 설계됐다. 따라서 트랜지스터는 고전 역학 체계에서 작동하는 양자 역학적 장치다. 트랜지스터는 양자 역학적 통찰을 바탕으로 양자 효과를 회피함으로써 더 효과적이고 경제적으로 작동하며, 더 작은 공간에서 더 적은 에너지로 기능할 수 있게 됐다.

트랜지스터에서 텐서플로로

1958~59년에 잭 킬비Jack Kilby와 로버트 노이스Robert Noyce라는 두 천재(이자 라이벌)가 혁신적인 발명품을 만들었다. 그들이 개발한 집적 회로Integrated circuit(IC)는 세상을 완전히 바꿔 놓았고, 오늘날 우리가 사용하는 TV, 아이폰, 심지어 슈퍼컴퓨터와 같은 많은 기기를 만드는 데 도움을 주었다.

잭과 로버트는 각각 다른 방식으로 IC를 개발했지만, 둘 다 아주 작은 칩에 많은 전자 부품을 집적하는 데 성공했다. 잭은 1958년 9월 12일에, 로버트는 1959년 7월 30일에 각자의 IC를 선보였다.

두 사람의 발명으로 하나의 작은 칩에 매우 복잡한 전자 장치를 만들 수 있게 됐다. 이는 전통적인 컴퓨터가 텐서플로와 같은 첨단 머신러닝 플랫폼을 지원할 수 있게 한 토대가 됐다. 2022년에는 이들의 혁신적인 접근이 양자 컴퓨팅 분야까지 확장되어 최초의 양자 집적 회로가 발표됐다. 잭과 로버트의 업적에 감사를!

양자 기술 1.0의 핵심 원리는 전자의 특성에 관한 양자 역학적 통찰에서 비롯됐다. 전자는 서로 다른 에너지 준위를 가진 궤도에 존재하며, 저에너지 궤도로 이동할 때 광자를 방출하고 고에너지 궤도로 이동할 때 광자를 흡수한다. 이 원리는 고전 역학에서 연속적이라고 가정했던 열과 빛 같은 복사를 양자화한다.

원자시계로 시간 재기

원자시계는 원자의 전자가 에너지 준위를 변화시킬 때 방출하는 극초단파 신호를 사용한다. 최초로 널리 사용된 원자시계는 1955년에 런던의 국립 물리 연구소에서 루이스 에센과 J.V.L. 패리가 만들었다. 이 시계는 세슘 원자의 자기 공명 현상을 이용해 시간을 측정했다. 초기 장치는 사람 키만큼 컸지만, 나중에 칩 크기로 소형화하여 보급됐다.

기계식 시계와 전자 시계는 본질적으로 부정확하다. 오늘날 가장 정확한 시간 확인 방법은 스마트폰처럼 인터넷으로 원자시계와 동기화하는 것이다. 하지만 가장 가까운 기준 시계와의 거리와 인터넷 속도에 따라 오차가 있을 수 있다. 따라서 정밀한 시간이 필요한 사용자들은 오차를 최대한 측정하고 해결하거나, 현장용 또는 차량용 원자시계 또는 양자 시계를 구입하여 오차를 최소화한다.

세슘 시계는 수십 년에 걸쳐 점점 더 정확해졌다. 범지구 위치결정 시스템global positioning system (GPS)은 우리가 매일 사용하는 양자 기술인 원자시계에 의존한다. GPS는 군사용으로 개발됐으며, 1983년 항공사의 안전 개선을 위해 상업용으로 공개됐다.

2010년에는 레이저로 냉각된 이온을 사용하는 새로운 유형의 원자시계인 양자 시계가 사용되기 시작했다. 새로운 양자 시계는 기존의 세슘 표준보다 훨씬 더 정확하다. 약 140억 년 전 처음 우주가 시작될 때 양자 시계를 설정했다면, 현재 1초 미만의 오차를 보였을 것이다.[1]

---

1 옮긴이_ 이렇게 정확한 양자 시계가 왜 필요한지 궁금할 수 있다. 예를 들어, 정밀한 양자 시계는 중력을 측정할 수 있다. 일반 상대성 이론에 따르면, 지구에서 시계를 단 1 cm만 위로 올려도 시간이 빨라지는 것을 측정할 수 있다. 또한 레이저 간섭계 중력파 관측소(LIGO)에서 중력파를 검출할 때도 정밀한 시계가 필요하다.

DIFFICULT

현재 우리가 경험하고 있는 양자 기술 2.0의 물결에는 양자 센싱이라는 새로운 분야가 포함된다. **양자 센싱**은 물질의 양자 역학적 특성을 활용해 기존의 어떤 자원보다 더 민감한 측정을 할 수 있다. 여기에는 단일 목적 큐비트로 작동되는 양자 시계와 현재보다 훨씬 더 정밀한 양자 GPS 시스템 개발이 포함된다. 다음 그림은 양자 원자시계를 보여 준다.

스트론튬 이온
광학 시계

Andrew Brookes, National Physical Laboratory / Science Source

메이저와 레이저 가열

메이저^{maser}와 레이저 장치의 원리는 1916년에 아인슈타인이 설명했지만, 실제 작동하는 장치는 수십 년 후 극초단파 분광학 연구를 통해 등장했다. 1953년에 발명된 최초의 장치는 메이저로, 자극 방출에 의한 극초단파 증폭$^{microwave\ amplification\ by\ stimulated\ emission\ of\ radiation}$의 약자다. 파장이 짧을수록 조작하기 쉽기 때문에 가시광선보다 주파수가 훨씬 높은 극초단파가 이 방식으로 만들어진 최초의 기기 형태였다.

1958년 논문에서 극초단파 대신 빛을 사용하는 광학 레이저가 제안됐고, 1960년에 적색광 레이저가 시연됐다. 메이저와 레이저라는 용어는 이제 너무 널리 사용되어 더 이상 대문자로 표기하지 않는다.

레이저는 대중의 상상력을 자극했지만, 많은 이들이 가장 먼저 떠올리는 '죽음의 광선'은 (다행히도) 널리 사용되지 않았다. 최초의 레이저는 고주파 적외선과 적색광을 사용했는데, 나이가 있는 세대는 초기 휴대용 컴퓨터의 빨간색 LED 화면을 기억할 것이다. 이 휴대용 컴퓨터는 무릎에 올려놓고 사용하기엔 너무 무거웠다. 더 높은 파장의 실용적인 레이저를 만들기까지는 많은 노력이 필요했고, 가시광선 중 가장 높은 주파수인 청색광 레이저는 1996년이 되어서야 시연됐다.

DIFFICULT

특정 주파수의 레이저 빔을 특정 유형의 원자에 쏘면, 레이저 빔의 광자가 원자에 흡수됐다가 다시 방출된다. 이 과정에서 원자는 에너지를 잃고 냉각된다(다음 그림 참조). 이 기술은 7장에서 설명할 이온 트랩과 중성 또는 차가운 원자를 기반으로 하는 양자 컴퓨팅 방식에서 큐비트를 과냉각하는 데 사용된다.[2]

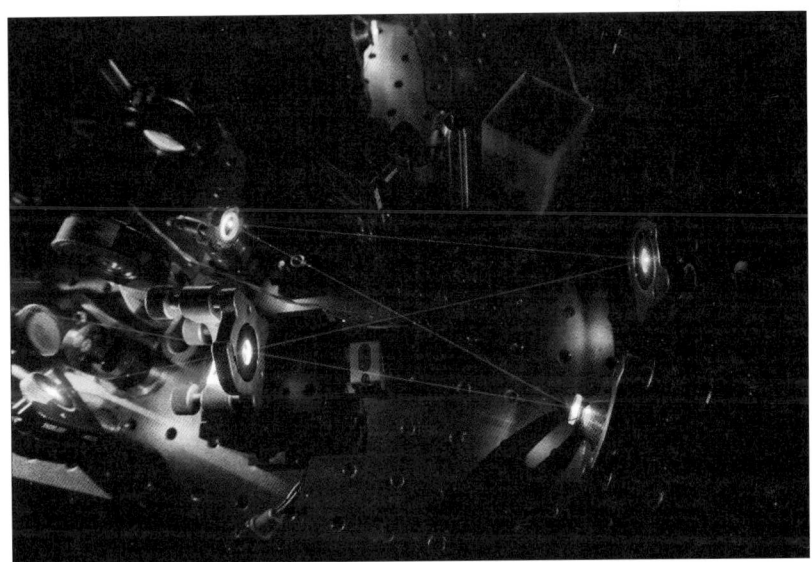

레이저를 이용한
원자 과냉각

Colorado State University

2   옮긴이_ 더 자세히 설명하자면, 원자를 들뜨게 하는 주파수보다 약간 낮은 주파수의 레이저를 x, y, z축에서 서로 마주 보게 총 6방향으로 쏜다. 원자의 움직임이 곧 온도이므로, 특정 축으로 이동하는 원자는 도플러 효과로 인해 해당 축 레이저의 주파수가 올라가 들뜬 상태가 된다. 이후 광자를 방출하며 진행 방향의 반대로 약간 이동한다. 각 축에 대해 진행 방향의 반대로 힘을 가하면 원자는 마치 진한 꿀 속에 빠진 것처럼 점점 느려져 멈추게 되고, 절대 영도에 가깝게 냉각된다.

CHAPTER 4 양자 기술 1.0 소개   **107**

레이저는 다양한 분야에서 활용된다. 집중된 열을 이용한 정밀 수술(조직 절단 또는 '접합'), 거리 측정, CD 데이터 저장 그리고 고양이를 유혹하는 레이저 포인터 등이 그 예다.

오늘날 레이저의 핵심 용도는 인터넷과 웹의 기반이 되는 광섬유 통신이다. 레이저 빛은 광섬유 케이블 내부의 반사 벽을 따라 전파된다. 레이저로 구동되는 광섬유와 트랜지스터 덕분에 오늘날의 통신, 컴퓨팅 인프라가 가능해졌다. 양자 2.0 기술이라고 할 수 있는 얽힘은 기존 광섬유 네트워크에 양자 통신 기능을 실험적으로 추가하는 데 사용된다.

인류 최초로 달에 착륙한 우주선 **아폴로 11호**를 비롯한 미국과 소련의 우주선들은 달 표면과 달 주변 궤도에 반사경을 설치했다. 이 반사경에 레이저 빔을 쏘아 지구-달 간 거리(약 38만 4천 km)를 정확하게 측정한다. 이 측정으로 달이 지구에서 매우 천천히 멀어지고 있으며, 달의 위치 흔들림을 통해 달에 유동적인 핵이 있음을 알아냈다.

레이저는 양자 컴퓨팅뿐만 아니라 과학 연구에도 중요한 도구다. 과냉각 큐비트 외에도 일부 양자 컴퓨터에서 양자 입자를 가두고 조작하는 데 사용된다. 또한 인공위성과 레이저를 이용한 실험으로 양자 얽힘이 빛의 속도보다 빠르게 작용한다는 것을 보여 주었다. 이는 아인슈타인이 '유령 같은 원격 작용'이라고 불렀던 현상이다. 우주에서 양자 통신이라니! 마치 공상 과학 영화의 한 장면 같다.

빛은 넓은 의미에서 전자기장이지만, 자기 성분은 전기 성분에 비해 에너지가 훨씬 적고 대부분 덜 중요하다.

NMR과 MRI 장치용 스캐닝

핵자기 공명nuclear magnetic resonance (NMR)은 원자를 자기장 속에 넣고 추가로 진동하는 자기장을 가할 때 발생하는 현상이다. 원자의 핵은 측정 가능한 방식으로 공명하여 서로 다른 특성을 가진 원자와 분자를 구별할 수 있다. 예를 들어, 암세

포는 수분 함량이 높아 MRI 스캔에서 정상 세포보다 두드러져 보인다.

자기 공명 영상magnetic resonance imaging (MRI) 스캐너는 NMR 원리를 기반으로 한다. 이 스캐너는 공명을 이용해 의료 분야에서 생체 조직의 3차원 이미지를 구축한다.

MRI는 강력하고 비침습적인 진단 장치로, 연조직 손상과 암 진단 등에 사용된다. 다음 그림에 표시된 최초의 전신 MRI 스캐너는 1970년대에 폴 로터버와 피터 맨스필드 경이 개발했다.

눈썰미가 좋다면 이 장에서 NMR을 다루고, 다음 장의 양자 컴퓨팅 연대기에서 NMR 기반 큐비트를 언급하는 것을 곧 알아차릴 것이다. NMR 기반 양자 컴퓨터는 핵자기 공명 원리를 사용하여 원자핵의 양자 상태를 조작하고 제어하는 큐비트를 갖고 있으며, 이 종류의 큐비트는 초기 유용한 양자 컴퓨터의 핵심이었다. 따라서 양자 기술 1.0의 마지막 주요 혁신인 NMR 기술은 양자 기술 2.0으로 가는 가교 역할을 한다.

피터 경과 초기 MRI 기계

Sir Peter Mansfield / The University of Nottingham

양자 기술 1.0의 효과

오늘날 우리 세계는 양자 역학이 가능하게 한 첫 번째 기술 혁명의 산물에 전적으로 의존하고 있다. 지금 이 순간에도, 발전소에서 공급되는 전기나 가정용 태양광 전지판으로 작동하는 컴퓨터나 태블릿으로 이 책의 디지털 버전을 읽고 있을 것이다.

휴대전화의 GPS 센서는 원자시계(최근에는 양자 시계)를 기반으로 운전이나 도보로 가까운 식당을 찾아갈 수 있게 해 준다. 일반 자동차, 하이브리드, 전기차의 배터리도 양자 역학 원리로 개선됐다. MRI 스캐너로 생명을 위협하는 종양을 발견하고 레이저 나이프로 제거할 수도 있다(저자 스미스는 이미 그런 경험을 했다고 한다).

이 장에서 설명한 양자 역학 기반 기술들은 우리 세상을 변화시키는 원동력이 됐다. 그러나 앞서 언급했듯이, 이 기술들은 고전 역학의 틀 안에서 작동한다. 즉, 고전 역학에서 파생되고 고전 역학으로 설명할 수 있는 프로세스를 보다 효율적으로 수행하는 데 사용된다.

중첩, 얽힘, 터널링으로 대표되는 양자 역학의 핵심적인 기묘함은 양자 역학에서 파생된 초기 양자 기술 대부분에서 직접적으로 활용되지 않았다. 하지만 이는 다음 장에서 설명할 양자 기술 2.0의 본질이 된다.

CHAPTER 5

양자 컴퓨팅 공개하기

> **이 장의 주요 내용**
> - 양자 컴퓨팅을 위한 프레임워크 완성
> - 이론을 활용한 미래 설계
> - 양자 컴퓨팅의 보편화
> - 실제 양자 컴퓨팅 시연

양자 컴퓨팅은 초기와 전통적인 컴퓨팅(2장), 양자 역학(3장) 그리고 양자 기술 1.0(4장)에서 개발된 기술의 융합 결과물이다.

우리는 현재 양자 기술 2.0 시대를 살고 있다. 이 계속되는 혁명 속에서 새로운 지식 분야인 양자 정보 과학quantum information science (QIS)은 양자 역학을 새로운 방향으로 확장한다. 그 결과 양자 센싱, 양자 통신, 양자 컴퓨팅이라는 세 가지 새로운 분야가 생겼으며, 그중에서 양자 컴퓨팅이 가장 주목받고 있다.

이 장에서는 양자 컴퓨팅의 기원부터 21세기 초까지 주요 발전을 연대기적으로 소개한다. 아직 진행 중인 혁명을 설명하는 것이므로 일부 중요한 전환점을 놓쳤을 수도 있다. 이를 역사의 초기 버전으로 이해해 주기 바란다.

양자 컴퓨팅은 양자 역학 원리를 적용한 가장 중요한 응용 분야가 될 것으로 보인다. 왜냐하면 양자 컴퓨팅이 양자 역학의 가장 놀랍고 기묘한 특성인 중첩과 얽힘을 핵심 기술로 사용하기 때문이다.

주요 결과는 다음과 같다.

» 양자 컴퓨팅은 이미 세상을 바꾸고 있으며, 앞으로 몇 년 안에 4장에서 설명한 기술보다도 훨씬 더 큰 변화를 가져올 수 있다.
» 큐비트는 아직 개발 중인 기술이지만, 손톱보다 작은 장치에 원자로급 계산 능력을 담은 가장 놀라운 장치다.
» 양자 컴퓨팅은 이전 기술과 달리 양자 역학의 핵심에 있는 심오한 과학적, 철학적 질문들을 현실에서 구현한다.

이제 양자 컴퓨팅 등장의 주요 순간들을 살펴보며 그 깊은 의미를 탐구해 보자.

양자 컴퓨팅 반응 상상하기

초기부터 현재까지 지속되는 양자 역학의 가장 큰 논쟁은 광자와 같은 양자 입자를 특정한 것이 아닌 확률적 파형으로 설명한다는 점이다. 얽힘도 이 과정에서 어느 정도 크고 작은 비판을 받았다.

닐스 보어는 비결정론적 관점에서 확률론을 대변했고, 알베르트 아인슈타인은 생애 마지막까지 결정론적 관점을 주장했다. 한 세기에 걸친 실험들은 지금까지 보어의 견해를 뒷받침한다.

100년전 양자 역학의 선구자들이 지금의 양자 컴퓨팅을 보았다면 어떤 반응을 보였을지 상상해 보면 재미있다. 여전히 충격적인 확률론적 관점이라는 대담한 가정을 핵심으로 하고 있기 때문이다.

이 논쟁에 대해 더 깊이 알고 싶다면, 뉴욕타임스 베스트셀러이자 편집자가 추천한 만지트 쿠마르의 『양자혁명 Quantum: Einstein, Bohr, and the Great Debate about the Nature of Reality』(까치, 2014)를 참조하길 바란다. 해당 책에선 현재 진행 중인 논쟁에 대해 이 장에서 다룰 수 있는 것보다 더 통찰력 있게 설명한다.

양자 컴퓨팅을 위한 프레임워크 완성

새로운 이론적 연구는 양자 정보 과학의 발전으로 이어졌다. 앞서 언급했듯이 양자 정보 과학에는 세 가지 중요한 축이 있다.

» **양자 센싱**: 양자 역학을 사용하여 현재 센서의 한계를 극복하는 방법
» **양자 통신**: 얽힌 입자를 이용한 통신[1]
» **양자 컴퓨팅**: 시뮬레이션과 계산에 얽힘과 중첩 사용

---

1 옮긴이_ 얽힌 입자를 사용하지 않는 BB84 같은 양자 키 분배 프로토콜도 있다.

이 책은 주로 양자 컴퓨팅에 초점을 맞추지만, 관련된 주제가 나올 때마다 양자 통신과 양자 센싱도 다룰 예정이다. 세 가지 영역의 발전 과정은 다음 절에서 시작하는 연대기에 모두 포함되어 있다.

이 연대기에는 많은 내용이 생략됐다. 모든 역사를 포함하려면 적어도 한 권의 책이 더 필요할 것이다. 다양한 유형의 큐비트의 진화와 사용에 대한 정보는 6장에서 별도로 다룰 예정이므로, 이 연대기에서는 제외했다.

이 책에서 양자 통신과 양자 센싱에 더 많은 지면을 할애할 수도 있었다. 하지만 그랬다면 현재 부상하고 있는 양자 컴퓨팅의 엄청난 복잡성과 깊이를 다루는 데 집중하기 어려웠을 것이다. 따라서, 이 흥미로운 두 분야에서 획기적인 연구를 하고 있는 모든 분들께 더 많은 잉크, 전자책 버전에서는 더 많은 픽셀을 제공하지 못한 점을 사과드리며, 여러분의 연구가 다른 곳에서 그에 걸맞은 깊이로 다뤄지기를 바란다.

1960-1970년대: 이론화 시대

3장에서 언급했듯이, 에이다 러브레이스(다음 그림 참조)는 1800년대 중반, 실제 하드웨어가 등장하기 전에 고전 알고리즘 개발에 큰 공헌을 했다. 찰스 배비지가 하드웨어를 설계했지만, 당시에는 그의 장치를 작동시킬 만큼 정밀한 부품을 만들 수 있는 기술이 없었다. 아마도 안티키테라를 만든 고대의 기술자들(2장 참조)이 있었다면 도움이 됐을지도 모른다.

마찬가지로 양자 정보 이론과 양자 알고리즘 연구는 종종 이를 실행할 양자 컴퓨팅 시스템의 등장보다 앞서 이루어졌다. 다음은 후에 양자 컴퓨팅 연구에 중요한 것으로 밝혀진 관련 이론의 초기 업적들의 선별 목록이다.

러브레이스의
백작 부인
오거스타 에이다 킹

Artepics / Alamy Stock Photo

양자 컴퓨팅과 나노 기술에 대한 예언

1959년, 칼텍의 리처드 파인먼은 '바닥에는 충분한 공간이 있다There's Plenty of Room at the Bottom'라는 제목의 강연에서 두 가지 중요한 주장을 했다. 첫째, 양자 역학적 원리를 계산에 사용할 수 있다고 주장했다. 둘째, 생물학적 시스템이 DNA와 RNA 분자를 포함해 원자 수준에서 정보를 읽고 쓴다는 점을 지적하며, 나노 기술(현재 나노테크로 알려진)이라는 새로운 분야를 제안했다.

다음 그림은 파인먼이 1959년에 강연하는 모습이다.

리처드 파인먼이 1959년 강의에서 학생들의 마음을 열고 있다.[2]

The Big T / Wikimedia Commons / Public Domain

가역성으로 온도 유지

1938년 미국으로 이주한 독일 물리학자 롤프 란다우어$^{Rolf\ Landauer}$는 1961년 중요한 원리를 발견했다. 이 원리는 비트를 설정하거나 초기화하는 것처럼 정보를 조작하는 비가역적 작업이 열을 방출한다는 사실을 설명한다. 이는 '란다우어의 원리'로 알려졌으며, 양자 정보 과학과 양자 컴퓨팅에 큰 영향을 미쳤다. 양자 컴퓨팅은 가역적인 연산만을 사용하므로, 이 원리는 연구자들에게 피해야 할 방향을 제시해 준다.

대박이 될 수 있는 양자 화폐

때때로 사람들은 시대를 앞서간다. 1968년 컬럼비아 대학교 대학원생이었던 스티븐 위스너$^{Stephen\ Wiesner}$(2021년 작고)는 수년간의 연구 끝에 양자 화폐를 제안했다. 양자 화폐는 양자 물리학을 암호학에 적용하여 금융 서비스의 기반을 만들

---

[2] 옮긴이_ 학생들의 마음은 열었을지 몰라도 머리는 못 연 것 같다. 파인먼 강의는 난해하기로 유명했다. 당시 학부생을 위해 개설한 물리학 기초 강의는 시간이 갈수록 학생들이 줄어들고 동료 교수들만 남아 수강했다는 일화로 유명하다. 본인은 최대한 쉽게 설명했다고 하지만, 그의 '쉬움'이 일반 학생들에게는 여전히 어려웠다. 이 물리학 강의록들이 명저 『파인먼의 물리학 강의』로 남았다.

CHAPTER 5 양자 컴퓨팅 공개하기 115

고, 미래에는 화폐 자체의 일부가 될 수 있는 개념이다.

그의 연구는 당시로서는 너무 앞선 내용이라 학술지 게재가 거부됐다. 1980년대 초에야 동료의 추가 연구 일부로 포함되어 논문이 발표됐지만, 수십 년이 지난 지금까지도 실제 작동하는 시스템은 구현되지 않았다.

위스너의 아이디어는 양자 상태와 복제 금지 정리를 일종의 양자 워터마크로 화폐에 적용하는 것이었다. 그의 연구는 양자 컴퓨터에서의 큰 수 인수 분해(14장에서 설명할 쇼어 알고리즘)와 암호화를 위한 양자 키 분배 등 오늘날 양자 컴퓨팅에서 가장 중요한 작업의 선구자 역할을 했다.

양자 상태 복제는 절대 안 된다

1970년 제임스 박James Park은 「Foundations of Physics」에 논문을 발표하여 양자 상태의 정확한 복제가 불가능함을 수학적으로 증명했다. 이는 '불가능 정리'의 일부로, 사람들이 매우 하고 싶어 하는 일이 물리적으로 불가능하다는 것을 증명한다.

양자 상태를 복제할 수 없다는 것은 양자 컴퓨팅에 큰 영향을 끼쳤다. 정보 복제는 많은 응용 분야에서 매우 유용하며, 전통적인 컴퓨팅의 핵심 요소이기 때문이다. 그러나 박의 증명대로 양자 컴퓨팅에서는 양자 상태 복제가 불가능하며, 이는 중첩, 얽힘과 함께 양자 역학의 기묘함을 이룬다. 당시에는 초기 증명 사실을 몰랐던 사람들이 박의 연구를 상당 부분 '복제'했다.

한참 뒤인 2000년에 양자 무삭제 정리가 증명됐다. 이 정리는 복제 불가 정리와 함께 양자 정보는 생성되거나 파괴될 수 없음을 증명한다.

가질 수 없는 것에 대한 후회

1973년 알렉산더 홀레보Alexander Holevo는 몇 가지 좋은 소식과 나쁜 소식을 전했다. 좋은 소식은 큐비트 하나가 한 비트 이상의 정보를 전달할 수 있다는 점이다. 나쁜 소식은 첫 번째 비트 이후에는 접근할 수 없다는 것이다. 이는 다중 큐비트 시스템도 동일하게 적용된다. 이 상한을 홀레보의 경계Holevo's bound라고 한다. 이는 양자 컴퓨팅이 전통적인 컴퓨팅보다 더 나아질 수 없는 영역에 대한 예시다. 전통적인 컴퓨팅에서는 개별 비트가 단 하나의 정보만 담을 수 있다는 것을 알기 때문에, 그 기대치에 맞게 정보를 얻을 수 있다는 것이 장점이다.

별의 발견(정보 이론)

1976년 폴란드 토룬에 있는 니콜라우스 코페르니쿠스 대학교의 로만 잉가르덴Roman Ingarden은 양자 정보 이론의 최초 논문을 발표했다. 잉가르덴은 양자 역학의 기초와 정보 이론에 대한 의미를 검토하여 양자 정보 이론의 토대를 마련했다.

1980년대: 토대 마련의 시대

폴 베니오프Paul Benioff가 양자 튜링 기계에 대한 논문을 발표하면서 실제 양자 컴퓨터의 가능성이 더욱 현실적으로 다가왔다. 1930년대 기존 튜링 기계에 대한 튜링의 설명이 1940년대에 작동하는 전자식 컴퓨터로 이어진 것과 비슷하다. 이 시기의 중요한 작업에는 범용 양자 컴퓨터가 작업을 수행하는 데 필요한 논리 게이트의 종류를 지정하는 것이 포함됐다.

튜링 기계를 양자 영역으로 확장하기

1980년, 폴 베니오프는 전통적인 컴퓨팅의 수학적 모델인 튜링 기계(2장)를 양자 역학 버전으로 확장하는 논문을 발표했다. 이 연구는 적절하게 설계된 양자 컴퓨터가 전통적인 컴퓨터와 마찬가지로 가능한 모든 논리 또는 수학적 연산을 수행할 수 있다는 것을 보여 준다.

베니오프의 연구에서는 전통적인 컴퓨팅 모델의 결정론적 요소가 비결정론적 양자 버전으로 대체됐다. 1930년대 튜링의 연구가 전통적인 컴퓨팅의 발전에 필수적이었던 것처럼, 베니오프의 논문은 현재 양자 컴퓨팅 발전의 토대가 됐다.

양자 컴퓨팅에 대한 강연

1981년, MIT에서 첫 번째 전산 물리학 콘퍼런스가 열렸다. 베니오프와 파인먼은 양자 컴퓨팅에 대한 강연을 했다. 베니오프는 '자신의 과거 기록을 지우는 이산 프로세스의 양자 역학적 해밀턴 모델: 튜링 기계에의 적용'이라는 제목으로 강연했다. 이 강연은 그의 1980년 연구를 발전시켜 컴퓨터가 양자 역학의 법칙에 따라 작동할 수 있음을 보여줬다. 파인먼은 양자 컴퓨터의 기본 모델을 제안했고, 얼마 지나지 않아 이를 정교하게 만들었다. 파인먼은 "자연은 고전적이지 않다. 젠장, 자연을 시뮬레이션하려면 양자 역학적으로 만들어야 한다"는 유명한 말을 남겼다.[3]

DIFFICULT

베니오프와 파인먼의 접근 방식은 달랐다. 베니오프는 특정 작업을 위해 전통적인 컴퓨터를 대체하거나 증강하려고 양자 컴퓨터 사용에 초점을 맞췄다. 반면, 파인먼은 양자 역학적 상호 작용을 시뮬레이션하는 양자 역학적 장치 사용에 초점을 맞춘 것으로 현재도 진행 중인 작업이다.

범용 양자 컴퓨터 설명

1985년, 옥스퍼드 대학의 데이비드 도이치(David Deutsch)는 범용 양자 컴퓨터를 설명하는 논문을 발표했다. 이 컴퓨터는 상상할 수 있는 모든 논리나 수학적 연산을 수행할 수 있다. 도이치는 이 컴퓨터가 "기존의 튜링 컴퓨터로는 재현할 수 없는 놀라운 결과물을 많이 만들어 낼 것"이라고 주장했다. 도이치가 설명한 양자 게이트는 전통적인 컴퓨터의 논리 게이트와 유사한 방식으로 작동한다.

주목받는 CNOT 게이트

파인먼은 1986년에 「양자 역학 컴퓨터」라는 논문을 발표했다. 이 논문은 이상적인 양자 컴퓨터를 설명하고, 모든 종류의 컴퓨터가 가진 물리적 한계를 연구했다. 이 논문에는 CNOT 게이트에 대한 자세한 설명이 포함되어 있다. CNOT 게

---

3 옮긴이_ 원문은 다음과 같다. Nature isn't classical, dammit, and if you want to make a simulation of nature, you'd better make it quantum mechanical.

이트는 1973년 찰스 베넷 등이 처음 제안한 컨트롤 NOT 게이트다. CNOT 게이트(다음 그림 참조[4])는 양자 컴퓨팅에서 매우 중요한 역할을 한다.

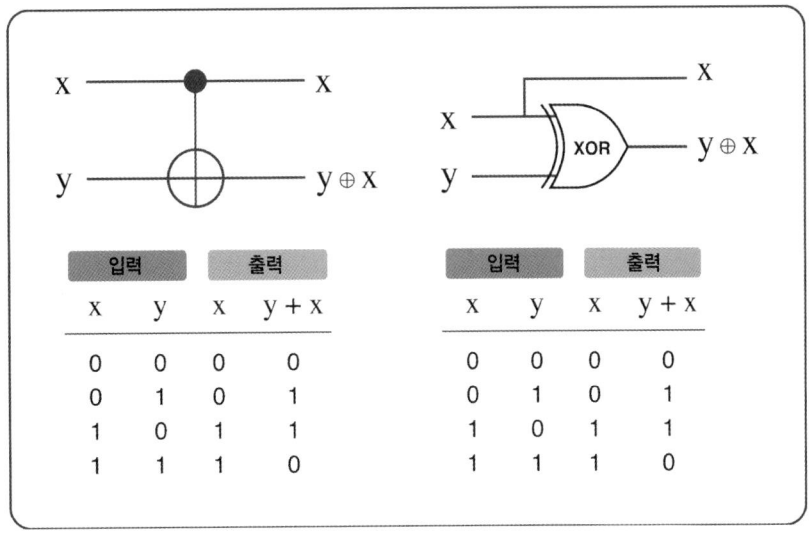

게이트 기반 양자 컴퓨팅에 필수적인 CNOT 게이트

실제 양자 컴퓨터 모델링

1988년, 야마모토 요시히사Yamamoto Yoshihisa와 이게타 카스히로Igeta Kasuhiro는 파인먼 등의 이전 연구를 바탕으로 실제 게이트 모델 양자 컴퓨터를 제안했다. 이 모델은 원자를 큐비트로, 광자를 양자 통신 수단으로 사용했다. 이들의 제안에는 CNOT 게이트가 포함됐으며, 현재 두 분야 연구의 기초가 됐다.

게이트 모델 양자 컴퓨터는 전통적인 컴퓨터의 논리 게이트와 비슷한 개념이지만, 다른 방식으로 작동하는 논리 게이트를 사용한다.

최적화를 위한 어닐링

1989년 인도 사하 핵물리학 연구소의 비카스 차크라바티는 양자 어닐링을 이용한 최적화 문제 해결 방법을 논문으로 발표했다. 그는 양자 어닐링이 고전 역학

---

4 옮긴이_ 왼쪽 그림은 양자 CNOT 회로, 오른쪽 그림은 전통적인 논리 게이트 형태의 CNOT 게이트다.

보다 더 나은 해법을 찾을 수 있다고 주장했다. 이 방식은 현재 양자 어닐링 시스템의 선두주자인 D-웨이브 시스템$^{D-Wave Systems}$에서 사용하고 있다.

DIFFICULT

양자 어닐링은 **단열 양자 계산**$^{adiabatic\ quantum\ computation}$이라고 하는 접근 방식의 일부다. '단열'은 시스템이 외부에서 열을 얻거나 잃지 않는다는 의미다. 이 방식은 시스템을 가장 낮은 에너지 상태로 유지해 노이즈로부터 시스템을 보호하고, 간섭이 생겼을 때 노이즈의 영향을 쉽게 감지할 수 있게 한다. 양자 어닐링은 최적화 문제 해결에 큰 잠재력이 있다.

1990년대: 알고리즘과 하드웨어의 획기적인 발전

1990년대에 양자 컴퓨팅에 대한 관심이 폭발적으로 증가하면서 세 가지 중요한 발전이 있었다.

» 개별 큐비트의 상태에 대한 효과적인 오류 정정 방법 최초 발견
» 양자 활용 알고리즘 개발, 특히 현대 암호학을 위협하는 쇼어 알고리즘 개발(14장 참조)
» 이 알고리즘을 실행할 수 있는 최초의 작동하는 양자 컴퓨팅 하드웨어 등장

쇼어 알고리즘이 양자 컴퓨팅에 대한 광범위한 관심을 불러일으켰고, 실제 작동하는 하드웨어의 등장은 이를 더욱 가속화했다.

양자 통신으로 연결하기

1991년, 옥스퍼드 대학의 아르투르 에케르트$^{Artur\ Ekert}$는 양자 얽힘을 이용한 안전한 통신 방법을 제안했다. 1993년 국제 과학자 그룹은 발신자와 수신자가 오류와 도청을 모두 감지할 수 있어 정보의 양자 순간 이동이 완벽할 수 있다고 주장했다. 다만 정보의 출처를 정확히 '읽는' 과정에서 양자 상태가 뒤섞인다는 단점이 있다.

다음 그림은 양자 통신의 시각화를 보여 준다.

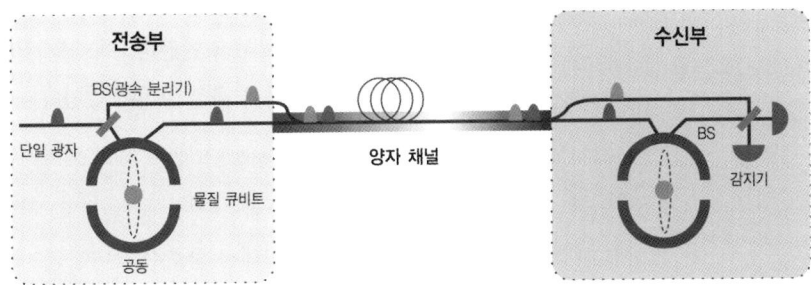

양자 통신은 얽힘을 이용한다.

최초의 양자 전용 알고리즘 공개

1992년 케임브리지 대학의 데이비드 도이치와 리처드 조사Richard Jozsa는 도이치-조사 알고리즘Deutsch-Jozsa algorithm을 만들었다. 이미 앞에서 도이치라는 이름을 보았을 것이다. 이는 미래의 양자 컴퓨터에서 실행할 때 전통적인 컴퓨터보다 기하급수적으로 빠르다고 확실히 말할 수 있는 최초의 양자 알고리즘이다. 이 알고리즘은 양자 우월성에 대한 최초의 수학적 증명이 됐다.

도이치-조사 알고리즘은 단 한 번의 함수 호출로 완료할 수 있지만, 실용적인 문제를 해결하지는 않아 실제 널리 사용되지는 않는다. 1998년에 크게 개선됐고, 2003년에는 인스브루크 대학교의 이온 트랩 양자 컴퓨터에서 실행됐다.

다중 우주를 흔든 쇼어 알고리즘

수학적 알고리즘이 발표되자마자 세상을 바꾸는 것은 드물지만, 쇼어 알고리즘Shor's algorithm은 세상을 바꿔 놨다. 이 알고리즘은 저자가 이 책을 쓰게 된 가장 중요한 요인이자 여러분이 이 책을 읽고 있는 주된 이유일 것이다.

벨 연구소의 피터 쇼어Peter Shor가 만든 이 알고리즘은 큰 수의 소인수를 매우 빠르게 찾는 방법이다. 이는 오늘날 신용카드 정보, 국가 보안 기밀, 이메일 등을 보호하는 많은 암호화 정책에 큰 위협이 된다.

일반적으로 큰 숫자를 인수 분해하는 데 천문학적인 시간이 걸리기 때문에, 해커가 코드를 깨뜨리는 것은 거의 불가능하다. 현재 사용되는 대부분의 암호화는 이 원리를 이용하며, 키가 길수록 보안이 강화된다. 가장 안전한 암호화 방식은 앞으로 수십 년 동안 전통적인 컴퓨터로부터 안전하도록 설계됐다. 쇼어 알고리즘이 등장하기 전까지는 이를 위협할 다른 계산 방법이 없었다.

따라서 현재의 암호를 순식간에 무력화할 수 있는 양자 컴퓨팅의 도약(일부러 이 단어를 골랐다)은 기업, 군대, 정부, 금융 기관 등에 크고 작은 위협이 된다. 특히 온라인 뱅킹이 암호에 의존하고 있어서 암호가 무너지면 세계 경제가 크게 흔들릴 수 있다.

현재의 암호를 깰 수 있는 양자 컴퓨터의 등장까지는 아직 시간이 더 필요하지만, 누구도 확신할 수 없다. 1994년부터 지금까지 양자 컴퓨팅에 대한 관심이 급증한 가장 중요한 이유가 바로 쇼어 알고리즘이다.

1995년 쇼어는 양자 오류 정정을 위한 최초의 방법도 제안했다. 이 중요한 주제는 14장에서 다시 다룰 것이다.

DIFFICULT

대부분의 암호화된 개인 키는 128비트이며, 더 안전한 키는 256비트다. 일반적인 공개키 길이는 2,048비트다. 양자 컴퓨팅에 대비해 키 길이를 즉시 두 배로 늘려야 한다는 주장도 있다. 하지만 쇼어 알고리즘을 사용하면 양자 컴퓨터가 10~20년 내에 RSA(리베스트-샤미르-아들만Rivest-Shamir-Adleman) 및 ECC(타원 곡선 암호화elliptic curve cryptography) 등 널리 사용되는 많은 공개 키 암호화 프로토콜을 깰 수 있을 것으로 보인다.

국방을 위한 양자 소환

미국 국방부는 양자 컴퓨팅, 양자 암호화, 관련 기술의 콘퍼런스에 참여해 왔다. 1995년 루이지애나 주립대의 조너선 다울링Jonathan Dowling이 애리조나에서 주최한 국제 워크숍에서 한 말에 따르면 "이 분야에서 국방부 전체 프로그램의 시발점"이 됐다.

전 세계 군대는 특히 통신 분야에서 양자 컴퓨팅과 관련 기술 활용을 모색한다. 이 작업에는 공개 및 비밀 프로그램과 대외 공표가 혼합되어 있다. 다음 그림은 최근 국방 분야에서 양자 기술의 잠재적 활용을 보여 준다.

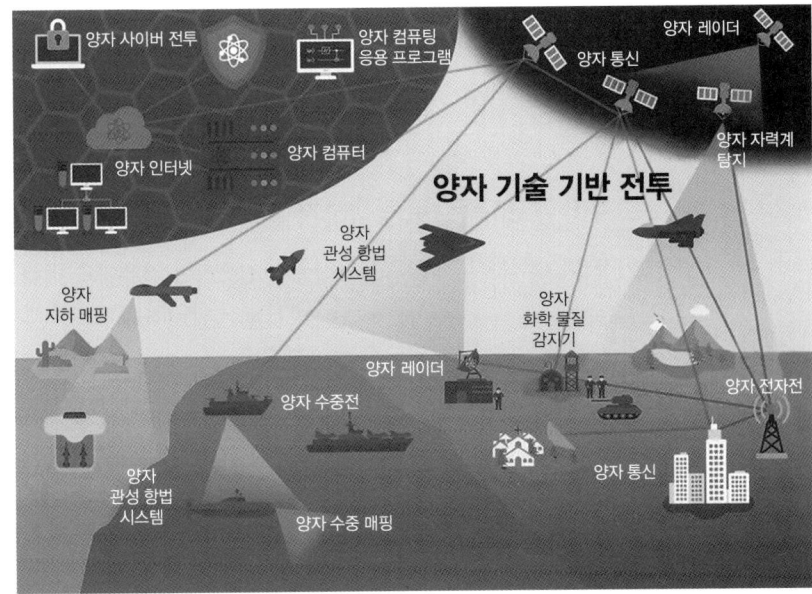

미국 국방부는 양자 기술에 대한 큰 그림을 가지고 있다.

초기 양자 오류 정정

큐비트는 처리 중에 결어긋남이 발생하는 경향이 있어서, 양자 컴퓨터는 오류를 감지하고 수정하여 잘못된 큐비트를 복원할 수 있어야 한다. 하지만 양자 정보를 복제할 수 없다는 사실 때문에 백업과 복원이 불가능해 보였다. 그 결과, 많은 연구자들은 실용적인 양자 컴퓨팅이 불가능하다고 생각했다.

1995년 또다시 피터 쇼어가 옥스퍼드 대학의 앤드류 스틴Andrew Steane과 함께 양자 오류 정정을 위한 최초의 실용적인 계획을 제안해 이 문제를 해결했다. 이들은 초기 큐비트를 복제하지 않고도 논리 정보를 서로 얽혀 있는 여러 큐비트(쇼어의 연구에서는 9개)에 분산시키는 방법을 보여 주었다. 쇼어와 스테인은 1985년 에셔 페레스Asher Peres의 연구를 바탕으로 이런 중복성을 이용해 오류를 감지하고 오류를 복구하는 방법을 제시했다.

앞서 언급한 국방부 콘퍼런스에서 알 수 있듯이 쇼어의 알고리즘이 국가 안보 커뮤니티를 중심으로 양자 컴퓨팅에 대한 엄청난 관심을 불러일으켰다. 마찬가지로 쇼어와 스테인의 오류 정정 작업은 이 알고리즘이 실제로 작동할 수 있으며, 잠재적으로 대규모로 적용할 수 있음을 보여 주었다. 한 참가자는 이 희소식이 "번개처럼 연구 커뮤니티를 강타했다"라고 말했다. 이런 인식의 변화는 불과 몇 년 후 큐비트 기반 컴퓨팅의 첫 시연과 그 이후의 발전에 기여했다.

그로버 알고리즘으로 탐색하기

가장 중요한 양자 컴퓨팅 알고리즘은 전통적인 컴퓨팅과 비해 엄청난 속도 향상을 약속한다. 1996년 벨 연구소의 로브 그로버$^{Lov\ Grover}$는 쇼어 알고리즘만큼 빠르지는 않지만, 검색 엔진 등에 사용할 때 컴퓨팅 시간을 크게 줄일 수 있는 양자 알고리즘을 고안했다.

전통적인 컴퓨팅에서는 n개 항목 중 하나와 일치하는 항목을 찾으려면 한 번에 하나씩 확인해야 한다. 첫 시도에서 찾을 수도 있고, 마지막까지 찾지 못할 수도 있어 평균 $n/2$번의 시도가 필요하다. 예를 들어 1,000개 항목 목록을 검색하려면 평균 500번의 시도가 필요하다.

DIFFICULT

문제의 복잡성 범위를 설명하는 데 사용되는 표기법을 빅오 표기법$^{big\ O\ notation}$이라고 한다. 예를 들어, $n/2$번의 시도가 필요한 검색 알고리즘은 여전히 $O(n)$의 시도가 필요한 것으로 설명하며, 이는 'n의 차수'로 시도한다고 읽는다. 'n^2의 차수'로 읽는 $O(n^2)$ 또는 'n의 제곱근의 차수'로 읽는 $O(\sqrt{n})$와 같은 표현식에도 비슷한 대략의 복잡도가 적용된다. 이 간단한 표현은 전통적인 컴퓨터와 양자 컴퓨터의 다양한 문제에 대한 예상 복잡도를 대략 비교하는 데 유용하다.

다음 그림은 그로버 알고리즘이 사용하는 과정을 시각적으로 표현한 것이다. 그로버 알고리즘은 필요한 검색 횟수를 대략 $\sqrt{n}$ 차수로 크게 줄인다. 예를 들어, 전통적인 컴퓨터에서 1,000,000개의 항목을 검색하는 데 평균 500,000번의 시도가 필요하다면, 양자 컴퓨터에서 그로버 알고리즘을 사용하면 약 1,000번으로 99% 이상 줄어든다. 많은 양자 알고리즘은 이보다 훨씬 더 큰 속도 향상을 약속한다.

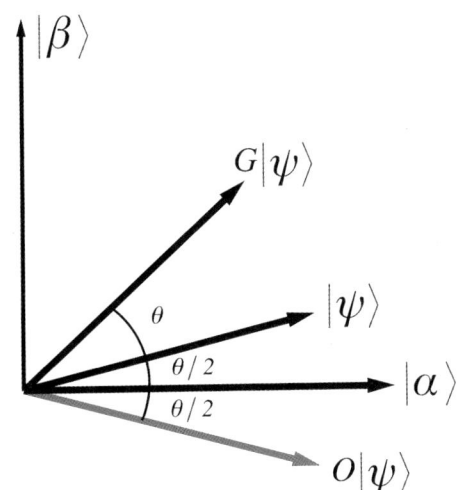

그로버의 알고리즘은 건초 더미에서 바늘을 더 빨리 찾는다.[5]

그로버 알고리즘이 검색 엔진 회사에 가져다줄 이점을 상상해 보자. 그래서 검색으로 유명한 구글이 양자 컴퓨터 개발에 큰 투자를 하는 것은 결코 우연이 아니다. 빙 검색 엔진을 가진 마이크로소프트도 양자 컴퓨팅에 큰 노력을 기울인다.

작동하는 양자 컴퓨터 출현

1990년대 후반까지만 해도 대부분의 연구자는 양자 컴퓨팅이 현실화될 가능성보다는 이론적 가능성에 가깝다고 생각했다. 하지만 그로버의 양자 검색 알고리즘은 연구에만 머물러 있지 않았다.

1990년대 후반, 과학자들은 양자 컴퓨팅의 현실화를 가로막던 많은 문제에서 급진적인 진전을 보여 주었다. 가장 큰 장애물은 양자 역학 이론에서 비롯됐는데, 양자 입자의 중첩 값을 읽으려면 최종 상태를 확인할 틈도 없이 중첩이 무너질 수 있었다. 하지만 핵자기 공명(NMR, 4장 참조)을 사용해 과학자들은 원자를

---

5 옮긴이_ 모든 큐비트의 중첩 상태(2^n)를 표현하는 것을 |ψ>라고 하자. 이 중첩 상태는 찾고자 하는 정답 상태 (|β>) 하나와 나머지 오답 상태들(|α>)의 벡터 합으로 생각할 수 있다. |ψ> = |β> + |α>. 그림에서 X축은 |α>, Y축은 |β>로 표현했다. 그로버 알고리즘에서, 정답 상태의 확률 진폭만 음으로 반전시키는 오라클 블록에 중첩 상태 |ψ>를 통과 시킨 결과를 O|ψ>로 표시했다. O|ψ>를 다시 확률 증폭 블록에 통과시키면 |ψ> 기준으로 대칭인 G|ψ>가 된다. 이 과정을 $\sqrt{(n)}$번 반복하면 결국 정답 상태 |β>만 확률 진폭이 커져서 결국 정답을 얻게 된다.

중첩으로 정렬하고 그 상태를 성공적으로 읽을 수 있었다.

오늘날의 양자 컴퓨터는 뒷장에서 설명하는 것처럼 다양한 기술을 사용해 중첩을 유도하고 결어긋남을 유발하지 않고 양자 입자의 상태를 조작한다.

1998년 물리학자 조너선 A. 존스Jonathan A. Jones와 미셸 모스카Michele Mosca는 다음 그림과 같이 옥스퍼드 대학의 2큐비트 NMR 컴퓨터에서 도이치의 알고리즘을 실행하는 데 성공했다. 얼마 지나지 않아 같은 해에 IBM의 물리학자 아이작 추앙Isaac Chuang과 MIT 미디어 랩의 닐 거센펠드Neal Gershenfeld, UC 버클리의 화학자 마크 쿠비닉Mark Kubinic은 다른 2큐비트 NMR 컴퓨터에서 그로버 알고리즘을 성공적으로 실행했다. 이들은 큐비트에 소량의 데이터를 입력하고 해결책을 출력했다.

최초로 작동하는 2큐비트 컴퓨터는 1998년에 만들어졌다.

University of Oxford / Department of Physics

DIFFICULT

두 시스템 모두 NMR을 사용했으며, 결맞음 지속 시간이 수 나노초로 제한됐다. 현재 다양한 큐비트 기술이 사용되고 있으며(10장, 11장 참조), 결맞음 지속 시간이 길어졌지만 여전히 양자 컴퓨팅이 직면한 가장 큰 도전 과제다.

행운의 7큐비트 양자 컴퓨터 등장

2000년에도 양자 컴퓨팅 연구는 계속 발전했다. 하지만 과학자들은 여전히 다양한 재료를 사용해 계산했을 뿐, 오늘날과 같은 양자 컴퓨팅용 기계를 만들지는 못했다.

당시 최고 성과는 로스앨러모스 국립연구소 과학자들이 단순한 탄화수소 분자의 산성 화합물 액체 한 방울로 7큐비트 양자 컴퓨터를 개발한 것이었다.

같은 해 IBM 알마덴 연구 센터에서는 5비트 양자 컴퓨터가 탄생했다. 이 컴퓨터는 다섯 개의 불소 원자핵을 큐비트로 사용했으며, 무선 주파수 펄스로 프로그래밍하고 이전 장치와 마찬가지로 NMR 기기로 판독했다. 같은 해에 지금도 교과서로 널리 추앙받는『양자 계산과 양자 정보Quantum Computation and Quantum Information』(케임브리지 대학교 출판부, 2000)가 출판됐다.

DIFFICULT

당시 양자 컴퓨터는 다양한 원재료에서 각각 하나씩 만들어 낸 것이었다. 같은 조건에서 안정적으로 재현할 수 있는 표준화된 기계가 아니었다.

현대 양자 컴퓨팅 경쟁의 시작

여기 소개한 성과는 수십 년에 걸친 방대한 연구 중 주요 내용만 선별한 것이다. 대부분의 연구자가 실제 작동하는 양자 컴퓨터가 가능하다고 믿게 된 것은 1990년대 후반이었다. 쇼어 알고리즘 개발로 이 분야에 관심이 높아졌고, 실제 양자 계산의 시연으로 그 열기가 더욱 뜨거워졌다. 1999년 밀레니엄을 넘어서면서 본격적인 경쟁이 시작됐다. 다음 장에서는 오늘날까지 주요 성과를 살펴본다.

CHAPTER **6**

양자 컴퓨팅의 가속화

이 장의 주요 내용

- 핵심 기술을 통한 발전
- 기업에 대한 투자 확대
- 발전 속도 가속화
- 필요한 다음 단계 탐구

과학계에는 늘 흥미진진한 일이 많다. 중력파나 '신의 입자'라고 불리는 힉스 입자 찾기 같은 과학 주제를 읽으며 많은 것을 배우고 즐겁게 지낼 수 있다. 하지만 새로 배운 지식이 비즈니스, 정부, 더 넓은 경제 분야에서 실제 사용되는 걸 보기란 어려울 수 있다. 많은 과학 프로젝트가 실용화되지 못하기 때문이다.

하지만 양자 컴퓨팅은 다르다. 오늘날 엄청난 관심과 투자를 받고 있으며, 앞으로 현실 세계에 실질적인 변화를 불러올 가능성이 크다. 왜 그럴까? 무엇이 양자 컴퓨팅을 특별하게 만들었을까? 그리고 양자 컴퓨팅은 왜 시작됐을까? 이 장에서 이런 질문에 답하고자 한다.

5장에서 설명한 발전 때문에 양자 컴퓨팅은 관심, 투자, 열광의 중심이 됐다. 하지만 이 발전으로 양자 컴퓨팅은 단순한 가능성을 넘어 은행, 정부, 국가 보안 기관을 포함한 컴퓨터 보안 관계자 모두에게 가장 큰 잠재적 위협이 됐다.

왜 그럴까? 쇼어 알고리즘 때문이다. 이 알고리즘은 양자 컴퓨터가 전 세계적으로 가장 많이 사용되는 암호화 표준인 RSA 암호를 해독할 수 있는 강력한 방법을 제공한다. 1994년 이 알고리즘이 개발됐을 당시 양자 컴퓨팅은 이론적인 가능성에 불과해 아무도 구현하지 못했다. 하지만 1998년 실험실에서 큐비트 작동 시연에 성공하면서 이 가능성은 현실에 한 층 가까워졌다.

그 이후로 전 세계의 국가 보안 담당자들은 한밤중에 식은땀을 흘리며 깨어난다. 아이들은 크리스마스 이브에 사탕무가 춤추는 환상을 꿈꾸며 잠들 때, 국가 보안 담당자들은 양자 컴퓨터가 암호를 해독해 '인터넷을 파괴'하기에 충분한 큐비트를 확보하는 **Q-데이**$^{Q\text{-}day}$의 악몽을 꾸며 잠든다.

5장에서 언급했듯이, 오늘날의 암호화 체계는 전통적인 컴퓨터가 큰 숫자를 인수 분해를 하는 데 극도의 어려움을 겪는 점을 이용한다. 하지만 지금보다 훨씬 많은 수천 큐비트를 가진 완성된 양자 컴퓨터는 이를 어렵지 않게 계산할 것으로 예상된다.

하지만 저자들은 지금 상황을 훨씬 낙관적으로 본다. 암호화 관련 보안 조치는 늘 완벽했던 적이 없었으며 항상 진화해 왔다. 현재 암호화 키에 더 많은 숫자를 더하면 추가로 수년간 보호받을 수 있으며, 양자 기반 암호화로 전환하면 언젠가는 비밀을 훨씬 더 안전하게 지킬 수 있다.

최근 양자 기반 암호화를 향한 걸음으로 AWS와 같은 여러 공급업체가 양자 기반 암호화를 활용해 코드 키를 안전하게 전달하는 서비스를 출시했다. 이 장에서는 이 서비스와 현실 세계에서 점점 더 중요해지는 양자 컴퓨팅의 연구와 개발에 대해 알아본다.

2000-2010년대: 기술 발전 추진

1990년대 후반에 양자 컴퓨팅이 현실화됐다. 새 세기가 시작되면서 연구 커뮤니티는 새로운 성과로 이 분야의 열기를 계속 달궜다.

눈앞에서 펼쳐진 쇼어 알고리즘 실행

2001년, IBM 알마덴 연구 센터와 스탠퍼드 연구진은 5장에서 설명한 이전의 양자 컴퓨팅 실험과 비슷하게, 무선 주파수 펄스로 프로그래밍하고 NMR 기술로 판독한 약 10억 개의 동일한 분자 중에서 7개의 작동 큐비트를 생성했다.

연구진이 큐비트로 달성한 제어 수준은 중요한 이정표가 됐다. 연구진은 이 7개의 큐비트와 쇼어 알고리즘을 사용해 15라는 숫자를 인수 분해했다. 물론, 저자 스미스의 8살 손녀도 훨씬 쉽게 이 작업을 할 수 있다.

하지만 이 작업은 단순해 보여도 확실히 획기적인 성과였다. 당시 IBM의 나빌 아머Nabil Amer는 "이 결과는 수백만 년 동안 작동한 가장 강력한 슈퍼컴퓨터조차도 답을 계산할 수 없을 만큼 복잡한 문제를 언젠가 양자 컴퓨터가 해결할 수 있다는 생각을 뒷받침한다."고 말했다.

이 장치를 비롯해 지금까지 양자 컴퓨팅에 사용된 모든 장치는 시험관에서 생성된 큐비트를 사용한 일회성 실험 결과일 뿐, 사람들이 직접 만들어 쓸 수 있는 기계가 아니다. 그래서 앞서 설명한 D-웨이브(2009)와 IBM(2016)의 작동 기계가 매우 중요하다.

교육 분야의 비약적인 도약

리서치 인 모션Research in Motion(RIM)은 초창기부터 세기의 전환기에 걸쳐 약 10년 간 큰 성공을 거둔 스마트폰인 블랙베리를 만들었다. 2002년, RIM의 공동 창립자인 마이크 라자리디스Mike Lazaridis는 워털루 대학교의 양자 컴퓨팅 연구소Institute for Quantum Computing(IQC)를 공동 설립하고 자금을 지원했다. 이는 오늘날에도 여전히 큰 영향을 미치는 선구적인 행보였다.

쇼어와 파인먼

리처드 파인먼이 양자 역학과 기타 분야의 연구, 양자 컴퓨팅 아이디어로 많은 공로를 인정받는 것은 당연하다. 하지만 피터 쇼어 역시 파인먼의 비전을 실현하기 위해 누구 못지않게 많은 일을 해왔다.

2022년 기초 물리학 분야의 획기적인 업적으로 기초물리학 브레이크스루상Breakthrough Prize in Fundamental Physics을 수상한 쇼어는 지금도 이 분야 발전에 크게 기여하면서 MIT에서 새로운 세대의 학생들을 가르치고 있다. 쇼어의 이야기를 직접 듣고 싶다면 그의 알고리즘을 설명하는 동영상을 보거나 X(구 트위터)(@PeterShor1)에서 그를 팔로우해 보자.

라자리디스는 1억 달러 이상을 기부하여 블랙베리 창업자 이상의 업적을 남겼다. 오늘날 양자 컴퓨팅과 관련 분야의 교육은 특히 캐나다에서 급속히 성장하고 있으며, 라자리디스와 워털루 대학교가 그 선두에 있다. 다음 그림의 양자 컴퓨팅 연구소는 지금도 양자 컴퓨팅 연구와 교육을 이끌고 있다.

워털루 대학교의
양자 컴퓨팅 연구소

University of Waterloo

양자 컴퓨팅 연구자들 사이에는 풍부한 국제적 유산이 있다. IQC의 주요 인사들을 보면 이를 알 수 있다. 미국 물리학자 스티븐 호킹의 제자였던 캐나다 출신 로이 라플람Roy LaFlamme, 영국 양자 컴퓨팅 혁신의 주역인 피터 나이트Peter Knight 경의 제자였던 폴란드 출신의 혁신가 아르투르 에케르트Artur Ekert의 자문을 받은 이탈리아 출신의 미셸 모스카Michele Mosca 등이 있다(5장 참조). 아르투르 에케르트는 스코틀랜드와의 인연으로 교육 과정에서 중요한 펠로우십을 받을 자격을 얻었다. 이 모든 이야기는 한 권의 책으로 담기에는 너무 방대하다.

천문학적 거리에서 경험한 유령 같은 원격 작용

2004년과 2005년에 큐비트 간 얽힘을 사용한 몇 가지 진전이 있었다. 2004년에는 큐비트 역할을 하는 5개의 광자를 얽히게 했다. 이는 중요한 성과인데, 5개는 양자 오류 정정에 필요한 최소 큐비트 수가 5개이기 때문이다. 여러 큐비트를 얽히게 해야 오류가 수정된 하나의 논리적 큐비트를 만들 수 있다. 처음에 쇼어는 9개의 얽힌 큐비트를 권장했는데, 지금도 여전히 그 수를 권장하고 있다.

2005년, 일리노이 대학교 어바나 샴페인 캠퍼스 과학자들은 단일 입자의 여러 특성을 사용하는 큐비트를 만들어 미래 양자 컴퓨터에서 입자당 여러 큐비트를 생성할 가능성을 보여줬다. 이 기술은 현재 양자 컴퓨터에서는 쓰이지 않지만 미래에는 사용될 수 있다.

같은 해, 결어긋남 없이 양자 비트의 상태를 측정하는 기능이 처음 시연됐다. 이 기능은 오늘날 양자 컴퓨터에서는 원하는 만큼 안정적으로 사용할 수 없어, 큐비트 상태를 읽으려면 재시작해야 한다.

DIFFICULT

물리적 큐비트 자체가 아닌 큐비트의 상태를 순간적으로 전송하는 **양자 순간 이동**quantum teleportation은 우주에서 입증된 바 있다. 2017년 중국 연구자들은 다음 그림과 같이 광자의 양자 상태를 지구 궤도 근처의 위성으로 순간 이동시켜 전송하는 최초의 위성-지상 간 양자 통신 네트워크를 만들었다. 이 네트워크는 즉시 베이징과 오스트리아 간 원격 회의에 사용됐다. 고인이 된 위대한 데이비드 보위도 인정했을 '지상 통제센터에서 톰 소령에게'의 순간이다.[1]

양자 통신을 위한 얽힘은 2017년에 우주에 도달했다.

JIAN-WEI PAN

---

[1] 옮긴이_ 데이비드 보위의 2집 타이틀 곡인 〈Space oddity〉 가사를 인용한 내용이다. 지상 통제센터와 지구 궤도에 있는 우주 비행사 톰 소령과 교신이 가사 내용이다.

완전히 구현된 컴퓨터를 향해

2006년부터 2009년 사이에 완전한 양자 컴퓨터 구현을 향한 몇 가지 중요한 진전이 있었다. 2006년 워털루 대학교와 MIT가 협력하여 최초의 12큐비트 양자 컴퓨터를 만들었다. 이 컴퓨터는 여전히 액체 속 분자로 큐비트를 생성하고 NMR 기술로 결과를 읽었다.

2007년에는 트랜지스터, RAM, 데이터 버스의 양자 역학적 버전이 개발되어 완전한 양자 컴퓨터의 가능성이 높아졌다. 그러나 오늘날 양자 컴퓨터에서는 큐비트와 그 제어 회로만이 얽힘과 중첩 같은 양자 기술 2.0 기능을 보여 준다. 컴퓨터의 다른 부분은 여전히 기존 기술을 사용하는 것이 더 효율적이다.

2009년에는 오늘날 양자 컴퓨터의 여러 특성을 가진 최초의 실험 기기가 등장했다. 미국 국립표준연구소National Institute of Standards and Technology(NIST) 연구 팀이 논리 게이트 모델을 사용해 2큐비트 컴퓨터를 만들었는데, 이는 최초의 범용 프로그래밍이 가능한 양자 컴퓨터였다. 그리고 같은 해 미국 정부는 최초의 양자 컴퓨팅 보고서를 발표했다.

DIFFICULT

게이트 기반 양자 컴퓨터는 전통적인 컴퓨터처럼 가능한 모든 컴퓨팅 연산을 할 수 있기 때문에 보편적이다. 양자 컴퓨팅을 추구하는 이유는 큐비트를 더 많이 사용할수록 특정 연산에서 엄청난 속도 향상을 기대할 수 있기 때문이다.

NIST 컴퓨터의 논리 게이트는 베릴륨 이온의 스핀을 조작하는 레이저 펄스로 인코딩됐고, 다른 레이저로 계산 결과를 읽었다. 이전의 시험관 속 분자 실험에서 크게 발전해, 이 실험에서는 이온을 금 패턴 알루미늄 웨이퍼 내 트랩에 배치했다. 이는 현대 마이크로프로세서 제조 방식과 유사해 관련 전문가들의 관심을 끌었다.

이런 현대적인 설정은 양자 컴퓨터의 대량 생산 가능성을 한 걸음 더 가깝게 했다. 오늘날 여러 회사가 이온 기반 큐비트를 사용하고 있으며(10장 및 11장 참조), 그중 아이온큐IonQ[2]가 가장 잘 알려져 있다.

---

2 옮긴이_ 미국에서 김정상 듀크 대학교 교수가 공동 설립한 회사라 한국에서도 관심이 많다. 미국에 상장된 기업이라 주식 시장에서도 크게 주목받고 있다. 그런데, 김정상 교수는 2024년 초 회사를 떠나 학계로 복귀했다.

레이저 펄스의 불일치로 인해 큐비트당 약 9%의 오류율이 발생해 정확도(충실도)가 91%에 그쳤다. 그러나 이후 발전을 거듭해 정확도는 99.8%까지 높아졌다. 많은 전문가는 실용적인 양자 컴퓨팅을 위해 99.5~99.9% 이상의 정확도가 필요할 것으로 본다.

2009년, 도릿 아하로노프Dorit Aharonov와 마이클 벤-오르Michael Ben-Or는 쇼어의 연구를 바탕으로 중요한 발견을 했다. 하드웨어 오류율이 1% 정도로 낮은 양자 컴퓨터라면 오류 정정을 사용하여 실제 오류율을 거의 0%에 가깝게 줄일 수 있다는 것이다. 이 결과는 양자 컴퓨팅 연구에 참여해 온 대기업과 관계자들에게 더 많은 투자와 참여를 독려하는 또 다른 '출발' 신호가 됐다.

2010-2015년대: 더 많은 자원 투자

2010년부터 비즈니스 활동이 활발해지기 시작했다. 열정 넘치는 학술 연구가 계속되는 가운데 비즈니스 성과와 새로운 투자가 속도를 냈다.

D-웨이브에서 작동하는 어닐러 출시

2011년, 낙관적 전망을 가진 캐나다 기업 D-웨이브가 최초의 상업용 양자 컴퓨터인 'D-Wave One'을 출시했다. 이는 양자 컴퓨팅 역사의 획기적인 순간이었다.

하지만 이 발표는 범용 양자 컴퓨터가 아닌 양자 어닐러annealer라는 점에서 당시 큰 비판을 받았다. 양자 어닐러는 최적화 문제만 처리하고 일반적인 문제는 다루지 못한다. 그러나 최적화 문제는 매우 광범위하며, 이를 해결하는 것은 큰 잠재적 가치가 있다. 예를 들어, 머신러닝의 반복적인 처리 루프를 이 방식으로 다루면 속도를 크게 높일 수 있다.

D-웨이브는 최근 어닐러 경험을 바탕으로 논리 게이트 양자 컴퓨터 제품군을 추가하겠다고 발표했다.

DIFFICULT

양자 컴퓨터의 큐비트가 수백 개에 불과하다고 들었다면, 2019년부터 D-웨이브가 5천 개 이상의 큐비트를 가진 컴퓨터 접속을 제공한다는 사실에 혼란을 느낄 수 있다. 간단히 말해, 어닐러의 큐비트는 범용(논리 게이트) 양자 컴퓨터의 큐비트만큼 성능이 뛰어나지 않다. 따라서 두 유형의 큐비트 수를 다르게 고려해야 한다. 실제로 이는 혼란스러운 부분이다.

소프트웨어 회사들이 참전하다

2012년에 캐나다의 1QBit[1QB Information Technologies]라는 회사가 설립됐다. 1QBit은 최초의 양자 컴퓨팅 소프트웨어 회사다. 현재 이 회사는 제약, 금융 서비스, 온라인 상거래, 컨설팅 등 다양한 분야에서 양자 컴퓨팅을 선도하는 많은 기업과 협력하고 있다.

2010년 이후 많은 기업과 조직이 양자 컴퓨팅 분야에 투자하면서 관련 거래와 자금이 크게 증가했다. 일부 투자는 공개됐지만, 많은 기업과 정부의 대규모 투자는 기밀로 유지된다. 이에 대해서는 다음 절의 스노든 발언을 참조하자.

에드워드 스노든으로 인한 양자 공황 발생

2013년, 전직 정보 요원 에드워드 스노든[Edward Snowden]이 미국 정부의 기밀 문서를 유출했다. 폭로된 내용에는 미국 국가안보국[US National Security Agency](NSA)의 '하드 타깃 침투[Penetrating Hard Targets]' 프로젝트가 포함됐다. 이는 양자 컴퓨팅으로 암호를 해독하는 능력을 개발하려는 시도로, 이 장의 서두에서 언급한 시나리오다. NSA의 비밀 노력이 드러나면서, 최소한 한 국가가 양자 컴퓨팅으로 암호 해독을 진지하게 고려한다는 의혹이 확인됐다. 스파이를 흔히 '스푹스[Spooks]'라고 부르는 점에서, 아인슈타인의 유명한 말 "스파이 같은 원격 작용"이 양자 얽힘에 새로운 의미를 더했다.

스노든의 폭로로 중국 정부도 유사한 목적으로 양자 컴퓨팅에 대규모 투자를 시작했다는 소문이 있다. 역설적으로 미국의 비밀 노력이 다른 나라의 연구를 촉발했고, 몇 년 후에야 유사한 계획을 공개 발표해 비판받았다.

구글과 함께 양자 컴퓨팅의 뿌리를 내리다

구글은 2006년부터 양자 컴퓨팅 연구를 시작해 AI 양자 팀을 만들었다. 2014년, 자체 양자 컴퓨터 개발을 위해 존 마티니스$^{John\ Martinis}$ 연구원과 그의 팀을 산타바바라 캘리포니아 대학교에서 영입했다. 현재 구글은 양자 컴퓨팅 서비스로 시스템 접속을 제공한다.

이 글을 쓰는 시점에서 구글은 1년 넘게 양자 컴퓨팅 연구에 대해 말을 아끼고 있다. 이것이 일시적인 소강 상태인지, 아니면 관심이 줄어든 신호인지는 불분명하다.

존 마티니스(오른쪽 위)는 1990년대에 NIST-볼더에서 근무했다.

CHAPTER 6 양자 컴퓨팅의 가속화

2016년부터 현재: 발전의 가속화 시대

최근 몇 년 동안 양자 컴퓨팅은 크게 발전했다. 클라우드를 통해 쉽게 접근할 수 있게 됐고, 초전도 큐비트 수가 무어의 법칙과 비슷한 속도로 증가하기 시작했다. 양자 컴퓨팅은 일부 알고리즘에서 전통적인 컴퓨터를 능가하는 양자 우위를 보이기 직전이며, 기업들의 관심도 높아지고 있다.

클라우드를 통한 양자 컴퓨팅 제공

2016년, IBM은 클라우드 기반 IBM 퀀텀 익스피리언스Quantum Experience를 발표해 양자 컴퓨팅 접근 방식을 혁신했다. 현재 대부분의 양자 컴퓨터 제조업체가 클라우드로 시스템 접속을 제공한다. 다중 공급자 제품으로는 세 가지가 있다.

- 아마존 브라켓Braket: 심플 스토리지 서비스(S3)와 같은 AWS 서비스와 통합
- 애저 퀀텀Azure Quantum: Q# 양자 컴퓨터 프로그래밍 언어 제공
- 스트레인지웍스Strangeworks: 가장 다양한 시스템 제공

이들은 초보자를 위한 저렴한 옵션과 크레딧을 제공한다. 15장에서 클라우드 컴퓨팅 접속에 대해 자세히 다룬다. 양자 컴퓨팅은 이제 역사상 가장 민주적으로 이용 가능한 컴퓨팅 혁명이 됐다.

양자 컴퓨팅 계획 법안

2018년, 미국은 양자 컴퓨팅과 통신 애플리케이션에 대한 10개년 계획을 담은 국가 양자 계획 법안National Quantum Initiative(NQI)이 통과됐다. 이 법은 미국 국립표준기술연구소(NIST)가 지원하는 산업계, 대학, 정부 기관으로 구성된 양자 경제 개발 컨소시엄 설립을 포함한다. 2019년과 2022년의 행정 명령으로 국가 양자 계획 법안 자문위원회가 구성되고 확대됐다. 이 법안은 미국을 비롯한 전 세계의 양자 정보 과학에 중요한 토대를 제공할 것으로 보인다.

각국 정부는 양자 컴퓨팅에 막대한 투자를 하고 있다. 예를 들어, 영국은 최근 10년간 20억 달러 규모의 계획을 발표했다. 공개되지 않은 비밀 프로젝트에 대한

추가 투자도 있을 수 있다. 국제적 협력도 활발히 이루어지고 있으며, 이 추세는 계속될 것으로 예상된다.

IBM과 함께 보편화하기

2019년 IBM은 27개 초전도 큐비트를 탑재한 최초의 로직 게이트 기반(범용 양자 컴퓨터라고도 함) 양자 컴퓨터인 IBM 퀀텀 시스템 원IBM Quantum System One을 발표했다. 현재 IBM이 양자 컴퓨팅 분야를 선도한다고 해도 과언이 아니다.

IBM의 퀀텀 시스템 원은 처음 27 큐비트로 시작해 65, 127, 433 큐비트로 발전했고, 곧 1,000 큐비트[3] 이상의 프로세서가 출시될 예정이다. 이런 꾸준한 발전은 2장에서 설명한 무어의 법칙을 연상시키며, 양자 컴퓨팅의 놀라운 도약을 보여 준다.

DIFFICULT

IBM과 구글의 시스템은 모두 레이저 빔과 마이크로파로 제어하는 초전도 큐비트를 기반으로 한다. 그 외에도 다양한 종류의 큐비트가 활발히 사용된다(10장 및 11장 참조).

구글 및 다른 팀의 양자 우위 주장

2019년 말, 구글은 최초의 재현 가능한 사례로 **양자 우위**quantum supremacy를 달성했다고 주장했다. 55큐비트 시카모어 기계에서 수학적으로는 흥미롭지만 실용성이 없는 알고리즘을 실행해, 전통적인 컴퓨터로는 수천 년이 걸릴 계산을 빠르게 실행했다고 한다.

IBM을 비롯한 다른 기업들은 곧바로 비슷한 속도의 전통적인 컴퓨터 알고리즘을 만들었다고 반박했다. 이 논쟁은 아직도 계속되고 있다.

이후 중국 팀이 66개의 초전도 큐비트 시스템으로, 중국 연구 팀과 캐나다 제나두Xanadu가 광자 큐비트 기계로 각각 우위를 주장했다. 논란은 있지만, 일부 작업에서 양자 컴퓨터가 전통적인 컴퓨터를 능가할 수 있다는 점은 분명해 보인다. 앞으로의 과제는 사용자들이 양자 컴퓨팅의 실질적 이점을 찾는 것이다.

---

3 옮긴이_ 1장에서 언급했듯이 이미 1,121 큐비트 양자 컴퓨터인 '콘도르'가 발표됐다.

마침내 노벨상과 얽히다

2022년 노벨 물리학상은 제한적 조건에서 양자 얽힘을 입증한 세 연구자에게 수여됐다. 이들은 얽힘이 존재하지 않는다는 것을 증명하고자 만들어진 '벨의 부등식'을 검증했다. 30년간의 정밀한 실험 끝에 얻은 결과는 얽힘의 존재를 뒷받침했다. 1964년 벨의 정리를 제안한 존 스튜어트 벨 자신도 결국 얽힘이 실재한다고 믿게 되었고, 현재 대부분의 과학자들이 이에 동의하고 있다.

이 노벨상은 실험적 증명이라는 중요한 업적과, 불확정성이 큰 상황에서 어려운 연구를 수행한 과학자들의 용기와 헌신을 전 세계가 인정한 것이다.

IBM과 양자 유용성 주장

2023년 중반, IBM은 양자 유용성을 달성했다고 주장했다. 이 주장은 복잡하지만, IBM의 성과를 요약해 볼 가치가 있다.

IBM은 기존 슈퍼컴퓨터와 127 큐비트 IBM 양자 컴퓨터로 19개 자기장의 상호작용을 계산했다. 간단한 계산에서는 두 컴퓨터가 거의 동일한 결과를 냈다. 슈퍼컴퓨터가 한계에 도달했을 때, IBM 양자 컴퓨터는 68 큐비트를 사용하고 있었다.

IBM 양자 컴퓨터는 127큐비트를 모두 사용하며 더 복잡한 모델링을 계속할 수 있었다. 슈퍼컴퓨터가 따라가지 못해 가장 어려운 계산은 검증되지 않았지만, 검증된 결과는 예측과 일치했다.

IBM은 향후 슈퍼컴퓨터가 이를 따라잡을 수 있다고 인정했다. 하지만 당시에는 양자 컴퓨터만이 이를 달성할 수 있었다. IBM은 이를 '**양자 유용성**quantum utility'이라고 불렀는데, 이는 양자 컴퓨팅이 실제적이고 복잡한 문제에 유용하다는 의미다.

DIFFICULT

현재 모든 양자 컴퓨터와 마찬가지로 IBM 양자 컴퓨터에도 오류 정정 기능이 없다. 유용한 결과를 얻기 위해 IBM 팀은 큐비트 제어 개선, 머신러닝, 고급 통계 기법 등의 오류 제거 기술을 사용했다. 실제 실행과 오류 정정 사이에 60만 번의 시뮬레이션을 실행했는데, 이는 최첨단 양자 컴퓨팅에 들어가는 엄청난 노력을 보여 준다.

양자 컴퓨팅이 가장 복잡한 계산 문제를 해결하기 위한 신뢰할 수 있는 도구로 인정받으려면 이런 종류의 결과가 더 많이 필요할 것이다. 하지만 이번 성과는 양자 우월성 달성과 동등한 수준으로 여겨지며, 앞으로는 더욱 중요하게 평가될 중요한 진전이다.

양자 컴퓨팅의 남은 과제

양자 컴퓨팅의 역사는 눈 깜짝할 사이에 전개됐다. 간단히 요약해 보자.

- **1947년**: 파인먼이 양자 역학적 시뮬레이터로서 양자 컴퓨터 아이디어 제시
- **1990년대 초**: 쇼어와 그로버 알고리즘 등장
- **1990년대 말~2000년대 초**: 실험실에서 혁신적인 큐비트 개발
- **2010년 이후**: D-웨이브의 양자 어닐러 판매, IBM의 클라우드 접속 도입
- **현재**: IBM의 1,000개 이상의 큐비트 범용 양자 컴퓨터 출시 임박, 12개 이상의 공급업체 시스템 출시

양자 역학에서 획기적인 아이디어가 나온 지 약 100년, 최초의 큐비트 생성 후 30년이 지난 지금, 혁신은 계속되고 있다. 최근의 발전은 개별 큐비트를 더욱 효과적으로 생성, 유지, 관리할 수 있게 된 것이다. 이로 인해 컴퓨팅, 통신, 측정 분야에서 획기적인 발전이 예상된다.

양자 역학 센서를 이용한 측정 향상은 매우 중요하다. 예를 들어, 시간과 거리 측정의 개선으로 GPS만큼 정확한 로컬 위치 확인 시스템(LPS) 구현이 가능해질 수 있다. 이는 GPS 접속이 중단될 수 있는 전시에 특히 중요하다. 또한 차세대 양자 기술로 의료 스캔도 크게 개선될 수 있다.

양자 컴퓨팅은 놀라운 진전을 이뤘지만, 전통적인 컴퓨팅의 신뢰성에 도달하기까지는 아직 갈 길이 멀다. 이 목표에 도달하면 혁신적인 변화가 일상이 될 것이다.

저자와 관찰자로서 지적하고 싶은 세 가지 주요 과제는 다음과 같다.

- » 큐비트 수 증가
- » 오류 정정의 표준화
- » 전 세계적인 양자 컴퓨팅 이해도 향상

큐비트 수와 오류 정정은 밀접하게 연관되어 있다. 오류 정정이 가능한 하나의 가상 큐비트를 만들려면 약 10개의 물리적 큐비트가 필요하다. 따라서 유용한 양자 컴퓨터를 만들기 위해서는 큐비트 수를 크게 늘려야 한다.

큐비트 품질 향상은 오류 정정에 필요한 큐비트 수를 줄일 수 있다. 10장과 11장에서 설명할 다양한 큐비트 유형은 각각 장단점이 있다.

오류 완화 기술은 완전한 오류 정정 이전에 다양한 방식으로 오류를 줄이기 위한 보완책으로 사용될 수 있다. 일부 용도에는 불완전한 오류 정정으로도 충분할 수 있지만, 대부분 완벽에 가까운 결과가 필요하다.

동시에 다양한 분야의 사람들이 양자 컴퓨팅을 활용할 수 있도록 교육이 필요하다. 빨리 확산할수록 더 좋다. 교육 활동이 급증하고 있으며(16장 참조), 양자 컴퓨팅을 다음 단계로 발전시키기 위해서는 전 세계적인 노력이 필요하다.

PART 2

양자 컴퓨팅 옵션

전통적인 컴퓨팅의 한계와 양자 컴퓨팅의 장점을 파악해 특정 유형의 문제에 적합한 기술을 선택할 수 있다. 양자 컴퓨팅이 아닌 기존 고성능 컴퓨터에서 새로운 종류의 프로그래밍 알고리즘을 실행하는 양자 기반 컴퓨팅quantum-inspired computing을 소개한다.

양자 어닐링이 공정, 재료, 제품 최적화를 위해 간단하면서도 구축하기 쉬운 양자 컴퓨터를 어떻게 제공하는지 살펴본다.

아직 개발 초기 단계지만 가능성이 커지고 있는 범용 게이트 기반 양자 컴퓨터를 소개한다.

마지막으로 게이트 기반 양자 컴퓨터의 다음 단계를 탐구한다. 다양한 유형의 큐비트가 어떻게 미래의 완전히 유용한 양자 컴퓨터 개발에 이점을 제공하는지 알아보자.

CHAPTER 7 | 전통적인 컴퓨팅과 양자 컴퓨팅 선택하기

CHAPTER 8 | 양자 컴퓨팅 시작하기

CHAPTER 9 | 스택의 모든 것

CHAPTER 10 | 완벽한 큐비트를 향한 질주

CHAPTER 11 | 큐비트 유형 선택하기

CHAPTER 7

전통적인 컴퓨팅과 양자 컴퓨팅 선택하기

[이 장의 주요 내용]

- 전통적인 컴퓨팅의 한계 찾기
- 양자 컴퓨팅의 가능성 발견하기
- 무어의 법칙의 한계 보기

앞으로는 문제를 해결할 때 전통적인 컴퓨팅과 양자 컴퓨팅 중 어떤 방식을 선택할지가 중요한 고려 사항이 될 것이다. 전통적인 컴퓨터 사용의 장점은 분명하며, 직접 구매해 설치하거나 클라우드로 쉽고 저렴하게 이용할 수 있다.

이 장에서는 전통적인 컴퓨터의 한계를 살펴보며 양자 컴퓨팅을 고려해야 할 시점을 이해하도록 돕는다. 또한 양자 컴퓨팅 시스템의 아키텍처를 설명해 과제를 명확히 하고, 양자 컴퓨팅을 최대한 활용하기 위한 방향을 제시한다.

전통적인 컴퓨팅의 한계

전통적인 컴퓨팅의 주요 문제를 요약하고 양자 컴퓨팅과 비교해 본다. 전통적인 컴퓨팅의 한계는 다음과 같다.

>> **무어의 법칙의 한계**: 마이크로칩 속도 증가가 둔화하며, 연산 능력 측면에서 전통적인 컴퓨팅이 한계에 다다르고 있다.

>> **기하급수적 증가의 문제**: 13장에서 설명할 중요한 문제들이 전통적인 컴퓨터로 해결되지 않고 있다. 양자 컴퓨팅의 도움 가능성을 살펴볼 필요가 있다.

>> **고정된 사고방식**: 전통적인 컴퓨팅 사용은 매너리즘에 빠질 수 있다. 양자 컴퓨팅의 등장은 전통적인 컴퓨팅에도 새로운 접근 방식으로 영감을 준다.

무어의 해가 진다

무어의 법칙은 1960년대 중반 인텔의 고든 무어가 제시한 이후 50년 넘게 유용한 지침으로 사용되어 왔다. 간단히 말해, 집적 회로의 트랜지스터 수(4장 참조)가 2년마다 두 배로 증가한다는 점이다.

웨이퍼당 트랜지스터 수가 두 배로 늘어날 때마다 다음과 같은 중요한 변화가 일어난다.

>> 집적 회로를 구성하는 데이터 버스 라인과 논리 게이트를 결정하는 형상의 크기가 작아진다.
>> 주어진 칩의 속도가 두 배로 빨라진다.
>> 특정 수준의 성능에 대한 비용이 50% 감소한다.

특히 PC, 스마트폰 등 여러 기기의 두뇌 역할을 하는 단일 칩 중앙 처리 장치 central processing unit (CPU)인 마이크로프로세서는 2년마다 속도가 두 배씩 빨라지지만 가격은 거의 오르지 않는다. 다음 그림은 시간 경과에 따른 마이크로프로세서 속도의 분산형 차트로, 성능 증가 현황을 보여 준다.

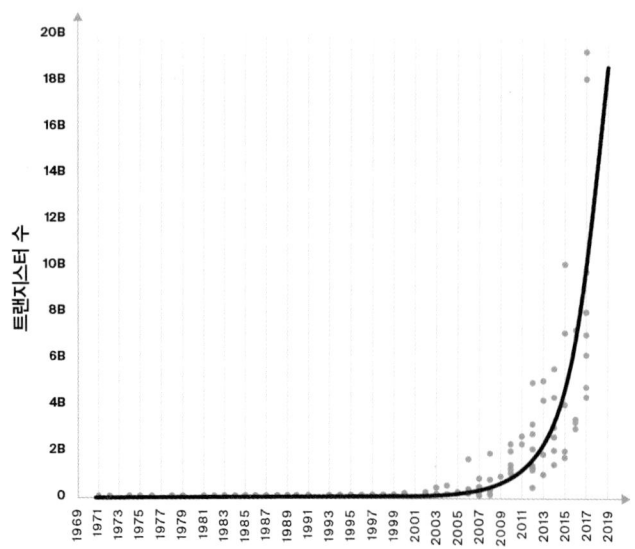

1960년대부터 마이크로프로세서 속도는 매년 두 배씩 증가했다.

DIFFICULT

더 작아지는 기능 크기의 디바이스 제작에는 더 발전된 기술이 필요하다. 대만의 TSMC는 이 기술을 선도하는 세계 최고 기업이다. 현재 디바이스 제조 분야의 오랜 선두 주자인 인텔조차 TSMC를 통해 최첨단 칩을 생산한다.

앞 그림의 세로축은 로그 눈금이어서 실제 개선 정도가 매우 크다.[1] 칩 용량의 급격한 증가는 마치 2년마다 구매량이 두 배씩 늘어나는 것과 같다. 예를 들어, 2년간 모든 물건을 1+1 행사로 구매하고, 그다음 2년간은 1+1 행사로 4개를, 또 다음 2년간은 1+1 행사로 8개를 구매하는 식이다.

무어의 법칙이 1960년대 초부터 식료품점에 적용됐다면, 당시 달걀 한 판(12개)을 샀던 돈으로 오늘날 50만 판의 달걀을 살 수 있을 것이다.[2]

무어의 법칙이 제공하는 복리와 같은 속도 향상은 컴퓨팅과 현대 사회에 매우 중요한 역할을 해왔다. IBM 호환 PC는 2년마다 속도가 두 배로 빨라지는 프로세서 덕분에 워드^{Word}, 엑셀^{Excel} 실행, MS-도스$^{MS-DOS}$에서 윈도우^{Windows}로 전환, 웹 브라우저의 실행 등이 가능해졌다. 또한 400~600만 원 했던 PC 가격이 크게 떨어지고 크기와 무게도 줄어들었다.

사람을 달에 데려다준 컴퓨터보다 더 강력한 처리 능력을 갖춘 스마트폰이 주머니에 들어갈 수 있는 것은 무어의 법칙 덕분이다.[3] 사실 더 작아질 수도 있지만 대부분의 사용자가 큰 화면과 배터리를 원하기 때문에 현재 크기를 유지하고 있다.

하지만 무어의 법칙은 세 가지 문제에 부딪혔다. 첫째, 양자 역학적 효과로 인해 더 이상의 소형화가 어려워졌다. 기기의 크기가 작아지면 전자는 파동의 성질을 보이기 시작하고 터널링 현상이 발생해서 0과 1 사이를 임의로 전환하거나 논리 게이트가 제대로 작동하지 않을 수 있다. 지금의 기기 크기를 훨씬 더 작게 만들면 기존 컴퓨팅이 쓸모없게 된다.

무어의 법칙이 직면한 두 번째 문제는 더 미묘하다. 컴퓨터 내부에서 프로세서,

---

1 옮긴이_ 실제 그래프의 세로축은 2B, 4B, 6B, 8B~ 로 선형적으로 증가하기 때문에 로그 스케일은 아니다.

2 옮긴이_ 이 부분도 엄밀히 따지면 2년마다 2배씩 증가해서 60년 이기 때문에 2^{30}, 대략 10^9이라서 50만 판 정도가 아니라 10억 판의 달걀이 될 것이다(흐름상 중요하지 않다).

3 옮긴이_ 아폴로 계획에 사용했던 아폴로 가이던스 컴퓨터(AGC)는 처리 속도가 43KHz였고, 최신 아이폰은 2GHz 이상이니 스마트폰이 수만 배 더 빠르다.

RAM, 디스크 간 데이터 이동 속도가 프로세서의 처리 속도를 따라가지 못한다. 이에 따라 단일 프로세서의 성능 향상만으로는 한계가 있어, 칩 제조업체들은 2005년부터 **멀티코어 마이크로프로세서**를 도입했다.

하지만 멀티코어 마이크로프로세서도 완벽한 해결책은 아니다. 작업을 여러 코어에 효율적으로 분배하는 것이 쉽지 않고, 코어 수가 늘어날수록 오버헤드와 처리 능력의 낭비도 증가한다. 과거와 달리 코어 수를 두 배로 늘린다고 해서 성능이 정확히 두 배가 되는 것은 아니다.

세 번째 문제는 더욱 복잡하다. 컴퓨팅의 특성이 바뀌었다. PC와 스마트폰 등 인터넷 연결 기기가 증가하면서, 이들은 주로 클라우드 서비스에 접속하는 단말기 역할을 한다. 따라서 성능의 병목 현상이 프로세서에서 네트워크 속도로 옮겨갔다. 네트워크 속도 향상은 어렵고 비용이 많이 들며, 프로세서만큼 빠르게 발전하지 않는다. 또한 인터넷 의존도가 높아지면서 연결 및 보안 문제도 증가하고 있다.

정부 지원 서비스

많은 국가에서 양자 컴퓨팅 혁신을 위한 영국식 표현인 '조인드업joined-up 전략'을 시행하고 있다. 영국은 최근 20억 달러 규모의 새로운 계획을 발표했으며, 미국의 경우 *www.quantum.gov*에서 관련 정보를 확인할 수 있다.

정부는 전반적인 혁신에 대해 많은 지원과 열정을 보이고 있으며, 특히 양자 컴퓨팅은 현재 주목받는 분야이다. 비즈니스와 관련된 지역에서 어떤 지원이 제공되는지 알아보고, 해당 정부 수준에서 협력 가능성을 탐색해 보는 것이 좋다.

DIFFICULT

5G 휴대폰 서비스로 네트워크 연결 속도가 일부 개선됐지만, 한계도 있다. 5G 중계기의 도달 범위는 1~5 km로, 4G의 60 km 이상에 비해 많이 짧다. 따라서 5G 서비스가 항상 이용할 수 있는 것은 아니며, 때로는 완전히 끊길 수도 있다. 건물이나 나무와 같은 장애물도 5G 신호를 방해한다. 아이러니하게도 실리콘 밸리 중심부인 서니베일에서도 셀 속도가 매우 느린 경우가 있다.

네트워킹은 문제이면서 동시에 해결책이다. 클라우드 접속으로 이전보다 훨씬 많은 컴퓨팅 성능을 이용할 수 있게 됐다. 클라우드 컴퓨팅의 증가는 제공업체의 급격한 수익 증가에서 확인할 수 있다. 클라우드 서비스는 종량제로, 초기 투자가 필요 없지만 사용량에 따라 비용을 지불해야 한다.

다음 그림은 클라우드 컴퓨팅 지출의 급격한 증가를 보여 준다.

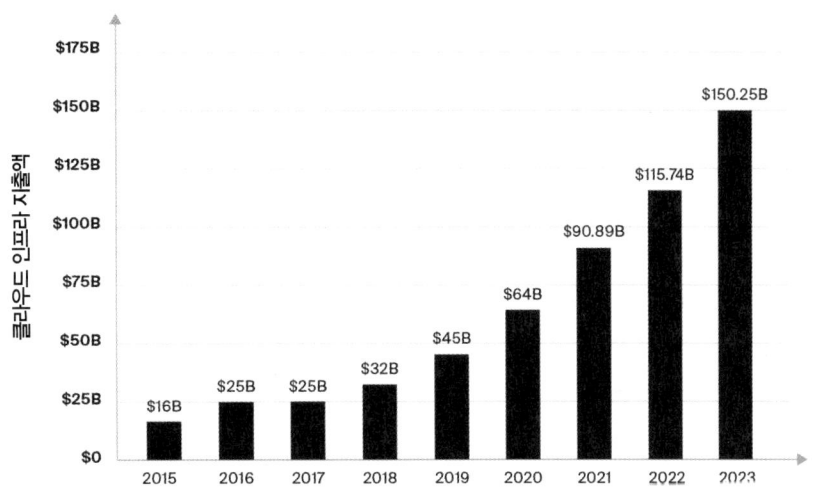

클라우드 제공업체의 수익(클라우드 사용자 비용도 의미)은 매우 빠르게 증가하고 있다.

많은 조직이 상승하는 클라우드 비용에 대응해 더 저렴한 방법을 모색 중이다. 무어의 법칙이 제공하던 무료 성능 향상이 한계에 도달한 지금, 클라우드는 더 많은 성능을 제공하지만 무료는 아니다.

양자 컴퓨팅은 클라우드의 큰 혜택을 받았다. 클라우드를 통해 양자 컴퓨터 접근이 훨씬 쉬워졌지만, 비용은 여전히 든다. 사용량이 증가하면 일부 조직은 양자 컴퓨팅 시스템을 사내에 도입할 수도 있다.

WARNING

새 기술은 새로운 도전 과제를 동반한다. 5G는 더 강한 전자파를 사용하며, 이러한 전자파 노출은 문제가 되지 않는다고 하지만, 이에 대한 장기적인 경험은 아직 아무도 없다. 양자 컴퓨팅 사용자도 자신의 애플리케이션이 초래할 수 있는 잠재적 문제에 주의해야 한다.

컴퓨팅 속도 향상의 둔화와 연결성 문제는 서로 얽혀 암울한 현실을 만들고 있다. 그러나 특정 문제에 대해서는 양자 컴퓨팅이 성능의 새로운 지평을 열 수도 있다.

기하급수적인 성장통 겪기

전통적인 컴퓨팅은 대부분의 일상적인 작업에 적합하지만, 양자 컴퓨팅은 계산 집약적인 문제를 처리하는 데 놀라운 성능을 발휘한다. 예를 들어, 배송 경로 최적화가 그 좋은 예다.

알고리즘은 특정 문제를 해결하기 위한 일련의 단계다. 우리는 일상에서도 의식하지 못한 채 알고리즘을 사용한다.

양자 컴퓨팅에서 알고리즘이 중요한 이유는, 양자 컴퓨터가 많은 측정점, 변수, 옵션이 포함된 특정 알고리즘에서 큰 속도 향상을 보이기 때문이다. 이러한 알고리즘에서 양자 컴퓨터의 성능 향상은 의미 있는 수준에서 놀라운 수준까지 다양할 것이다. 머신러닝(ML)은 양자 컴퓨팅이 큰 변화를 가져올 수 있는 좋은 예다.

전통적인 컴퓨팅이 느려지는 대표적인 경우는 **조합 폭발**combinatorial explosion 문제다. 입력 수가 조금만 증가해도 계산량이 엄청나게 늘어나는 현상이다.

가장 이해하기 쉬운 예는 외판원 문제traveling salesman problem다. 10개 도시의 최단 경로를 찾는 것은 18만 개 이상의 경로를 계산해야[4] 하지만 노트북으로 처리할 수 있다. 그러나 15개 도시가 되면 870억 개 이상의 경로를 계산해야 하며, 20개 도시의 경우 계산 시간이 약 2,000년 이상으로 늘어난다.

실제 물류 문제는 더 복잡하다. UPS 배송 기사가 매일 한 도시의 버스 경로를 계획하려면 많은 목적지, 상호 작용, 다양한 변수 등을 고려해야 한다.

전통적인 컴퓨터는 이런 문제를 지수적 시간에 해결하지만, 양자 컴퓨터는 이와 같은 문제를 다항식 시간으로 해결할 수 있다. 이것이 의미하는 바는 다음과 같다.

> » **지수적 시간**: 전통적인 컴퓨터에서 입력의 수는 지수가 된다. 예를 들어, n개의 입력이 있는 문제는 2^n개의 계산이 필요할 수 있으며, 이는 매우 빠르게 증가한다(다음 그림 참조). 외판원 문제는 이 중에서도 특히 심각한 예다.[5]

---

4 옮긴이_ 외판원 문제의 모든 가능한 경우의 수는 같은 도시에서 출발한다는 가정 하에 (n−1)!이다. 그래서 n=10이면 약 36만, n=15면 870억 이상이다.
5 옮긴이_ 단순 지수 계산이 아니라 팩토리얼(factorial) 계산이 필요해 문제가 더욱 커진다.

» **다항식 시간**: 입력의 수가 기저가 되고, 여기에 지수나 곱셈 계수가 적용될 수 있다. 예를 들어, 입력이 n개인 문제는 n^2 계산이 필요할 수 있는데, 이는 지수적 시간보다 훨씬 천천히 증가한다(다음 그림에도 표시됨).

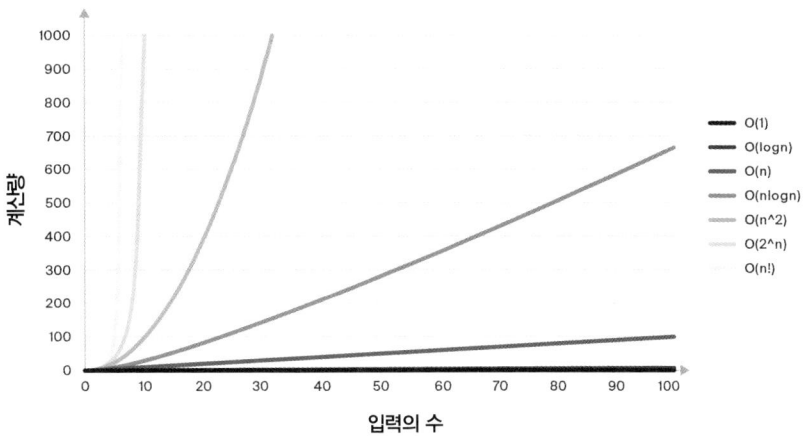

지수적 시간의 계산 횟수는 매우 빠르게 증가하는 반면, 다항식 시간은 느리고 꾸준히 증가한다.

양자 컴퓨터가 더 빠른 이유는 무엇일까? 예를 들어, 트럭이 갈 수 있는 20,000개의 경로가 있고, 각 경로의 소요 시간을 계산하는 데 전통적인 컴퓨터로 1분이 걸린다고 가정해 보자. 가장 빠른 경로를 찾기 위해 전통적인 컴퓨터는 약 2주(20,000분)가 걸리고, 최단 시간을 비교하는 데 추가 시간이 필요하다. 매일 배송 트럭을 배차하는 상황에서 이는 비합리적이다.

반면, 충분한 큐비트를 가진 양자 컴퓨터는 단 한 번의 프로그램 실행으로 20,000개의 경로를 모두 비교할 수 있으며, 이는 몇 초만에 가능하다. 매일 배송 트럭을 배차하는 데 매우 효율적이다.

전통적인 컴퓨팅과 양자 컴퓨팅 알고리즘의 차이에 대해 더 알고 싶다면, 14장에서 주요 양자 컴퓨팅 알고리즘의 문제 해결 방식, 속도 향상, 사용 제한 등을 소개한다.

오늘날의 양자 컴퓨터는 큐비트 수가 제한되어 있고 오류 정정 기능이 없어 대규모 계산에서 정확한 답을 얻기가 어렵다. 그러나 이런 한계에도 불구하고, 전통적인 컴퓨팅보다 훨씬 빠르게 매우 좋은 답을 얻을 수 있다. 일부 문제에서는 빠르게 얻은 답이 전통적인 컴퓨터의 정확한 답보다 더 유용할 수 있다.

고정 관념과 싸움

100년 동안 전통적인 컴퓨팅을 연구했다면 정밀한 결과를 얻기 위해 모든 접근 방식을 다 시도했으리라 생각할 수 있다. 놀랍게도 그렇지 않을 때가 훨씬 많다. 양자 컴퓨팅의 새로운 성과에 자극받아 전통적인 컴퓨팅 연구자들이 시스템을 더 빠르게 작동시키는 놀랍고 새로운 방법을 발견하곤 한다.

예를 들어, 데이터베이스 쿼리에 널리 사용되는 SQL은 50년의 역사를 가졌다. 관계형 데이터베이스에 최적화된 SQL은 오랜 연구와 개발로 누구에게나 최적화되어 있다. 따라서 처리할 수 있는 작업의 양을 고려할 때 매우 빠르며, SQL을 효율적으로 지원하는 데이터베이스의 기능은 주요 판매 포인트다.

그러나 컴퓨팅의 많은 문제가 기대하는 만큼 최적화되지 않은 것으로 밝혀졌다. 양자 컴퓨팅의 짧은 역사에서 발생한 다음 일련의 사건들을 참고하자.

- 전통적인 컴퓨터에서 느리게 실행되는 문제 발견
- 양자 컴퓨터로 같은 문제를 빠르게 해결하여 양자 우월성 주장
- 이에 영감을 받아 전통적인 컴퓨터에서 양자형 기술을 사용하여 새로운 알고리즘 개발

전통적인 컴퓨팅 위에서 실행되는 새로운 해결책을 '양자 기반quantum inspired'이라고 부른다. 때로 양자 컴퓨팅이 불필요하다는 주장의 근거가 되지만, 사실 양자 컴퓨팅의 도전이 전통적인 컴퓨팅의 혁신을 촉진한 것이다. 이 상호 작용은 양쪽 모두의 발전을 이끌며, 기존 시스템과 새로운 양자 컴퓨팅 시스템을 최대한 활용하는 데 도움이 된다.

이전 장에서 언급했듯이, 고성능 전통적인 컴퓨터는 이제 양자 컴퓨터와 문제를 원활하게 공유할 수 있도록 설계되고 있다. 양자 컴퓨터의 발전은 전통적인 컴퓨터에 더 큰 도전을 제시하여 전반적인 컴퓨팅 성능 향상을 가져올 것이다.

요약 정리

경제학 이론에 따르면, 사람들은 지불한 만큼의 서비스를 공급자가 더 이상 제공하지 않아 **공급이 중단**될 때까지 기존 제품이나 서비스를 사용한다. 그 후에야 고

객은 대안을 찾기 시작한다.

전통적인 컴퓨팅은 속도와 성능 향상, 대규모 문제 해결 능력 그리고 일부 영역에서는 유연한 사고에 한계를 보이고 있다. 고객들은 전통적인 컴퓨팅이 계속 빠르게 개선되기를 기대하지만, 때로는 그것이 불가능할 수 있다.

양자 컴퓨팅은 이 격차를 메우려 한 걸음 더 나아간다. 이 격차가 어디에 있는지 이해하면 양자 컴퓨팅 해결책을 언제 시도할지 올바르게 결정하는 데 도움이 된다.

하지만 챗GPT는 어떨까?

인공지능(AI)과 머신러닝(ML)은 빠르게 발전하고 있다. 챗GPT와 같은 도구의 등장으로 많은 관심과 투자를 받고, 이 도구의 사용으로 실제 생산성이 단기간에 크게 높아졌다.

이 책의 공동 저자 중 한 명인 헐리는 2023년 텍사스 오스틴의 사우스 바이 사우스웨스트 콘퍼런스에서 혁신적인 시도를 했다. 그는 기조연설로 큰 호응을 받았고, 마지막에 자신의 글로 훈련된 챗GPT를 사용해 그날 아침 전체 강연을 작성했다고 밝혔다. 이는 해당 콘퍼런스에서, 아마도 전 세계에서도 최초의 일이었다.

최근 AI의 발전은 전통적인 컴퓨팅의 잠재력을 보여 주지만, 동시에 한계도 드러낸다. 대규모 데이터로 머신러닝 알고리즘을 실행할 때 기하급수적인 실행 시간이 자주 발생한다. AI 프로그램은 계산과 에너지 집약적이며 비용이 많이 들지만, 결과는 여전히 최적화되지 않은 경우가 많다.

양자 컴퓨팅의 가장 큰 기회는 머신러닝 알고리즘의 핵심 부분에 통합되어 시간, 컴퓨팅 파워, 에너지 사용을 줄이는 것이다. 양자 컴퓨팅이 해결책에 통합되면 챗GPT와 같은 프로그램과 미래의 AI 기술은 현재의 성과를 크게 뛰어넘을 수 있을 것이다.

양자 컴퓨팅의 장점 찾기

전통적인 컴퓨팅의 문제점을 살펴보면서 자연스럽게 몇 가지 질문이 생긴다.

>> 양자 컴퓨팅이 더 나은 점은 무엇인가?

>> 양자 컴퓨팅이 더 잘하는 것은 누구에게 필요할까?

>> 양자 컴퓨팅 성능의 현황은 어떤가?

>> 누가 최고의 새로운 양자 컴퓨터를 가장 먼저 이용할까?

여기서는 일반적인 답변을 먼저 살펴보고, 다음 장에서 시스템, 소프트웨어, 서비스, 교육 제공 등 세부적인 내용을 자세히 살펴보자.

우리는 아직 양자 컴퓨팅 경쟁의 시작 단계라서 창의적으로 새로운 해결책이 등장할 여지가 많다. 이러한 해결책은 다양한 곳에서 나올 수 있다. 우버는 두 친구가 택시를 잡을 수 없어서 시작됐고, 에어비앤비는 창립자 중 한 명이 콘퍼런스 참석할 때 호텔 방을 구하지 못해 시작됐다. 양자 컴퓨팅의 새로운 응용 분야를 생각하며 상상력을 마음껏 발휘해 보자.

양자 컴퓨팅이 더 뛰어난 분야 강조하기

다행히도 양자 컴퓨팅은 앞서 설명한 조합 폭발 문제, 즉 전통적인 컴퓨터가 잘 처리하지 못하는 바로 그 문제에 강점이 있어 앞으로의 인류 발전에 큰 도움이 될 것이다.

이러한 유형의 문제에는 대략적인 복잡성 순서대로 다음과 같은 것들이 포함된다.

- **조합 문제 최적화**: 외판원 문제와 정해진 빈 공간에 다양한 크기의 물건을 최대한 많이 넣는 배낭 포장 문제. 비즈니스 애플리케이션에는 다양한 종류의 경로 설정, 물류 문제, 투자자를 위한 포트폴리오 최적화가 포함된다.
- **선형 대수 문제**: 행렬 수학 및 주성분 분석principal components analysis(PCA)은 머신러닝 및 기타 여러 작업에 유용하다. 비즈니스 및 과학 작업에는 위험 관리, 마케팅, DNA 분류를 위한 염기서열 분석이 포함된다.
- **인수 분해**: 암호 해독에 사용되는 것처럼 큰 숫자를 주요 인수로 분해하는 작업이다. 비즈니스 및 과학 작업에는 컴퓨터 보안과 수학 연구가 포함된다.
- **미분 방정식**: 유체 역학(다음 그림 참조) 및 양자 입자(복잡한 분자의 원자 등)와 같은 복잡한 시스템의 거동을 모델링한다. 비즈니스 및 과학 작업에는 차량 설계(자동차, 비행기, 보트), 의학(더 나은 심장 박동기 또는 스텐트 제작), 분자 시뮬레이션(신약 개발 및 기타 의학 연구)이 포함된다.

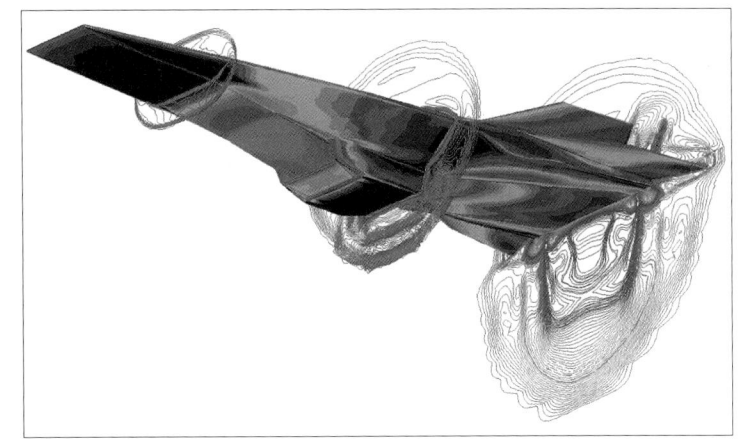

유체 역학은 비행기 설계에서 아주 중요하다.

조합 폭발 문제는 입력값의 작은 증가가 처리 시간을 크게(보통 기하급수적으로) 증가시키는 것을 말한다. 외판원 문제가 대표적인 예로, 방문 도시 수가 조금만 증가해도 처리 시간이 엄청나게 늘어난다. 수천 개의 큐비트를 갖춘 미래의 양자 컴퓨터는 이 문제를 훨씬 더 빠르게 처리할 수 있을 것이다. 검색의 경우, 전통적인 컴퓨터는 n개 항목 중 답을 찾는 데 평균 n/2번 검색이 필요하지만, 양자 컴퓨터는 $\sqrt{n}$번만 검색하면 된다. 이는 매우 큰 절약이 가능하지만, 외판원 문제에서의 이점보다는 작다.

양자 컴퓨팅의 이점을 얻으려면, 양자 컴퓨터에 적합한 알고리즘을 찾거나 만들어야 한다. 또는 문제를 양자 컴퓨터에 맞게 재구성해야 한다. 알고리즘을 평가하고 다룰 수 있다면 양자 컴퓨팅을 흥미롭게 사용할 수 있지만, 그렇지 않다면 전문가의 도움을 받아야 한다.

적절한 알고리즘을 찾지 못하거나, 찾더라도 오늘날 양자 컴퓨터의 낮은 큐비트 수와 오류 정정 기능 부족으로 실제 문제 해결에 사용하기 어려울 수 있다. 영국 속담처럼, "일단 지르고 보자".

다음 표는 가장 강력하고 영향력 있는 현재 양자 컴퓨팅 알고리즘의 10~20년 전의 초기 테스트 사례 중 몇 가지를 보여 준다. 처음 두 개는 5장에서, 세 번째는 6장에서 언급했다. 양자 어닐링 알고리즘만이 오늘날의 양자 컴퓨터에서 실용적인 문제를 해결하는 데 사용될 수 있다.

양자 알고리즘의 개념 증명 구현

알고리즘 종류	적용 기술	문제 해결
쇼어 알고리즘	Bulk optics (2012)	21 인수 분해
그로버 알고리즘	NMR (2000)	비정형 데이터 검색, N=8
양자 어닐링	D-Wave 2X (2015)	1,097 꼭지점을 갖는 키메라 그래프에서의 이징^{Ising} 모델
HHL 알고리즘	Bulk optics (2013 and 2014), NMR (2014)	2x2 선형 방정식

다음은 각 알고리즘의 사용법에 대한 간략한 설명이다.

>> **쇼어 알고리즘**: 인수 분해, 특정 코드 해독에 유용함

>> **그로버 알고리즘**: 목록 검색 속도 향상

>> **양자 어닐링**: 제약 조건 하에서 최적화된 해결책 제공

>> **HHL 알고리즘**: 선형 방정식 시스템에 대한 대략적인 해답 제공

DIFFICULT

수학을 잘하는 사람들은 문제를 다른 용어로 재구성하여 더 강력하거나 사용하기 쉬운 접근 방식으로 해결할 수 있다. 예를 들어, 1925년 하이젠베르크, 보른, 요르단 등은 당시 잘 알려지지 않았던 행렬 역학이라는 수학 접근법을 양자 역학에 적용했다. 1년 후 슈뢰딩거는 물리학자들에게 더 친숙한 파동 역학을 소개해 이론의 인기와 활용도를 높였다. 마찬가지로 양자 어닐링은 이징^{Ising} 모델과 이차 비제약 이진 최적화$^{quadratic\ unconstrained\ binary\ optimization}$(QUBO) 공식을 사용할 수 있으며, 이들은 수학적으로도 인기와 활용도가 높다.

오늘날의 양자 컴퓨팅 상태

양자 컴퓨팅 기술은 빠르게 발전하고 있다. '필요 없다'에서 '꼭 필요하다'로 빠르게 바뀌고 있어, 지금 바로 양자 컴퓨팅을 배우기 시작하는 것이 좋다. 이 책을 읽는 것만으로도 시작이 반이다.

오늘날의 양자 시스템은 상당히 제한적이다. 특정 문제에서 전통적인 컴퓨터 시뮬레이션보다 빠를 수 있지만 천문학적으로 빠른 건 아니다. 몇 가지 문제점도 있다.

>> 오류 정정이 되지 않은 원시적인 물리적 큐비트를 제공해 신뢰할 수 있는 결과를 얻기 어렵다.
>> 가파른 학습 곡선이 필요하다.
>> 아직 담당자가 많지 않다.

그렇다면 왜 참여해야 할까? 지금이 바로 양자 컴퓨팅에 대한 기술을 습득하고 연마할 수 있는 시기이기 때문이다. 조직 전체도 마찬가지다. 지금 우위를 점하고 상황이 개선될 때를 대비할 수 있다. 몇 년 안에 큐비트 수는 많아지고 오류율은 개선될 것이며, 실질적인 이점을 가장 먼저 누릴 수 있을 것이다.

빠른 접근 확보하기

모든 기술 분야에는 최신 및 최고급 시스템 이용에 대한 우선순위가 있다. 양자 컴퓨팅에서는 이러한 우선순위가 특히 중요하다.

양자 컴퓨팅은 흥미로운 기술에서 필수적인 기술로 발전하는 시점에 있다. 이런 급격한 변화는 알고리즘, 애플리케이션 영역, 사용 사례에 따라 다르게 나타날 수 있다. 사실 소수의 사람들만이 이미 그 변화를 감지하고 있을 것이다.

양자 컴퓨팅에도 무어의 법칙이 있을까?

양자 컴퓨팅 분야는 무어의 법칙과 같은 발전을 모방하려는 듯하다. 1장에 나와 있는 IBM의 로드맵을 살펴보면, 30년 전의 인텔 마이크로프로세서 로드맵과 매우 흡사하다.

하지만 IBM의 로드맵도 일부 전문가들이 말하는 백만 큐비트 시스템과는 거리가 멀다. 오류 정정을 위해 많은 큐비트가 필요하기 때문이다. 또한 큐비트 수 자체만으로는 부족하다. 이 큐비트들은 복잡한 알고리즘을 실행할 수 있을 만큼 충분히 결맞음(유용성)을 유지해야 하며, 오류 정정은 여전히 큰 과제다.

작가 윌리엄 아서 워드는 "비관론자는 바람을 불평하고, 낙관론자는 바람이 바뀔 것으로 기대하며, 현실주의자는 돛을 조정한다"라고 말했다. 양자 컴퓨팅에 대해 비관적이거나 단순히 기다리는 태도를 보이기 쉽다. 하지만 양자 컴퓨팅은 빠른 변화의 시기를 맞이할 가능성이 높다. IT 업계에 있거나 양자 컴퓨팅의 영향을 받을 예정이라면, 지금 자신의 커리어와 계획을 조정하는 것이 현실적인 방법이다.

양자 컴퓨팅에 접근하는 순서는 대략적으로 다음과 같다.

- **양자 컴퓨터 제조업체**: 자체 양자 컴퓨터를 만드는 IBM, 구글, D-웨이브, IonQ 등은 항상 최신 시스템을 먼저 사용할 수 있다.
- **클라우드 플랫폼 회사**: AWS, 애저, 스트레인지웍스 같은 플랫폼은 제조업체로부터 초기 접속 권한을 얻는데, 이는 시장에 진출하는 데 있어 매우 중요한 채널이기 때문이다.
- **컨설팅 및 애플리케이션 공급업체**: 고객에게 조언하고 소프트웨어를 개발하기 위해 초기 접속이 필요하다.
- **우리 모두**: 현재는 대부분 시스템에 대한 접속권이 널리 제공되며, 신규 사용자와 연구자에게는 무료 크레딧도 제공된다. 단, 최신 시스템에 접속하는 것은 어렵다.

오픈 소스 프로젝트나 관심 그룹에 적극적으로 기여하는 것은 내부 지식과 영향력을 얻는 좋은 방법이 될 수 있다. 특히 특정 분야를 더 많이 배우고 싶은 사람들에게 유용하다. 다만 너무 눈에 띄게 자신의 이익만을 추구하지 말고, 긍정적인 영향을 미치고 다른 사람들을 돕는 데 집중하는 것이 중요하다.

쉽게 말해, 지금 양자 컴퓨팅 주제에 관해 이야기 나눌 수 있는 친구를 사귀는 것이 좋다. 여기서 친구는 개인으로서 여러분과 여러분이 소속되어 있거나 이끄는 조직 모두에 해당한다. 친구를 사귀는 가장 좋은 방법은 친구가 되는 것이다. 관심 분야에서 누가 중요한 일을 하고 있는지 알아보고 그들의 발전을 돕는 방법을 찾아보자. 콘퍼런스에 참석해 프레젠테이션을 듣고 방향을 잡는 것도 좋다.

조만간 양자 컴퓨팅 분야에서 전례 없는 골드러시가 일어날 것으로 보인다. 양자 컴퓨팅의 발전에 따라 다양한 문제 영역이 양자 컴퓨팅의 범위에 포함되기 전까지는 특정 관심 영역에서 소규모로 연구가 집중될 것이다. 모두가 '거대한 흐름'을 향해 달려갈 때가 아니라 이러한 관심이 급증하기 전에 방향을 잡고 동맹을 구축해야 한다.

양자 컴퓨팅이 제공하는 혜택의 필요성

더 나은 쥐덫에 관심이 있겠지만, 잡을 쥐가 있어야 쥐덫이 필요하다. 따라서 이 시점에서 양자 컴퓨팅 '쥐덫'이 잡을 '쥐'를 가졌는지, 또는 가질 것으로 예상되는지를 살펴봐야 한다.

또한 쥐덫을 직접 사고, 숙달하고, 혼자 힘으로 사용해야 할 필요가 있는지 검토해야 한다. 강력한 사내 AI 개발을 위해서는 양자 컴퓨팅 기반 머신러닝의 미래 발전이 반드시 필요하다. 하지만 외부 AI 모델을 사용한다면 공급업체가 양자 컴퓨팅으로 인한 속도 향상을 제공할 수 있다. 어떤 작업을 직접 수행하고 어떤 작업을 공급업체에 의존할지 미리 파악하자. 자세한 내용은 13장과 14장을 참조하자.

CHAPTER 8

양자 컴퓨팅 시작하기

> **이 장의 주요 내용**
> - 양자 컴퓨팅 해결책 식별하기
> - 알고리즘에 집중하기
> - 조직 참여하기
> - 양자기반 해결책 살펴보기

양자 컴퓨팅 생태계는 많은 사람이 생각하는 것보다 훨씬 복잡하다. 오늘날 양자 컴퓨팅에서 가치를 얻으려면 주요 해결책 유형과 각각의 적합한 용도를 이해해야 한다.

이 장에서는 다양한 컴퓨팅 과제를 여러 종류의 양자 컴퓨팅 해결책에 적용하는 방법을 설명한다. 이를 통해 새로운 기술을 생산적으로 시작할 수 있으며, 양자 컴퓨팅의 발전에 따라 더 많은 가치를 얻을 수 있다.

그다음 단기적으로 유망한 양자 기반 해결책을 소개한다. 9장, 10장, 11장에서는 양자 컴퓨팅 하드웨어 및 소프트웨어 스택과 현재 사용 가능한 다양한 양자 컴퓨팅 해결책을 알아본다. 이 장의 개요를 바탕으로 책의 후반부에서는 양자 컴퓨팅을 직접 경험하고 적용하는 방법을 보여 준다.

다섯 가지 해결책 종류 식별하기

다음 다섯 가지 종류의 양자 컴퓨팅 해결책을 고려할 수 있다.

>> **양자 기반 전통적인 컴퓨팅**: 양자 기반 컴퓨팅 알고리즘을 전통적인 컴퓨터에서 실행하는 방식이다. 클라우드 플랫폼(이 글을 쓰는 시점에서는 AWS, 애저, 스트레인지웍스를 비롯한 경쟁사와 함께)과 고성능 컴퓨팅 제조사들이 양자 기반 해결책을 제공하려고 노력한다. 이 장의 뒷부분에서 양자 기반 해결책을 자세히 알아본다.

>> **양자 어닐링**: 머신러닝의 문제를 포함한 최적화 문제에 대한 유용한 해결책을 제공한다. D-웨이브의 접속 공급업체나 클라우드 플랫폼을 통해 이용할 수 있다. 자세한 내용은 9장을 참조하자.

>> **기타 아날로그 양자 컴퓨터**: 양자 어닐링보다 넓은 범위의 문제를 다루지만, 현재 덜 발전되어 있다. 또한 범용 양자 컴퓨터가 처리할 수 있는 모든 문제를 처리하지는 못한다.

>> **범용 양자 컴퓨팅**: 다양한 문제를 해결할 수 있지만 실용적인 해결책은 아직 몇 년 더 기다려야 한다. 10장과 11장에서 설명한다.

>> **양자 컴퓨팅 에뮬레이터(일명 시뮬레이터)**: 전통적인 컴퓨터에서 양자 컴퓨팅 프로그램을 실행할 수 있게 해 준다. 노트북으로도 양자 컴퓨팅을 학습하고 미래의 양자 컴퓨터를 위한 오류 제어 및 기타 기술을 테스트하고 구축하는 데 유용하다. 범용 양자 컴퓨터뿐만 아니라 양자 어닐러 및 기타 아날로그 양자 컴퓨터에도 사용할 수 있다. 16장에서 설명한다.

NOTE

양자 컴퓨터 에뮬레이터는 전통적인 컴퓨터가 양자 컴퓨터를 모방하게 한다. 하지만 구글, IBM 등 많은 업계에서는 이를 '**양자 시뮬레이터**'라고 부른다. 우리는 이런 용어 오용을 비판하며, 업계에서 널리 사용되는 '시뮬레이터'와 올바른 용어인 '에뮬레이터'를 모두 포함해 '**양자 컴퓨팅 에뮬레이터/시뮬레이터**'[1]라고 부른다. 예를 들어, 사용자를 큐비트 내부로 데려가는 듯한 체험을 하게 하는 시뮬레이터는 폭발적인 인기를 끌 것이다.

이 분류법이 놀라운 이유는 30년 전 쇼어 알고리즘 등장 이후 거의 모든 관심이 범용 양자 컴퓨팅에 집중됐기 때문이다. 이는 오늘날 널리 사용되는 암호화 표준을 위협할 수 있는 유일한 양자 컴퓨팅 유형이다.

미래에는 범용 양자 컴퓨터가 다른 양자 컴퓨터를 대체할 수도 있다. 하지만 현재 범용 양자 컴퓨터는 노이즈가 있는 중간 규모 양자(noisy intermediate-scale

---

1 옮긴이_ 에뮬레이터는 기기 자체를 소프트웨어로 완벽하게 흉내내는 것을 의미한다. 안드로이드 가상 머신은 에뮬레이터다. 시뮬레이터는 기기의 입출력을 모방하여 환경과 상호 작용하게 하지만, 실제 기기를 정확히 구현하지는 않는다. 아이폰 가상 머신은 시뮬레이터다. 따라서 양자 컴퓨팅 에뮬레이터가 좀 더 정확한 표현이다.

quantum (NISQ) 시대에 있다. 범용 양자 컴퓨터의 NISQ는 다음과 같다.

» **노이즈**: 오류 정정이 없고 오류 완화가 시작 단계에 불과하기 때문에 오류율이 높다. 주어진 결과가 오류의 영향을 받았는지 여부를 확실히 알 수 없다.

» **중간 규모**: 실제 문제에 유용할 만큼 충분한 큐비트를 갖기 시작했으며, 다시 말하지만 큐비트는 오류가 발생하기 쉬워(위에 '노이즈' 참조) 유용성이 떨어진다.

» **양자**: NISQ는 다른 양자 컴퓨팅 해결책은 배제하고, 범용 양자 컴퓨터만이 유일한 해결책인 것처럼 **양자** 용어를 사용한다.

오류 완화는 오류를 줄이는 기술을 사용하고, **오류 정정**은 오류를 거의 없애는 더 근본적인 프로세스다. 오류 완화 기능이 우수할수록 오류 정정에 필요한 작업도 줄어든다.

범용 양자 컴퓨터의 '**범용**'은 어떤 수학적, 논리적 문제도 해결할 수 있는 튜링 기계를 의미한다. 전통적인 컴퓨터도 범용이지만, 오류율이 상당히 낮다는 점에서 양자 컴퓨터와 다르다. 장기적으로 볼 때 두 기술은 서로를 매우 잘 보완할 것이다.

튜링 기계는 무한한 테이프(또는 다른 데이터 저장 장치)에 의존한다는 것을 기억하자. 현실에서는 이를 구현할 수 없어 **범용** 컴퓨터라고 할 때, '**그러나**'가 따른다. 코미디 고전인 〈피위의 대모험〉(1985)의 대사처럼 "그건 아주 크고 좋지만, 그러나"인 셈이다.

각 유형의 양자 컴퓨팅 해결책이 오류율 문제를 해결하는 방법은 다음과 같다.

» **양자 기반**: 전통적인 컴퓨터에서 실행되는 양자 기반 알고리즘의 줄임말이다. 전통적인 컴퓨터는 완전한 오류 정정 기능을 갖추고 있으므로 오류율에 문제가 없다. 그러나 양자 기반 해결책의 속도 향상은 향후 범용 양자 컴퓨터가 제공할 속도 향상에 미치지 못한다.

» **어닐러 및 기타 아날로그 양자 컴퓨터**: 진정한 양자 컴퓨팅이지만 '범용' 기준은 충족하지 못한다. 최적화 문제에만 사용되며, 오류가 있지만 빠르게 제공되는 답이 전통적인 컴퓨터의 정확하지만 느린 답보다 우수하다. 다행히 많은 머신러닝 프로세스에서 최적화를 사용할 수 있으므로, 많은 가능성이 있다.

» **범용 양자 컴퓨터**: 현재는 오류율이 여전히 너무 높고 큐비트 수가 너무 적어 실용성이 제한적이다. 오류 정정 과제가 해결되고 큐비트 수가 증가하면 점점 더 강력해질 것이다.

오늘날 범용 양자 컴퓨팅의 대안인 양자 기반 전통적인 컴퓨팅과 양자 어닐링은 실질적인 비즈니스 가치를 제공할 수 있어 주목할 만하다.

이러한 해결책의 가용성은 다음과 같이 분류할 수 있다.

- **현재**: 양자 컴퓨팅 에뮬레이터/시뮬레이터, 양자 기반 전통적인 컴퓨팅 해결책, D-웨이브의 양자 어닐러가 시장에 나와 있다. 다른 유형의 아날로그 양자 컴퓨터와 범용 양자 해결책은 연구 단계에서 개발 단계로 나아간다.
- **가까운 미래(2030년 이전)**: 양자 기반 및 양자 어닐링 유형은 계속 발전하여 최적화와 특정 머신러닝 문제에 실질적 가치를 제공하기 시작할 것이다. 다른 아날로그 양자 컴퓨터도 주목받을 수 있다. 범용 양자 컴퓨팅이 특정 문제에 비즈니스 가치를 제공하기 시작할 것이다.
- **먼 미래(2030년 이후)**: 양자 기반 및 양자 어닐링 시스템이 더욱 강력해지고 더 널리 사용될 것이다. 범용 양자 컴퓨팅이 다양한 문제에 비즈니스 가치를 제공하며 세상을 변화시킬 것이다.

유용성에 대한 현재 상황은 다음 그림에 요약되어 있다. 현재 양자 기반 해결책과 양자 어닐링의 그림은 동일하지만, 시간이 지나면서 달라질 수 있다.

이 프레임워크를 저자들의 확고한 예측이 아니라 미래를 바라보는 한 가지 방법으로 이해해 주기 바란다. 우리는 양자 컴퓨팅의 미래가 기후변화 재난 영화인 〈투모로우〉(2004)처럼 극단적인 상황이 되지 않기를 희망한다.

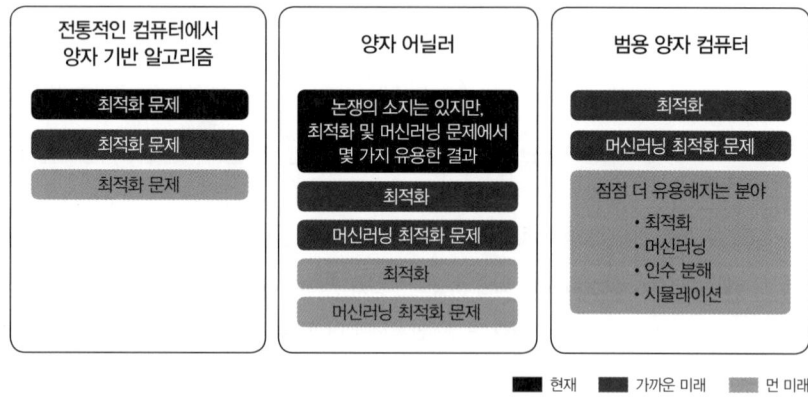

시간 경과에 따른 양자 컴퓨팅 해결책의 예상 유용성

역설적으로 '**양자 겨울**'이라 불리는 발전의 둔화는 업계가 가장 두려워하고 피하려는 현상이다. 하지만 현재 급부상 중인 AI도 과거 여러 차례 AI 겨울을 겪었고,

또다시 겨울을 맞을 수 있다. 어디에나 있는 인터넷도 2001년 닷컴 붕괴로 어려움을 겪었고, 현재 벤처 캐피털 활동과 기업 가치 평가가 다시 침체기에 있다. 따라서 성공적인 기술이라도 관심과 활동의 호황과 불황은 흔한 일이다.

'먼 미래'가 지나면 양자 컴퓨팅 접근법이 더는 중첩되지 않을 수 있다. 이는 문학적인 표현이며, 실제 다중 우주의 분화를 의미하지는 않는다. 범용 양자 컴퓨터가 너무 강력해져 양자 기반 전통적인 컴퓨터, 양자 어닐러, 기타 아날로그 양자 컴퓨터의 필요성이 줄어들 수도 있다.

알고리즘에 맞춰 춤추기

일상적 사고와 양자 컴퓨팅 알고리즘 사이의 틈을 메우고자, 앞 장에서 인수 분해를 위한 쇼어의 알고리즘과 검색을 위한 그로버의 알고리즘 등 주요 알고리즘을 소개했다. 이 두 알고리즘에 대한 간략한 설명은 5장을 참고하자. 다음 그림은 기존 알고리즘(전통적인 컴퓨터에서 실행되는 알고리즘)과 비교하여, 미래의 양자 컴퓨터에서 실행되는 쇼어 알고리즘으로 큰 수를 인수 분해할 때 제공되는 속도 향상을 보여 준다.

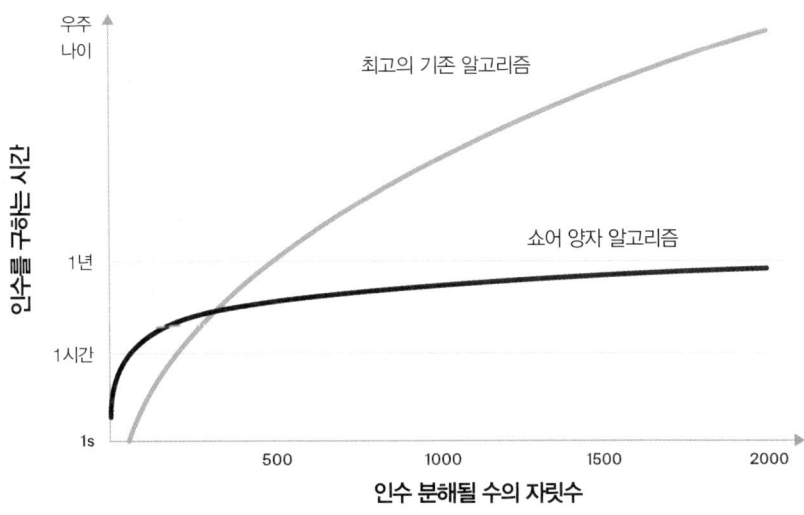

전통적인 컴퓨터와 미래 양자 컴퓨터에서 인수 분해 비교

쇼어 알고리즘은 매우 높은 사양의 양자 컴퓨팅 하드웨어를 요구한다. 현재 암호화 표준을 해독하려면 고도로 얽힌, 오류 정정이 가능한 수백에서 수천 개의 큐비트가 필요하며, 이는 2030년 이후에나 가능할 것으로 보인다. 이 전망이 보안 업계에 경각심을 주는 이유는 암호화 요구 사항이 보통 1~20년 후를 내다보고 계획되기 때문이다. 저자들은 해결책이 제때 준비될 것이라 믿지만, 매우 아슬아슬할 수도 있다.

이 장과 책의 다른 부분에서는 양자 컴퓨팅 알고리즘의 실제 유용한 사례를 다룬다. 14장에서는 가장 많이 사용되는 알고리즘을 간략하게 소개하여 업무 문제 해결과 새로운 기회 발견에 도움을 준다.

수학을 전공하지 않았다면 양자 컴퓨팅 활용 시 기술 관련 도움이 필요하다. 이는 동료, 컨설턴트, 플랫폼 공급업체, 교육 자료, 소프트웨어, 시스템, 하드웨어 공급업체에서 받을 수 있다. 궁금한 점을 기록해 두고 답을 얻을 수 있도록 하자. 이미 수학에 능숙하다면 이 책과 다른 자료로 비즈니스 언어와 유용한 사례를 학습하여 다른 이들의 양자 컴퓨팅 활용을 도울 수 있다.

수학 능력이 곧 프로그래밍 실력을 의미하지는 않으며, 그 반대도 마찬가지다. 데이터 과학자는 수학, 프로그래밍, 또는 둘 다 능숙하거나 그렇지 않을 수 있다. '기술자'라는 말은 양자 컴퓨팅 활용에 필요한 광범위한 기술을 지나치게 단순화한 것이다. 양자 컴퓨팅을 최대한 활용하려면 알고리즘 개발에 능숙한 사람을 채용, 훈련 또는 계약해야 한다.

지금 시작할지 결정하기

설문 조사에 따르면 대기업의 약 4분의 1이 이미 양자 컴퓨팅 프로젝트를 시행 중이다. 중견 및 소규모 조직은 그 비율이 훨씬 더 낮을 것으로 예상된다.

프로젝트가 없다면 지금 시작해야 할까, 아니면 기다려야 할까? 대규모 조직과 최신 기술을 빠르게 대응해야 하는 소규모 조직은 지금 시작하는 것이 좋다.

파티에 조금 늦는 것과 모두가 떠난 후 도착하는 것은 전혀 다르다. 기술적으로 능숙한 대부분의 조직은 최소한 지금 시작해야 하며, 이 책이 그 방법을 안내한다. 더 배우면 얼마나, 어떤 속도로 나아가야 할지 아이디어가 생긴다.

반면에 양자 컴퓨팅이 상당한 가치를 제공하는 것은 초기 단계다. 많은 조직이 이를 기다리는 이유다. 확실한 가치를 제공하기 시작할 때까지 기다렸다 참여하자는 것이다.

마키아벨리는 두려움이 욕망보다 더 강력한 동기 부여라고 말했다. 이는 양자 컴퓨팅으로도 마찬가지다. 경영진에게 수익 극대화를 말하면 자금 지원을 받을 수 있다. 하지만 경쟁자가 먼저 도달해 우리의 비즈니스 기회를 날릴 수 있다고 경영진에게 말한다면, 마키아벨리의 말처럼 프로젝트를 따낼 확률이 높아진다.

WARNING

Q-데이(양자 기술 때문에 오늘날의 인터넷 보안이 무용지물 되는 날)의 위협은 정말 우려스럽다. 다음 그림에 표시된 비디오는 이에 대한 정보의 예다(때로는 과도한 불안을 일으킴). '양자 시대의 사이버 보안' 동영상은 웹사이트[2]에서 확인할 수 있다. 경쟁 우위를 위한 양자 컴퓨팅 참여 준비가 되어 있지 않더라도 기술 발전 속도가 빠르므로 양자 기반 인터넷 보안 해결책 논의에 참여할 만큼은 배우자.

양자 기술이 인터넷 보안에 제기하는 과제는 실제로 존재하며, 때로는 과장된 어조로 논의되기도 한다.

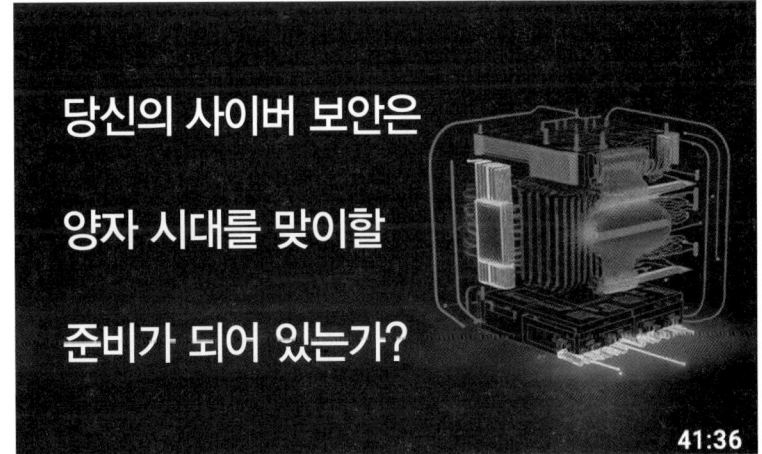

---

[2] http://www.youtube.com/watch?v=udqoZHJJkBw

경쟁 우위 확보 외에도 지금 양자 컴퓨팅에 참여하면 다음과 같은 이점이 있다.

- » **알고리즘 활용**: 현재 비즈니스와 새 프로젝트를 지원하는 알고리즘과 애플리케이션을 목록화하고 개선할 수 있다.
- » **높은 고지 선점**: 경쟁사보다 앞서 작은 개선점을 찾아도 투자 대비 큰 효과를 얻을 수 있다.
- » **복리 효과**: 초기 성과는 경영진의 관심, 투자, 인재 유치로 이어져 지속 가능한 우위를 구축할 수 있다.
- » **준비**: 초기 작업은 전략 개발, 인재 육성 및 유치, 팀과 워크플로 구축에 도움이 된다(늦게 시작하면 따라잡는 데 오랜 시간이 걸림).
- » **관계 구축**: 지금 공급자나 연구자들과 관계를 시작하면 미래에 유리하다. 반면, 양자 컴퓨팅의 보편화까지 기다리면 함께 일할 사람들이 이미 다른 곳에 속해 있을 수 있다.
- » **기여**: 실제 비즈니스 과제와 해결책을 제시하여 업계 발전에 이바지할 수 있다.
- » **브랜드 강화**: 양자 컴퓨팅 참여는 최첨단 비즈니스에 가장 필요한 현재와 미래의 직원들에게 매력적이다.
- » **투자자 보상**: 기술 동향을 파악하고 실질적인 경쟁 우위를 확보할 수 있다면 더할 나위 없이 좋다.

이 책은 다양한 시작 방법을 제공한다. 뒤처지지 않으려면 지금 바로 시작하자.

조직 참여 유도하기

"빨리 가고 싶으면 혼자 가고, 멀리 가고 싶으면 함께 가라."는 아프리카 속담이 있다. 조직은 다양한 방법으로 양자 컴퓨팅을 비롯한 새로운 기술에 참여할 수 있다. 다음은 조직 규모별 양자 컴퓨팅 참여 방법이다.

- » **매우 큰 규모**: 대개 혁신 센터나 팀을 운영한다. 이미 양자 컴퓨팅, 양자 센싱, 양자 계측(측정) 등에 참여 중이다. 참여하지 않았다면 뒤처진 것이다. 외부 전문가와 협력하여 비즈니스와 관련된 몇 가지 빠른 성과를 파악하고, 핵심 목표를 선택하여 내부 인재와 외부 자원을 적극 활용하자.
- » **대규모**: 혁신 센터가 없다면 프로젝트 팀을 구성해 새 기술을 연구하고 조직이 참여할지를 결정한다. 양자 기술, 특히 양자 컴퓨팅이 비즈니스에 유용한지 공식적으로 평가할 때다. 이

목적을 위해 프로젝트 팀을 구성하는 방법은 다음 절에서 알아본다.

>> **중소기업**: 신기술 수용에 선별적이다. 제한된 정보로 비즈니스에 양자 기술을 도입할 가치가 있는지 여부를 결정해야 한다.

>> **기술 스타트업**: 아이디어가 있는 한 사람부터 유니콘(기업 가치가 10억 달러 이상인 스타트업)까지 규모가 다양하다. 새 아이디어에 열려 있지만 집중 분야를 신중히 선택해야 한다. 양자 기술을 무시하거나 중심으로 삼을 수도 있다. 지금 논의를 시작하자.

>> **소규모 비즈니스**: 새 기술을 공급업체와 컨설턴트에 의존한다. 양자 기술에 대해 충분히 학습하여 관련자들과 현명한 논의를 할 수 있어야 한다.

당장 참여하지 않기로 해도 양자 컴퓨팅을 완전히 무시하지 말자. 매년 기술 성장에 맞춰 재평가하자. 대기업은 기회를 놓치지 않도록, 중소기업은 '카테고리 킬러'에 주의해야 한다. 아마존^{Amazon}의 온라인 서점이 책 판매를 빨아들이면서 많은 소규모 서점이 사라졌던 사례를 떠올려 보자.

정보 고속도로의 로드킬

앨 고어 전 미국 부통령은 인터넷을 '정보 고속도로'라 불렀다. 혁신에 대한 선도, 추종, 비켜서기로 구분할 때, 비켜서지 못한 이들을 '정보 고속도로의 로드킬'이라 했다. 이 그림은 18륜 대형 트럭을 피하지 못했을 때의 결과를 보여 준다. 양자 기술 고속도로에서 로드킬 당하지 말자.

신기술의 유용성 평가와 함께, 리스크 관리자들이 말하는 '높은 영향력, 낮은 확률high impact low probability(HILP)' 사건 또는 '검은 백조blackswan' 위협 가능성도 고려해야 한다.

예를 들어, 반스앤노블Barnes & Noble은 아마존이 자신들을 위협할 것을 예상하지 못했다. 프리랜서들은 챗GPT나 DALL-E 같은 도구가 자신들의 일자리를 위협할 줄 몰랐다. 경쟁자들이 효과적으로 사용하는 양자 기술이 여러분의 비즈니스를 전멸시킬 수 있음을 간과하지 말자.

자유롭게 상상해 보자. 양자 센싱 기술로 개발된 더 나은 어군 탐지기는 주말 낚시의 성공률을 높일 수 있지만, 대형 어선단이 일부 개인 사업자를 망하게 할 수도 있다.

큰 기회도 경쟁자가 먼저 활용하면 위협이 된다. 양자 기술은 주로 대기업과 정부가 먼저 도입할 것이다. 소규모 비즈니스는 큰 도전을 받을 수 있지만, 이 기술을 다른 기업과 정부에 판매할 기회도 있다.

양자 기술과 다른 급변하는 기술을 주기적으로 폭넓게 살펴보면 변화의 물결을 더 잘 헤쳐 나갈 수 있다.

프로젝트 팀 구성하기

대규모 조직은 새 기술에 상당한 자원을 투입하기 전 신중한 평가가 필요하다. 여기서는 대규모 조직이 양자 컴퓨팅을 탐구하고 진지하게 참여할 토대를 마련하는 방법을 알아본다. 소규모 조직은 이를 축소 적용해 볼 수 있다.

회사에서 양자 컴퓨팅에 관심이 있는 사람이 혼자일 수도 있다. 그렇다면 누구보다 먼저 준비하고 있다는 점에서 의미 있는 시작을 하고 있는 셈이다. 하지만 중규모 또는 대규모 조직이라면, 소규모 팀을 구성해 양자 컴퓨팅을 조사해 보자.

〈스타트렉〉에서 원정 팀은 새 행성의 표면으로 내려가 공기를 마시고, 주민을 만나고, 야생동물을 분류하는 등 새로운 영역을 탐험한다. 양자 컴퓨팅을 시작하기에 적절한 은유다. 트랜스포터는 양자 얽힘의 좋은 예시가 된다.[3]

그렇다면 양자 컴퓨팅을 시작한다면 팀에서 어떤 역할을 맡는 것이 이상적일까? 이상적인 팀 구성은 다음과 같다.

---

[3] 옮긴이_ 〈스타트렉〉에 나오는 트랜스포터는 물질을 에너지로 바꾸어 순간적으로 다른 곳으로 이동시킨다. 양자 역학의 얽힘 현상을 이용한 대표적인 양자 원격 전송 예라고 볼 수 있다. 물론 하이젠베르크 불확정성 원리 때문에 현실에서는 불가능하다. 〈스타트렉〉에서도 하이젠베르크 보정 장치가 내장되어 가능하다는 설정이다.

- » **총괄 책임자**: 최고 경영진 또는 바로 아래 직급
- » **기술 이사**: 관련 기술 분야 고위 관리자
- » **알고리즘 전문가(기존)**: IT 팀의 업무를 이해하는 기술자(선임 데이터 분석가 또는 아키텍트)
- » **알고리즘 전문가(양자)**: 양자 알고리즘 전문가
- » **기술 기여자**: 개념 증명에 이바지할 기술자
- » **비즈니스 디렉터**: 비즈니스 측 고위 관리자
- » **비즈니스 유형 분석가**: 비즈니스 정당성 지원 분석가

약 7명 정도가 적당하다. 이보다 팀 규모가 크면 진행이 어려워질 수가 있다.

소규모 회사나 관심을 모으기 어려운 경우, 모든 역할을 채우지 못할 수 있다. 부족한 부분을 파악하고 보완하려 노력하자. 매켄지는 초기 작업에 3명 정도면 충분하다고 한다.

혼자라면 도움을 줄 동료를 찾아보자. 기술 전문가라면 비즈니스 관점을 가진 사람을, 그 반대도 마찬가지다. 동료를 구하지 못하면, 부족한 관점을 연구나 다른 출처에서 보완하도록 노력하자.

다음 그림은 기술 및 비즈니스 이점이 조직의 전반적인 목표와 어떻게 연관되는지 보여 준다. 이를 활용해 발생하는 기회를 빠르게 분류하자.

추가 인원이 필요할 때는 회의와 검토에 선택적으로 초대하여 일정 부담을 줄이자. 참석하지 않거나 기여하지 않는 사람은 과감히 '제외'하자.

앞서 언급한 역할의 대부분 또는 전부가 포함되지 않은 그룹과 양자 컴퓨팅을 논한다면, 특히 그 그룹이 내부적으로 대표성을 띠지 않는다면, 전체 비즈니스 관점에서 균형 잡힌 결과를 얻을 수 없다.

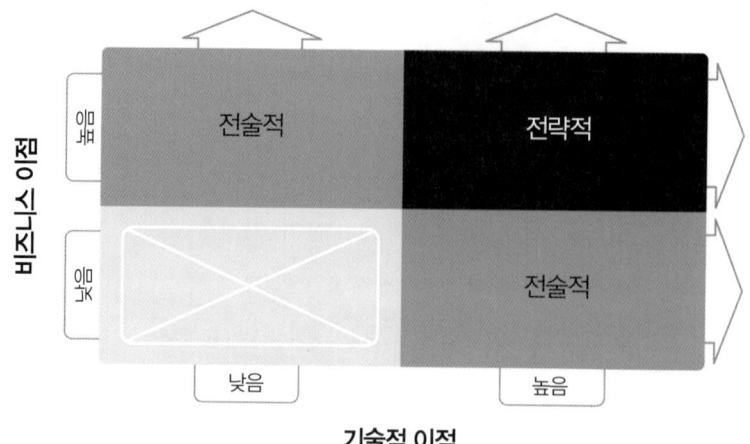

달성하고자 하는 기술 및 비즈니스 이점을 기반으로 조직의 전술적, 전략적 기회 파악하기

총괄 책임자 참여

조직도의 맨 위부터 시작하자. 모든 프로젝트 팀에서 총괄 책임자의 역할은 매우 중요하다. 총괄 책임자 없이 좋은 성과를 내면 나중에 유치할 수 있을 거라 기대할 수 있지만, 실제로 그렇게 되는 일은 거의 없다.

총괄 책임자는 팀이 비즈니스의 목표에 부합하도록 유지하고, 팀원이 투자하는 시간, 노력, 비용에 대한 '공적 지원'을 제공한다. 이 역할은 팀 운영에 매우 중요하며, 초기 프로젝트 종료 시 더욱 그렇다.

총괄 책임자 역할은 다음과 같다.

- 비전을 구체화하고 회사의 전체 로드맵과 목표 연계를 돕는다.
- 회사 내에서 결과물에 대한 주목을 이끌어 낸다.
- 개념 증명 프로젝트proof of concept project 시작 등 팀이 권장하는 후속 조치 승인을 얻는다.

총괄 책임자는 프로젝트를 주도할 필요는 없지만, 성공하려면 적극적으로 참여해야 한다. 이상적으로는 참여를 통해 자신도 많은 이득을 얻을 수 있어야 한다.

총괄 책임자는 회의 참석, 업무 검토, 상층부에 진행 상황 보고가 가능한 최고 직급자여야 한다. 가장 좋은 '대상'은 보통 시간을 내어 전적으로 참여할 수 있는 CEO다.

총괄 책임자 없이 프로젝트를 진행할 수는 있지만, 결과가 주목을 받거나 후속 제안이 승인될 것이라 기대하지 말자. 대신, 참여자들과 관심 있는 외부인을 교육하기 위한 목적으로 프로젝트를 진행하자. 나중에 조직이 양자 컴퓨팅을 더 진지하게 받아들이고 총괄 책임자가 참여하게 될 때, 모든 노력이 어느 정도 반복되더라도 놀라지 말자.

알고리즘 전문가의 역할

양자 컴퓨팅은 알고리즘에 크게 의존하기 때문에, 전통적인 컴퓨팅과 양자 컴퓨팅의 두 '알고리즘 전문가' 역할이 총괄 책임자보다 더 중요할 수 있다. 전통적인 컴퓨팅 알고리즘 전문가는 회사의 중요 알고리즘과 기술 스택을 이해하는 사내 인력이어야 한다. 이 전문가는 기술 정보를 기술적 이점으로 전환하고, 팀이 비즈니스 이점을 찾는 데 중요한 역할을 한다.

이상적으로는 기존의 양자 컴퓨팅 알고리즘을 이해하고 이를 비즈니스 요구 사항에 매핑하는 데 도움을 줄 수 있는 양자 컴퓨팅 알고리즘 전문가도 사내에 있어야 하지만, 현실적으로 이런 전문성을 내부에 보유한 기업은 거의 없어 외부에서 구해야 한다.

외부 전문가 고용 시, 회사 내 담당자를 지정하여 지식 이전이 잘 이루어지도록 해야 한다. 그렇지 않으면 초기와 이후 노력 모두 원하는 성과를 얻기 어렵다.

다음은 양자 컴퓨팅 알고리즘 전문 지식을 활용하는 방법과 이에 대한 평가다.

- » **내부 전문가**: 가장 좋음. 지식과 경험이 쌓일수록 유용해진다. 한 명 있다면 추가 인력 개발을 우선순위로 삼자.
- » **외부 컨설턴트**: 매우 좋음. 조직에 충성심을 보이고, 양자 알고리즘에 능숙하며 조직의 요구 사항을 빠르게 파악할 수 있는 사람이 이상적이다.
- » **클라우드 플랫폼 담당자**: 좋음에서 매우 좋음. 다양한 공급업체를 제공하면 유리하다. 자체 개발 제품 판매 시 편향되지 않도록 주의해야 한다.
- » **공급업체 담당자**: 좋음에서 매우 좋음. 그러나 공급업체의 편견을 걸러내야 한다. 추가 투자 시 성공에 결정적 역할을 한다.

초기 기술 시장에서 공급업체 담당자가 네트워크에서 중요한 역할을 할 수 있다. 다음 그림은 이들과의 소통 경로를 보여 준다.

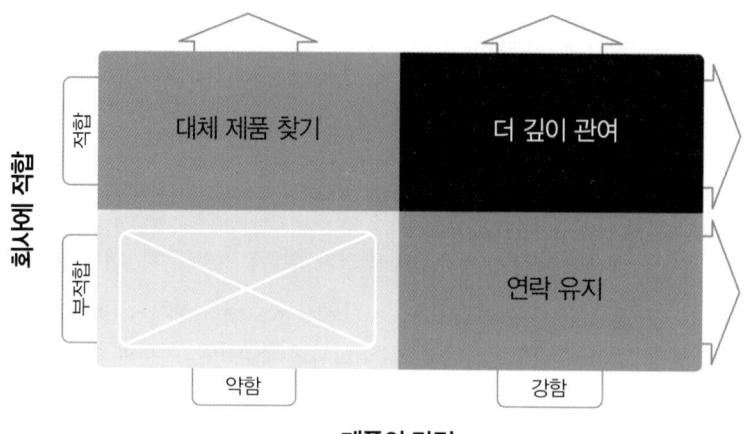

제품 발표 평가 후 고려해야 할 향후 조치

기술에 탁월한 사람이 팀에 합류하여 양자 컴퓨팅에 정통한 알고리즘 전문가가 되고 싶어 한다면 반드시 격려해 주자. 예를 들어, 학교에서 양자 관련 주제를 공부했지만 결국 다른 일을 하게 된 사람도 있을 수 있다. 그리고 물리학 배경을 가진 사람이라면 기술 향상에 좋은 후보가 될 수 있다.

목표 설정

새로운 기술에 도전할 때 많은 전문가는 '기어가고, 걷고, 뛰는' 방식으로 접근한다. '기어가기' 단계의 몇 가지 목표를 알아보자.

- **기본 익히기**: 이 책으로 추가 자료 활용에 필요한 어휘와 개념적 틀을 개발한다.
- **관련 뉴스의 담당자 되기**: 구글 알리미 등으로 전문 분야 뉴스를 찾고, 이에 대한 관점을 개발하여 다른 사람들과 공유하자.
- **공급업체 발표 평가법 배우기**: 각자의 관점(리더십, 비즈니스, 기술 등)에서 양자 컴퓨팅 공급업체 발표를 평가하고, 적절한 질문과 권장 사항을 제시하자.
- **인맥 형성하기**: 회사 안팎의 여러 사람들과 인맥을 만들어 정보와 의견을 교환하자.
- **적극적으로 참여하기**: 요청이 있을 때 신속하게 검토하고, 긍정적이고 도움 되는 자세로 임하자.

팀워크가 잘 맞는지 어떻게 알 수 있을까? 양자 컴퓨팅 전시회에 함께 참석하여 서로의 의견을 나누고, 간단한 공동 보고서를 작성해 보자.

양자 기반 해결책 고려하기

1장에서 언급했듯이, 양자 컴퓨팅의 가치 중 하나는 전통적인 컴퓨팅 시스템에 대한 새로운 접근 방식에 영감을 준다는 점이다. 이는 회사를 위해 양자 컴퓨팅을 검토할 때 더욱 빛을 발한다.

역설적으로 오늘날 비즈니스 가치를 입증하는 많은 해결책은 기존 또는 특수 목적 하드웨어에서 실행되는 양자 기반 알고리즘이다.

» **CPU 또는 GPU**: 일반 컴퓨터의 중앙 처리 장치 central processing unit (CPU)나 그래픽 처리 장치 graphic processing unit (GPU)에서 실행되는 양자 기반 알고리즘이 증가하고 있다.

» **특수 목적 하드웨어**: 조합 폭발 문제 해결용 하드웨어에서 양자 컴퓨팅 알고리즘을 실행할 수 있다(1장 참조). 주로 슈퍼컴퓨터 유형이며, 일부는 향후 양자 컴퓨터와의 연계를 위한 빠른 상호 연결을 갖추고 있다.

현재로서는 기존 하드웨어에서 실행되는 양자 기반 알고리즘이 양자 어닐러(9장)나 논리 게이트 양자 컴퓨터(10장, 11장)보다 더 높은 가치를 제공할 가능성이 높다. 두 유형의 진정한 양자 컴퓨터 모두 아직 실용적인 사례에 충분한 가치를 제공할 만큼 성숙하지 않았을 수 있다.

CPU 및 GPU 사용

CPU와 GPU에서 실행되는 양자 기반 해결책은 직접 구축해야 한다. 많은 조직이 자체 데이터 센터를 보유하고 있으며, 다른 조직들은 상용 클라우드를 활용할 수 있다. 모든 상용 클라우드 공급업체는 필요에 따라 GPU 중심 구성을 제공한다.

공급업체와 협력하면 특정 문제에 대한 전문 지식을 얻을 수 있어서 유용하다. 엔비디아 Nvidia, AWS의 아마존 브라켓 Amazon Braket, 애저 퀀텀 같은 공급업체들은 CPU나 GPU에서 실행되는 양자 기반 알고리즘을 지원한다. 이들의 도움을 받아 시작하면 성공 확률이 높아진다. 스트레인지웍스도 좋은 자원이다.

특수 목적 하드웨어 사용

후지쯔, 히타치, NEC, NTT, 도시바 등 주요 고성능 컴퓨팅high-performance comput-ing(HPC) 공급업체에서 특수 목적 하드웨어를 구입할 수 있다. 여러 공급업체와 요구 사항을 논의한 다음 업체를 선택하여 계약하고 시작하자.

특수 목적 하드웨어는 굉장히 강력하지만 가격이 매우 비쌀 수 있다. 공급업체에서 해결책의 가치를 잘 파악하고 있을 것으로 기대하되, 예상보다 많은 비용을 지출한다고 해서 공급업체가 특별히 배려할 것이라 기대하지 말자.

노트북의 에뮬레이터/시뮬레이터와 무료 크레딧으로 양자 컴퓨팅을 시작하는 것은 저렴할 수 있다. 하지만 업무량이 늘어나면 비용이 급증할 수 있다. 장기적으로 양자 컴퓨팅은 적합한 문제를 더 저렴하고 에너지 효율적으로 해결할 수 있지만, 현재는 비용 급증을 피하기 위해 신중하게 관리해야 한다. 양자 기반 해결책은 오늘날의 완전한 양자 컴퓨팅보다 적은 비용으로 실제 업무를 처리할 수 있는 좋은 방법이 될 수 있다.

양자 기반 해결책 고려

오늘날 다양한 대규모 최적화 문제의 양자 기반 해결책이 비즈니스 가치를 제공하고 있다. 9장과 14장에서 설명한 것처럼, 이차 비제약 이진 최적화(QUBO)로 표현할 수 있는 문제들이 여기에 포함된다. 공급업체가 광고하는 내용과 일치하는 사용 사례가 있고 막대한 예산(연간 수만 달러 이상)을 할당할 수 있다면, 이 공급업체의 도움을 받을 수 있다.

양자 기반 해결책은 완전한 양자 해결책으로 가는 중간 단계이기도 하다. 이를 위해 만든 수학적 표현은 완전한 양자 시스템에서도 거의 그대로 사용할 수 있다. 야구에 비유하자면, 초기 비용과 복잡성이 적어 홈런 아닌 안전한 2루타로도 충분할 수 있다.

화학 및 의약품 분야의 사용 사례로는 단백질 설계 개선, 펩타이드 설계 개선, 분자 간 유사성 검색, 임상 시험 최적화 등이 있다. 다른 분야에서는 공급망 최적화, 경로 스케줄링, 교대 스케줄링, 재고 관리, 복잡한 제조 주기 최적화 등에 활용된다.

논리 게이트 양자 컴퓨터가 확실한 가치를 제공하기까지는 최소 몇 년이 걸릴 것으로 예상된다. 이는 큐비트 수 증가, 오류율 개선, 기타 성능 향상이 필요하기 때문이다.

주요 임계값에 도달하면 논리 게이트 양자 컴퓨터는 다음과 같은 성능을 보일 것으로 예상된다.

- 양자 기반 및 양자 어닐링 해결책보다 더 큰 규모로 많은 최적화 문제를 효과적으로 해결한다.
- 양자 어닐링 해결책보다 다양한 머신러닝 문제를 더 잘 해결한다.
- 화학, 재료 과학을 포함한 양자 시뮬레이션과 암호학 분야의 문제를 다른 컴퓨팅 시스템보다 훨씬 더 효과적으로 해결한다.

CHAPTER 9

스택의 모든 것

> **이 장의 주요 내용**
> - 기존 및 양자 컴퓨팅 스택 평가하기
> - 선택 사양으로 어닐링 살펴보기
> - 올바른 종류의 양자 컴퓨터 정하기

양자 컴퓨팅의 기회를 살펴본 후, 그 이점을 활용할 수 있다. 오늘날 비즈니스에서 이점을 얻으려면, 8장에서 설명한 대로 전통적인 컴퓨터에서 실행되는 양자 기반 알고리즘과 최적화 문제에 특화된 양자 어닐러를 고려해야 한다.

이 장에서는 모든 양자 컴퓨팅 시스템을 구성하는 스택과 양자 어닐러를 소개한다. 10장과 11장에서는 다양하지만, 복잡한 범용 양자 컴퓨팅 시스템을 알아본다. 이를 통해 현재와 미래의 양자 컴퓨팅을 최대한 활용할 준비를 할 수 있다.

스택 분석하기

양자 컴퓨터도 전통적인 컴퓨팅 시스템처럼 여러 계층의 하드웨어, 펌웨어(칩에 반영구적으로 심어진 소프트웨어), 소프트웨어로 구성된 기술 스택을 가진다. 스택은 시스템의 한 수준의 작업을 다른 수준의 변경으로부터 보호하는 역할을 한다.

8장에서 설명했듯이, 전통적인 컴퓨터에서 실행되는 양자 기반 알고리즘이 효과적인 이유는 전통적인 컴퓨터 스택이 최적화되고 성숙했기 때문이다. 양자 컴퓨팅 하드웨어로의 전환은 이 경험을 포기해야 함을 의미한다.

전통적인 컴퓨터의 스택 구조 살펴보기

스택의 하드웨어와 소프트웨어 계층은 전체 시스템을 더 안정적이고 유연하게 만든다. 예를 들어, 윈도우나 맥OS^{macOS} 사용자는 새 컴퓨터로 이동할 때, 기존 응용 프로그램과 데이터의 호환성을 크게 걱정할 필요가 없다.

운영 체제(윈도우 또는 맥OS)는 일관된 사용자 인터페이스와 수많은 응용 프로그램을 지원하며, 기본 하드웨어의 대부분 변경 사항에서 응용 프로그램을 보호한다. 주요 변경 사항이 발생하면 응용 프로그램 갱신이 필요할 수 있지만, 대체로 동일한 방식으로 작동하며 데이터 이동도 원활하다.

맥 제품군은 30년 동안 많은 변화를 겪었다. 1984년 모토로라 68000 마이크로프로세서로 시작해 파워PC, 인텔 x86, 최근의 M3 및 M4 마이크로프로세서 형태의 맞춤형 애플 실리콘으로 발전했다. 운영 체제도 최초에 만들었던 원래의 맥OS에서 유닉스 오픈 소스 운영 체제 기반의 새로운 시스템으로 변경됐다.[1]

역사적 이유로 맥OS를 실행하는 애플의 매킨토시 컴퓨터는 '맥'으로 불린다. 반면 마이크로소프트의 윈도우 운영 체제를 실행하는 IBM PC 호환 컴퓨터는 '윈도우 컴퓨터'라고 한다. 더 복잡한 것은, 두 유형의 컴퓨터 모두 오픈 소스 리눅스 운영 체제를 단독으로 또는 일반 운영 체제와 함께 실행할 수 있다는 점이다. 리눅스는 클라우드 컴퓨팅 서버, 슈퍼컴퓨터 등에도 널리 사용된다. 오늘날 노트북과 데스크톱 컴퓨터의 복잡성을 이해하면 이를 바탕으로 더 복잡한 양자 컴퓨팅 선택지를 받아들이는 데 도움이 될 수 있다.

양자 컴퓨터의 하드웨어와 소프트웨어 스택도 비슷한 방식으로 작동한다. 예를

---

1 옮긴이_ 스티브 잡스가 애플에서 퇴출된 후 설립한 넥스트 컴퓨터는 최첨단 그래픽 하드웨어와 운영 체제로 시대를 너무 앞서갔고 가격이 매우 비싸다는 평가를 받았다. 잡스가 애플로 복귀하면서 넥스트의 운영 체제가 맥OS 텐(macOS X)의 기반이 되었다.

들어, 양자 알고리즘을 실행하는 응용 프로그램을 하부 하드웨어 변경으로부터 격리시킨다. 하지만 현재 사용할 수 있는 다양한 양자 컴퓨팅 시스템과 향후 변화는 앞서 언급한 맥 사용자가 직면한 것보다 훨씬 크다.

전통적인 컴퓨터나 컴퓨팅 기능이 포함된 장치에서도 스택의 하위 수준이 드러날 수 있다. 예를 들어, 디지털카메라 같은 스마트 기기에서 '펌웨어 갱신이 필요합니다.'라는 말을 들어봤을 것이다. 이 경우 몇 가지 단계만 따르면 된다. 기기의 펌웨어 계층의 기능과 성능은 시간이 지나도 크게 변하지 않지만, 양자 컴퓨터는 빠르게 발전한다.

양자 컴퓨터용 스택 비교하기

양자 기술의 얼리 어답터로서 앞으로 겪게 될 전환 유형은 다음과 같다.

- **양자 컴퓨팅 에뮬레이터/시뮬레이터**: 상용 클라우드 제공업체를 통해 노트북이나 전통적인 컴퓨팅 서버, 클라우드에서 실행되는 양자 에뮬레이터/시뮬레이터로 새로운 소프트웨어를 만들거나 기존 소프트웨어를 수정할 수 있다.
- **양자 기반 소프트웨어**: 오늘날 가장 널리 사용되는 방법으로, 전통적인 컴퓨팅 시스템에서 양자 기반 알고리즘을 실행한다. 이는 다양한 수준의 성능 향상을 제공할 수 있다.
- **양자 어닐러 등**: 특정 최적화 문제에 특화된 양자 어닐러는 양자 기반 소프트웨어 대비 점진적이지만 가치 있는 이점을 제공할 수 있다. 다른 종류의 아날로그 양자 컴퓨팅 시스템도 등장하고 있다.
- **범용 양자 컴퓨터**: 오늘날 실제 비즈니스 문제에서 다른 시스템보다 우위를 보이지 못하지만, 미래에 큰 이점을 제공할 것으로 예상된다.

AWS, 애저, 스트레인지웍스와 같은 클라우드 플랫폼은 다양한 선택지를 제공한다. 각 클라우드 플랫폼은 다른 플랫폼에는 없는 선택 사양을 제공할 수도 있다. AWS와 애저는 각각 해당 플랫폼에서 제공되는 자체 서비스와의 통합을 제공하며, 스트레인지웍스는 AWS와 애저 제품 모두에 대한 액세스와 양자 컴퓨팅 해결책에 대한 전문 지식을 포함하여 가장 광범위한 양자 컴퓨팅 대안을 제공한다.

여러 공급업체가 두 가지 종류의 컴퓨팅을 모두 제공하지만, 전통적인 컴퓨팅 스택과 양자 컴퓨팅 스택에는 큰 차이가 있다.

» **전통적인 컴퓨팅**: 스택의 수준이 너무 잘 정립되어 사용자가 일반적으로 의식할 필요가 없다.

» **양자 컴퓨팅**: 모든 수준이 진화하고 있으며, 서로 영향을 미친다. 안정화될 때까지 스택의 여러 수준에서 잦은 갱신이 이루어진다.

다음 그림은 양자 컴퓨팅 시스템의 일반화된 스택을 보여 준다. 일반적인 컴퓨팅 시스템의 스택과 매우 비슷하다.

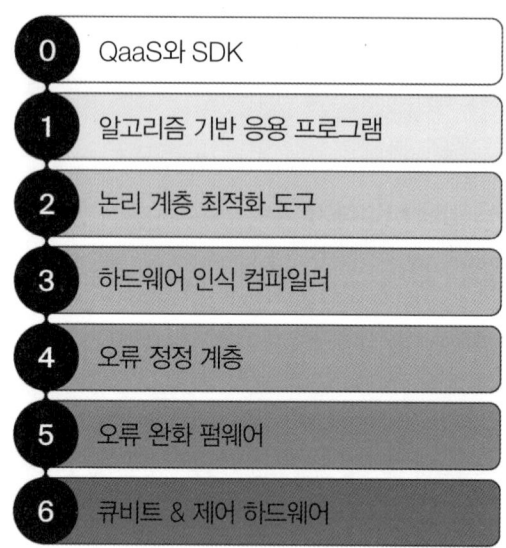

양자 컴퓨팅 시스템을 구성하는 계층

DIFFICULT

소프트웨어 계층은 양자 어닐러(큐비트 유형 하나, D-웨이브가 유일한 제조업체)와 범용 양자 컴퓨터(큐비트 유형 5개, 12개 이상의 제조업체) 전반에 걸쳐 거의 동일하다. 하지만 공급업체마다 같은 계층에 다른 이름을 사용하거나 다른 구조의 스택을 사용할 수 있다.

큐비트 및 제어 하드웨어

전통적인 컴퓨팅 전문가에게 양자 컴퓨팅이 아직 초기 단계임을 설명하려면, 큐비트 종류가 다섯 가지 이상이라는 점을 말하면 충분하다. 이는 초기 PC와 맥 프로세서 차이보다 더 근본적인 차이다. 각 큐비트는 완전히 다른 기술을 사용하며, 서로 다른 방식으로 작동한다.

현재 상용 양자 컴퓨터에는 초전도 큐비트, 이온 트랩$^{ion\ trap}$, 광자 기술^{photonics}, 중성 원자, 양자 점$^{quantum\ dot}$ 등 다섯 가지 종류의 큐비트가 있다. 각 큐비트에는 프로그래밍과 결과를 판독하는 데 사용되는 장치(때로는 같은 장치, 또는 같은 유형의 추가 장치, 혹은 다른 장치)를 포함한 다양한 제어 하드웨어가 있다.

오류 완화 펌웨어

큐비트는 환경적 요인(온도 변동, 우주선, 자기장, 진동 등)에 따른 오류에 민감하다. 환경 간섭이 없어도 큐비트는 빠르게 결어긋남 상태가 되어 성능이 저하된다.

펌웨어는 칩에 이식된 소프트웨어로, 큐비트가 직면하는 환경적 영향을 관리하여 시스템의 안정성을 높이고 오류를 줄인다. 오류 정정 계층과 함께 작동하여 소프트웨어 성능을 더욱 향상할 수 있다.

메인프레임 컴퓨터와 미니컴퓨터[2]는 진동에 따른 하드 디스크 충돌을 방지하기 위해 충격 흡수가 되는 바닥재에 설치됐다. '**컴퓨터 버그**'라는 용어도 초기 메인프레임의 회로에 나방이 들어간 사건에서 유래했다. 하지만 오늘날 양자 컴퓨터가 직면한 운영상의 문제는 전통적인 컴퓨터가 극복한 문제 수준을 훨씬 뛰어넘는다.

오류 정정 계층

현재 대부분의 양자 컴퓨터에는 하드웨어와 소프트웨어를 결합할 수 있는 오류 정정 계층이 없지만, 이는 앞으로 가장 중요한 발전 분야다. 통계적 오류 억제와 하드웨어 기반 오류 제어 등 다양한 기술이 사용될 수 있다.

이상적인 표준은 논리적 큐비트를 사용하는 것이다. 이는 하나의 정확한 물리적 큐비트 정보를 여러 오류 발생 가능한 물리적 큐비트에 분산하는 방식이다. 신뢰할 수 있는 논리적 큐비트 하나를 생성하는 데 물리 큐비트가 10개에서 많게는 수십 개가 필요할 수 있다. 다음 그림은 여러 개의 물리적 큐비트를 사용해 하나

---

2 옮긴이_ 미니컴퓨터라고 해서 작은 컴퓨터를 말하는 것이 아니다. 메인프레임이 방을 가득 채울 정도로 거대해서 그보다 작은 냉장고 크기 정도를 미니컴퓨터라고 불렀다. PC를 마이크로컴퓨터라고 부르기도 하니 중형 컴퓨터 정도로 생각하면 된다.

의 논리적 큐비트를 구성하는 잠재적 매핑 프로세스의 개념도다.³

DIFFICULT

범용 양자 컴퓨터는 아직 적은 수의 물리적 큐비트로 제한되어 있어, 10개의 귀중한 물리적 큐비트를 결합하여 하나의 논리적 큐비트를 만들기 위해 잠재적인 처리 능력을 크게 희생해야 한다. 현재로서는 최선의 방법이다.

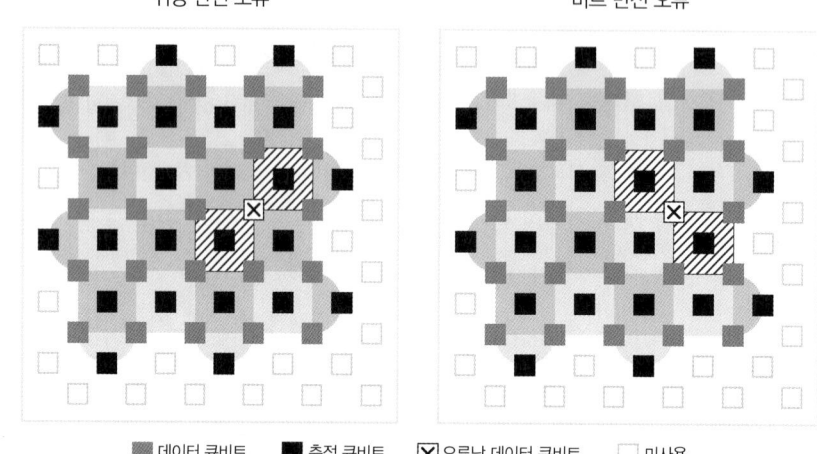

여럿에서 하나로.⁴ 국가에는 좋은 일이지만, 큐비트 수에는 좋지 않다.

하드웨어 인식 양자 컴파일러

전통적인 컴퓨터와 양자 컴퓨터 모두에서 소프트웨어 프로그램은 프로그래밍 언어로 작성되고 기계어로 컴파일된다. 전통적인 컴퓨팅에서는 각 마이크로프로세서(제어 하드웨어가 내장된)에 자체 기계어가 있으며, 이는 잘 정립되어 있다. 양자 컴퓨팅에서는 각 큐비트와 제어 하드웨어 조합마다 고유한 기계어가 있으며, 이는 기술 변화로 자주 바뀌고 있다.

하위 계층이 계속 변화하고 기본 하드웨어에 오류가 많기 때문에, 양자 컴퓨터에서는 하위 컴파일러가 매우 중요하다. 하드웨어 인식 양자 컴파일러는 각 프로그래밍 언어 명령을 완료하는 데 필요한 하드웨어 단계를 최소화하여, 프로그램이

---

3 옮긴이_ 양자 큐비트의 오류 정정을 위해 서피스 부호가 적용된 구조에서 오류가 발생한 형태를 나타낸다.
4 옮긴이_ E pluribus unum. 미국 국새와 1달러 지폐에 있는 문구로, 여러 주들이 모인 연방 국가인 미국을 상징한다.

결어긋남이나 오류 발생 전에 완료될 확률을 높인다.

어셈블리 언어는 기계어보다 한 단계 높은 수준의 프로그래밍 언어로, 마이크로프로세서마다 다르다. 양자 컴퓨팅에서 최고의 성능을 얻으려면, 특정 양자 컴퓨터의 가장 낮은 수준에서 프로그래밍하는 것이 도움될 수 있다. 물론 이를 위해서는 물리학자 한두 명의 도움이 필요할 수도 있다.

전통적인 컴퓨터 시스템 간 이동은 기본 가정을 바꾸진 않지만, 양자 컴퓨터에서는 중요한 가정이 변할 수 있다. 예를 들어, 양자 어닐러에 최적화된 코드가 범용 양자 컴퓨터에서는 잘 작동하지 않을 수 있다. 하드웨어 발전과 다양한 시스템 사용 시, 스택의 각 레벨이 원하는 장치 독립성과 소프트웨어 최적화를 제공하는지 지속적으로 확인해야 한다. 또한 다양한 시스템을 최대한 활용하기 위해 서로 다른 소프트웨어 구현을 벤치마킹해야 한다.

로직 계층 컴파일러 및 최적화 도구

로직 계층 컴파일러는 개발자의 코드를 하드웨어 계층 컴파일러용으로 준비한다. 이는 어느 정도 장치 독립적이어서, 어떤 하드웨어에서 실행되든 출력은 거의 동일하다. 게이트 기반 양자 컴퓨터의 프로그램을 '**회로**'라고 하며, 이는 큐비트에 적용되는 일련의 논리 게이트로 구성된다(12장에서 자세히 설명).

최적화 도구는 코드를 더 효율적인 형태로 재구성한다. 회로는 논리적 큐비트로 실행하여 오류를 줄이거나, 물리적 큐비트를 실행하여 작업할 수 있는 큐비트를 늘릴 수 있지만 오류가 발생할 가능성이 높아진다.

알고리즘 기반 응용 프로그램

양자 컴퓨팅 프로그램은 기존 프로그램과 달리 선택된 알고리즘을 직접 구현한다. 대부분의 작업에는 전통적인 컴퓨터가 더 적합하므로, 특정 양자 알고리즘이 더 효율적인 특정 작업이나 실험에만 양자 컴퓨터를 사용한다. 양자 컴퓨터 프로그래밍에 대한 내용은 12장을 참조하고, 프로그래밍에 사용할 알고리즘 내용은 13장과 14장을 참조하자.

클라우드 기반 양자 서비스 및 소프트웨어 개발 키트

대부분의 사용자는 양자 컴퓨터에 직접 연결하지 않고, 클라우드 기반 양자 서비스를 이용한다. 이는 상용 클라우드 제공업체(예: 아마존 브라켓), 양자 컴퓨터의 클라우드 인터페이스(예: IBM 퀀텀), 양자 컴퓨팅 포털(예: 스트레인지웍스)을 통해 접근할 수 있다. 이를 서비스형 양자 컴퓨팅$^{\text{quantum computing-as-a-service}}$(QCaaS) 제품이라고 한다.

파이썬^{Python}과 같은 기존 언어와 함께 작동하거나, C 또는 C++와 유사하거나, 양자 컴퓨팅에 특화된 소프트웨어 개발 키트$^{\text{software development kit}}$(SDK)로 프로그래밍할 수 있다. 더 낮은 수준에서는 오픈 양자 어셈블리 언어$^{\text{Open Quantum Assembly Language}}$(OpenQASM, '오픈 캐즘'으로 발음)를 사용할 수 있다.

DIFFICULT

초기에는 양자 컴퓨팅 전용 언어나 OpenQASM을 툴킷의 일부로 만들거나, 해당 기술을 가진 사람을 팀에 배치하는 것을 고려해야 한다. 공급업체의 전문 지식을 활용하는 것도 좋은 방법이다. 실제 경제적 가치를 얻을 수 있는 프로그램을 최적화하는 것이 중요하며, 이 과정에서 양자 컴퓨팅 전용 언어 사용이 중요할 수 있다.

대안으로 어닐링 고려하기

양자 어닐링은 양자 컴퓨팅의 다른 유형으로, 현재 D-웨이브 시스템(1999년에 설립된 최초의 양자 컴퓨팅 회사)에서만 제공한다. 다음 그림은 5,000 큐비트를 갖춘 최신 D-웨이브 시스템인 D-웨이브 어드밴티지의 모습이다.

양자 어닐링은 최적화 문제만 해결한다. 외판원 문제를 포함해 많은 양자 컴퓨팅 문제가 이에 해당한다. 예를 들어, 과거 주가 데이터를 바탕으로 가장 낮은 위험과 큰 보상을 제공하는 주식 포트폴리오를 선택하는 문제도 최적화 문제다. 양자 컴퓨팅을 이용한 주식 추천 알고리즘은 현재 어느 정도 성공했다.

최적화 문제를
푸는 데 사용되는
D-웨이브 컴퓨터

D-Wave Systems Inc.

DIFFICULT

어닐러의 큐비트는 범용 양자 컴퓨터의 큐비트만큼 정교하지 않다. 이에 대해서는 10장과 11장에서 자세히 다룬다.

NOTE

이론적인 튜링 기계의 테이프는 무한하지만, 현재 사용할 수 있는 읽기/쓰기 저장소는 유한하다. 따라서 '**범용 컴퓨터**'로 불리는 컴퓨터조차 완전히 보편적이지 않다. 이러한 차이 때문에 메모리 부족이나 네트워크 중단 시 흥미로운 버그가 많이 발생한다. 그럼에도 우리는 상상할 수 있는 모든 단계나 수학적 계산을 수행할 수 있는 장치를 '범용 컴퓨터'라고 부르지만, 추가 자원이 필요할 수 있다는 점을 알아야 한다.

어닐링 기술은 범용 양자 컴퓨터를 사용할 때도 고려할 가치가 있다.

›› 양자 어닐링은 범용 양자 컴퓨팅보다 더 성숙해졌다.

›› 특정 문제들은 항상 양자 어닐링에 적합하므로, 유용한 도구로 기억해 두어야 한다.

> » 양자 어닐링은 제한적이어서 배우기 쉽다.
>
> » 어닐링 로직은 설명하기 쉽고, 알고리즘 요소의 좋은 예시가 된다.
>
> » 어닐링 구현 시, 배우는 컴퓨팅 문제는 대부분 기존 및 범용 양자 컴퓨팅에도 적용된다.

양자 어닐링은 많은 흥미로운 문제를 해결하며, 더 넓은 양자 컴퓨팅의 세계로 나아가는 탄탄한 발판이 될 수 있다. 클라우드 접근으로 다양한 옵션을 쉽게 비교하고, 사용 사례에 적합한 옵션을 선택할 수 있다.

첫 시스템을 향한 D-웨이브의 험난한 사랑

D-웨이브가 2000년대 후반에 시스템을 공개하고 2010년대 초에 상용 시스템을 출시했을 때, 양자 컴퓨팅에 대한 관심은 매우 높았다. 하지만 D-웨이브의 시스템이 완전한 범용 양자 컴퓨터가 아닌 양자 어닐러였기 때문에 커뮤니티의 반응은 매우 냉담했다.

처음에는 D-웨이브의 시스템이 튜링 기계 표준을 충족하지 못해 진정한 컴퓨터인지에 대한 의문이 제기됐다. 또한 이것이 정말 양자 컴퓨터인지, 아니면 양자적 특성을 가진 고전적인 어닐러인지에 대한 논쟁도 있었다. D-웨이브 시스템은 이러한 의문을 극복하고 양자 컴퓨터의 한 유형으로 인정받았다.

성능에 대한 우려도 있었다. 양자 어닐러가 전통적인 컴퓨팅에 비해 지속적인 이점을 제공할 수 있을지, 특히 전통적인 컴퓨터에서 실행되는 양자 기반 알고리즘(8장 참조)과 비교해 의문이 제기됐다.

D-웨이브 시스템은 제한된 형태의 얽힘을 사용해 완전한 범용 양자 컴퓨터만큼 확장되지 않았다. 대신 다소 품질이 낮은 큐비트를 더 많이 사용하는 방식을 택했다. 최고급 시스템은 약 5,000개의 큐비트를 가지고 있는 반면 IBM의 하이엔드 범용 양자 컴퓨팅 시스템은 100개가 약간 넘는 큐비트를 지닌다. 그러나 양자 어닐러가 범용 양자 컴퓨터와 동일한 문제를 모두 해결할 수는 없으므로 1:1 비교는 적절하지 않다.

D-웨이브는 최근 범용 양자 컴퓨터 개발 계획을 발표했으며, 이에 대한 결과가 주목받고 있다.

DIFFICULT

전통적인 컴퓨터의 양자 기반 알고리즘은 양자 어닐러와 유사한 문제를 해결한다. 두 접근법은 각각 비용, 성능, 안정성 측면에서 장단점이 있을 수 있다.

양자 어닐러는 **단열 양자 컴퓨터**라고도 하며, 여기서 '단열'은 열의 이득이나 손실이 없음을 의미한다. 양자 어닐러의 큐비트를 가장 낮은 에너지 상태로 이동시켜 계산하며, 프로그램 진행 중 큐비트가 더 높은 에너지 상태로 이동하는 것을 허용하지 않는다. 양자 역학적 이유 때문에(3장 참조), 이미 가장 낮은 에너지 상태에 있는 양자 입자는 더 이상 에너지를 잃을 수 없다.

중세 시대의 어닐링

담금질annealing[5]은 원래 철 가공 과정이다. 대부분의 철은 내부 구조가 다소 무작위로 뻣뻣해서 부서지기 쉽다. 담금질은 이를 더 규칙적이고 강하게 만든다. 다음 그림은 담금질이 만들어내는 변화를 보여 준다.

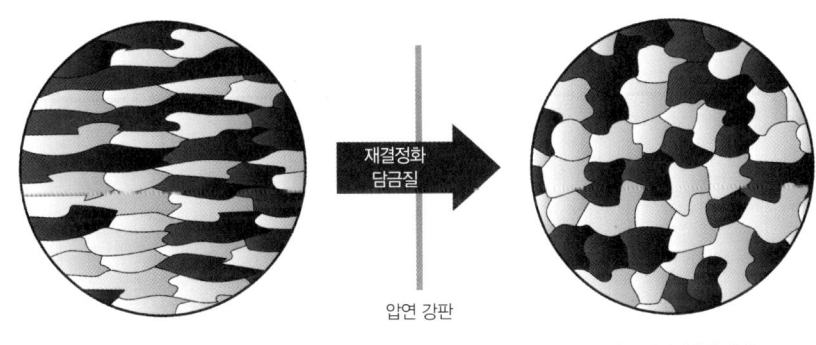

담금질한 철의 구조를 나타낸 그림

약간 변형된 미세 구조   압연 강판   거친 입자로 재결정화된 미세 구조

철의 내부 구조가 녹을 때까지 가열하고, 높은 온도를 일정 시간 유지하면 내부 구조가 분해된다. 그런 다음 천천히 식히면 내부 구조가 더 질서 있게 결정화되어 더 부드럽고 덜 부서지며 더 쉽게 가공할 수 있는 금속이 만들어진다.

사람들은 중세 시대부터 담금질의 물리학을 깊이 이해하지 못한 채 이를 해왔다. 당시(1400년)에는 '놋쇠 팬이나 가마솥의 판을 가져다가 뜨거운 불에 달구어 담금질하라'는 지침이 있을 정도였다.

---

5   옮긴이_ 어닐링은 우리말로 번역하면 담금질이다. 주로 금속 공학에서 사용하는 용어지만, 양자 컴퓨터에선 어닐링이 더 일반적으로 사용된다.

양자 어닐러의 한계점은 무엇일까?

양자 컴퓨팅 경쟁에서 큐비트 수가 중요시되는 듯하다. 그렇다면 왜 D-웨이브의 5,000 큐비트 이상 양자 어닐러가 100 큐비트 수준의 범용 양자 컴퓨터를 압도하지 못하는 걸까?

요약하자면, D-웨이브 큐비트는 품질이 다소 낮고, 얽힘에 제한이 있다. 또한 양자 어닐링은 범용 양자 컴퓨팅만큼 모든 큐비트의 성능을 끌어내지 못한다. 게다가 현재 모든 양자 컴퓨터는 강력한 오류 정정 기능이 부족해 감지되지 않은 오류로 부정확한 결과를 내기 쉽다.

D-웨이브와 양자 기반 알고리즘 제공 업체들은 이런 단점을 큐비트 수로 극복하려 한다. 각 양자 컴퓨팅 방식의 실제 장단점을 파악하려면 시간이 더 필요하며, 현재 다양한 접근법에 대한 연구가 활발히 진행 중이다.

어닐링으로 풀 수 있는 문제들

담금질은 금속을 평형 상태에 가깝게 만들어 내부의 응력을 제거한다. 마찬가지로 수학적 어닐링은 시스템을 최솟값 또는 최댓값을 향해 평형 상태로 만든다.

최적화 문제는 대개 최저 비용, 최소 재료 사용량, 최단 완료 시간, 최고 품질, 최대 이익, 최장 수명 등에서 최적값을 찾는 것이다. 일상생활과 컴퓨팅에서 이런 최적화 문제를 흔히 볼 수 있다.

DIFFICULT

양자 컴퓨팅 알고리즘의 핵심 값은 흔히 '비용'이라고 하지만, 이는 반드시 돈만 뜻하지 않는다. 계산 시간, 일정, 작업자의 노력 등 다양한 요소를 최적화하는 것을 포함한다.

최적화 문제에는 보통 제약 조건이 따른다. 최솟값이 0일 때가 많고, 최단 시간은 시간이 전혀 걸리지 않을 때다. 최댓값은 현실적 한계를 반영한다. 예를 들어, 1억 원이 넘는 자동차를 살 사람은 극히 적고, 주문한 햄버거를 10분 넘게 기다릴 사람도 거의 없다.

최솟값(또는 반대로 최댓값)을 찾는 간단한 방법으로 '언덕 오르기 방법hill-climbing method'이 있다.

>> 함수의 한 지점에서 원하는 변수를 측정한다.
>> 함수의 가까운 지점에서 같은 변수를 측정한다.

> 변수 값이 증가했는지(최댓값으로 이동) 또는 감소했는지(최솟값으로 이동)를 비교한다.

> 더 나은 결과면 같은 방향으로 같은 거리를 이동하고, 아니면 원래 지점에서 반대 방향으로 이동한다.

> 변수의 최고(최대) 또는 최저(최소) 값을 찾을 때까지 반복한다.

> 작은 단계로 더 정확한 답을 얻을 수 있는지 확인한다.

제약 조건 내에서 하나의 최고점 또는 최저점만 있는 함수에서는 언덕 오르기 방법이 효과적이다. 하지만 여러 개의 언덕이 있는 경우는 어떨까? 다음 그림은 이런 복잡한 상황을 보여 준다. A나 B에서 시작하면 지역 최댓값을, D나 E에서 시작하면 전역 최댓값을 찾게 된다. C에서 시작할 때 지역 최댓값과 전역 최댓값을 찾을 확률이 반반이다.

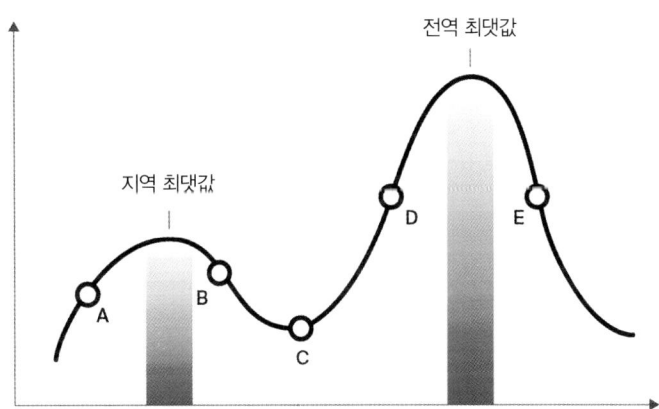

최고점 찾기가 늘 쉽지만은 않다.

여기서 문제가 생긴다. 언덕 오르기 알고리즘이 작은 언덕은 찾지만 큰 산은 놓칠 수 있다. 이는 휴 그랜트 주연의 고전 코미디 영화 〈잉글리쉬맨Englishman who went up a hill but came down a mountain〉(1995)을 떠올리게 하지만, 본론으로 돌아가자.

여러 지점에서 언덕 오르기를 시도하면 전역 최댓값을 찾을 수 있지만, 이는 계산 비용이 많이 든다. 또한 언덕의 수를 모를 때 가장 높은 곳을 찾으려면 여러 번 시도해야 한다.

언덕이 많은 동네에 산다고 가정해 보자. 현관문을 나서서 계속 위로 올라간다고 해도 결국 어느 한 지점에서 멈추게 된다. 이곳이 바로 지역 최고점이다. 하지만 에베레스트 경사면에서 시작하지 않는 한, 세계 최고점에 도달하긴 어렵다.

예를 들어, 앞의 그림에서 A나 B에서 출발하면 지역 최고점에 도달한다. D나 E처럼 에베레스트 경사면에서 출발해야만 전역 최대점에 닿을 수 있다. C에서 시작하면 첫 걸음의 방향에 따라 결과가 달라진다. 이런 점에서 고전적인 알고리즘은 정답과 오답을 구분하지 못하는 단순한 방식이다.

결국 고전적인 알고리즘은 지역 최댓값이나 최솟값에 갇히기 쉽다. 반면 양자 알고리즘은 대체로 이런 문제를 해결할 수 있다.

양자 어닐링의 특징

양자 어닐링(QA)은 전통적인 컴퓨터의 시뮬레이션 어닐링과 두 가지 점에서 다르다.

>> 큐비트의 에너지 레벨 변화를 이용해 최적의 해를 찾는다.

>> 지역 최대/최솟값을 우회해서 전역 최대/최솟값으로 터널링할 수 있다.

앞의 그림에서 B 지점에서 시작해도 QA는 지역 최댓값을 무시하고 전역 최댓값을 찾아간다. A 지점에서 시작하면 QA는 지역 최댓값 언덕을 뚫고 전역 최댓값에 도달한다.

양자 어닐링은 다다시 가도와키Tadashi Kadowaki와 히데토시 니시모리Hidetoshi Nishimori의 세심한 수학적 연구를 기반으로 한다. 범용 컴퓨팅의 방대한 수학적 지식 기반을 활용할 수는 없지만, 탄탄한 이론적 기반을 가지고 있다.

시뮬레이티드 어닐링은 전통적인 컴퓨터에서 돌아가는 수학적 프로세스일 뿐이지만, 양자 어닐링은 큐비트의 물리적 특성을 활용한다. 특히 양자 입자가 순간적으로 장벽을 통과하는 능력을 이용하는데, 이는 고전 물리학으로는 불가능한 현상이다.

양자 어닐러의 강점

양자 어닐러는 어닐링 문제뿐 아니라 최적화 문제 해결에도 뛰어나다. 특히 이차 비제약 이진 최적화(QUBO) 식으로 표현할 수 있는 모든 문제를 다룰 수 있다.

이게 무슨 뜻이냐고? QUBO는 14장에서 더 자세히 다루겠다. 지금은 **최적화**라는 개념에 집중해 양자 어닐러의 장점을 알아보자.

양자 어닐러는 이징 모델로 제시된 문제도 해결할 수 있으며, 전문가들은 이징 모델과 QUBO 사이의 문제를 쉽게 변환할 수 있다.

다음 네 가지를 기억하자.

>> 많은 문제를 QUBO로 표현할 수 있다.

>> 다른 문제들도 약간의 노력만 기울이면 QUBO로 바꿀 수 있다.

>> QUBO로 완벽히 표현하진 못해도 근사치를 구해 유용한 답을 얻을 수 있다.

>> 일부 문제(예: 검색, 소인수 분해)는 QUBO로 효과적으로 표현하기 어렵다.

2011년 D-웨이브의 첫 번째 시스템이 쇼어 알고리즘을 실행할 수 없다고 비판받았다. QUBO에 적합한 솔루션이 제시됐다는 의견도 있지만, 전통적인 컴퓨팅보다 나은 성능을 보일지는 아직 미지수다.

쇼어 알고리즘은 양자 컴퓨터로 큰 수의 소인수를 빠르게 찾아낸다. 문제는 널리 사용되는 RSA 암호가 소수 찾기의 어려움을 기반으로 한다는 점이다. 이는 양자 컴퓨터가 현재 사용되는 대부분의 암호를 해독할 수 있게 된다는 뜻이다. 자세한 내용은 11장에서 다룬다.

양자 컴퓨팅은 두 가지 방식으로 작동한다. 첫째, 양자 입자 활동을 직접 시뮬레이션하는 방식으로, 1959년 파인먼이 처음 제안했다(5장 참조). 이는 재료 과학, 신약 개발 등에 쓰이지만, 양자 어닐러로는 시뮬레이션할 수 없다. 둘째, 논리적/수학적 프로세스를 큐비트의 물리적 상태 변화에 대응시키는 방식이다. 이는 큐비트의 최종 상태로 문제의 답을 나타내는 일종의 확장된 비유다. 어닐링이 좋은 예로, 최적의 답을 큐비트의 최저 에너지 상태에 대응시킨다.

양자 어닐링의 한계

범용 양자 컴퓨터가 풀 수 있는 많은 문제는 QUBO로 풀 수 없거나 거의 해결됐다. 14장에서 다양한 문제에 적합한 알고리즘을 살펴본다.

간단히 말해, 양자 어닐러는 범용 양자 컴퓨터만큼 큐비트를 정밀하게 제어하지 못한다. 또한 많은 큐비트를 얽는 능력에도 한계가 있다. 따라서 양자 어닐러는 양자 역학적 과정을 시뮬레이션하는 데 부적합하며, 재료 과학이나 신약 개발 같은 분야에는 그다지 유용하지 않다. 또한 논리 게이트가 필요한 다양한 문제가 있다. 전통적인 컴퓨터와 양자 컴퓨터는 각각 다른 논리 게이트를 사용한다. 그러나 이런 논리 게이트가 필요한 문제는 양자 어닐러나 양자 기반 전통적인 컴퓨터로 해결하기 어렵다(10장 및 11장 참조).

양자 컴퓨터 유형 선택하기

양자 컴퓨팅의 장점은 각 컴퓨팅 유형의 강점을 파악하고 이를 최대한 활용할 수 있다는 점이다.

DIFFICULT

인공지능(AI)과 머신러닝(ML)만 중요하다고 생각한다면, 이는 잘못된 생각이다. 전통적인 컴퓨터, 양자 어닐러, 범용 양자 컴퓨터 모두 인공지능 발전에 중요한 역할을 할 수 있다.

이를 염두에 두고 양자 어닐러와 양자 기반 전통적인 컴퓨터 알고리즘의 단점에 대해 알아보자.

- » **범용성 부족**: 양자 어닐러는 범용 컴퓨터가 아니다(2장 참조). 최적화 문제만 해결할 수 있다.
- » **낮은 큐비트 품질**: 양자 어닐러 큐비트는 범용 양자 컴퓨터의 큐비트보다 덜 복잡하고 제어 회로가 더 단순하며, 얽힘 기능이 제한적이지만 대량으로 만들기는 더 쉽다.
- » **QUBO 전용**: 이차 비제약 이진 최적화(QUBO)로 표현할 수 있는 문제만 실행한다.
- » **낮은 정확도**: 오류 정정 기능이 부족해 정확한 답이 아닌 근사치 결과를 얻을 가능성이 높다.
- » **어려운 시뮬레이션**: 범용 양자 컴퓨터와 달리 시뮬레이션이 항상 가능하지 않으며, 유용한 답을 얻거나 얻지 못할 때까지 시도해야 한다.

- **》 제조업체 한정**: 현재 D-웨이브가 주요 제조사여서 경쟁이 적다.
- **》 부족한 연구**: 범용 양자 컴퓨터에 비해 연구와 활동이 적다.

QUBO나 이징 모델을 배워야 한다는 점이 부담스러울 수 있지만, 양자 컴퓨팅을 최대한 활용하려면 적절한 알고리즘을 결정해야 한다.

이제 좋은 소식인 양자 어닐러의 장점을 알아보자.

- **》 큐비트 수 많음**: 적은 제어 회로로 더 단순한 큐비트를 사용할 수 있으며, 더 큰 규모로 구현할 수 있다.
- **》 풍부한 경험**: D-웨이브와 양자 기반 알고리즘을 제공하는 업체의 오랜 역사를 활용할 수 있다.
- **》 집중도 높음**: 특정 문제에 집중하고 있기 때문에 문제 해결에 다양한 지식을 공유할 수 있다.
- **》 유연한 경계**: 많은 문제가 QUBO 형식으로 변환할 수 있다.
- **》 중요한 도구**: 다양한 컴퓨팅 요구가 있다면, QUBO 형태가 섞여 있기 때문에 양자 어닐러가 필요하다.
- **》 좋은 학습 수단**: 제약이 많은 환경을 빠르게 학습할 수 있으며, 비즈니스에 적용할 수 있다.

범용 양자 컴퓨터는 이론상 큐비트 하나를 추가하면 성능이 두 배가 되지만, 현재는 양자 컴퓨터의 오류 정정이나 기타 문제 때문에 아직 이상에 가깝다. 양자 어닐러는 큐비트 수를 두 배로 늘려야 성능이 두 배가 될 수 있다.

다음 표는 양자 어닐러와 범용 양자 컴퓨터의 주요 차이점을 간략히 보여 준다. 이는 세부 사양을 나열한 것이 아니다. 양자 컴퓨팅 기술이 급속도로 발전하고 있고, 두 시스템의 성격이 매우 달라 구체적인 비교는 의미가 없다. 대신 이 표는 각 시스템의 현재 상황과 장기적 전망에 대한 전반적인 방향을 제시하는 데 목적이 있다.

주목할 점은 양자 기반 전통적인 컴퓨터 알고리즘(8장 참조)과 양자 어닐러가 유사한 문제를 해결할 수 있다는 것이다. 어느 쪽이 더 적합한지는 주로 해결책을 찾는 데 필요한 컴퓨팅 시간의 비용으로 결정된다. 각 시스템의 상대적 비용은 계속 변화하고 있어, 최적화 문제를 다룰 때는 항상 최적의 접근 방식을 연구해야 한다.

양자 어닐러와 범용 양자 컴퓨터 비교

	양자 컴퓨터 유형	
	어닐러	범용
범용 컴퓨터 (수학적으로)	아니오	예
수학적으로 모델링 가능	아니오	예
연구 활동	제한적	강력함
목적	최적화 전용	최적화를 포함한 모든 작업
알고리즘 유형	QUBO/이징 모델 전용	다수
제조사	D-웨이브	다수
최초 사용 접속	2011	2016
현재 큐비트 개수	5,000개 이상	100개 이상
큐비트 유형	한 종류	다섯 종류
얽힘	제한적	강함
학습 곡선	보통	어려움
상장 기업	모두 (D-웨이브 하나라서)	일부 (IBM, IonQ)
커뮤니티 지원	강력함	다양함

CHAPTER 10

완벽한 큐비트를 향한 질주

이 장의 주요 내용

- 큐비트 성과의 세 가지 측면
- 큐비트로 승리하기
- 다양한 큐비트 유형 살펴보기
- 현실적인 양자 컴퓨팅 방식 찾기
- 앞으로 나아갈 방향 선택하기

완벽한 큐비트를 향한 경쟁은 우리 시대의 우주 경쟁이다.

우주 경쟁은 1957년 소련이 최초의 인공위성 **스푸트니크**Sputnik를 발사하면서 시작됐다. 이후 소련은 최초로 동물(개, 라이카Laika)을 우주로 보냈으며, 최초의 인간(유리 가가린Yuri Gagarin)과 여성(발렌티나 테레슈코바Valentina Tereshkova)도 우주로 보냈다. 또한 1965년에는 최초의 우주 유영을 실시했다.

스푸트니크의 발사는 서방 세계에 충격과 두려움을 안겨주었다. 우주 경쟁이 미국과 소련의 핵무기 개발 경쟁과 맞물려 있었기 때문이다. 1962년 쿠바 미사일 위기는 이 경쟁의 가장 위험한 순간이었다.

케네디 대통령의 '10년 내 달 착륙' 선언 이후, 양측의 치열한 경쟁이 이어졌다. 몇 차례의 재난을 포함한 일련의 임무는 우주 경쟁의 절정으로 이어졌고, 1969년 7월, **아폴로 11호**가 발사되어 닐 암스트롱Neil Armstrong과 버즈 올드린Buzz Aldrin이 달 표면에 착륙하여 미국이 우주 경쟁의 승자가 됐다.

우주 경쟁은 군사 기술 발전과 함께 민간 기술의 급속한 진보를 가져왔다. 컴퓨팅 능력은 빠르게 발전하여 인터넷의 전신인 아파넷[ARPAnet]이 1969년에 등장했다. 전 세계 통신을 지원하는 위성 네트워크와 GPS 시스템이 이 시기에 탄생했으며, 태양광 발전, 전자레인지, 의료용 스캐너 등 양자 기술 1.0 목록(5장 참조) 전체가 이 경쟁의 일환으로 발명됐거나 크게 개선됐다.

오늘날 큐비트 개발과 양자 컴퓨팅 주도권을 두고 치열한 경쟁이 벌어지고 있다. 이는 기업과 국가를 아우르는 경쟁이다. 우주 경쟁처럼, 양자 컴퓨팅 경쟁도 국가 안보와 군사에 큰 영향을 미친다. 특히 쇼어 알고리즘 때문에 현재의 암호체계가 미래 양자 컴퓨터에 취약해질 수 있다는 점이 중요하다.

양자 컴퓨팅 분야에서 미국과 중국은 치열하게 경쟁하지만, 전세계 과학자들은 여전히 강하게 협력하고 있다. 중국은 양자 컴퓨팅에 100억 달러 투자를 발표했는데, 이는 상업, 정부, 군사용을 포함한 총액이다. 미국은 10억 달러 이상의 정부 자금을 발표했고, 비공개 자금도 투입 중이며, 전 세계에서 수십억 달러의 투자를 유치했다.

양자 컴퓨팅 발전은 기업과 개인에게 중요하다. 90년대 초 인터넷의 영향과 오늘날 인공지능, 머신러닝의 급격한 발전을 생각해 보면 그 중요성을 알 수 있다. 양자 컴퓨팅은 특히 인공지능과 머신러닝 발전을 가속화하며 서로 시너지 효과를 낼 것이다.

양자 컴퓨팅은 특정 산업을 시작으로 사회 전체에 강력한 영향을 미친다. 인공지능, 머신러닝, 양자 컴퓨팅의 발전이 서로를 가속화하면서 현재로서는 누구도 예측하기 어려운 결과를 낳을 것이다.

큐비트의 경이로움

큐비트 기술의 실용적, 역사적 의미를 고려할 때 그 놀라움을 새삼 깨닫게 된다. 우리는 아직 완전히 이해하지 못한 물리 현상을 이용해 개발 중인 알고리즘을 구동하고 있다.

이는 매우 어려운 작업이다. 이런 난이도를 감안하면 기술 사용의 어려움과 완전한 기능 구현까지 걸리는 시간을 참고 기다릴 수 있다. 작업의 난이도는 각 단계 달성 시 실현될 잠재력과 직결된다.

양자 컴퓨팅을 접하면서 상상력과 창의력을 발휘해 새로운 활용법을 모색해야 한다. 인터넷이나 인공지능, 머신러닝에서처럼 처음에는 터무니없어 보이는 아이디어가 가장 혁신적인 결과를 만들어 낼 수 있다.

따라서 완벽한 큐비트를 향한 경쟁은 매우 중요하다. 현재 큐비트 수 늘리기, 짧은 결맞음 시간, 오류 정정 부족 등 여러 난관이 있다. 다음 장에서는 큐비트의 놀라운 특성과 쓸모 있는 큐비트 만들기, 강력한 양자 컴퓨터에 적용하는 데 필요한 요소들을 알아본다.

큐비트 성과의 세 가지 측면 파악하기

큐비트와 큐비트로 구동되는 양자 컴퓨터의 발전은 크게 세 단계로 나눌 수 있다.

- » **계산적 양자 이점**: 전통적인 컴퓨터보다 훨씬 빠르게 특정 문제를 해결한다. '**양자 우위**'라고도 한다. 구글이 2019년에, 중국 팀이 2021년에 이 목표에 도달했다고 주장했다. 특수 목적의 광자 기술 장치도 이 수준에 도달했다.

- » **제한적 양자 이점**: 특정 실제 문제를 전통적인 컴퓨터보다 더 효율적으로 해결한다. 이런 성과는 종종 양자 컴퓨터와 전통적인 컴퓨터가 주어진 문제에서 서로를 뛰어넘는 도약의 게임을 시작하여 궁극적으로 모두에게 이익이 된다. '**좁은 양자 이점**'이라고도 한다. 아직 실현되지 않았지만, 가까운 미래에 가능할 것으로 예상된다.

- » **광범위한 양자 이점**: 전통적인 컴퓨터로는 불가능한 문제를 해결하거나, 지속적으로 뛰어난 성능을 발휘한다. 이 단계에서는 양자 컴퓨팅으로만 가능한 신약 개발, 배터리 개발, 비행기 설계, 기후 모델 등이 실현될 것이다.

첫 번째 단계인 계산적 양자 이점은 이미 달성된 듯하다. 최근 기사에서 테크 크런치TechCrunch의 데빈 콜드웨이Devin Coldewey는 이를 "양자 우위의 요점은 가장 빠른 슈퍼컴퓨터보다 더 잘 할 수 있는 특정 작업을 찾아 그 가능성을 보여 주는 것"이라고 설명했다. 그래야 작업 목록을 확장할 수 있는 양자 발판을 마련할 수 있기 때문이다.

2023년 중반, IBM은 '양자 유용성'을 달성했다고 주장했는데, 이는 제한적 양자 이점과 비슷한 개념이다. 자세한 내용은 6장을 참조하자. IBM이 인정한 것처럼, 나중에 전통적인 컴퓨터의 성능을 뛰어넘을지는 시간이 지나야 알 수 있다.

제한적 양자 이점 경쟁에서 승리하기

계산적 **양자 이점**과 광범위한 양자 이점에 주목하지만, 중간 단계인 제한적 양자 이점이 매우 중요하고 아주 가까워졌다고 본다.

앞서 언급했듯이, 지금은 양자 컴퓨팅이 실제 문제 해결에 도움을 주기 시작하는 단계다. 이는 크게 두 영역에서 나타날 수 있다.

- » **제품**: 양자 컴퓨팅으로 신약, 더 나은 배터리, 신소재 등을 만들 수 있다. 예를 들어, 주행 거리가 두 배 늘어난 전기 자동차(EV)나, 특정 암 치료 효과를 크게 높이는 신약을 상상해 보자. 10년 이내에 양자 컴퓨팅의 도움으로 이런 혁신적 제품들이 나올 것으로 보인다.
- » **처리 절차**: 일기 예보, 물류 계획, 주식 거래, 생산 라인 개선 등에 양자 컴퓨팅을 활용할 수 있다. 비용을 20% 줄이는 항공사나 더 정확한 예보로 수익을 20% 높이는 일기 예보 서비스를 상상해 보자. 이런 개선은 새 제품만큼 눈에 띄진 않겠지만 엄청난 가치가 있다.

제한적 양자 이점이 실현되면 양자 컴퓨팅에 대한 관심과 투자가 급증할 것이다.

지금까지 양자 컴퓨팅에 대한 관심은 주로 기존 데이터 암호가 해독될 수 있다는 두려움에서 비롯됐다. 하지만 실용적이고 수익성이 있는 활용이 나타나면 희망이 더 커질 것이다. 암호에 대한 우려는 여전하겠지만, 이 새로운 기술로 멋진 일을 할 수 있다는 열정이 더 중요해질 것이다.

인공지능과 머신러닝의 개선은 '처리 절차' 개선의 특별한 사례다. 양자 컴퓨팅으로 더 효율적인 인공지능과 머신러닝 알고리즘이 가능해질 것이다. 양자 기반 인공지능과 머신러닝은 예측 불가능한 방식으로 세상을 크게 바꾸며, 광범위한 양자 우위로 빠르게 이끌 수 있다.

양자 컴퓨터의 양자 역학적 상호 작용 시뮬레이션으로 약물이나 배터리 설계를 개선할 수 있다. 이런 응용에는 각 큐비트의 정확도가 매우 중요하다. 오류율이 낮고 연결성이 높은 큐비트가 필요한데, 현재는 이온 트랩 큐비트가 이에 적합하다. 반면, 일기 예보, 인공지능, 머신러닝 개선 같은 처리 절차 개선은 큐비트의 계산적 활용에서 비롯된다. 이런 분야는 초전도 큐비트처럼 더 많은 수의 큐비트에 적합한 경향이 있다.

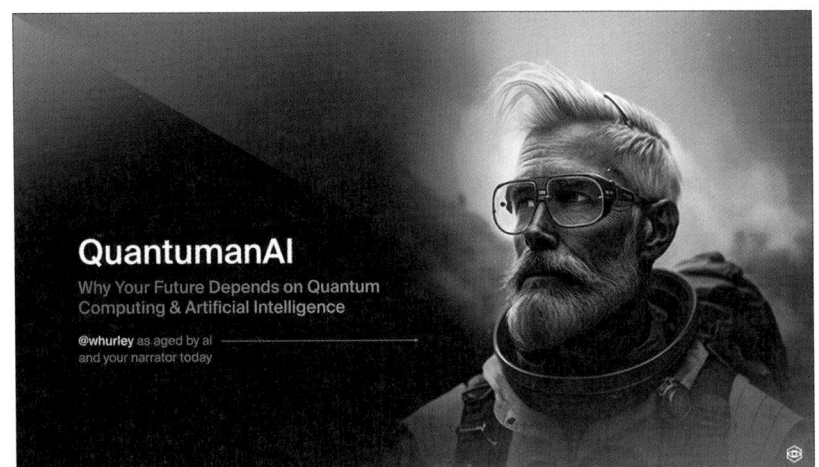

저자 헐리의 강연. 양자 컴퓨팅과 인공지능이 어떻게 함께 사용되기 시작했는지 설명하고 있다.[1]

과장된 마케팅과 양자 이점

안타깝게도 양자 이점이 마케팅적으로 과장된 현상이 이미 일상화됐다. 벤처 캐피탈 투자 보도, 정부 투자 발표, 심지어 사소한 물리학 진전까지 이에 해당한다. 이런 발표는 분야 발전과 관련자들의 평판 향상에도 도움이 되고, 기업은 고용, 고용 유지, 평판, 수익 개선으로 이어질 수 있다. 하지만 이는 콘텐츠가 빈약한 발표의 결과일 뿐, 아직 실질적인 효과가 확실하지 않다.

다양한 큐비트 유형 살펴보기

업계 외부 사람들은 큐비트가 전통적인 컴퓨터의 비트처럼 표준화됐다고 생각하지만, 실제와는 거리가 멀다. 저자 헐리는 전 세계 양자 컴퓨팅 관계자들과 대화하면서, 낙관론자들조차 개발 중인 기술의 다양성과 남은 과제 규모에 놀라워하는 것을 발견했다.

이제 막대한 투자와 관심을 받는 다양한 큐비트 유형을 소개할 차례다. 다음 그림은 여섯 가지 주요 양자 컴퓨팅 방식을 비교한다. 여기서 '**주요 방식**'이란 탄탄

---

[1] https://www.youtube.com/watch?v=JNdjxUglnlE

한 이론적 연구, 자금력 있는 기업의 사용, 어느 정도의 테스트 성공을 모두 갖춘 방식을 의미한다.

큐비트 개발은 빠르게 진행되고 있어 이 수치는 2023년 중반 기준 현황이다. 이 분야의 새로운 발전과 함께 큐비트 유형 간 비교에 대한 논란은 계속될 것으로 보인다.

큐비트 분해하기

비트와 마찬가지로 **큐비트**도 두 가지 의미를 갖는다. 하나는 중첩 상태로 무한한 값을 가질 수 있지만 측정 시 0 또는 1만 반환하는 논리 소자다. 다른 하나는 양자 컴퓨터의 핵심을 이루는 양자 전자 기계 장치를 말한다.

양자 컴퓨팅 방식

	어닐링	범용				
	초전도	이온 트랩	초전도	광자 기술	냉각된 중성 원자	실리콘 스핀
특징	최적화 한정	충실성 우수	큐비트 수 우수	대규모 확장 가능	대규모 확장 가능	안정성 좋을 듯
연결성	근접 연결만	다대다 연결	근접 연결만	다대다 연결	다대다 연결	근접 연결만
충실도	높음	최고 높음 (99.9%)	높음 (99.6%)	유망함 (<99%)	유망함 (<99%)	유망함 (<99%)
결맞음 지속 시간	매우 짧음	수 초	매우 짧음	매우 긺	수 초	~1 초
게이트 처리 시간	빠름	느림	빠름	빠름	매우 느림	빠름
큐비트 수	수천 개	12개	수백 개	작음	작음	작음
제어	극초단파와 레이저	레이저와 자기장	극초단파와 레이저	다양함	레이저	레이저와 자기장
극저온 필요 여부	예	아니오	예	아니오	아니오	예
고진공 필요 여부	아니오	예	아니오	예?	예	아니오
양산성	높음	모름	높음	모름	모름	모름

주요 큐비트 유형 비교표

큐비트는 양자 연산에 사용되는 결맞음 물질을 중심으로 만들어진다. 결맞음 상태에서는 **중첩**(여러 상태 동시 존재), **얽힘**(다른 큐비트와 연관), **터널링**(갑작스런 장벽 통과) 현상이 일어난다.

큐비트는 결맞음 물질을 다루는 회로를 포함한 양자 처리 장치의 일부지만, 보통 전체를 가리키는 말로 쓰인다. 양자 처리 장치에는 다음 요소들이 필요하다.

» **결맞음 물질**: 결맞음을 유지하며 특정 속성(예: 스핀)에 영향을 받고, 얽힘 상태가 되며, 터널링할 수 있는 물질을 의미한다.

» **격리 장치**: 결맞음 물질은 환경과 직접 상호 작용을 하지 않도록 하는 장치로 관리해야 한다. 따라서 진동, 열, 자기장 등 외부 간섭으로 큐비트가 결어긋남 상태가 되지 않도록 보호한다.

» **제어 장치**: 결맞음 물질은 스핀과 같은 속성에 영향을 받을 수 있고, 얽힐 수 있으며, 터널을 통과할 수 있다. 자기장이나 레이저 빔 등으로 물질의 속성을 미세하게 조절한다.

» **측정 장치**: 프로그램 실행 후 큐비트의 최종 상태를 측정해야 한다. 측정을 수행하면 큐비트는 중첩 상태에서 0 또는 1의 값으로 붕괴하게 되고, 결어긋남 상태가 된다. 다시 프로그램을 시작하기 전에 제어 장치를 사용해서 큐비트를 초기화해야 한다.

» **통신 장치**: 큐비트가 속한 전체 컴퓨터에서 명령을 받고 결과를 반환해야 한다. 따라서 큐비트는 그 핵심인 결맞음 물질을 방해하지 않도록 통신해야 한다.

큐비트의 오류율의 누적 효과는 곱셈으로 나타난다. 예를 들어, 하나의 연산이 90% 정확도로 작동한다면, 두 개의 연산을 연속으로 수행하면 81%(90%×90%) 정확도로 작동한다. 연속 3번 연산하면 정확도가 72%로 떨어진다. 6번을 연산하면 정확도가 50% 이하로 떨어져, 여러 번 실행해 올바른 결과를 선택해야 한다. 반면, 정확도 99%의 큐비트는 3번 연산 후 97% 정확도를 유지하고, 70번 연산해도 50% 이상의 정확도를 보인다. 이는 충실도가 높은 큐비트의 중요성을 명확히 파악하는 데 도움이 된다.

결맞음은 양자 컴퓨팅, 감지, 계측에 필수적인 양자 역학적 특성이다. 물질은 측정되지 않거나 다른 물질과 강하게 상호 작용하지 않을 때 결맞음을 유지한다. 원자나 분자에 결합되면 결맞음이 깨질 수 있다. 자연 상태의 광자, 전자, 이온화 원자는 보통 결맞음을 유지하지만, 중성 원자와 분자는 그렇지 않다. 일부 물질은 절대 영도 근처로 과냉각하면 결맞음 상태가 된다. 예를 들어, 보스-아인슈타인 응축Bose-Einstein condensate (BEC)은 큐비트로 실험된 바 있다.

CHAPTER 10 완벽한 큐비트를 향한 질주 203

네가 제일 차가워[2]

DIFFICULT

작은 금속 루프를 사용하는 초전도 큐비트와 개별 전자를 핵심으로 하는 실리콘 스핀 큐비트 등 일부 큐비트는 극한의 저온을 만들어 내는 **극저온**cryogenics 기술인 과냉각이 필요하다. **극저온**은 −273℃, 절대 영도(0K 또는 0켈빈) 바로 위를 의미한다. 절대 온도 1K의 간격은 섭씨 1도와 같지만 절대 영도에서부터 세기 시작하여 증가한다.

이렇게 차갑지만 극저온과 양자 컴퓨팅 사이에는 여전히 정도의 문제가 있다. 일부 과냉각 큐비트는 1K의 1/1000인 밀리켈빈(mK) 수준이 필요하고, 다른 큐비트는 0.1K, 1K 이상의 온도가 필요하며, 이는 비용이 훨씬 저렴하다.

모든 큐비트는 열 간섭을 줄이려고 1~5K 정도의 낮은 온도를 유지해야 하지만, 초전도 큐비트와 실리콘 스핀 큐비트만 mK 수준의 극저온이 필요하다. 극저온 기술은 발전했지만, 외부와 통신하는 제어 케이블이 열과 노이즈를 전달할 수 있어 문제가 된다. 케이블이 많을수록 잠재적인 간섭이 많아져 과냉각 양자 컴퓨터의 확장이 어려워진다.

양자 컴퓨팅 방식 정의하기

양자 컴퓨터의 방식은 큐비트 중심의 결맞음 물질 유형으로 결정된다. 각 물질은 결맞음 유지, 큐비트 상태 제어, 통신에 서로 다른 접근법이 필요하다. 물질 유형이 방식의 이름을 결정하며, 이는 과냉각 여부와 과냉각 정도, 격리 방법, 제어 방법, 측정 방법, 전체 양자 컴퓨터와의 통신 방법 등 거의 모든 면에 영향을 준다.

현재와 미래의 양자 컴퓨터 유용성은 여러 중요한 특성으로 결정된다. 여기서는 여섯 가지를 중점적으로 다룬다.

» **충실도**fidelity: 큐비트(큐비트의 중심에 있는 결맞음 물질)의 최종 상태가 이상적인 상태에 얼마나 가까운가? 오류가 복합적으로 발생하므로 99% 이상의 높은 충실도가 중요하다.

» **결맞음 시간**: 큐비트가 결맞음을 유지하는 시간. 결맞음 시간이 길수록 더 많은 연산이 가능하며, 1/1000초에서 몇 초까지 다양하다.

---

2 옮긴이_ 원서에는 미국 젊은이들이 사용하는 표현인 'TOO COOL FOR SCHOOL?'로 제목을 달았다. 보통은 학교같이 보수적인 곳에서 어울리지 않게 멋진 또는 무리 중에서 제일 팬시(fancy)하다는 뜻으로 쓰인다고 한다. 여기선 'COOL'을 차갑다는 의미로 사용해서 말장난을 활용하여 제목을 지었다.

- » **게이트 속도**: 큐비트가 단일 처리, 즉 게이트를 완료하는 데 걸리는 시간. 게이트 속도가 빠를수록 좋으며, 결맞음 시간과 연관된다. 짧은 결맞음 시간은 빠른 게이트 속도를 요구한다.
- » **규모**scale: 한 양자 컴퓨터에서 사용할 수 있는 큐비트 수. 큐비트가 많을수록 오류 정정과 문제 해결 능력이 향상된다. 수천 큐비트로의 확장 용이성도 중요하다.
- » **양산성**: 특별한 요구 사항(예: 과냉각)을 충족하면서 합리적인 비용으로 대량 제조할 방법이 있는가?
- » **얽힘 가능성**: 모든 큐비트가 서로 얽힐 수 있는 정도. 이는 시스템의 최대 역량 발휘에 매우 중요하다.

오류 정정은 여러 요인에 따라 달라진다. 현재는 수십에서 수백 개의 물리적 큐비트로 오류 없는 단일 가상 큐비트를 만드는 방식을 계획 중이다. 물리적 큐비트의 충실도가 높을수록 필요한 큐비트 수가 줄어든다. 통계적 제어 시스템 등을 사용하여 하향식으로도 오류를 줄일 수 있다. 현재 오류 정정 기술은 큐비트 기술 발전에 비해 뒤처진 상태다.

논리 게이트 요구 사항

양자 컴퓨팅은 1개 또는 2개의 큐비트를 쓰는 논리 게이트를 사용한다. 95% 신뢰도의 큐비트라면, 1큐비트 논리 게이트는 95% 정확도를, 2큐비트 게이트는 90% 정확도를 보인다. 여러 게이트를 연속으로 실행하면 정확도(올바른 결과를 얻을 가능성)가 크게 떨어진다.

양자 어닐러는 최적화 기계라 여유가 있다. 오류로 불완전한 결과를 내도 전통적인 컴퓨터보다 나은 결과를 낼 수 있다. 예를 들어, 배송 작업이 경쟁사보다 10% 우수하다면 완벽하지 않아도 가치가 있다.

양자 컴퓨팅 방식별로 매핑하기

큐비트 개발을 촉진하는 두 요인을 살펴보자.

- » **충실도**: 프로그램 실행 중 큐비트가 이상적인 상태에 근접하는 정도다. 모든 단계에서의 성능 저하는 큐비트 간의 얽힘 때문에 증폭된다. 재료 연구, 신약 개발에 사용되는 시뮬레이션에 중요하다.
- » **규모**: 현재 큐비트 개수다. 쇼어, 그로버 알고리즘(6장 참조), 인공지능, 머신러닝에 중요하다.

다음 그림은 다양한 양자 컴퓨팅 방식의 충실도와 규모를 비교한다. 이 지도는 변할 수 있으며, 어떤 방식이든 빠른 발전이 가능하다.

이 장에서는 게이트 기반 양자 컴퓨팅에만 사용되는 큐비트만 다룬다. 하지만 기존 하드웨어의 양자 컴퓨터 시뮬레이터(8장)나 양자 어닐러(9장)도 사용할 수 있다. 모든 유형의 양자 컴퓨터는 동일한 학습의 연장선에 있고, 전체적인 이해가 필요하다. 한 영역의 경험은 다른 영역에도 도움이 된다.

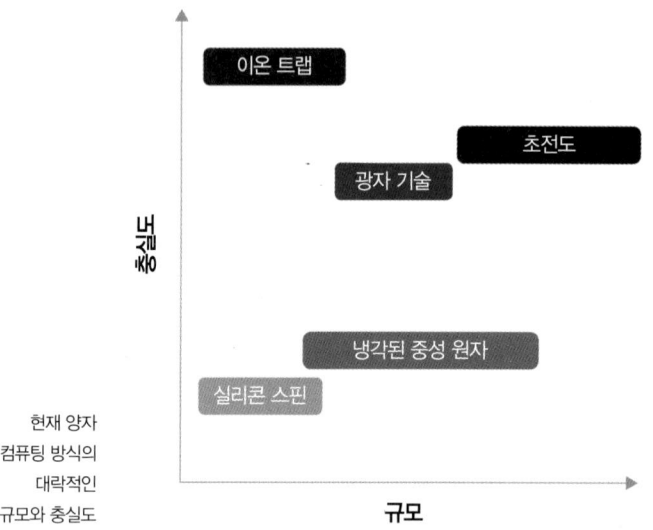

현재 양자 컴퓨팅 방식의 대략적인 규모와 충실도

이 시대의 문샷 moonshot

양자 컴퓨팅 연구자들은 큐비트 개발을 달 착륙 프로젝트에 빗대어 설명할 때가 많다. 물리학이 중심이지만, 수학, 재료 과학, 화학, 전기 공학 등 여러 분야의 협력이 필요하다. 역설적으로, 양자 컴퓨터가 발전하면 이 모든 분야에 도움을 줄 수 있다.

아직 실제 문제를 전통적인 컴퓨터보다 잘 해결하는 양자 컴퓨터는 없다. 전자 컴퓨터는 2차 세계대전 당시 콜로서스를 이용해 암호를 해독하면서 이 수준까지 도달했다. 이후 진공관이 트랜지스터로 대체되기까지 10년, 마이크로프로세서가 만들어지기까지 20년이 더 걸렸다. 현재 최첨단 마이크로프로세서 기술은 전 세계적 관심사다.

이를 고려하면 큐비트가 완전히 유용해지고 표준화되는 데 걸릴 시간을 짐작할 수 있다. 또한 큐비트 기술의 중요성도 알 수 있다.

다음 단계 알아보기

다음 장에서는 주요 큐비트 유형을 자세히 살펴본다. 가까운 미래에 특정 유형으로 통일될 것 같지는 않다.

앞서 언급했듯이, 머지않은 미래에 양자 컴퓨팅 기반의 획기적인 발전이 있을 것으로 예상되며, 이에 따라 이 분야에 관한 관심과 투자가 급증할 것이다.

양자 컴퓨팅은 아직 초기 단계지만, 실제 성과를 내면 무한한 발전 가능성이 있다. 투자자들은 이미 열광하고 있어, 초기 성공 시 모든 종류의 큐비트에 더 많은 투자가 이뤄질 것이다.

수십 년 동안 전통적인 컴퓨팅에서 봤던 선순환이 양자 컴퓨팅에서도 일어날 것이다. 각 세대의 양자 컴퓨터가 다음 세대의 설계를 개선하고, 새로운 소재 개발에도 도움을 줄 것이다. 더 나아가, 양자 컴퓨팅은 인공지능과 머신러닝을 한 단계 끌어올릴 것이다. 이는 다시 양자 컴퓨터 설계에 도움을 주는 새로운 AI 파트너의 등장으로 이어질 수 있다.

그때가 되면 양자 컴퓨팅의 미래는 매우 밝을 것이다. 인류의 미래는 불확실할 수 있지만, 어떤 형태의 지능이 작동하든 멋진 양자 컴퓨터가 그 중심에 있을 것이다.

CHAPTER 11

큐비트 유형 선택하기

> **이 장의 주요 내용**
> - 대표 선수 선별하기
> - 이온 트랩, 초전도체 더 알아보기
> - 양자 컴퓨팅을 위한 최상의 전략 수립하기

우주 경쟁은 두 국가와 그 동맹국 간의 우위 다툼으로 시작됐다. 인류가 달에 발을 딛고 골프공을 친 후, 우주 경쟁은 수십 년간 조용히 진행됐다. 최근에야 달 재탐사 계획이 수립되고 있으며, 그 전에 양자 이점을 일정 부분 달성할 것으로 예상된다.

흥미롭게도 우주 경쟁의 양상이 변했다. 이제는 두 정치 이데올로기 간의 일대일 대결이 아닌, 다수의 참가자와 다양한 종목이 있는 우주 10종 경기에 가깝다.

양자 컴퓨팅 분야도 비슷한 방향으로 발전하고 있다. 지정학적으로는 서방 국가들과 중국 간의 새로운 경쟁 구도가 형성됐다. 그러나 여전히 과학적 협력이 이뤄지고 있으며, 앞으로는 경쟁보다 협력이 더욱 중요해질 전망이다.

현재 중국은 양자 통신 분야를, 서구는 양자 컴퓨팅 분야를 선도하는 것으로 보인다. 하지만 이는 아직 초기 단계이며, 아직 양자 이점에 도달하지 못했다는 점이 중요하다.

양자 컴퓨팅은 선택의 측면에서도 10종 경기와 유사하다. 전통적인 컴퓨터의 양자 기반 컴퓨팅(8장), 양자 어닐링(9장), 게이트 기반 양자 컴퓨팅 중 선택할 수 있으며, 게이트 기반 방식(10장 및 이 장)에서는 큐비트 유형도 선택해야 한다.

이 장에서는 다양한 게이트 기반 양자 컴퓨팅 방식과 그 목표와의 연관성을 살펴본다. 특정 프로젝트나 기간 동안 한 방식을 선택해야 할 수도 있지만, 이는 변경할 수 있다.

양자 컴퓨팅 분야에 입문하는 사람은 이 장과 이전 장에서 설명한 기술 및 산업 환경을 전반적으로 알고 있어야 한다. 그러나 실제 투자를 고려하는 사람만이 특정 유형의 양자 컴퓨터를 선택할 필요가 있다. 나머지는 클라우드를 통해 다양한 유형의 양자 컴퓨터를 쉽게 이용할 수 있다.

양자 컴퓨팅은 아직 노이즈가 있는 중간 규모의 양자 컴퓨팅을 뜻하는 NISQ^{noisy} $^{intermediate-scale\ quantum}$ 시대에 머물러 있다. 여기서 **노이즈**는 각 큐비트와 그 제어 회로가 주변 큐비트에 영향을 줄 수 있는 간섭을 발생시키며, 동시에 각 큐비트가 주변 및 전체 환경의 노이즈에 취약하다는 것을 의미한다. **중간 규모**는 관련된 큐비트의 수를 가리키는데, 현재 사용 가능한 수십에서 수백 개의 유용한 큐비트는 장기적 관점에서 볼 때 여전히 작은 규모에 불과하다. **양자 컴퓨팅**에 관해서는 아직 실제로 양자 컴퓨팅을 하고 있다기보다는 **실험** 단계에 있다고 봐야 한다. 흥미롭게도 양자 어닐러나 게이트 기반 양자 컴퓨터 자체보다는 전통적인 컴퓨팅 하드웨어(8장)에서 실행되는 양자 기반 컴퓨팅에서 더 유용한 결과가 나오고 있다.

스코어카드로 선수 구분하기

'스코어카드 없이는 선수를 구분할 수 없다'라는 옛 속담이 있다. 이 말은 야구 선수들이 유니폼에 이름 대신 등번호만 있던 시절에 유래했다. 이런 관행으로 경영진은 선수 교체를 더 저렴하고 쉽게 할 수 있었다. 오늘날 이 표현은 스포츠, 비즈니스 등 여러 분야에서 모든 선수나 선택지가 뛰어나지만 뚜렷한 최고가 없는 상황을 묘사할 때 쓰인다.

이 말은 양자 컴퓨팅 분야에도 적용된다. 다양한 방식 중 몇몇 초기 선두 주자가 있지만, 아직 어느 주요 선택지도 무시할 수 없는 상황이다. 다음 그림은 각 양자 컴퓨팅 방식의 현재 주요 업체를 보여 준다.

주요 업체

이온 트랩	QUANTINUUM, IONQ, Universal Quantum
초전도	IBM Quantum, rigetti, OQC, Google, Baidu, Amazon Braket
광자 기술	PsiQuantum, XANADU, QUANDELA
냉각된 중성 원자	intel, Silicon Quantum Computing, QUANTUM MOTION
실리콘 스핀	PASQAL, QuEra, ColdQuanta

양사 컴퓨팅 공급업체의 방식별 현황

다이아몬드 공동diamond vacancies과 갇힌 전자로 만든 큐비트 등 여기서 소개한 것보다 더 많은 유형이 있다. 이 장의 뒷부분에서 이런 추가 유형을 간략히 다룬다. 중요한 점은 스코어카드를 계속 업데이트해야 한다는 것이다.

왜 이렇게 많은 큐비트 유형이 존재할까? 큐비트 유형의 증가와 상업적으로 개발 중인 유형의 제한된 수는 기술적인 이유만큼이나 비즈니스적 고려 사항과 관련이 있다. 양자 컴퓨팅에서 공급업체를 선택할 때 이 점을 유념해야 한다.

초전도 큐비트(구글과 IBM)와 이온 트랩 컴퓨팅(아이온큐IonQ와 퀀티넘Quantinuum) 분야에 초기 선두 주자들이 있다. 오늘날 새로운 양자 하드웨어 회사를 창업하려는 팀과 투자자들은 이 기술을 따라잡기 위해 많은 노력과 초기 장비 투자가 필요하다.

광자 기술, 냉각된 중성 원자, 실리콘 스핀과 같은 다른 접근 방식은 비교적 최근에 등장했다. 이들은 광범위한 사용에서 큰 이점을 제공하거나, 특정 문제와 유용한 사례에 적합할 수 있다. 예를 들어, 충격 내구성, 휴대성, 추가 보안 기능 또는 낮은 단가가 중요한 군사용이나 산업용 같은 틈새시장에 적합할 수 있다. 회사는 한 가지 틈새시장에서만 성과를 내도 살아남을 수 있다.

QCFDaaS?

기술 공급업체들은 '서비스형'으로 판매하는 것을 선호한다. 서비스형 소프트웨어(SaaS), 서비스형 플랫폼(PaaS), 서비스형 인프라(IaaS) 등이 이에 해당한다. QCFDaaS$^{\text{Quantum Computer For Dummies as a Service}}$가 제법 멋지게 들리지만, 안타깝게도 이 책은 서비스 형태로 제공할 수 없다.

IT 기술을 다루는 책은 전자책이나 오디오북 형태라도 일회성 제품과 비슷하다. 이런 책들은 특정 시점의 상황을 반영한다. 모든 장이 함께 가야 하며, 그렇지 않으면 벤저민 프랭클린$^{\text{Benjamin Franklin}}$이 미국 독립 선언서 서명자들에 대해 말했듯이 각각 실패하게 된다.[1]

이 책을 읽는 데는 상당한 시간과 에너지가 필요하다. 그렇다면 그 후에 어떻게 최신 정보를 유지할 수 있을까? 핵심은 업계에서 관계를 발전시키는 것이다. 다양한 사람과 조직을 알아가고, 최신 정보를 얻고 기여하자. 15장과 16장에 언급된 커뮤니티와 자원 중 일부가 이와 관련해 유용할 수 있다.

개인적 선호도 역시 중요한 요소가 될 수 있다. 한 방식의 선도 연구자는 학계에 남기를 원할 수 있고, 다른 방식의 선도적인 팀은 투자를 받아 회사를 창업하고 싶을 수도 있다.

따라서 모든 양자 컴퓨팅 방식의 세부적인 발전을 따라잡으려 하지 말자. 대신 여기서 제시한 기본 사항을 숙지한 후 주요 발전 상황을 주시하자. 어떤 방식이든 중요한 진전은 많은 주목을 받을 것이며, 이는 필요할 때 접근 방식을 수정할 기회가 될 것이다.

---

[1] 옮긴이_ 벤저민 프랭클린이 독립 선언서에 서명하면서 "우리는 함께 뭉쳐야 한다. 그렇지 않으면, 분명 우리는 각각 처형될 것이다(We must all hang together or most assuredly we will all hang separately)"라고 했던 유명한 연설을 따온 표현이다. 'hang'이라는 단어의 '뭉친다'와 '처형된다'라는 이중 의미를 살린 연설이다.

공급업체들의 주장을 평가할 때는 방식 내 비교와 방식 간 비교의 차이를 구별해야 한다. '우리의 접근 방식은 확장성이 매우 뛰어나다'라는 말이 모든 방식과의 비교인지(현재 초전도 큐비트가 가장 확장성이 뛰어나다), 아니면 단순히 특정 방식 내 업체 간 비교인지 주의해야 한다. 또한, 이온 트랩과 초전도 방식은 대규모 문제 해결 능력이 입증되었지만, 광자, 냉각된 중성 원자, 실리콘 스핀 접근 방식은 아직 그 수준에 도달하지 못했다는 점을 기억하자.

큐비트의 핵심은 상호 작용하거나 직접 측정되지 않는 결맞음 물질(보통 아원자 입자나 원자)이다. 예를 들어, 전자 스핀은 위나 아래 두 가지 상태를 가진다. 결맞음 물질은 중첩 상태로 두 상태(위쪽 스핀과 아래쪽 스핀)를 동시에 갖는다. 각 결맞음 물질은 환경으로부터 격리되어 직접 측정할 수 없어야 하며, 그렇지 않으면 해리되거나 간섭 때문에 부정확한 결과를 낸다. 동시에 제어 평면은 큐비트를 서로 얽히게 하고 중첩된 스핀이나 속성에 영향을 줄 수 있어야 하며, 이 과정에서 결어긋남이나 오류가 없어야 한다. 이는 큐비트가 양자 컴퓨팅에서 유용하게 쓰이기 위한 기본적인 기술 요구 사항이다.

이온 트랩 큐비트

이온 트랩 큐비트는 1990년대에 처음 등장한 개별 큐비트 유형이다. 컴퓨터 제조업체인 하니웰^{Honeywell}에서 분사한 퀀티넘^{Quantinuum}의 장치는 32개의 고품질 큐비트를 달성했다. 양자 하드웨어 기업 중 최초로 상장한 아이온큐^{IonQ}도 이 분야의 선도 기업이다. 많은 벤처 캐피털과 다양한 자금이 이 기술에 투자됐다.

이름에서 알 수 있듯이, 이온 트랩 큐비트는 레이저로 중성 원자를 이온화하여 전자를 제거함으로써 만든다. 이렇게 하면 원자는 양전하를 띠게 된다. 이온화된 원자는 매우 정밀한 자기장으로 제자리에 고정되며, 산섭을 막기 위해 진공 상태로 유지된다. 그 이후 이온을 중첩 상태로 만들고 추가 레이저 빔으로 조작하여 양자 컴퓨팅 프로그램의 단계를 수행하는 게이트를 실행할 수 있다.

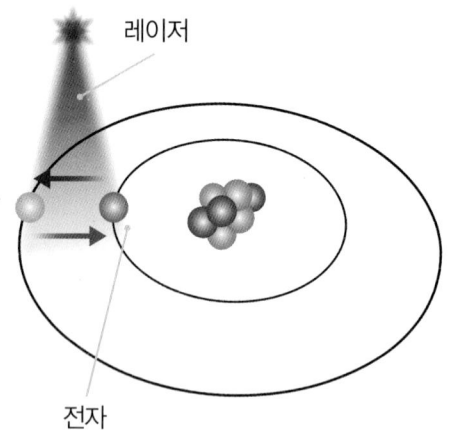

이온화된 원자는 트랩 이온 양자 컴퓨팅에서 자석으로 쉽게 제어할 수 있다.

1K 이하로 과냉각할 필요는 없지만, 이온 트랩을 4K로 냉각하면 결맞음을 유지하기가 훨씬 쉬워진다. 4K 범위의 일정 온도는 초전도 큐비트에 필요한 0K 근처의 완전 과냉각 온도보다 달성하기 쉽다. 그러나 이온 트랩에 필요한 엄밀한 진공 유지는 쉽지 않다. 이온 트랩은 아직 초전도 큐비트와 같은 규모로 제조할 수 없으며, 이온 트랩 시스템의 확장 가능성과 방법은 여전히 과학적으로 미지의 영역이다.

전자는 양자 컴퓨팅 프로그램 실행으로 추가 레이저 빔을 통해 조작된다. 레이저는 원자의 전자(최외각 전자)에 에너지를 공급해서 핵에서 멀리 떨어진 바깥쪽 궤도로 이동하고, 다른 이온의 들뜬 전자와 섞일 준비를 하게 한다. 따라서 이온 트랩 큐비트는 서로 얽히기가 상대적으로 쉽다. 여기서 설명하기 어려운 놀라운 양자적 이유로, 수십 개의 이온이 물리적으로 붙지 않더라도 서로 쉽게 얽힐 수 있다.[2]

---

[2] 옮긴이_ 조금만 더 설명하면, 두 이온은 서로 같은 전하를 띠고 있어서 쿨롱 힘으로 밀어내고, 외부 자기장으로 끌어당겨지기 때문에 일종의 진동을 하게 된다. 이를 양자 조화 진동자(quantum harmonic oscillator)라고 한다. 이를 이용하면 두 이온끼리 얽힘 상태를 만들 수 있고, CNOT 같은 2 큐비트 게이트를 만들 수 있다.

양자 도약은 왜 실제 도약이 아닐까?

양자 역학의 핵심은 전자가 특정 궤도(잠재적 위치)에만 있을 수 있으며, 궤도 간 거리가 플랑크 상수로 결정된다는 점이다(3장 참조). 전자가 광자를 흡수하거나 방출해 에너지를 얻거나 잃을 때, 한 궤도에서 다른 궤도로 갑자기 이동하는데, 이를 **양자 도약**quantum leap이라고 한다.

하지만 이는 우리의 언어가 양자 영역에서는 한계를 드러내는 또 다른 예다. 고전적 도약(이탈리아어와 스페인어 'salto'를 연상시킴)은 물체가 한 지점에서 시작해 일정 시간 동안 공간을 이동한 후 다른 지점에서 끝나는 것을 뜻한다. 이는 지금 시도해 볼 수 있다!

반면 양자 도약에서는 물체가 한 지점에서 시작해 시간 경과 없이 다른 지점에 나타나며, 그 과정에서 어떤 공간도 통과하지 않고 시간도 걸리지 않는다. 거시적인 물체인 우리는 이를 시도할 수 없지만, 이는 우리 주변과 우리 안에서 항상 일어나고 있다. 양자 도약의 실제 과정을 이해하려면 상당한 사고의 전환이 필요하다.

대부분의 전문가들이 **양자 도약**이라는 용어를 **싫어한다**는 점도 주목할 만하다. 하지만 우리는 더 많은 청중에게 다가가고 전문가들을 약간 불편하게 만들기 위해 이 용어를 유쾌하게 사용하고자 한다.

이 얽힘의 용이성은 이온 트랩 양자 컴퓨터에 큰 힘을 준다. 최종 레이저 빔으로 이온이 고에너지 상태(0)인지 저에너지 상태(1)인지 판독한다. 이 과정은 매우 정확하며, 흡수되거나 방출된 광자를 시각화해 추적한다.

하지만 이 과정에는 시간이 걸린다. 이온 트랩 양자 컴퓨터는 상대적으로 느리게 프로그램을 실행하지만, 긴 결맞음 시간 덕분에 많은 프로그래밍 단계를 완료할 수 있는 큰 회로 깊이를 달성한다. 또한 다대다 얽힘 능력entangleability (방금 지어낸 단어다. 맞춤법 검사기가 불평할 것이다) 덕분에 양자 컴퓨팅 성능이 매우 뛰어나다.

안타깝게도 진공 및 제어 기계가 수십 큐비트를 넘어가면 거대해지기 때문에 이온 트랩의 확장이 어렵다. 또한 하전 입자(이온화된 원자 포함)는 서로 강하게 반발해 강제로 근접시키기 어렵고 노이즈가 발생한다.

이온 트랩 시스템 제조업체는 양자 부피(퀀티넘) 또는 알고리즘 큐비트(아이온큐) 같은 지표로 용량을 측정한다. 이는 단순한 큐비트 수가 아닌 큐비트 수, 충실도, 프로그래밍 단계 실행 능력 등에서 파생된다. 복잡성을 고려하면 이런 대체 측정법 사용이 합리적이다. 그러나 이온 트랩 장치가 미래의 일부가 되려면,

(노이즈가 많은) 초전도 큐비트만큼은 아니더라도 큐비트 수의 꾸준한 발전이 필요하다.

초전도 큐비트

초전도 큐비트는 규모 면에서 확실한 선두 주자다. IBM은 최신 장치에서 400큐비트 이상을 달성했으며 곧 1,000큐비트 이상의 장치를 제공할 예정이다.[3] 구글, IQM, 리게티Rigetti는 50~80큐비트 시스템을, 옥스퍼드 퀀텀 컴퓨터와 중국 기업 바이두는 8~11큐비트의 작은 시스템을 보유하고 있다. 아마존도 초전도 양자 컴퓨터 개발을 발표했지만, 아직 작동하는 시스템은 없다.

DIFFICULT

초전도 큐비트 방식 안에서도 다양한 유형의 큐비트가 존재한다. 오늘날 가장 널리 사용되는 초전도 큐비트는 **트랜스몬**transmons[4]이다. 인기가 덜한 다른 유형으로는 콕스몬coaxmon과 플럭스몬fluxmon이 있다.

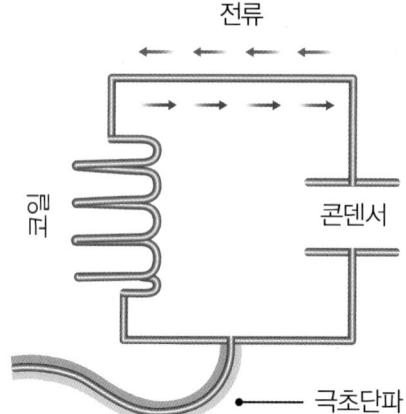

초전도 루프는 트랜스몬 큐비트의 핵심이다.

초전도체는 특정 물질을 매우 낮은 온도(임계 온도)로 냉각하면 손실 없이 전류를 전달할 수 있는 물질이다. 임계 온도 이하에서 전자는 서로 끌어당기며 쌍을 이루고, 이 쿠퍼cooper 쌍은 자유롭게 흐른다.

---

[3] 옮긴이_ 1장에서 얘기했듯이 이미 1,121큐비트를 발표했다.
[4] transmission line shunted plasma oscillation의 줄임말이다.

초전도 큐비트는 결맞음 물질이 단일 원자나 아원자 입자가 아닌, 결맞음된 금속 고리라는 점에서 독특하다. 이 고리는 매우 작지만 여전히 수십억 개의 원자로 구성된다. 트랜스몬은 복잡하기 때문에 서로 다르며 사용하기 전에 반드시 보정이 필요하다.

과냉각은 각 루프를 결맞음 상태로 만든다. 두 개의 과냉각 루프를 매우 가깝게 배치하고 그 사이에 벽을 두어 쿠퍼 쌍이 터널링하도록 한다. 전자 쌍의 다양한 특성이 중첩 상태를 만드는 양자 특성으로 사용된다. 초전도 큐비트는 마이크로파로 중첩 상태에 놓인다.

이런 루프/벽 결합 구조는 기존 반도체 집적 회로 제조 공정과 유사한 방식으로 만들 수 있다. 상대적으로 큰 크기 덕분에 다른 큐비트보다 관리하기 쉽다. **인공적으로** 제조되어 '**인공 원자**$^{artificial\ atom}$'라고 불리지만, 여전히 양자 역학 원리의 영향을 받는다. 실리콘 점$^{silicon\ dot}$도 인공 원자 역할을 하지만 훨씬 작다. 초전도 큐비트는 결맞음 물질의 크기가 크고 극저온이 필요해 이온 트랩 큐비트보다 결맞음과 안정성 유지가 어렵다.

초진도 규비트는 **게이트**를 매우 빠르게 실행하지만 충실도가 낮다. 따라서 실패할 가능성이 낮은 제한된 수의 게이트만 실행한다. 이를 '회로 깊이가 낮다'라고 하는데, 큐비트가 실패하기 전까지 거칠 수 있는 게이트 단계 수가 적기 때문이다. 이 결어긋남 경향 때문에 다른 큐비트 유형보다 오류 정정이 더 필요하다.

초전도 큐비트는 1큐비트 및 2큐비트 논리 게이트를 생성하는 데 적합해 계산에 유리하다. IBM은 1~2년마다 큐비트 수가 두 배로 늘어나는 양자 컴퓨터 계획을 정기적으로 업데이트하며 목표를 꾸준히 달성하면서 이 분야를 이끌고 있다. 다른 큐비트 유형이 더 높은 충실도와 이론적 능력을 갖추고 있어도 따라잡기 어려울 만큼 빠르게 발전하고 있다.

D-웨이브는 IBM의 게이트 기반 양자 컴퓨터보다 더 많은 수천 개의 초전도 큐비트를 갖춘 양자 어닐러로 새로운 길을 개척하고 있다. D-웨이브는 제어 회로를 큐비트에 통합하고 큐비트 간 얽힘을 제한적으로 허용해 더 많은 큐비트를 달성했다. 이런 설계는 논리 게이트 방식보다 오류에 덜 취약한 어닐링 방식에 알맞다. 노이즈가 많은 어닐링은 완벽하지는 않아도 여전히 유용한 결과를 낼 수

있지만, 노이즈가 많은 논리 게이트 컴퓨터는 매우 정확하거나 심각하게 틀릴 가능성이 높다.

일부 초전도체는 다른 것보다 훨씬 높은 온도에서 작동하며, 최고 온도는 약 133K로 0K(−273℃)와 물의 어는점인 0℃의 중간쯤이다. 그러나 이런 고온 초전도체는 큐비트에 알맞지 않다. 미래의 양자 컴퓨터는 더 높은 온도에서 초전도성을 나타내는 재료 연구에 도움을 줄 수 있으며, 이는 큐비트나 우주선에 쓰일 수 있다. AI와 양자 컴퓨팅의 결합도 이 탐색에 유용할 수 있다. 큐비트에 사용할 수 있는 상온 초전도체에 대한 꿈은 이 방향으로의 모든 실질적인 발전이 잠재적으로 가치 있을 수 있음을 뜻한다.

오늘날 큐비트의 고뇌와 환희

초전도 큐비트와 이온 트랩 큐비트는 안타깝게도 양자 컴퓨팅에 필요한 특성에서 상반된 장단점을 가지고 있어, 거의 논리적으로 보완 관계에 있다.

초전도 큐비트는 전체 양자 처리 칩에서 게이트 충실도가 낮고(평균 충실도 약 97~99%), 일관성 시간이 매우 짧으며(100만분의 1초), 인접한 큐비트에만 연결할 수 있고, 절대 영도로 냉각해야 한다. 이 큐비트는 만들어진 것이라 '부자연스럽다'라고 할 수 있다. 큐비트는 각각 수십억 개의 원자로 이뤄져 복잡하고 가변적이어서 사용할 때마다 조정해야 한다.

그러나 초전도 큐비트는 매우 빠르고, 상대적으로 만들기 쉬우며(너무 작지 않아서 그렇다), 인접 큐비트에 쉽게 연결할 수 있다. 또한 확장성이 뛰어나 IBM은 100개 이상의 큐비트를 갖춘 (오류만 없었다면 좋았을) 여러 시스템을 갖고 있다. 앞으로 필요한 건 큐비트당 노이즈 감소와 99%를 넘는 안정적인 충실도 그리고 큐비트 전체의 오류 정정이다.

이온 트랩 큐비트는 훨씬 더 높은 충실도(현재 평균 약 99~99.8%)와 훨씬 더 높은 연결성(큐비트 줄의 모든 큐비트가 서로 쌍으로 얽힐 수 있음)을 가진다. 게이트 시간은 더 느리지만, 큐비트가 수 초 동안 일관성을 유지해 이를 상쇄한다. 핵심 큐비트는 자연스럽고 단순해서 상대적으로 불변하며 조정할 필요가 없다.

큐비트의 중심인 결맞음 물질이 매우 작아서 전체 큐비트도 매우 작을 수 있지만, 현재 기술로는 만들기가 어렵다. 이 때문에 큐비트 수를 늘리기가 어렵다. 우리의 백만 큐비트 양자 컴퓨터와 AI 프로그램을 바로 여기에 적용해서 해결하자. 아, 아직 없지.

각 큐비트 중심의 원자는 작은 레이저로 제어되는데, 이 방식은 수십 큐비트 이상으로 늘릴 수 없다. 이온 트랩 양자 컴퓨터는 최근 약 10큐비트에서 현재 최고치이며 매우 안정적인 32큐비트까지 올렸고, 80큐비트 이상에 도달하면 재료 연구 분야에서 흥미로운 진전이 있을 것으로 기대된다. 여기서 필요한 건 더 나은 제어 기술(원자 규모에서 레이저 서바이벌 게임은 정말 어렵다)과 대량 생산 능력을 함께 향상시키는 것이다.

다른 큐비트 유형 중 하나가 현재 앞서가는 이온 트랩 큐비트와 트랜스몬 큐비트를 넘어서지 못하면, 두 유형 모두 꾸준히 발전하거나 둘 중 하나가 우위를 차지할 수 있다. 아직 모두에게 기회가 있다.

광자 기술 큐비트

큐비트를 깊이 들여다보면, 광자로 큐비트를 만드는 게 얼마나 매력적인지 알 수 있다. 작고 질량도 전하도 없는 단일 광자는 편광, 빔 스플리터에서의 경로, 도착 시간 등 여러 양자 특성을 조작해 다양한 큐비트로 사용할 수 있다. 이론적으로 광자 하나로 두 가지 이상의 특성을 사용하여 큐비트 수를 쉽게 늘릴 수 있다.

광자 큐비트는 아주 오래 결맞음 상태를 유지한다. 질량이 없고 전하를 띠지 않으며 광속으로 움직이기 때문에 환경과 상호 작용이 적고, 서로 얽히기 쉬우며 여러 방식으로 조작할 수 있다. 그러나 큐비트끼리 관계가 없어서 2큐비트 논리 게이트로 결합하기가 어렵다. 이 큐비트에 사용되는 장비 중 일부는 과냉각이 필요하지만, 앞으로는 이런 조건이 없어지길 희망한다. 광자 자체는 지구 온도에 별로 영향받지 않는다. 광자 큐비트를 연구하는 대표적인 회사로는 프사이퀀텀, 퀀델라, 재나두가 있다.

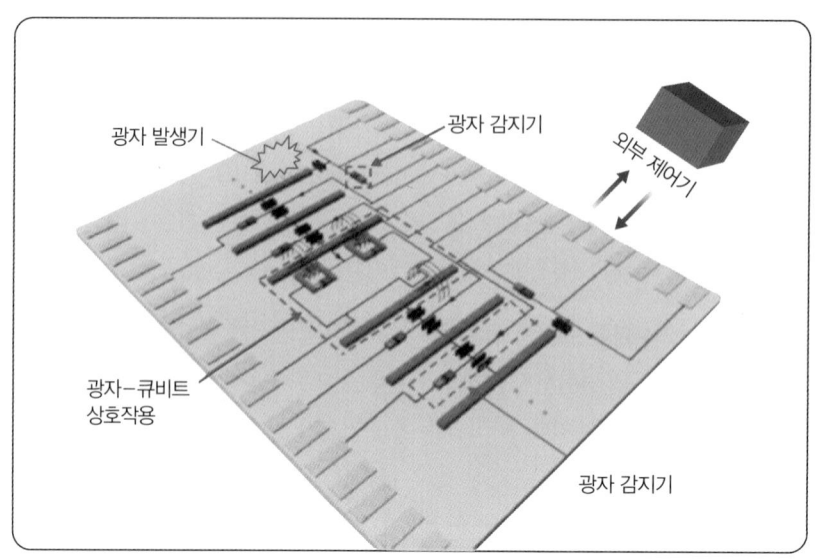

광자는 다양한 방식으로 큐비트에 활용할 수 있다.

DIFFICULT

우리가 광자를 뭔가라고 부르기 때문에 **물체**라고 생각하지만, 사실 광자는 질량도 없고 정해진 위치도 없는(확률적인 위치만 있는) 그저 단순한 에너지 뭉치일 뿐이다. 미국 소설가인 거트루드 스타인Gertrude Stein이 책에서 싫어하는 도시를 표현한 것처럼, "거기에는 아무것도 없다". 게다가 광자 확률 구름의 중심은 빛의 속도로만 움직이는데, 어떤 큰 물체도 그렇게 빠르거나 비슷하게라도 움직일 수 없다. 만약 그렇게 해본다면, 그 물체는 노화를 멈추고 우리가 아는 우주만큼 커질 것이다. 여기서 다이어트 실패 농담은 그만두자.

빛의 속도로만 움직이는 광자 큐비트는 특정 정보 처리와 양자 통신에는 적합하지만, 양자 컴퓨팅에 쓸 만큼 많은 수의 결맞음 상태의 큐비트로 모으기는 어렵다. 양자 컴퓨팅용으로 광자를 대량 조작하는 방법은 많지만, 아직 어떤 게 '최선의 방법'인지는 모른다.

몇 달에 한 번씩 어느 연구실에서 개별 광자 큐비트(다른 큐비트도 마찬가지)로 놀라운 성과를 내지만, 작고 빠른 이 녀석은 관리하기 어렵다. 지금까지는 큐비트를 모아 쓸 만한 개수의 안정적인 논리 게이트를 만들지 못했다. 특히 얽힌 2 큐비트 게이트가 어렵다. 광자는 서로에게도, 우리에게도 철저하게 무관심해서 계산에 사용하기가 어려웠다. 동시에 비물질이기 때문에 이온 트랩으로 더 쉽게 할 수 있는 재료 과학이나 화학 연구에 바로 쓰기도 어렵다.

이 문제를 해결하려고 광자 기술 컴퓨팅 회사인 재나두는 여러 광자를 중첩해 하이젠베르크의 불확정성 원리를 활용하는 압착 상태로 만든다. 즉, 양자 컴퓨터가 신경 쓰지 않아도 되는 변수의 불확정성은 높이고 의존하는 변수의 불확정성은 줄인다.

우리는 600년 전 갈릴레오 때부터 망원경, 현미경, 안경, 레이저, 광섬유 등을 써 왔기에 광자를 큰 규모로 다룰 수 있는 장비와 R&D 기술을 보유하고 있다. 양자 기술 1.0의 하나로 지난 한 세기 동안 광자로 멋진 일을 할 수 있는 능력이 가속화됐다. 따라서 기본 원리만 제대로 알면 광자 큐비트를 실제로 아주 많이 늘릴 수 있다.

광자 큐비트는 다른 방식을 뛰어넘는 큐비트가 될 수 있고, 몇 년 안에 엄청나게 큰 양자 컴퓨터의 기초가 될 수도 있다. 그러나 양자 통신과 양자 계측(측정)에서 놀라운 일을 할 수 있어도 미래 양자 컴퓨터의 기반이 되지는 못할 수도 있다.

무서운 소폰

저자 스미스는 중국의 대표 SF 작가인 류츠신$^{Liu\ Cixin}$의 베스트셀러 3부작인 『삼체』의 열렬한 팬이다. 『삼체』는 이 글을 읽을 때쯤 넷플릭스에서 시리즈로 공개되었을 것이다. (약간의 스포일러 주의) 책에서 소폰^{Sophons}은 각각 양성자 하나에 든 작은 슈퍼컴퓨터로, 어딘가에서 지구로 온다. 지구에 도착한 소폰은 주인을 위해 스파이 등 여러 임무를 수행한다. 한 소폰은 사람 모습을 하기도 한다. 소폰은 양자 기술 2.0(혹은 10.0이나 그 이상)에서 영감을 받은 듯한 3부작에 등장하는 아이디어다.

나머지 중 최고

1855년 시인 월트 휘트먼$^{Walt\ Whitman}$은 '나는 크고, 수많은 무리를 품고 있다'라고 썼다. 그가 지금 개발 중인 여러 종류의 큐비트 수를 말한 건 아닐 거라 확신하지만, 혹시 모른다. 그가 시인이었다고 했던가?

다음은 '연구' 단계에 있는 몇 가지 다른 큐비트에 대한 간단한 설명이다. R&D 사이클의 '개발' 단계까진 아직이다.

» **냉각된 중성 원자**: 이온 트랩처럼 (냉각된) 중성 원자도 자기장 대신 레이저 빔으로 가둔다. 단일 외각 전자는 레이저로 들뜬 상태가 되어 양자 역할을 한다. 이 큐비트는 쉽게 얽히며, 서로 반발하는 이온과 달리 배열에 빽빽하게 모여 강력한 다중 큐비트 게이트를 만들 수 있다. 인플렉션Infleqtion, 파스칼Pasqal, 큐에라QuEra가 이 기술을 사용한다.

» **실리콘 스핀**: 실리콘 스핀 큐비트도 인공 원자라는 점에서 트랜스몬 큐비트와 비슷하다. 하지만 초전도 금속 덩어리 대신 실리콘 같은 반도체 소자의 단일 원자를 사용한다. 극초단파로 제어하는 단일 전자가 양자 역학적 주인공이다. 큐비트를 양자 점 안에 배치할 수 있으며, 많은 TV 화면의 모든 픽셀에 이미 양자 점이 많아서 대량 생산하기 좋다. 이 큐비트는 인텔, 퀀텀 모션, 실리콘 퀀텀 컴퓨팅이 밀고 있다. 인텔과 관련 있다는 걸 보면 알 수 있듯이 실리콘 스핀 큐비트는 칩 기술을 사용하여 고도로 제조할 수 있지만 아직은 오류가 많다.

뜨거우면 뜨거울수록

대부분 양자 컴퓨팅은 절대 영도의 수천 분의 1인 mK 온도에서 작동한다. 요즘은 이 정도 낮은 온도를 만들고 유지하는 게 기술자에겐 **그리 어렵지 않다**. 하지만 mK 세계와 실온 세계를 이어주려면 냉각된 곳에 열 노이즈를 일으켜 과냉각 큐비트의 결맞음을 방해할 수 있는 물리적 연결이 필요하다.

최근 이를 해결하려고 두 가지 최첨단 기술이 개발됐다. 첫 번째는 인텔과 큐텍QuTech의 '뜨거운' 실리콘 스핀 큐비트다. 이 큐비트는 대략 1K 이상에서 작동한다! 이는 큐비트 충실도를 높이고 양자 컴퓨팅의 비용과 환경 영향을 줄이는 중요한 진전이다.

두 번째는 실제 큐비트가 아닌 큐비트 제어 회로를 갖춘 양자 컴퓨팅 스타트업 시크SEEQC의 새 제어 칩이다. 이 칩은 mK 온도에서 작동하고 큐비트에 직접 결합할 수 있도록 설계되어 극저온이 필요한 큐비트 관리를 간소화한다. 상온 세계에서 큐비트와 함께 mK 세계에 있는 새로운 칩으로 단 한 번만 연결하면 여러 큐비트를 제어할 수 있다. 따라서 큐비트마다 하나 이상의 양자 역학적으로 '노이즈가 많은' 전선이 필요 없다.

이 발전은 큰 뉴스는 안 되지만 곧 양자 컴퓨팅 전체가 기대하는 실제적인 진전을 가져올. 느리지만 꾸준한 발전을 보여 주는 예다.

DIFFICULT

양자 점은 조명을 받으면 특정 색으로 빛나는 반도체 나노 입자다. 디스플레이 화면뿐만 아니라 의학, 태양광 발전 등 여러 분야에 사용된다. 저자 스미스는 흑백 TV로 우주 경쟁의 시작을 보고 컬러 TV를 처음 본 기억이 있어서 지금 큐비트에 대해 쓰는 걸 보면 꽤 넓은 기술 발전을 겪은 셈이다.

이론상 양자 점은 단독이나 쌍으로 직접 큐비트로 쓸 수 있고, 실리콘 스핀 큐비트도 양자 점에 삽입할 수 있다. 따라서 양자 점 큐비트를 사용하는 시스템 이야기를 들으면 실리콘 스핀 큐비트인지 아닌지 물어보자.

오류 정정에 적합한 마조라나 페르미온^{Majorana fermion}을 지난 10년 동안 관찰했다는 주장이 있지만, 이는 논란의 대상이다. 설령 정말 봤다 해도 큐비트로 사용하기까지는 아직 갈 길이 멀었을 것이다.

지금은 투자도 적지만 언제든 중요해질 수 있는 양자 컴퓨터 방식도 있다. 다음은 두 가지 예다.

- » **NMR(시험관^{in vitro}) 큐비트**: 시험관 속 액체에서 몇 개 원자나 분자를 골라 그 스핀으로 큐비트를 만들어 양자 컴퓨팅에 사용할 수 있다. 'in vitro'는 라틴어로 '유리 안(유리는 시험관의 유리)'이라는 뜻이다. 1990년대에 이 방식으로 처음 실험실에서 양자 컴퓨팅을 보여줬다. 6장과 다음 그림을 보자. 현재 이 방식에 돈을 투자하여 개발하지는 않는다.
- » **BEC 큐비트**: 보스–아인슈타인 응축물(BEC)이란 초전도 기체로 큐비트를 만들 수 있다. 아직 실험실에서만 해 봤고 상용화하진 않았다. BEC는 각 큐비트가 엄청난 수의 원자로 구성된다는 점에서 금속으로 만든 초전도 큐비트와 비슷하다. 벗져 보이지만, 이것도 mK까지 냉각해야 한다.

다음 큐비트 방식은 지금까지 소개한 것과는 다르게 만들어 쓰거나, 초전도 큐비트나 이온 트랩 큐비트와 함께 사용할 수 있다.

- » **위상학적 큐비트**: '천사 입자'라고 불리는 마조라나 페르미온이란 이론상 입자가 오류 정정을 아주 잘할 수 있다. 천사가 올 때를 대비해 이를 작동시키기 위한 중요한 단계를 밟고 있다. 최근 퀀티늄에서 이온 트랩 큐비트 위에 위상학적 방식을 구현하는 데 진전이 있었다.
- » **결함 기반 큐비트**: 다이아몬드의 눈에 보이지 않는 결함은 상온에서 높은 충실도로 제어할 수 있다. 이 결함으로 큐비트를 잘 만든다면 다이아몬드가 모두의 가장 친한 친구가 될 수 있다. 다른 큐비트 배열에서 누락된 큐비트 같은 다른 결함도 이런 식으로 사용할 수 있다.

NMR 작동 원리

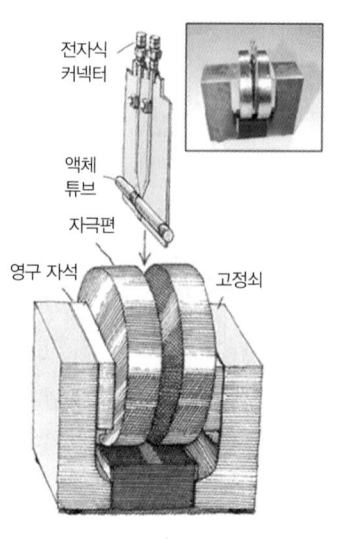

- 현재, 3큐비트와 7큐비트 NMR 기기가 가능하다.
- IBM은 10큐비트 기기를 개발 중이다.
- 또한, 작고 상온에서 동작하는 실용적인 NMR 기기가 개발 중이다.

전자식 커넥터
액체 튜브
자극편
영구 자석
고정쇠

NMR 큐비트는 1990년대에 양자 컴퓨팅을 실현하는 데 핵심적인 역할을 했다.

DIFFICULT

마이크로소프트는 양자 컴퓨팅 하드웨어 전략을 마조라나 페르미온에 기반했지만, 천사 입자는 악마처럼 숨바꼭질을 하고 있다. 마이크로소프트는 발표했다가 철회하는 난처한 상황을 겪었다. 이로 인해 소프트웨어 회사가 입자 물리학에 손대면 이런 일이 생긴다는 쓸쓸한 유머가 나왔지만, 언젠가 이 회사의 노력이 빛을 볼지도 모른다.

양자 컴퓨팅을 위한 전략 선택하기

양자 컴퓨팅 기술을 이해하는 일은 우리에겐 매력적이다. 하지만 사업가나 기업에서 일하는 기술자가 이 지식으로 무엇을 할 수 있을까? 어떻게 활용하면 좋을까?

양자 컴퓨팅에 뛰어들 때 목표를 정하는 게 좋다. 양자 컴퓨팅 여정에 가져갈 만한 목표를 크게 몇 가지로 나눌 수 있다.

- **학습과 전략 수립**: 이 책이 많은 분의 학습에 도움이 되기를 바란다. 양자 컴퓨팅 환경, 참여자, 응용 분야를 충분히 이해했다면 8장에 설명한 대로 조직과 함께 전략을 세울 수 있다.
- **교육**: 기술 분야 사람이라면 양자 컴퓨터 프로그래밍 강좌를 들을 수 있다(12장 참조). 양자 컴퓨터 프로그래밍 방법을 배우고, 여러 알고리즘을 시도해 보고, 비즈니스에서 직면한 기회와 과제에 몇 가지 알고리즘을 적용해 볼 수도 있다. 기술 분야가 아니라면 기술 분야 사람들과 교류해 보자.
- **기회 평가**: 기술에 밝은 많은 조직에서는 여러 종류의 양자 컴퓨터로 현재와 가까운 미래의 경쟁 우위(또는 열위, 혹은 둘 다)를 찾으려고 내부 팀을 꾸려 상당한 시간을 쏟고 있다. 이런 접근으로 조직은 업계 현황과 주요 공급업체의 제품을 현재 비즈니스의 단기 및 장기 요구 사항, 새로운 기회, 경쟁 위협과 연결하는 데 도움을 받을 수 있다. 또한, 앞으로 양자 컴퓨팅 여정을 함께할 파트너도 찾을 수 있다.
- **프로젝트 작업**: 일부 조직은 양자 컴퓨팅으로 한두 가지 중요한 비즈니스 과제를 해결하려고 상당한 자원을 쏟고 있다. 이 조직은 해결하려는 과제에 맞는 양자 컴퓨팅 유형을 선택하고 공급업체 및 컨설턴트와 협력해 본격적인 작업을 시작하고 있다. 오늘 선택한 공급업체가 내일의 최종 공급업체가 아닐 수도 있고, 공급업체와 컨설턴트도 마찬가지지만, 이 접근 방식이 가장 큰 보상을 안겨줄 수 있다.

클라우드 활용하기

클라우드는 컴퓨팅 환경을 바꾸는 게임 체인저로, 양자 컴퓨팅 공급업체와 고객에게 큰 이점을 제공한다. 클라우드는 양자 컴퓨팅을 활용할 때 두 가지 장점이 있는데, 하나는 명확하고 다른 하나는 미묘하다.

분명한 장점은 유연성이다. 양자 컴퓨터로 작업을 시작하려고 직접 구매할 필요 없이 쓴 만큼만 비용을 지급하면 되기 때문에 아주 적은 투자로 양자 컴퓨터 작업을 시작할 수 있다. 지금은 무료 크레딧도 많아서 더욱 쉽게 시작할 수 있다.

공급업체 입장에서는 새로운 고객과 비교적 쉽게 소통할 수 있다. 이 글을 쓰는 지금, 많은 양자 컴퓨팅 공급업체가 상대적으로 적은 비용으로 고객을 유치하고 있다. 적어도 값비싼 고급 양자 컴퓨터 시간을 진지하게 '살' 때가 아니라, 양자 컴퓨팅을 가볍게 '시도'할 때는 구매자에게 유리한 시장이다.

명확한 질문

이 책을 다 읽고 양자 컴퓨팅을 잠시 접어 둘 생각이라면 몇 가지 명확한 질문을 고려해 보기 바란다.

개인 차원에서 보면, AI와 머신러닝은 일부 지식 근로자의 일자리를 보강하거나 대체할 만큼 발전하고 있다. 동시에 많은 기술자들이 순수 기술 기업에서 더 안정적일 수 있지만 기술적 도전과 보상이 적은 전통 조직으로 밀려나고 있다. 기술 업계에 남고 싶다면 양자 컴퓨팅에 집중적으로 시간과 노력을 투자하면 남들보다 앞서 나갈 수 있다.

조직 차원에서는 양자 컴퓨팅이 실제 비즈니스 가치를 내기 시작했다. 기업들은 컴퓨팅 때문에 발생하는 문제를 자세히 검토하고 양자 컴퓨팅이 도움 될 수 있는지 검토할 기회를 얻고 있다. 일부 기업들은 양자 어닐러나 게이트 기반 양자 컴퓨터보다는 양자 기반 컴퓨팅(8장 참조)에서 해결책을 찾고 있다.

양자 컴퓨팅은 곧 당신이나 조직이 한발 더 나아가지 않으면, 경쟁사에 새로운 경쟁 우위를 줄 수 있다. 아직 안 왔다고 안심하다가, 그 순간이 닥쳤을 때 뒤늦게 엄청난 학습량을 감당하고 싶은가?

경쟁 조직이 양자 컴퓨팅을 기반으로 한 새로운 프로젝트, 신제품이나 새 서비스를 발표한다고 상상해 보자. 이 상황은 경쟁사에는 큰 흥분을, 여러분에게는 큰 압박을 줄 것이다. CEO나 임원은 조직에 이렇게 물을 가능성이 크다. "우리가 양자 컴퓨팅 분야에서 경쟁력을 갖추려면 얼마나 걸릴까?" 책임 있는 위치에 있는 사람이라면 "모르겠다"라고 답하는 건 좋은 대답이 아니다.

8장에서 설명한 대로 조직에서 파트타임 프로젝트 팀을 구성하고 지금 양자 컴퓨팅이 주는 이점을 진지하게 살펴보는 건 그리 어렵지 않다. 자신과 조직이 기회를 놓치거나 최악의 경우 양자 컴퓨팅 고속도로에 치이기 전에 노력을 기울이길 바란다.

이 페이지에서 양자 컴퓨팅에 초기 시간과 에너지를 투자하라고 강조한 이유는 바로 초기 투자 비용이 그리 많이 들지 않기 때문이다. 많은 경우, 앞서 말한 무료 하드웨어 크레딧이나 AWS, 애저, 스트레인지웍스 등이 제공하는 조기 접속 프로그램 같은 초기 투자 비용을 돕는 프로그램으로 여러분과 팀이 시작할 수 있다. 이 분야가 주목받아 열기가 뜨거워지면 시작하기가 더 어려워지고 비용도 더 많이 들 수 있다.

클라우드가 주는 미묘한 이점은 공급 측면에 있다. 업계에서는 양자 컴퓨팅을 고성능 컴퓨팅high-performance computing(HPC) 환경의 일부로 본다. HPC는 주로 수백만 달러짜리 강력한 독립형 장치인 슈퍼컴퓨터였다. 이런 시스템을 구축하려면 막대한 투자가 필요했다. 전문 공급업체가 정부와 연구소의 초기 주문에 의지해 새롭고 더 나은 기술을 출시하는 생태계가 생겼지만, 이 때문에 발전 속도가 느리다.

하지만 클라우드로 HPC는 빠르게 확장되고 있다. 클라우드 공급업체는 새롭고 특이한 장치를 저렴하게 제공할 수 있고, 많은 잠재 고객에게 즉시 접근할 수 있다. 고객은 구매하기 전에 사용해 볼 수 있다.

8장에서는 전통적인 컴퓨터에서 실행되는 양자 기반 알고리즘의 등장을 설명했다. 이 분야는 클라우드 덕분에 가능해진 고객과 공급업체 간 유연한 계약 때문에 초기에 매우 다양한 해결책을 내놓으며 빠르게 성장할 수 있었다.

이 상황을 잘 활용하는 회사 중 하나가 주로 그래픽 사업을 하던 칩 제조업체 엔비디아[Nvidia]다. 오늘날 그래픽 처리 장치(GPU)와 관련 장치는 AI와 양자 컴퓨팅의 수요 증가로 엄청난 인기를 끌고 있다. 양자 컴퓨팅 여정은 엔비디아 GPU에서 실행되는 시뮬레이터로 시작할 수도 있다.

복잡성이 빠르게 늘어나면서, 잠재 고객인 여러분에게는 새로운 해결책이 모두 지속되지 않을 수 있다는 단점이 있다. 하지만 비즈니스 과제와 기회를 파악하고, 이 책과 같은 자료로 업계의 큰 흐름을 파악하고, 새로운 제품을 효율적으로 평가할 수 있다면 새로운 기술을 현명하게 사용하여 지속 가능한 경쟁 우위를 확보할 수 있다.

신중하게 기업 선정하기

양자 컴퓨팅 기업이 어떻게 생기는지 이야기하는 동안, 어떤 기업은 사라질 수 있다는 점도 짚고 넘어가야 한다.

양자 컴퓨팅은 여전히 호황과 불황을 반복하고 있다. 지난 수십 년 동안 벤처 캐피털의 투자를 받은 AI 기업들이 생겨나면서 우리는 몇 차례의 **AI 겨울**을 보냈다. AI 겨울은 관심이 줄어들고 자금이 고갈되어 몇몇 기업이 사업을 포기하거나 더 심하게는 좀비 모드로 전환하는 시기다. 영화 〈살아있는 시체들의 밤〉과 TV 시리즈 〈실리콘 밸리〉를 섞어놓은 걸 떠올려 보자. 좀비 모드에선 집에 불은 켜져 있지만 사람이 거의 없다.

양자 컴퓨팅에도 양자 겨울이 있었다. 실제로 2023년에 저자가 참석한 한 콘퍼런스에서는 또 다른 양자 겨울을 피하는 것이 주요 화제 중 하나였고, 심지어 공식 의제로 채택되기도 했다.

여러 방식과 제품을 평가할 때 실사의 일환으로 기업의 건전성을 점검하자. 매출, 고객 확보, 비즈니스 전망에 대해 까다로운 질문을 던져보자.

클라우드는 어느 정도만 도움이 된다. 고객과 기업은 적은 예산으로 초기 노력을 쉽게 할 수 있다. 그래서 고객은 예전처럼 공급업체에 매달릴 필요가 없다. 과거에는 슈퍼컴퓨터 회사가 고객 목록을 제공하면 그 고객들은 각각 한 대의 컴퓨터에 최소 수백만 달러를 썼을 것이다. 오늘날엔 초기 접근이 저렴하고 쉽다. 따라서 공급업체가 제공하는 고객 목록은 총지출액 면에서 얼마되지 않을 수 있다. 현재 양자 컴퓨팅 공급업체가 수주하는 가장 큰 프로젝트는 정부 계약이다.

한 예로, 어떤 주요 양자 컴퓨팅 회사는 양자 컴퓨팅 시스템을 대당 천만 달러 이상에 판매한다. 최근 몇 년 동안 이 회사의 연 매출은 거의 천만 달러에 미치지 못했다. 따라서 고객 목록이 아무리 탄탄해 보이고 보도 자료가 인상적이어도, 천만 달러짜리 시스템이 창고에서 나가는 일이 많지 않다는 것을 금방 짐작할 수 있다.

사실 창고가 없을 수도 있다. 대신 새로 나온 시스템 중 일부만 있거나 대부분 또는 전부가 공급업체 소유 시설에 있고, 클라우드로 많은 고객에게 조금씩만 제공하고 있을 수 있다. 이런 상황은 중고차를 계약하기 전에 자동차 상태가 좋은지 파악하기 위해 타이어를 많이 차 보고 싶어 하는 고객에게는 좋지만, 공급업체의 매출 수치에는 불리하다.

따라서 공급업체와 계약하기 전에 이런 어려운 질문을 해 보자. 안심할 수 있는 답변이든 걱정스러운 답변이든, 특정 공급업체가 어려움을 겪을 때를 대비하여 백업 계획을 세우자.

PART 3

양자 컴퓨팅과 얽히기

3부에서 다루는 내용을 통해 양자 컴퓨터를 프로그래밍할 수 있고, IBM이 무료로 제공하는 양자 컴퓨터 프로그래밍 입문서도 이용할 수 있다. 앞으로 몇 년 동안 양자 컴퓨팅이 더 강력해지면서 어떤 응용 분야가 유망한지 알아보자. 여러 응용 프로그램 분야에 사용되는 특정 유형의 프로그래밍과 실제 문제를 해결하는 양자 컴퓨팅 알고리즘을 공부해 보자. 클라우드를 사용하여 AWS, 마이크로소프트 애저 같은 클라우드 제공업체와 스트레인지웍스와 같은 전문 제공업체로 양자 컴퓨터와 관련 리소스에 접속해 보자. 고등학교 수준의 간단한 입문부터 양자 컴퓨터의 머신러닝까지 모든 것을 다루는 교육 자료를 살펴보자.

CHAPTER 12 | 양자 컴퓨터 프로그래밍하기

CHAPTER 13 | 양자 컴퓨팅 응용 분야

CHAPTER 14 | 양자 컴퓨팅 알고리즘

CHAPTER 15 | 클라우드 양자 컴퓨팅

CHAPTER 16 | 교육 자료

CHAPTER **12**

양자 컴퓨터 프로그래밍하기

> **이 장의 주요 내용**
> - 양자 컴퓨터 프로그래밍을 위한 요구 사항 충족하기
> - 개발자처럼 생각하기
> - 양자 컴퓨터 작동시키기
> - 양자 알고리즘 분석하기

양자 컴퓨터를 프로그래밍하는 일은 전통적인 컴퓨터를 프로그래밍하는 것과 매우 다르다. 숙련된 개발자라도 몇 가지는 새로 배워야 한다. 개발이 처음이라면 배울 게 아주 많지만, 백지상태에서 시작할 수 있다는 장점이 있다.

개발자가 아니고 되고 싶지 않더라도 양자 컴퓨터 프로그래밍에 관심이 있다면 한번 도전해 보자. 양자 컴퓨팅은 어떤 분야에서는 뛰어나지만, 다른 분야에서는 그리 유용하지 않을 수 있기 때문에 기본적인 양자 컴퓨터 프로그래밍 기술을 배우면, 양자 컴퓨터가 현재 할 수 있는 일과 없는 일, 미래에 어떤 일을 할 수 있을지 감을 잡을 수 있다.

양자 컴퓨터로 많은 일을 하고 싶은 개발자라면 양자 컴퓨터 프로그래밍 방법을 배우는 것이 필수다. 오늘날의 NISQy 양자 컴퓨터에서 성능을 끌어내려면 기본을 배우는 것만으론 부족하고 양자 컴퓨팅 프로그래밍을 어느 정도 익혀야 한다.

NISQy는 1장에서 설명한 오늘날의 버그 많고 성능 낮은 기계를 가리키는 '노이즈가 있는 중간 규모 양자(NISQ)'에 대한 말장난이다.[1]

양자 컴퓨터를 잘 돌아가게 하려는 노력 덕분에, 개발자와 다른 이들은 오늘날의 전통적인 컴퓨터에 대해서도 많이 배우고 있다. 양자 컴퓨터 프로그래밍을 시도해 보면 익숙한 전통적인 컴퓨터 프로그래밍을 새롭게 바라볼 수 있다.

이 장의 끝에 가능한 한 저렴하게 양자 컴퓨터 프로그래밍을 실습해 볼 기회를 마련했다. 물론 무료다! 적어도 이미 책값을 냈으니, 무료라고 할 수 있다. 이렇게 하면 16장에서 설명하는 양자 컴퓨팅 프로그래밍 강좌를 듣는 데 약간의 동기 부여가 될 것이다.

왜 이렇게 어려운가?

양자 컴퓨터 프로그래밍이 배우기 어려운 이유는 양자 컴퓨터가 오늘날의 전통적인 컴퓨터 프로그래밍보다 훨씬 더 하드웨어에 가깝게 작동하기 때문이다. 그것도 아인슈타인이 말했던 유령 같은 하드웨어다.

전통적인 컴퓨터 프로그래밍은 매우 높은 수준으로 발전해서 프로그래밍 언어가 실행되는 기존 논리 게이트를 이해하거나 심지어 아는 프로그래머도 거의 없다. 요즘 많은 개발자는 CPU와 직접 대화하는 프로그래밍 언어인 어셈블리 언어가 뭔지도 모른다. 또한 코드를 작동하게 하는 수학적 추상화와 물리적 구현도 잘 모른다.

1940년대와 1950년대 당시의 새로운 컴퓨터를 프로그래밍하려면 사용 중인 논리적 추상화와 코드를 실행하는 전자 회로를 완전히 이해한 상태에서 올바르게 접근해야 했다. 이제는 그럴 필요가 없다.

양자 컴퓨팅이 실용화를 향해 나아가면서 수학적 추상화, 즉 논리 게이트와 이를 회로(큐비트)로 구현해 프로그램이 작동하게 하는 방법을 다시 이해해야 하는 시점에 왔다. 양자 컴퓨터 프로그래밍을 배우면 전통적인 컴퓨팅 프로그래밍 실력도 간접적으로 좋아질 수 있다고 말했던가?

---

1 옮긴이_ 원저에는 'NISQy'를 톰 크루즈가 출연했던 영화 〈위험한 청춘 Risky Business〉(1983)의 'Risky'에 빗대어 말장난한 것을 영화 관계자에게 사과하는 농담이 한 줄 들어 있다.

우리가 하려는 일 이해하기

요약: 최적화를 할 것이다.

저자 스미스는 지금은 잊힌 1990년대 스타트업 탈리젠트^{Taligent}의 초기 직원이었다. 이 신생 회사는 '우리는 오직 우리만이 할 수 있는 일만 한다$^{We\ Only\ Do\ What\ Only\ We\ Can\ Do}$'라는 신조를 사용했다. 줄여서 'WODWOWCD'라고 불렀다. 티셔츠에 이 문구를 인쇄하고, 몇 년 동안 WODWOWCD를 북극성 삼아 일했다.

안타깝게도 100달러에 팔린 신조와 티셔츠, 모든 코드와 문서가 담긴 CD-ROM이 탈리젠트의 유일한 가치 있는 결과물이었다.

하지만 이 신조는 꽤 멋지다! 복잡한 상황에서 우리가 바꿀 수 있는 모든 걸 바꾸지 말고 우리만 **고유하게 바꿀 수 있는 것**만 바꾸라고 말한다. 양자 컴퓨터 프로그래밍도 이와 비슷하다. 초창기에는 이 새로운 도구로 이전에 누구도 해 보지 못한 방식으로 문제를 해결할 수 있다.

양자 컴퓨팅이 성숙해지면서, 가능한 답이 엄청나게 많은 상황에서 다음 중 하나 이상을 해야 힐 때 초기 경험이 도움이 될 수 있다.

> 이 장의 예제가 주목하는 더 나은 답 찾기(최적화)

> 최적의 답 찾기(계산)

> 양자 역학적 원리로 작동하는 물질의 움직임을 이해하고 변경하기(시뮬레이션)

여기서는 최적화로 문제 해답을 만드는 법을 보여 준다. 최적화에서는 현재 논리 게이트 양자 컴퓨팅(10장 및 11장)보다 양자 기반 컴퓨팅(8장) 또는 양자 어닐링(9장)을 사용하면 더 나은 결과를 얻을 수 있다. 하지만 게이트 기반 양자 컴퓨터를 프로그래밍하는 건 현재로서는 엄청난 학습 경험이며, 미래의 여러분에게 가치가 있을 것이다.

한 가지 명심할 점은 오늘날의 양자 컴퓨터는 주어진 문제가 나타내는 에베레스트의 경사면을 올라갈 수 있을 정도의 힘만 가진다는 것이다. 현재로서는 우리가 가진 양자 컴퓨팅 성능으로 정상에 오를 수 있는, 즉 양자 이점을 이룰 만한 도전 과제는 없다.

양자 컴퓨팅의 힘

양자 컴퓨팅의 힘은 대규모 병렬 처리에 있다. 완전한 성능을 갖춘 양자 컴퓨터가 등장하면, 양자 컴퓨터가 잘하는 문제는 전통적인 컴퓨터보다 기하급수적으로 빠르게 풀 것이다.

예를 들어, 256개의 오류 정정 큐비트를 가진 양자 컴퓨터는 2^{256}개의 가능한 답이 있는 문제에서 정답을 찾을 수 있다. 이는 현재보다 훨씬 많은 100배나 1,000배의 물리적 큐비트가 필요할 수 있다. 큐비트를 하나만 더하면 2^{257}개로 가능한 답의 수가 두 배가 되고, 큐비트를 추가할수록 그 수는 계속 늘어난다.

전통적인 컴퓨터가 2^{256}개의 가능한 답이 있는 문제의 답을 찾는 데 1초가 걸린다고 가정해 보자. 그리고 다음 답을 찾는 데 1초가 더 걸린다. 이런 식으로 가능한 모든 답을 만들려면 전통적인 컴퓨터에서 2^{256}번 문제를 풀어야 한다.

안타깝게도 2^{256}은 매우 큰 숫자여서, 전통적인 컴퓨터가 이 문제의 모든 답을 계산하는 데는 우리 우주의 예상 나이보다 더 오래 걸린다. 만약 인류가 그때까지 살아 있다면 큰 가치가 있는 답이 될 것이다.

하지만 256개의 오류 정정 큐비트가 있는 양자 컴퓨터도 같은 문제를 푸는 데 1초가 걸린다고 가정해 보자. 그러나 양자 컴퓨터는 전통적인 컴퓨터처럼 문제의 **가능한 답 중 하나만** 내고 사용자에게 2^{256}번 과정을 반복하게 하지 않는다. 성숙한 양자 컴퓨터는 첫 번째 시도에서 2^{256}개의 선택지 중 **가능한 최고의 답**을 제시한다. 1초면 사용자의 기대 수명 안에 있다!

이 개선된 미래의 양자 컴퓨터가 다소 버그가 있어도 여전히 정답을 얻을 수 있다. 문제를 여러 번 풀고 정답이 나올 때까지 반복해서 기다려야 한다. 같은 답을 통계적으로 의미 있게 많이 맞힌 후에는 번거롭긴 해도 우주의 종말보다 훨씬 앞서 승리를 선언할 수 있다. 오늘날의 양자 컴퓨터를 많이 사용하다 보면 이 기법이 작은 문제에도 사용되는 걸 볼 수 있다.

HPC 우위를 향한 경쟁

양자 컴퓨팅이 매력적인 만큼 더 큰 그림의 일부이기도 하다. 하나는 양자 컴퓨팅이 양자 통신 및 양자 센싱과 함께 당당하게 자리 잡은 양자 기술 2.0이다. 다른 하나는 8장에서 말했듯이 고성능 컴퓨팅(HPC)의 더 큰 그림이다.

데이터가 여전히 새로운 석유라면 컴퓨팅은 새로운 전기다. 인류의 문제를 해결하고 조직의 경쟁 우위를 얻으려고 HPC를 사용하는 데 큰 진전이 이뤄지고 있다. HPC 유형의 양자 컴퓨팅은 배트맨의 도구 벨트에 있는 또 하나의 멋진 도구일 뿐이다.

양자 컴퓨팅에 진지하게 참여하면 더 넓은 HPC 그림의 많은 것을 배우게 된다. 그 이유는 HPC에서 실행되는 여러 종류의 양자 기반 컴퓨팅이 속도, 비용, 에너지 소비 등 여러 주요 성능 지표에서 양자 알고리즘과 경쟁할 때가 많기 때문이다. 양자 컴퓨팅이 실제로 문제를 해결할 수 있는 방법인지 확인하려고 여러 접근법을 시도해야 할 수도 있다.

초기에 양자 컴퓨팅에 매력을 느낀 사람들이 모든 플랫폼에서 컴퓨팅을 발전시키는 만능 HPC 전문가가 되기를 바란다.

양자 이점이란 양자 컴퓨터에서 전통적인 컴퓨터보다 더 정확하고, 더 빠르고, 더 저렴하게 더 나은 결과를 얻는 것을 뜻한다. 아직 양자 이점은 없다. 예를 들어, 양자 컴퓨터에서 쇼어 알고리즘의 초기 데모(6장 참조)는 '15'의 소인수를 계산하는 데 성공했다. 안타깝지만 이게 우리가 사는 세상이고, 양자 컴퓨팅에 참여한다면 이 어려움을 극복하는 게 여러분의 일이다.

어떤 방법으로 할지 알아보기

요약: 알고리즘과 게이트를 활용해서 프로그래밍한다.

전통적인 컴퓨팅에서는 개발자가 컴퓨터에 원하는 해답을 향한 단계를 밟으라고 지시한다. 양자 컴퓨팅에서는 컴퓨터에 문제를 설명하고 프로그래밍으로 원하는 해답이 나오는 환경을 만든다.

다른 양자 역학 현상처럼, 양자 컴퓨팅이 15의 인수 분해 같은 사소한 문제에서 정확한 결과를 내는 이유는 우리의 제한된 영장류 뇌로는 이해가 안 된다. 하지만 의심스러울 때는 리처드 파인먼의 말처럼 "닥치고 계산하자".

양자 역학은 엄청나게 어려운 문제에서 놀랍도록 정밀하고 유용한 결과를 내며, 한 세기가 넘게 그렇게 해왔다. 특히, 1905년 아인슈타인이 흑체 복사의 논문을 발표한 이래로 그랬다.[2] 양자 컴퓨팅도 언젠가는 그 이유를 정확히 알든 모르든

---

[2] 옮긴이_ 정확히는 플랑크의 흑체 복사 논문으로, 에너지의 불연속성에 힌트를 얻어서 빛이 파동이면서 입자라는 광전 효과에 대한 논문을 1905년에 발표했다.

같은 일을 할 것이다.

양자 컴퓨팅의 문제를 푸는 데는 두 가지 핵심 도구가 있다. 첫 번째는 양자 알고리즘이다. 양자 알고리즘은 계산하는 데 엄청나게 오래 걸리는 문제의 일부를 찾아내고 양자 컴퓨팅의 병렬성을 이용해 그 부분에 대한 답을 빠르게 얻는다. 양자 컴퓨터가 더욱 강력해지면서 답을 매우 빨리 얻을 것이다.

14장에서는 몇 가지 주요 알고리즘과 그 알고리즘이 어떻게 마법처럼 작동하는지 그리고 하는 일을 알아본다. 지금은 이런 알고리즘을 수술용 메스라고 생각하면 된다.

메스로 모든 문제를 풀 순 없지만, 필요할 때 메스는 정말 유용하다. 양자 컴퓨팅 프로그래머가 하는 일의 대부분은 쓸 수 있는 알고리즘 중 하나인 메스로 공격할 수 있는 문제를 찾은 다음 선택한 알고리즘을 효과적으로 사용하는 것이다.

또 다른 도구는 양자 컴퓨팅 프로그램의 실제 계단 같은 단계인 게이트다. 요즘은 거의 아무도 직접 다루지 않는 전통적인 컴퓨팅의 논리 게이트와 비슷하지만, 양자라는 흥미로운 방식으로 다룬다.

가장 중요한 차이점은 양자 컴퓨팅 논리 게이트가 가역적[3]이라는 점이다. 즉, 양자 컴퓨팅 프로그램의 각 단계에는 항상 실행 취소 버튼이 있다. 가역적 단계로 문제를 풀려면 색다른 사고방식이 필요하며, 양자 컴퓨터 프로그래밍을 하면서 이런 사고방식을 기를 수 있다.

DIFFICULT

가역적 단계로 계산하는 건 전체적인 무질서가 끝없이 증가한다는 열역학 제2법칙을 넘어 깊고 어두운 심연의 경계를 따라 춤추는 것과 같다. 이는 각자의 존재가 궁극적인 혼돈으로 가는 작은 과속 방지턱에 불과하다는 뜻이기도 하다. 이는 더 나은 마블 슈퍼히어로 영화의 주제이기도 하지만, 어쨌든 상관없다. 양자 컴퓨팅 프로그램에서 가역적 단계를 사용하면 이론상 불가능한 전체 무질서를 줄이지는 못하지만 늘리지도 않는다. 꽤 멋지지 않은가?

---

3 옮긴이_ 예를 들어 XOR 논리 게이트는 두 입력 A, B가 (0,0), (1,1) 로 같을 때 출력이 0이고, (0,1), (1,0) 으로 서로 다를 때만 출력이 1이다. 출력인 0과 1의 결과만 가지고는 두 입력을 역으로 추정할 수 없다. 이것을 비가역적이라고 한다. 만약 XOR 게이트를 가역적으로 만들려면 출력에 값 하나를 추가해서 (A, 출력값)로 표시하면 (0,0) => (0,0), (0,1) => (0,1), (1,0) => (1,1), (1,1) => (1,0)이 되고 출력값으로 입력값 A, B를 추정할 수 있게 된다. 이를 가역적이라고 정의한다. 양자 컴퓨터의 논리 게이트는 가역적이다.

양자 컴퓨터 프로그래밍을 하는 이유는 바로 이런 새로운 사고방식을 개발하기 위해서다. 이 장의 앞에서 말했듯이, 이 새로운 사고방식은 양자 컴퓨터를 프로그래밍할 때뿐 아니라 양자 컴퓨팅으로 풀 수 있는 문제를 찾는 데도 도움이 된다. 앞으로 양자 컴퓨터의 성능이 좋아지면서 점점 더 다양한 문제를 해결할 수 있게 될 것이다.

양자 컴퓨팅 논리 게이트의 기능을 이해하려면 허수의 더 깊은 의미, 행렬 수학에 대한 이해, 블로흐 구면Bloch sphere의 정보에 입각한 사용법에 대한 성찰이 필요하다. 이 책에서는 이 모든 걸 자세히 다루지는 않겠지만, 좋은 양자 컴퓨팅 프로그래밍 입문 강좌에서 배울 수 있다. 그래도 양자 컴퓨팅이 무엇인지 조금은 보여 주려고 한다.

많은 사람이 고등학교나 대학교에서 행렬 수학을 배웠지만, 사용하지 않아서 배운 기술을 잃어버렸다. 양자 컴퓨터 프로그래밍을 제대로 공부하고 싶다면, 보통 사람도 이해할 수 있고 양자 컴퓨팅의 능력을 활용하는 데 꼭 필요한 행렬 수학을 배우는 시간을 가져보자.

다음 그림은 블보흐 구면의 표현을 보여 준다. 블로흐 구면은 양자 컴퓨팅 논리 게이트가 하는 일을 시각화하는 데 유용하다. 또 매우 멋지므로 조금만 시간을 들이면 거의 확실히 이해할 수 있다.

풍수geomancy는 자연적으로 생기거나 바위, 모래, 흙 등을 던져 만든 지상의 무늬나 표시를 해석해 초자연적인 존재와 소통하는 것이다. 양자 컴퓨팅의 블로흐 구면 사용은 3D라는 점과 허수를 포함한다는 점을 제외하면 크게 다르지 않다. 양자 컴퓨팅 입문서에서만 풍수에 대한 설명이 기술적인 내용으로 분류될 수 있다.

고등학교 기하학으로 돌아가서 블로흐 구면의 수학은 라디안radian을 사용한다. 원의 둘레는 2π 라니안이므로 $\pi/2$ 라디안은 90도 이동, π 라디안은 180도 뒤집기, 2π 라디안은 원을 한 바퀴 돌고 다시 시작한 곳으로 돌아오는 것을 의미한다.

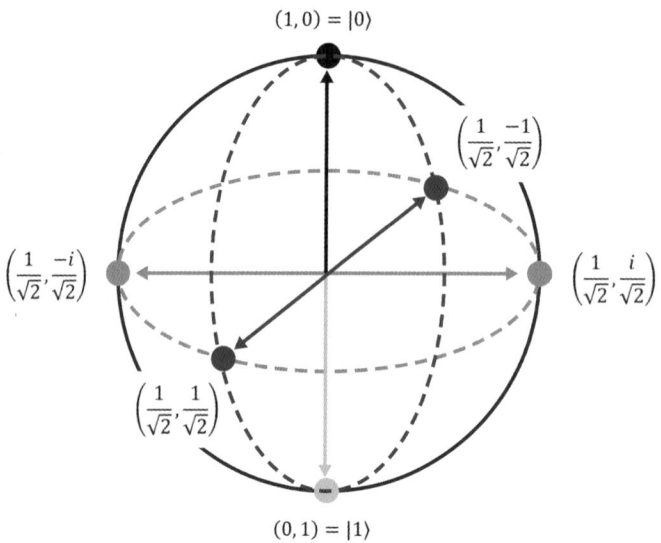

블로흐 구면

다음 그림은 몇 가지 양자 컴퓨팅 논리 게이트를 보여 주며, 블로흐 구면에 매핑 됐을 때 어떤 역할을 하는지 상상해 시각화할 수 있다. 양자 컴퓨터 프로그래밍을 배우면서 보다 완전한 논리 게이트 집합을 배우게 된다.

논리 게이트	기능
X	X-게이트. X 축을 중심으로 π 라디안만큼 회전. 전통적인 컴퓨팅에서 비트를 반전시키는 것과 같다.
Z	Z-게이트. Z 축을 중심으로 π 라디안만큼 회전. 위상을 반전시키는 기능을 하며, 전통적인 컴퓨팅에는 같은 기능이 없다.
H	아다마르 게이트. 블로흐 구면에서 큐비트의 방향을 위, 아래 사이 가운데로 놓아 중첩 상태로 만든다. 큐비트를 측정하면 0, 1이 나올 확률이 같다. 이 역시 전통적인 컴퓨팅엔 없는 기능이다.

양자 컴퓨팅 논리 게이트 예시

기본 사항 알아보기

프로그래밍에 익숙하지 않은 사람을 위해 프로그래밍을 간단히 소개한다.

컴퓨터 프로그램은 컴퓨터에 무엇을 해야 하는지 알려 주는 일련의 명령어다. 케이크 만드는 방법을 알려 주는 레시피와 비슷하지만, 컴퓨터 프로그램은 밀가루와 달걀 대신 컴퓨터가 이해할 수 있는 특수 언어로 작성된 코드를 사용한다.

프로그램은 컴퓨터가 작업을 하려면 알아야 하는 입력 데이터로 시작한다. 입력에는 숫자, 단어나 그림이 들어갈 수 있다. 그다음 프로그램은 논리를 사용하여 입력을 처리하고 할 일을 정한다. 이 단계에는 계산, 특정 조건을 만족하는지 확인하거나 입력에 따라 결정하는 일이 포함될 수 있다.

프로그램이 입력을 처리한 후에는 프로그램 계산의 결과인 출력을 만든다. 출력에는 프로그램의 목적에 따라 숫자, 단어, 그림이나 다른 프로그램에 대한 지시가 포함될 수 있다.

양자 컴퓨터는 현재 처리 부분만 수행한다. 입력은 전통적인 컴퓨터가 양자 컴퓨터로 가져오고, 출력은 양지 컴퓨터에서 선봉적인 컴퓨터로 전송된다.

프로그램은 간단한 계산부터 게임 플레이어를 위한 비디오 게임 환경을 만들거나 데이터를 분석하는 복잡한 작업까지 모든 작업을 할 수 있다. 프로그램은 여러 프로그래밍 언어로 작성할 수 있으며 휴대폰부터 데스크톱, 슈퍼컴퓨터, 양자 컴퓨터 시뮬레이터나 양자 컴퓨터에 이르기까지 다양한 종류의 컴퓨터에서 실행할 수 있다.

컴퓨터 프로그램 작성법을 배우는 것은 재미있고 유용한 기술로, 여러분에게 모든 기회를 열어줄 수 있다.

양자 프로그램의 요구 사항 작성하기

전통적인 컴퓨팅에서 사용되는 비트는 0이나 1로 정해진 값을 가지며, 각 비트는 다른 모든 비트와 완전히 독립적이다. 양자 컴퓨팅에 사용되는 큐비트는 한 번에 여러 상태에 있을 수 있고(중첩), 각 큐비트의 상태는 하나 이상의 다른 큐비트와 원활하게 상호 작용할 수 있어(얽힘) 비트보다 훨씬 더 강력하다. 또한 양자 컴퓨팅 프로그램은 여러 선택지 중에서 정답을 찾아낼 수 있다(터널링).

전통적인 컴퓨터 프로그램과 양자 컴퓨터 프로그램의 차이점이 있지만 양자 프로그램은 단순히 양자 컴퓨터를 위한 일련의 명령어다. 양자 프로그램에서 사용자는 일련의 명령어를 만들어 양자 컴퓨터에 할 일을 지시한다. 이런 명령어를 양자 게이트라고 한다.

양자 컴퓨팅의 게이트는 컴퓨터 프로그래밍의 단계와 거의 같은 역할을 한다. 양자 컴퓨터 프로그래밍 게이트는 전통적인 컴퓨터 프로그래밍 단계와 같지만, 게이트가 가역적이고 다중 우주에 접속한다는 점에서 매우 다르다. 게이트는 대부분의 전통적인 컴퓨터 프로그래밍 언어의 상위 명령어보다는 어셈블리 언어의 프로세서별 명령어에 더 가까운 기본 연산이다.

양자 컴퓨터 프로그래밍을 훨씬 쉽게 하려고 파이썬과 같은 기존 언어를 양자 컴퓨터 프로그램과 함께 쓸 수 있게 만들었다. 그러나 대부분의 파이썬 프로그래머는 자기 프로그램이 전통적인 컴퓨터에서 실행될 때 기계 수준에서 어떤 일을 하는지 이해하지 못하며, 셸 스크립트$^{\text{shell script}}$처럼 자신의 프로그램이 큐비트와 어떻게 상호 작용하는지 정확히 이해하지 못한다. 양자 컴퓨터의 패스트푸드 프로그래머(프로그램의 작동 원리를 모른 채 실행만 하는 사람)가 되고 싶지 않다면 깊이 있게 공부할 준비를 해야 한다.

양자 게이트는 큐비트 집합의 상태를 변경하는 다이얼과 스위치로 생각할 수 있다. 개발자는 이를 단순해 보이는 여러 방식으로 결합해 복잡한 연산을 만들 수 있다. 프로그램이 실행되면 양자 컴퓨터는 큐비트를 조작하고 요청한 작업을 수행하기 위해 게이트를 이용한다.

게이트는 큐비트의 상태를 미묘하게 변경한다. 그러나 프로그램이 완료되면 결과는 각 큐비트의 0 또는 1로 판독되며, 이는 전통적인 컴퓨터를 프로그래밍할 때 보는 결과와 같다.

이 모든 것의 의미를 이해하는 가장 좋은 방법은 양자 컴퓨팅 프로그램을 작성하고 실행해 보는 것이다. 시작하려면 먼저 적절한 개발 환경이 필요하다. 여러 환경 중에서 고를 수 있으며, 특별한 환경이 없다면 주피터 노트북Jupyter Notebook, 비주얼 스튜디오 코드Visual Studio Code 또는 엑스코드XCode를 알아보자.

이 책 외에도 도움이 필요할 것이다. 스택 오버플로StackOverflow, 깃허브 코파일럿GitHub Copilot, 심지어 챗GPT까지 무료나 저렴한 리소스로 도움을 받을 수 있다. 16장에서 몇 가지 팁을 제공한다.

양자 프로그래밍 환경의 구성 요소

첫 번째 양자 프로그램을 만들려면 프로그래밍 환경 및 언어와 같은 유형적 요소와 양자 게이트 및 알고리즘에 대한 지식과 같은 무형적 요소 등 몇 가지가 필요하다.

- **양자 프로그래밍 프레임워크**: 프로그래밍 프레임워크는 양자 프로그램을 생성하고 실행하기 위한 도구와 라이브러리 모음이다. 예로는 IBM의 키스킷Qiskit, 리게티의 포레스트Forest, 구글의 써크Cirq, 재나두의 페닐레인Pennylane, 마이크로소프트의 양자 개발 키트 등이 있다. 현재 가장 많이 사용되는 것은 키스킷이다.

- **양자 시뮬레이터 또는 양자 컴퓨터**: 양자 프로그램을 실행하려면 양자 시뮬레이터나 운이 좋다면 실제 양자 컴퓨터에 접근할 수 있어야 한다. 양자 시뮬레이터는 양자 컴퓨터의 동작을 시뮬레이션할 수 있는 소프트웨어 도구이며, 실제 양자 컴퓨터는 큐비트로 연산하는 물리적 기계다. 또 다른 주요 차이점은 비용이다. 시뮬레이터는 빠르게 이용할 수 있지만 양자 컴퓨터는 비용이 만만치 않을 수 있다. 무료 크레딧으로 실제 양자 컴퓨터의 초기 비용을 충당할 때가 많지만, 그 이후에는 비용이 많이 들 수 있다.

- **양자 게이트에 대한 지식**: 양자 게이트는 양자 프로그램의 기본 요소다. 양자 프로그램을 만들려면 양자 연산을 수행하기 위해 큐비트를 조작하는 아다마르 게이트, CNOT 게이트, 위상 변경 게이트phase gate와 같은 다양한 양자 게이트를 사용하는 방법을 알고 있어야 한다.

- **양자 알고리즘에 대한 기초적인 이해**: 양자 알고리즘은 양자 컴퓨터로 문제를 푸는 특수한 방법이다(14장 참조). 양자 프로그램에서 하려는 작업에 따라, 큰 수를 인수 분해하는 쇼어 알고리즘이나, 정렬되지 않은 데이터베이스를 검색하는 그로버Grover 알고리즘과 같은 하나 이상의 특정 양자 알고리즘을 알아야 할 수도 있다.

- **기본적인 프로그래밍 기술**: 양자 프로그램을 작성하려면 프로그래밍 기술이 필요하다. 대부분의 양자 프레임워크는 파이썬이나 Q# 같은 프로그래밍 언어로 양자 프로그램을 만들고 실

행한다. 따라서 이런 언어로 소프트웨어를 개발하는 방법을 알아야 한다. 또는 초기 양자 컴퓨팅 프로그램을 작성할 때 기본 프로그래밍 기술을 열심히 배워야 한다. 기술 분야의 위대한 혁신가 중 상당수는 하면서 배웠다.

양자 프로그램의 구성 요소

이제 개발 환경에 필요한 것을 알았으니, 새 프로그램을 실행하는 데 필요한 구성 요소를 살펴보자. 양자 프로그램은 양자 연산을 수행하기 위해 함께 작동하는 여러 항목으로 구성된다. 양자 프로그램의 핵심 구성 요소는 다음과 같다.

- **큐비트**: 큐비트는 양자 컴퓨터의 기본 구성 요소다. 큐비트는 전통적인 컴퓨터에서 사용되는 비트와 비슷하지만, 동시에 여러 상태로 존재할 수 있고 서로 얽힐 수 있어 양자 컴퓨터가 병렬로 계산을 수행할 수 있다. 양자 프로그램에서는 큐비트로 정보를 처리한다.

- **양자 게이트**: 양자 게이트는 큐비트의 상태를 조작하기 위해 큐비트에서 수행할 수 있는 연산이다. 전통적인 컴퓨터의 논리 게이트와 비슷하지만 중첩과 얽힘과 같은 큐비트의 고유한 특성을 활용한다. 표준 양자 게이트에는 아다마르, 파울리^{Pauli}-X, CNOT 게이트가 있다.

- **양자 회로**: 양자 회로는 다음 그림에서 볼 수 있듯이 계산을 수행하기 위해 하나 이상의 큐비트에 적용되는 양자 게이트의 배열이다. 양자 프로그램에서는 보통 큐비트에 적용할 게이트의 순서를 정해 양자 회로를 생성한다.

- **초기화**: 양자 게이트를 초기화하고, 중첩 상태로 만들고, 다른 큐비트와 적절하게 얽혀야 프로그램을 실행할 수 있다. 이 과정을 초기화라고 한다.

- **측정**: 측정은 큐비트에서 정보를 추출하는 방법이다. 큐비트를 측정하면 큐비트는 0 또는 1로 붕괴(기술 용어로는 결어긋남)되며, 이를 고전적인 비트로 읽을 수 있다.

- **오류 완화**: 양자 컴퓨터는 노이즈와 기타 오류의 원인에 민감하기 때문에 많은 양자 프로그램에는 결과의 정확성을 높이기 위한 오류 정정 루틴이 포함되어 있다. 이런 루틴에는 보통 오류를 감지하고 수정하기 위해 프로그램에 큐비트와 게이트를 추가하는 작업이 포함된다. 하지만 전통적인 컴퓨터의 오류 정정과 달리 100% 효과적이거나 그에 근접하지는 않는다.

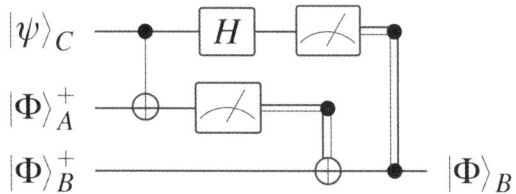

양자 회로의 예

양자 프로그램은 양자 시스템의 고유 특성을 활용해 새롭고 흥미로운 방식으로 계산을 수행한다는 점을 제외하면 기존 프로그램과 매우 비슷하다. 양자 프로그램을 개발할 때는 큐비트, 게이트, 회로, 측정 및 오류 완화 기술을 사용하여 양자 역학을 유용하게 활용한다.

DIFFICULT

게이트는 큐비트의 위치를 변경할 수 있는 특별한 도구와 같다. 예를 들어 게이트는 큐비트를 켜짐에서 꺼짐으로, 또는 꺼짐에서 '동시에 켜짐과 꺼짐'으로 회전시킬 수 있다. 큐비트와 게이트를 회로에 연결하면 일반 컴퓨터로는 풀기 매우 어렵거나 불가능한 계산을 수행하고 문제를 해결할 수 있다. 예를 들어 양자 회로로 큰 숫자를 인수 분해하거나 대규모 정보 데이터베이스를 검색할 수 있다.

개발자처럼 생각하기

이 절은 초보자를 위한 내용이지만, 현직 개발자도 양자 체험을 위해 관심을 가질 수 있다.

양자 프로그램을 작성하려면 소프트웨어 개발이 무엇인지, 어떻게 작동하는지, 개발을 시작할 때 주의할 점은 무엇인지 등 소프트웨어 개발에 대한 확실한 이해가 필요하다.

소프트웨어 개발자는 보통 다른 개발자, 디자이너, 프로젝트 매니저와 팀을 이뤄 작업한다. 이들은 각자의 기술로 고객이나 사용자가 원하는 소프트웨어를 만든다. 프런트엔드[front end](사용자가 화면에서 보는 부분) 또는 백엔드[back end](서버에서 실행되는 부분) 등 프로그램의 여러 영역을 담당할 수 있다.

우리는 양자 컴퓨터 프로그래밍과 간단한 프로그램 작성에 집중할 것이므로, 주로 개발 환경 설정과 초기 프로그램 실행에 초점을 맞출 것이다. 하지만 그전에 훌륭한 소프트웨어 개발자가 되기 위한 조건을 알아보자.

훌륭한 소프트웨어 개발자가 되기 위한 팁

소프트웨어 개발자가 되려면 보통 대학에 진학하거나 온라인 강좌를 수강하거나 코딩 캠프에 참여하는 등 컴퓨터 공학 교육을 받아야 한다. 또한 직접 프로그램을 짜고 여러 도구와 언어를 시도하면서 스스로 연습하고 배워야 할 수도 있다.

하지만 많은 소프트웨어 개발자는 저자들처럼 정식 교육을 거의 받지 않고 시작한다. 어느 쪽이든 사전 경험과 관계없이 개발자가 될 수 있다. 다음은 개발자의 길을 시작하고 이어갈 때 명심할 몇 가지 사항이다.

- **깔끔하고 잘 정리된 코드를 작성하자**: 코드는 읽고 이해하기 쉬워야 한다. 일관된 서식, 의미 있는 변수 이름, 명시적인 주석을 사용하여 코드를 더 쉽게 따라갈 수 있게 하자.

- **코드를 철저하게 테스트하자**: 코드를 배포하기 전에 코드를 테스트해서 버그나 오류를 찾아내자. 수동 테스트와 자동화 테스트 도구로 코드가 제대로 작동하는지 확인하자.

- **버전 관리 시스템을 사용하자**: 버전 관리는 시간에 따른 코드의 변경 사항을 추적하는 시스템이다. 버전 관리를 사용하면 코드의 기록을 유지하고, 다른 개발자와 협업하고, 필요할 때 이전 버전으로 돌아갈 수 있다. 깃Git은 많은 개발자가 쓰는 인기 있는 버전 관리 시스템이다.

- **코드를 문서화하자**: 주석과 기타 문서로 코드를 설명하면 다른 개발자가 코드와 사용법을 이해하는 데 도움이 된다. 또한 문서화로 특정 결정을 내리거나 특정 코드를 작성한 이유를 기억할 수 있다.

- **계속 공부하자**: 기술은 끊임없이 발전하므로 소프트웨어 개발의 최신 트렌드와 모범 사례를 계속 배우고 최신 정보를 유지하는 게 중요하다. 콘퍼런스에 참석하고, 블로그와 기사를 읽고, 온라인 커뮤니티에 참여해 정보를 얻고 다른 개발자와 소통하자.

- **협업하자**: 다른 개발자와 협업하는 건 새로운 기술을 배우고, 코드에 대한 피드백을 받고, 지식을 공유할 수 있는 좋은 방법이다. 오픈 소스 프로젝트에 참여하거나 온라인 포럼 및 커뮤니티에 기여하면 다른 개발자들과 교류하고 기술과 경험을 쌓을 수 있다.

- **첫 번째 원칙을 사용해서 개발하자**: 소프트웨어 개발에서 첫 번째 원칙은 개발 과정의 기본이 되는 핵심 요소와 개념을 의미한다. 개발자는 기본 요소와 원칙에 집중하여 더 탄력적이

고 적응력이 뛰어나며 혁신적인 소프트웨어를 만들어 궁극적으로 해당 분야의 발전을 이끌 수 있다.

'라이크 어 버전'

마돈나가 '처음으로 디버깅된 버전처럼'이라고 노래하지는 않았지만, 만약 그녀가 개발자였다면 그렇게 불렀을지도 모른다. 소프트웨어에서 버전 관리는 개발자가 시간에 따른 코드의 변경 사항을 추적하는 방법이다. 코드의 버전을 일찍 그리고 자주 저장하는 게 좋다.

버전 관리로 개발자는 누가, 언제, 무엇을 변경했는지 등 코드에 대한 각 변경 사항을 기록할 수 있다. 이를 통해 다른 개발자와 더 쉽게 협업하고, 코드의 이력을 추적하고, 필요할 때 이전 버전으로 되돌릴 수 있다.

개발자들이 가장 많이 사용하는 버전 관리 시스템이자 저자들이 강력히 추천하는 버전 관리 시스템은 2005년에 리누스 토르발스Linus Torvalds가 만든 깃Git이다.

버전 관리의 주요 이점은 개발자들이 서로의 변경 내용을 덮어쓰지 않고 동시에 동일한 코드베이스에서 작업할 수 있다는 점이다. 변경 사항을 통합하는 작업은 서로 다른 버전의 코드를 결합하는 절차인 병합으로 이루어진다.

두 명의 개발자가 같은 코드를 변경하면 깃은 자동으로 병합을 시도한다. 변경 내용 간에 충돌이 있을 때 깃은 이를 강조 표시해 개발자가 함께 해결할 수 있게 한다.

버전 관리의 또 다른 장점은 코드에 대한 모든 변경 사항의 기록을 제공한다는 점이다. 이 기록은 문제를 디버깅하고, 버그를 추적하고, 특정 변경이 이루어진 이유를 이해하는 데 유용할 수 있다. 어떤 방식으로든 버전을 일찍, 자주 관리하면 앞으로 많은 골칫거리를 줄일 수 있다.

개발 환경 설정하기

양자 컴퓨터 프로그래밍에 가장 많이 사용되는 언어는 파이썬이므로, 보통 이 언어로 예제 양자 프로그램을 만들게 된다.

파이썬을 시작하려면 웹[4]에서 제공하는 앱을 내려받아 파이썬을 설치한 후 안내에 따르자. 파이썬을 설치한 후에는 현재 사용할 수 있는 대부분의 양자 하드웨어와 소프트웨어에 접근할 수 있는 양자 컴퓨팅 회사인 스트레인지웍스Strangeworks

---

[4] http://python.org/downloads

에 계정을 만들어야 한다. 저자인 헐리는 스트레인지웍스의 설립자이자 CEO다.

스트레인지웍스의 양자 컴퓨팅 플랫폼은 양자 컴퓨팅 생태계의 모든 다양한 요소를 하나로 묶어 최대한 쉽게 시작하고 실행할 수 있도록 도와준다.

자신을 초보 프로그래머라고 생각하거나 경험이 없더라도 믿음을 가지고 다음 단계를 밟아보기 바란다. 먼저 스트레인지웍스[5]에서 계정을 만들자. 이 계정에서 양자 작업을 검색하고, 사용할 수 있는 양자 컴퓨터를 확인하고, 하드웨어를 활성화하고, API 키를 검색할 수 있다.

다음으로 통합 개발 환경(IDE)을 선택해야 한다. IDE는 프로그램을 만드는 데 도움이 되는 특별한 도구 상자와 같다. 작업마다 다른 도구를 사용하는 것처럼 IDE로 코드를 작성, 테스트 및 실행할 수 있다.

경험이 없는 초보 개발자는 여러 IDE에 압도당할 수 있다. 가장 먼저 할 일은 무엇을 만들고 싶은지 스스로에게 묻는 것이다. 예를 들어 웹사이트를 만들고 싶다면 웹 개발용으로 특별히 설계된 IDE를 고르면 된다. 또는 게임을 만들고 싶다면 게임 개발 도구가 내장된 IDE를 고를 수 있다.

만들고자 하는 내용에 대한 아이디어가 정해지면 쓸 수 있는 IDE를 살펴볼 수 있다. 인기 있는 IDE로는 비주얼 스튜디오 코드, 파이참^{PyCharm}, 주피터 노트북 등이 있다. 저자는 자동화 기능이 포함된 마지막 선택지를 고려해 볼 것을 권장한다.

리뷰를 읽고 튜토리얼을 보며 다른 개발자가 추천하는 것을 살펴보는 것도 좋다. 그리고 개발자로서 배우고 성장하면서 다른 IDE를 선호하게 될 수도 있다는 점을 기억하자. 편하고 원하는 것을 만드는 데 도움이 되는 IDE를 찾을 때까지 여러 IDE를 사용해 보는 것을 두려워하지 말자!

파이썬을 설치하고, 스트레인지웍스 계정을 만들고, IDE를 골랐다면 양자 컴퓨터를 프로그래밍할 준비가 됐다.

---

[5] https://strangeworks.com

양자 컴퓨터 프로그래밍을 할 장소 찾기

양자 컴퓨터에서 프로그래밍을 하려면 노트북과 프로그래밍 언어 외에도 많은 것이 필요하다. 그래서 스트레인지웍스의 친절한 직원들이 이 책을 위한 훌륭한 자료를 만들었다. 이 책의 웹 버전[6]에서 찾을 수 있다.

양자 컴퓨팅이 처음이면 키스킷으로 시작하자

양자 컴퓨팅 개발이 처음이라면 양자 컴퓨팅을 위한 가장 인기 있는 오픈 소스 프레임워크 중 하나인 IBM의 키스킷으로 시작하는 게 좋다. 키스킷은 파이썬을 사용해 양자 컴퓨터용 프로그램을 만들 수 있게 도와준다.

키스킷을 사용하면 큐비트로 복잡한 문제를 일반 컴퓨터보다 훨씬 빠르게 해결하는 양자 회로를 만들 수 있다. 키스킷에는 실제 양자 컴퓨터를 쓸 수 없어도 일반 컴퓨터에서 양자 회로를 테스트할 수 있는 시뮬레이터도 있다.

하지만 가장 좋은 점은 키스킷을 누구나 무료로 사용할 수 있다는 점이다. 키스킷은 양자 컴퓨팅의 놀라운 세계를 탐험할 수 있게 해 주는 흥미롭고 새로운 도구다.

스트레인지웍스 파이썬 SDK로 시작하기

스트레인지웍스 파이썬 SDK는 인증을 처리하고, 작업과 백엔드를 가져오고, 파일을 전송하고, 제품 엔드포인트를 호출한다.

설치

시작하려면 파이썬 3.9 이상이 설치됐는지 확인하자. PyPI에서 `pip` 명령어로 스트레인지웍스 SDK를 쉽게 설치할 수 있다.

```
> pip install strangeworks
```

---

[6] https://www.dummies.com/go/quantumcomputingfd

인증

스트레인지웍스 API에 액세스하려면 스트레인지웍스 포털 홈페이지에서 찾을 수 있는 API 키가 필요하다. 키가 있으면 다음과 같이 인증하면 된다.

```
import strangeworks

strangeworks.authenticate(
    api_key="your-api-key"
)
```

여러 워크스페이스workspace에 속해 있다면, 워크스페이스마다 API 키가 다르다는 점을 명심하자. 여러 워크스페이스에 속해 있다면 이미 우리보다 앞서 있겠지만, 문제가 생기면 스트레인지웍스 문서에서 도움을 받을 수 있다.

스트레인지웍스 파이썬 SDK 패키지를 직접 사용할 수도 있지만, 보통은 키스킷, 리게티 파이퀼pyQuil, 아마존 브라켓 같은 작업별 패키지의 종속 요소로 쓴다. 이런 패키지에 대한 설명서는 스트레인지웍스 에코시스템의 제품 페이지에서 찾을 수 있다.

최적화하기

스트레인지웍스 파이썬 SDK는 사용자가 REST API로 양자 컴퓨팅을 사용한 이차 비제약 이진 최적화(QUBO) 문제를 작성할 수 있게 해 준다.

양자 시뮬레이터와 전통적인 컴퓨터의 양자 기반 알고리즘(8장 참조)은 물론, D-웨이브 기기 같은 양자 어닐러(9장 참조)로도 QUBO 문제를 쉽게 처리할 수 있다. 논리 게이트 양자 컴퓨터는, 최적화 문제를 QUBO로 치환하지 않고 보통 양자 근사 최적화 알고리즘quantum approximate optimization algorithm(QAOA) 또는 다른 유형의 방식으로 처리한다.

QUBO 문제를 실제 작업에 적용하려면, 먼저 벤치마킹을 해서 여러 유형의 양자 컴퓨팅 플랫폼뿐 아니라 전통적인 컴퓨팅과 가격 및 성능을 비교하는 게 좋다.

스트레인지웍스 양자 최적화 서비스를 사용하면 QUBO 문제를 입력으로 사용하고 여러 백엔드 해결책으로 최적화 문제를 실행한 다음 결과를 표준화된 출력 파일로 받아볼 수 있다. 이 서비스를 사용하면 서로 다른 입력/출력 스키마나 여러 API 키를 사용할 필요 없이 여러 백엔드에서 최적화 문제를 쉽게 실행할 수 있다.

스트레인지웍스 최적화 서비스를 사용하려면 파이썬 3.9 이상이 설치되어 있고 가상 환경 설정 및 사용에 익숙해야 한다.

pip을 사용하여 필요한 패키지를 설치한다.

```
> pip install strangeworks
> pip install dimod
```

다음으로 패키지를 파이썬으로 불러온다.

```
import strangeworks
from dimod BinaryQuadraticModel, SampleSet
import json
```

스트레인지웍스 포털에서 최적화 서비스를 활성화해 리소스를 만든다. 포털에서 `'your-API-key'`를 사용자 키로 바꿔 파이썬 SDK를 인증하고 설정한다.

```
strangeworks.authenticate('your-API-key')
```

양자 프로그래밍을 처음 해 보는 분들은 다음을 꼭 확인하자.

>> 환경을 설정하고 스트레인지웍스를 설치한다.

>> 스트레인지웍스 최적화 서비스를 활성화하여 리소스를 생성한다.

>> 포털 홈 페이지에서 얻은 자신의 키로 `'your-API-key'`를 바꾼다.

곧 소개할 예제로 첫 번째 양자 프로그램을 실행할 수 있다. 필요한 리소스를 가져오는 것부터 시작해 보자.

```
resource = strangeworks.get_resource_for_product("optimization")
```

이제 QUBO 문제를 보내 이 모든 것을 종합할 준비가 됐다.

```
path = "qubo"
linear = {1: -2, 2: -2, 3: -3, 4: -3, 5: -2}
quadratic = {(1, 2): 2, (1, 3): 2, (2, 4): 2, (3, 4): 2, (3, 5): 2,
(4, 5): 2}
bqm = BinaryQuadraticModel(linear, quadratic, "BINARY")
qubo_job = {
    "bqm": json.dumps(bqm.to_serializable()),
    "var_type": "BINARY",
    "lagrange_multiplier": 1.0,
    "solver": {
        "solver": "azure.Tabu",
        "solver_options": {}
    }
}
result = strangeworks.execute(resource, payload=qubo_job, endpoint=path)
sample_set = SampleSet.from_serializable(json.loads(result["samples"]))
# 해답 출력
for s in sample_set:
    print(s)
```

모든 것이 잘됐다면 결과가 화면에 나타난다. 이제 스트레인지웍스 최적화 서비스로 QUBO 문제를 성공적으로 해결했다! 얼마나 신나는가?

문제가 발생하면 플랫폼에 있는 링크를 사용하여 스트레인지웍스 팀원을 포함한 많은 사람이 있는 슬랙Slack 커뮤니티에 가입하여 문제를 해결하고 실행하는 데 도움을 받자. 커뮤니티는 새 기술을 탐색할 때 가장 중요한 부분이며, 인터넷에 도움을 요청하는 걸 부끄러워하지 말자. 누구나 어딘가에서 처음 시작했다. 여러분은 다른 사람들보다 훨씬 멋진 곳에서 시작하고 있을 뿐이다.

QAOA 따라 해보기

때로는 도저히 해결할 수 없을 것 같은 문제에 부딪히기도 한다. 계산이 복잡하고, 많은 컴퓨터 리소스가 필요한 문제들이다. 이럴 때는 문제를 더 작고 다루기 쉬운 부분으로 나누는 것이 도움이 된다. 마치 풀기 어려운 퍼즐을 더 작은 조각으로 나누고, 각 조각을 따로 푼 다음, 나중에 모든 조각을 합쳐서 퍼즐을 완성하는 것과 같다.

양자 근사 최적화 알고리즘(QAOA)은 논리 게이트 양자 컴퓨터로 매우 까다로운 문제를 해결하는 특별한 알고리즘이다. 일반적인 방법으로 풀 수 없는 문제를 만났을 때, QAOA는 문제를 작게 나누어 해결하고, 그 조각들을 다시 합쳐서 최종 답을 찾아낸다. 마치 어려운 상황에서 나타나는 슈퍼히어로 같은 역할을 한다.

이 알고리즘은 전통적인 컴퓨터로는 풀 수 없는 문제를 훨씬 빠르게 해결할 잠재력을 가지고 있어 매우 주목받고 있다. 그리고 양자 컴퓨터의 성능이 강력해질수록 그 가능성은 점점 더 현실화될 것이다.

이제 가장 독특한 QAOA를 실행해 보자. 이번 QAOA 여정을 시작하려면 다시 스트레인지웍스 생태계로 돌아가야 한다. 다만 이번에는 조금 색다르게 접근해 보자. 스트레인지웍스는 여러 하드웨어에서 QAOA 알고리즘을 실행하고 설정할 수 있는 strangeworks-qaoa 패키지를 제공한다.

DIFFICULT

QAOA 알고리즘을 사용하면 양자 리소스를 활용하여 이차 비제약 이진 최적화(QUBO) 문제를 해결할 수 있다. 이는 전통적인 컴퓨팅과 양자 컴퓨팅을 결합한 하이브리드 알고리즘이다. 기본 개념은 몇 가지 양자 게이트의 변수를 변형 파라미터로 사용하는 양자 가설 풀이 회로를 제안하는 것이다. 그런 다음 이 회로를 큐비트에 적용하고 출력을 측정한 뒤, 필요한 통계를 구축하기 위해 여러 번 반복한다.

이 측정 결과를 바탕으로 정의한 문제의 비용 함수를 계산한다. 그런 다음, 알고리즘은 기존 CPU에 넘겨 회로 파라미터를 최적화하고, 다시 양자 컴퓨터로 전달해 비용 함수를 다시 측정한다. 이번에는 새롭게 파라미터화된 양자 회로를 계산하게 된다. 이렇게 알고리즘은 양자 회로의 적용과 회로 파라미터 최적화를 반복하여, 결국 가장 낮은 비용의 솔루션으로 수렴한다.

QAOA 시작하기

이 예제에서는 IBM의 무료 서비스로 작업을 실행할 수 있도록 키스킷 런타임을 활용한다. 파이썬 3.9 이상이 설치되어 있어야 하지만, 첫 번째 연습을 완료했다면 이미 설치됐을 것이다. 실행하기 전에 개발 환경에 `strangeworks-qaoa`를 설치했는지 확인해야 한다. 다음 네 단계만 거치면 간단하게 설치할 수 있다.

1. 왼쪽 탐색 메뉴에서 스트레인지웍스 포털을 선택한 후 로그인한다.
2. 다음 그림처럼 카탈로그로 이동한다.

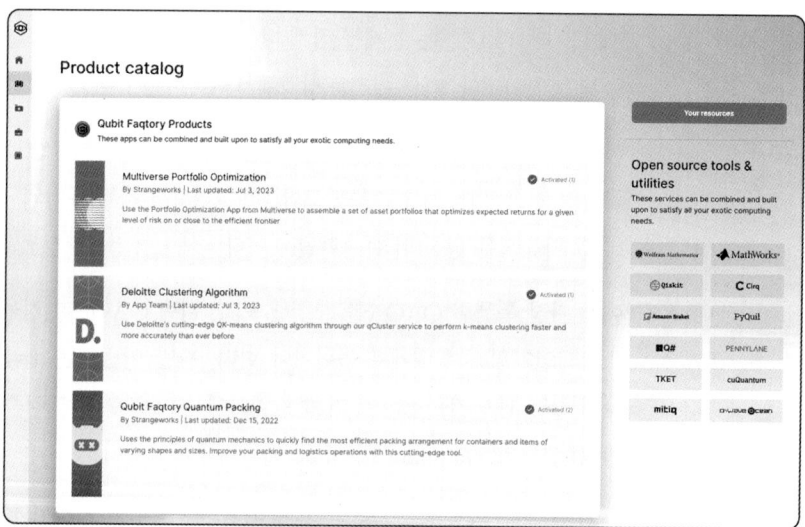

스트레인지웍스
제품 카탈로그

3. 화면 왼쪽의 아이콘을 사용하여 스트레인지웍스 QAOA 서비스를 찾아 클릭한다.

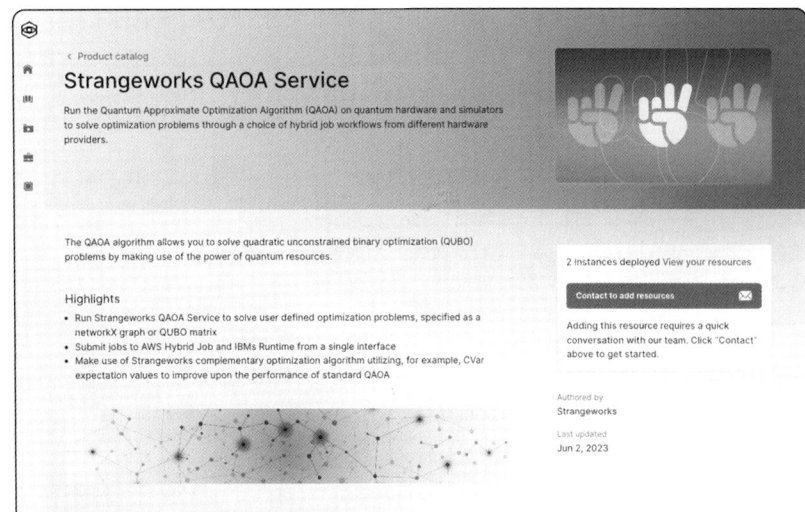

스트레인지웍스 QAOA 서비스를 이용하면 시뮬레이션에 더 쉽게 접근할 수 있다.

4. 화면 오른쪽에서 [Contact to add resources] 버튼을 클릭하여 개발 환경에 서비스를 추가하는 데 도움을 받는다.

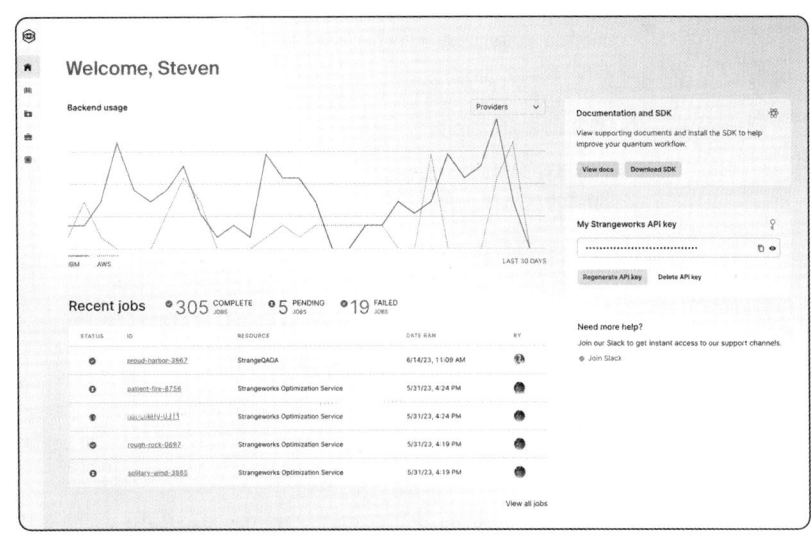

이 화면에서 API 키를 교체한다.

CHAPTER 12 양자 컴퓨터 프로그래밍하기 **253**

이제 이 서비스의 여러 기능을 활용하려면 다음 단계를 따르자.

1. API 토큰을 사용해 스트레인지웍스 파이썬 SDK로 인증한다.

   ```
   strangeworks.authentication(api_key='your-API-key')
   ```

2. QAOA SDK 확장 프로그램과 리소스 슬러그를 사용하여 QAOA 리소스를 가져온다.

   ```
   sw_qaoa = StrangeworksQAOA(resource_slug=" ")
   ```

3. QAOA 제품에 호환되는 백엔드를 나열한다.

   ```
   sw_qaoa.backends()
   ```

4. 사용자의 모든 QAOA 작업을 나열한다.

   ```
   jobs = sw_qaoa.job_list(update_status=True)
   ```

5. 프로그램을 실행한다.

   ```
   sw_job = sw_qaoa.run(backed, problem, problem_params)
   ```

6. 특정 슬러그로 작업을 검색한다.

   ```
   sw_job = strangeworks.jobs(slug-slug)[0]
   ```

7. 작업의 상태를 확인하고 업데이트한다.

   ```
   status = sw_qaoa.update_status(sw_job)
   ```

8. 결과를 표시한다.

   ```
   result = sw.qaoa.get.results.sw_job(calculate_exact_sol=True,
   display_results=True)
   ```

다음은 IBM 시뮬레이터에서 작은 문제를 실행한 예제다.

```python
import strangeworks
from strangeworks_qaoa.sdk import StrangeworksQAOA
import strangeworks_qaoa.utils as utils
strangeworks.authentication(api_key=" ", store_credentials=False)
sq_qaoa = StrangeworksQAOA(resource_slug=" ")
#############################
######## QUBO에서 문제 생성
nodes = 4
seed = 0
n = 3
problem = utils.get_nReg_MaxCut_QUBO(n, nodes, seed)
maxiter = 50
shotsin = 1000
theta0 = [1.0, 1.0]
p = 1
alpha = 0.1
optimizer = "COBYLA"
ansatz = "qaoa_strangeworks"
problem_params = {
    "nqubits": nodes,
    "maxister": maxiter,
    "shotsin": shotsin,
    "theta0": theta0,          #optional
    "p": p,                    #optional
    "alpha": alpha,            #optional
    "optimizer": optimizer,    #optional
    "ansatz": ansatz,          #optional
    "ising": False,            #optional
}
backend = "ibmq_qasm_simulator"
sw_job = sw_qaoa.run(backend, problem, problem_params)
result = sw.qaoa.get_results(sw_job,calulate_exact_sol=True, display_
results=True)
```

성공이다! 이제 스트레인지웍스 포털에서 새 작업이 목록 맨 위에 표시된 것을 확인할 수 있고, 작업을 볼 준비가 됐다. 방금 정확히 어떤 작업을 했는지 궁금한 가? 좋은 질문이다! 다음 절에서 이야기해 보자.

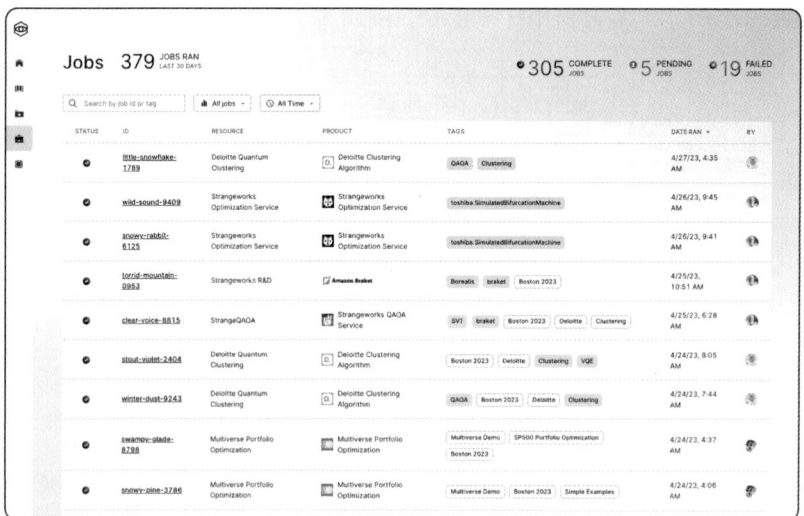

완료된 작업이
스트레인지웍스
포털에 나타난다.

양자 알고리즘 분석하기

축하한다! 방금 실제 양자 컴퓨터에서 QAOA를 실행했다. 얼마나 멋진 일인가? 그런데 정확히 무슨 일이 일어난 걸까? 이제 자세히 알아보자.

QAOA는 어떻게 작동할까? QAOA 알고리즘은 이차 비제약 이진 최적화(QUBO) 문제를 해결한다. 다시 한번 설명하자면, QUBO 문제는 특수한 유형의 최적화 문제다. 여기서 주요 단어는 '**이차**', '**비제약**', '**이진**', '**최적화**'다. 마지막 단어부터 첫 번째 단어까지 알아보자.

» **최적화**: 일련의 도시 간 최단 경로 찾기, 리소스 사용량 최소화, 비즈니스 수익 극대화 등 문제에 대한 최적의 해결책을 찾는다.

» **이진**: 문제의 변수가 두 가지 값 중 하나만 가질 수 있는데, 이는 보통 0 또는 1로 표시된다. 예를 들어, 여행 일정에서 특정 도시를 포함할지 여부를 결정하는 문제에서 도시를 포함(1)하거나 포함하지 않을(0) 수 있다.

» **비제약**: 가능한 솔루션에 대한 제약이 없다는 의미다. 즉, 변수에 0과 1의 모든 조합이 허용된다. 제약 조건이 있을 때는 '최소 3개 도시는 방문해야 한다'와 같은 규칙이 적용된다.

>> **이차함수**: 문제를 풀기 위해 사용되는 수학 함수의 유형으로, 변수의 제곱을 포함한다. QUBO 문제에서는 함수가 이차 함수로 정의된다.

QUBO 문제를 다룰 때는 항상 최적화의 중요성을 기억하자. 얻는 답이 정확하지 않을 수도 있지만, 좋은 답일 가능성이 높다. 양자 컴퓨터가 점점 더 강력해지면서, QUBO 알고리즘이 제공하는 답변의 품질도 점차 향상될 것이다.

결론적으로, QUBO 문제는 어떤 조합이 허용되는지에 대한 제약이나 규칙이 없는 상태에서 다음과 같은 형태의 이차 함수를 최대화하거나 최소화하는 0과 1(이진)의 최적 조합을 찾는 문제다.

$$C = \sum_{n,m>n} A_{n,m} x_n x_m + \sum_n B_n x_n.$$

$$x_n = \{0,1\}.$$

이제 두 점 사이의 가능한 최단 경로를 찾는 문제, 흔히 '외판원 문제'라고 불리는 문제를 살펴보자. 이 문제는 실제 상황에서 자주 사용되며, 방문할 수 있는 점의 수에 따라 가능한 해의 수가 기하급수적으로 증가하기 때문에 양자 컴퓨팅 연구에서 인기가 높다.

앞서 소개한 QUBO 공식은 현재 양자 어닐러로도 해결할 수 있지만, 논리 기반 양자 컴퓨터를 사용하려면 문제를 조금 재구성해야 한다. 이때 사용할 수 있는 알고리즘이 바로 QAOA로, 이 알고리즘에는 양자 컴퓨터에서 수행해야 할 두 가지 중요한 작업이 포함된다.

먼저 **혼합 해밀토니안**mixing Hamiltonian 단계에서는 경로를 무작위로 약간 변경하여 새로운 방향으로 전환하고, **문제 해밀토니안**problem Hamiltonian 단계에서는 새 경로가 이전보다 더 짧은지 확인한다. 이 두 가지 작업을 반복하는 **절차를 반복**iteration이라고 한다. 반복할 때마다 최단 경로에 대한 추측이 개선된다. 여러 번의 반복이 끝나면 양자 상태를 측정한다.

QUBO에서 QAOA로의 변환은 스트레인지웍스 SDK QAOA 확장을 통해 자동으로 수행된다. 따라서 QAOA 서비스에 입력할 QUBO 문제를 정의할 때는, QUBO 문제를 직접 최소화하고 비용 함수의 값을 표시한다.

이제 어디로 가야 할까?

마치 건즈 앤 로지스Guns N' Roses의 대표곡 〈스윗 차일드 오 마인Sweet Child O' Mine〉에서 노래하듯, "어디로 갈까? 이제 어디로 가야 할까?" 방금 두 개의 양자 알고리즘을 실행했는데, 다음으로 무엇을 해야 할까?

이미 IDE, SDK, 실험할 수 있는 수십 개의 응용 프로그램이 포함된 양자 생태계가 준비되어 있다. 따라서 원한다면 스트레인지웍스 환경을 계속해서 사용할 수 있다.

그 밖에도 많은 리소스가 준비되어 있다. 양자 컴퓨팅 여정을 계속하기 위한 교육 자료는 16장에서 확인할 수 있다.

CHAPTER 13

양자 컴퓨팅 응용 분야

> **이 장의 주요 내용**
> - 암호 해독하고 보호하기
> - 초고속 검색하기
> - 신약 찾기

양자 컴퓨팅의 가장 큰 장점은 전통적인 컴퓨터보다 특정 알고리즘을 훨씬 빠르게 실행할 수 있다는 점이다. 다음 장에서 몇 가지 주요 알고리즘을 알아보자.

자세히 설명하지 않더라도, 양자 컴퓨팅이 특히 잘할 수 있는 작업 유형을 설명하고 이런 기술 중 일부가 언제쯤 실현될 수 있을지에 대한 대략적인 아이디어도 제공한다. 따라서 이번 장에서는 양자 컴퓨팅이 혁신을 가져올 응용 분야를 알아보고, 다음 장에서는 앞으로 몇 년 동안 양자 컴퓨팅의 발전을 이끌 몇 가지 중요한 알고리즘을 소개한다.

세 가지로 검토하기

양자 컴퓨팅 응용 분야에는 크게 세 가지로 나뉜다. 각 작업을 이 세 가지 관점에서 검토하는 것이 유용하다. 양자 컴퓨팅을 실제 문제에 적용하는 일은 창의적인 작업이며, 특히 초기 단계에서는 여러 관점이 필요하다.

세 가지 접근 방식은 다음과 같다.

> » **시뮬레이션**: 10장과 11장에서 설명한 큐비트는 의학적으로 유용한 약이 될 수 있는 분자 내의 개별 원자와 같은 결맞음 물질을 모방하는 시뮬레이션에 사용된다. 양자 역학이 자연의 법칙을 지배하기 때문에 시뮬레이션은 양자 컴퓨팅에 가장 자연스럽게 어울리는 분야다.

> » **최적화**: 큐비트 그룹은 완벽하진 않지만 매우 좋은 해결책을 도출하는 데 사용할 수 있는 일종의 계산 장치로 활용된다. 그 결과는 정답일 수도 있고, 정답에 가까운 답일 수도 있다. 예를 들어, 경로 계획이나 투자 문제에서 최선의 답이 아닐지라도, 매우 좋은 해결책은 큰 비용을 절감하거나 이익을 창출할 수 있다.

> » **계산**: 이 방식은 전통적인 컴퓨팅의 문제 해결 방식과 가장 비슷하지만, 양자 컴퓨팅의 세부 사항은 아주 다르다. 계산에서 큐비트를 논리 게이트로 결합해 범용 컴퓨터를 만든다. 큐비트를 논리 게이트로 사용하면 많은 문제를 해결할 수 있고, 범용 양자 컴퓨터는 전통적인 컴퓨터보다 훨씬 더 빠르게 중요한 문제를 해결할 수 있지만, 일부 문제에서는 한계가 있을 수 있다.

양자 컴퓨터에 대한 최초의 아이디어는 폴 베니오프Paul Benioff와 리처드 파인먼이 새로운 의약품, 재료 등을 개발하기 위해 결맞음 물질을 시뮬레이션하는 데서 비롯됐다.

결맞음 물질은 보통 개별 광자, 전자, 원자 등 매우 작은 규모의 물질을 말한다. 이는 다른 물질과 강하게 상호 작용하지 않고 측정되거나 관찰되지 않아 고전 역학이 아닌 양자 역학 원리를 따른다. 빛의 속도로 태양계를 빠져나가는 광자를 생각하면 이해하기 쉽다. 결맞음 물질은 중첩 상태에 있을 수 있고, 다른 결맞음 물질과 얽힐 수 있으며, 터널링을 통해 벽을 통과할 수 있다.

양자 컴퓨팅 응용의 세 가지 분야는 서로 다른 유형의 수학 문제로 볼 수 있다. 시뮬레이션은 미분 방정식을, 최적화는 조합 최적화를, 계산은 선형 대수학의 복잡한 문제와 많은 행렬 수학을 다룬다. 머신러닝에 사용되는 기능과 게이트 기반 양자 컴퓨터의 큐비트를 다루는 데 사용되는 블로흐 구면에 대한 연산은 모두 벡터로 표현되므로, 계산 방식은 머신러닝에도 쉽게 적용할 수 있다. 물론 머신러닝에도 최적화를 활용할 수 있다.

알고리즘은 이 세 가지 분야로 나눌 수 있으며, 이를 통해서 알고리즘을 확장하여 추가 목표를 달성할 수 있는 영역을 파악하는 데 도움이 된다. 예를 들어, 금융 포트폴리오 최적화 응용 프로그램을 구동하는 알고리즘은 경로 최적화를 위한 별도의 응용 프로그램에도 적용될 수 있다. 또한, 응용 분야의 범주가 겹칠 수도 있다. 최적화를 통해 더 나은 답을 찾다 보면, 어느 순간 계산을 통해 얻은 것처럼 정확한 답을 얻을 수 있다. 예를 들어, 최적화로 큰 수의 소인수를 찾는 과정은 계산 분야에 속하는 쇼어 알고리즘과 같다. 이런 분야 구분은 양자 컴퓨팅의 현재 상태를 이해하고 가까운 미래에 어떤 진전을 기대할 수 있을지 예측하는 데 유용하다.

양자 컴퓨팅의 잠재력은 매우 놀라워서 이 분야 종사자들은 종종 "양자 컴퓨팅으로 RSA 암호를 해독할 수 있다"라고 말한다. 그러나 이는 일종의 줄임말이다. 실제로는 "RSA 암호는 양자 컴퓨팅이 해결할 수 있을 것으로 기대되는 문제 중 하나다"라는 뜻이다. 더 자세히 말하면 "양자 컴퓨팅은 현재 인수 분해 능력과 발전 속도를 볼 때 향후 10년 또는 20년 이내에 RSA 암호를 해독할 수 있을 것"이라는 의미다.

양자를 이용한 암호 해독

야구계의 거장 레지 잭슨이 처음 사용한 표현을 빌리면, 양자 암호화는 양자 컴퓨팅에서 '음료수를 저어주는 빨대[1]'다. 양자 컴퓨팅에 대한 현재 열렬한 관심은 1994년 쇼어 알고리즘 발표로 시작됐다. 이는 기하급수적인 속도 향상의 잠재력이 있는 몇 안 되는 초기 양자 알고리즘 중 하나였다. 다만 쇼어 알고리즘은 현재 사용 가능한 컴퓨터보다 훨씬 강력한 양자 컴퓨터에서만 유용한 작업을 할 수 있다.

양자 컴퓨팅은 이메일, 은행 정보, 웹 등을 보호하는 RSA와 ECC 같은 오늘날 디지털 통신을 보호하는 가장 일반적인 암호화 방법을 깰 수 있는 잠재력을 지닌다. 이런 암호화 방법은 큰 정수를 인수 분해하는 어려움과 이산 로그 계산의 어려움에 기반한다.

---

1 옮긴이_ 집단을 자극하거나 영감을 주는 사람이나, 일련의 발전에 영향을 미치는 주요 요인을 뜻하는 표현이다.

양자 컴퓨터는 이런 연산을 전통적인 컴퓨터보다 기하급수적으로 빠르게 수행할 수 있어 기존 암호화 방식을 위협할 수 있다. 이에 따라 보안 통신의 기본 요소인 키 교환, 디지털 서명, 암호화를 위한 양자 알고리즘이 제안됐다.

사이버 보안에 사용될 때 양자 기술은 로마의 신 야누스처럼 두 가지 얼굴을 지닌다.

- **공격적(양자 컴퓨터)**: 양자 컴퓨팅은 많은 암호화 체계를 해독하는 데 사용될 수 있다. 쇼어 알고리즘은 언젠가 오늘날 가장 널리 사용되는 RSA 암호를 해독할 수 있게 한다. 이는 1994년부터 양자 컴퓨팅에 주목해 온 국가 보안 전문가들에게 특히 우려되는 시나리오다.

- **방어적(양자 사이버 보안)**: 양자 사이버 보안은 오늘날의 암호화 스키마보다 훨씬 더 강력한 방식으로 데이터를 암호화하는 데 사용된다. 이는 쇼어 알고리즘과 다른 공격 방식을 견딜 수 있다. 현재 격자 기반 암호화와 코드 기반 암호화 두 가지 접근법이 연구 중이다. 연구진은 쇼어 알고리즘으로 암호를 풀 수 있는 양자 컴퓨터가 개발되기 전에 해결책을 시장에 내놓고 널리 퍼뜨리려 한다. 하지만 오늘날의 표준 암호화로 보호되는 정보도 10년에서 20년 후에나 양자 컴퓨팅으로 해독될 가능성이 있다.

최근 중국 연구진은 1,000 km 길이의 해킹 불가능한 양자 통신 네트워크를 시연했다. 이는 광섬유 케이블의 광자를 이용한 것으로, 지금까지 가장 긴 거리다. 결맞음 광자 같은 양자 입자는 복사나 증폭이 불가능해서 광섬유 네트워크의 노이즈를 줄이는 게 중요했다.

이 실험에서 과학자들은 초저노이즈, 초전도, 나노선 단일 광자 검출기로 시스템 노이즈를 억제하고 이중 대역 위상 추정dual-band phase estimation을 사용했다. 이 연구로 이 거리에서 양자 키 분배가 가능함을 확인했지만, 실제 상업 활용을 위해서는 더 먼 거리가 필요하다.

양자 사이버 보안은 크게 두 가지로 나뉜다.

- **하드웨어 솔루션**: 양자 통신 네트워크라고 불리는 이 네트워크는 얽힌 광자가 이동하는 물리적 광섬유 네트워크다. 전송 중인 정보를 관찰하면 정보가 붕괴되기 때문에 이론상 해킹이 불가능하다. 그러나 이 네트워크는 양자 정보가 이동할 수 있는 거리와 물리적 인프라 때문에 확장에 한계가 있다.

- **소프트웨어 솔루션**: 포스트 양자 암호화post-quantum cryptography 또는 양자 내성 알고리즘quantum-resistant algorithm이라고도 한다. 이는 알고리즘 방식(예: RSA)이지만, 그 목적은 완

성된 양자 컴퓨터의 해독을 방어하도록 설계된다. 미국 국립표준기술연구소(NIST)는 이런 알고리즘들을 양자 컴퓨터에 대해 안전한 것으로 인증하려 노력 중이다.

현실적으로 대부분의 양자 암호화(하드웨어)와 포스트 양자 암호화(소프트웨어) 해결책은 실용화까지 갈 길이 멀다. 보안이 필요한 대상에 따라 여러 해결책을 함께 사용할 가능성이 높다.

포스트 양자 암호화에서 가장 유망한 알고리즘은 격자 기반 암호화다. 이는 격자라는 수학적 구조로 양자 공격에 강한 암호화 키를 생성한다. 또 다른 주목받는 알고리즘은 오류 정정 코드로 암호화 키를 만드는 코드 기반 암호화다. 이런 코드는 양자 컴퓨터로도 해독하기 어렵게 설계됐다.

사이버 보안을 위한 양자 컴퓨팅의 공격과 방어 사이에 군비 경쟁이 벌어지고 있다. 안타깝게도 양자 사이버 보안 해결책이 나와도 널리 쓰이기까지 10년은 더 걸릴 것으로 보인다.

오래 비공개로 유지할 정보를 RSA로 보호했다고 가정해 보자. 1950년대에 처음 비행한 B-52 폭격기는 2050년내에도 여전히 운용될 것이다. 공격자는 지금 RSA로 보호된 정보를 저장해 두고 양자 컴퓨팅으로 해독하기만 하면 된다. 2050년 전에 그 정보를 풀 수 있을 것이다. 더 나쁜 건, 적이 먼저 그 능력을 갖추면 폭격기의 비밀을 알게 되지만 우리는 그걸 모른다는 점이다.

이런 접근법을 '입수 후 해독'이라고 한다. 이 때문에 쇼어 알고리즘을 실행할 양자 컴퓨터가 나오기 전부터 양자 사이버 보안 해결책을 개발하는 게 중요하다.

양자 컴퓨터가 RSA를 해독할 수 있게 되는 날을 **Q-데이**라 하며, RSA와 다른 암호화 방법을 해독하는 능력을 **양자 종말**이라고 한다. RSA는 큰 버전과 작은 버전으로 나뉘는데, 작은 버전은 더 작은 소수를 써서 큰 버전보다 몇 년 먼저 취약해진다. 따라서 Q-데이는 한순간에 오지 않으며 양자 종말은 점진적으로 진행된다. 이런 용어는 양자 사이버 보안의 공격적 활용에 대한 두려움을 잘 보여준다.

일반 대중이 양자 컴퓨팅을 자세히 알지 못해도 이에 대한 두려움은 양자 컴퓨팅 활동의 큰 원동력이 되어 왔고 앞으로도 그럴 것이다.

다행히 양자 컴퓨팅이 파멸과 우울만을 뜻하지는 않는다. 암 치료나 기후 변화 역전 같은 응용 분야의 가능성은 많은 희망을 주고 두려움과 균형을 이룬다. 오늘날보다 훨씬 나은 삶을 살게 해줄 기술의 다양한 활용 사례를 소개한다. 이 장의 나머지 부분에서는 이런 긍정적인 응용 사례를 알아본다.

양자 컴퓨팅의 긍정적인 활용도 중립적, 부정적 또는 범죄적인 방식으로 사용될 수 있다. 예를 들어, 질병을 치료할 획기적인 신약 개발이 환각제나 독극물을 만드는 데도 사용될 수 있다. 비즈니스나 다른 조직을 이런 미래로 이끄는 위치에 있다면 각 기술 영역의 모든 가능성을 고려해야 한다.

승리를 위한 QKD

양자 암호화의 초기 적용은 두 당사자 간 완벽하게 안전한 통신 채널을 만드는 양자 키 분배quantum key distribution(QKD)다. QKD는 양자 역학의 특성을 활용해 통신 당사자만 아는 공유 비밀 키를 만든다.

이 키는 양측 간에 전송되는 광자로 생성된다. 제3자가 광자를 가로채려 하면 측정 행위가 광자 상태를 바꿔 도청자의 존재를 알린다. 이를 통해 당사자들은 통신의 보안을 위한 조치를 취할 수 있다.

QKD는 현재 시장에서 아주 작은 비중이지만 사용되고 있다. 이는 양자 통신이 실제 비즈니스로 성장하기 위한 첫 단계일 가능성이 크다.

특명, '월리를 찾아라!'

영국 삽화가 마틴 핸드포드가 출간한 어린이 추리 도서인 『월리를 찾아라』를 보고 자랐거나, 아이들에게 직접 읽어준 경험이 있는 사람이라면, 복잡한 군중 속에서 줄무늬 모자를 쓴 월리를 찾던 장면이 떠오를 것이다. 이 책은 사람들에게 이미지 검색과 인식 능력을 재미있게 발휘할 수 있게 해 준다.

검색 알고리즘은 수십 년 동안 컴퓨터 과학의 중요한 연구 분야였다. 양자 알고리즘을 검색에 사용한 실제 사례로는 인터넷 검색, 금융, 물류, 교통 분야의 최적화 문제가 있다. 예를 들어, 포트폴리오 최적화에 양자 알고리즘을 사용하면 재무 분석가가 기존 알고리즘보다 훨씬 빨리 최적의 투자 전략을 찾을 수 있다. 특히 당신만 양자 컴퓨터를 가졌을 때 효과적이다.

데이터가 급증하면서 몇 가지 알고리즘 문제를 해결해야 한다. 가장 큰 과제는 적절한 시간 내에 최적의 해결책을 찾는 것인데, 이 부분에서 양자 알고리즘이 중요하다. 초기에 만들어져 가장 잘 알려진 유망한 양자 알고리즘은 그로버 알고리즘(14장 참조)으로, 정렬되지 않은 데이터베이스 검색 등 여러 용도로 사용된다.

검색에 쓰이는 또 다른 예로는 양자 걸음$^{\text{quantum walk}}$ 알고리즘이 있다. 이는 그래프나 네트워크에서 특정 노드나 노드 집합을 찾는다. 양자 역학의 특성을 이용해 그래프나 네트워크를 중첩적으로 탐색해 기존 알고리즘보다 훨씬 빨리 전체를 검색할 수 있다.

양자 안전 통신이란?

연구자들은 양자 암호화가 미래의 양자 컴퓨팅 알고리즘으로부터 안전한 알고리즘을 만들 수 있다고 굳게 믿는다. 흥미롭게도 연구자들은 오랫동안 벌새의 비행이 불가능하다고 이론적으로 증명했다. 그러나 작은 벌새들은 계속 날아다니며 이를 반박했다. 벌새의 비행을 이해하려면 공기 분자의 브라운 운동도 고려해야 한다는 점이 나중에 밝혀졌다. 이 불확정성 때문에 현재 양자와 비양자 암호학은 불안정한 상태에 있다.

금융 업계로 진출하기

양자 컴퓨팅은 금융 업계에 큰 영향을 미치기 시작했다. 많은 기업이 운영을 개선하고 경쟁력을 높이려고 이 새로운 기술을 도입하고 있다. 오늘날 여러 금융 회사에서 포트폴리오 최적화, 리스크 관리, 사기 탐지 등에 양자 알고리즘과 응용 프로그램을 활용하러 연구 중이다.

골드만삭스를 비롯한 여러 은행은 포트폴리오 최적화를 위한 양자 알고리즘을 개발하고 있다. 골드만삭스의 '뱀파이어 오징어$^{\text{The vampire squid}}$' 알고리즘은 투자 수익률 증가에 유망한 결과를 보여줬다. 이 포트폴리오 최적화는 양자 컴퓨팅의 처리 능력으로 방대한 데이터를 효과적으로 분석해 기존 알고리즘이 간과할 수 있는 투자 기회를 찾아낸다.

JP모건 체이스는 포트폴리오 최적화와 옵션 가격 책정 분야의 응용 프로그램을 연구 중이다. IBM은 여러 금융 기관과 협력해 리스크 관리와 사기 탐지에 활용할 수 있는 응용 프로그램을 개발하고 있다. 이런 응용 프로그램의 알고리즘은 양자 컴퓨팅의 고유한 특성을 활용해 더 정확하고 효율적인 해결책을 제공하도록 설계됐다.

연구자들은 금융 업계의 업무 방식을 더 바꿀 수 있는 새로운 양자 알고리즘을 연구하고 있다. 양자 머신러닝은 기존 방식보다 더 빠르고 정확하게 머신러닝 모델을 훈련할 수 있다. 양자 암호화도 물론 금융 서비스 업계에서 매우 중요하다.

양자 알고리즘은 금융 서비스 산업의 효율성, 수익성, 보안을 높일 수 있는 잠재력이 있다. 물론 윤리적으로 모호하거나 불법적인 목적으로도 사용될 수 있다. 아직 연구가 많이 필요하지만, 앞으로 양자 컴퓨팅이 금융 분야에서 더 중요한 역할을 할 가능성이 높다.

양자의 성공 보장하기

보험 업계에서 양자 알고리즘은 특히 위험 분석 분야에서 큰 잠재력을 보인다. 보험사는 위험 분석으로 특정 사건의 발생 가능성과 그에 따른 잠재적 비용을 산정한다. 양자 알고리즘은 더 복잡한 계산을 더 빠르게 할 수 있어 이 과정을 크게 개선할 수 있다. 이를 통해 보험 회사는 위험을 더 정확히 평가하고 보험료를 더 적절하게 책정할 수 있다.

양자 알고리즘의 또 다른 활용 분야는 사기 탐지다. 보험 사기는 보험사들에 매년 막대한 손실을 안겨 주고 있어, 많은 보험사가 사기 탐지와 예방에 힘쓰고 있다. 양자 알고리즘은 대규모 데이터를 분석하고 기존 방법으로는 찾기 어려운 패턴을 발견해 보험사의 사기 청구 식별 능력을 높일 수 있다.

이런 알고리즘 중 그로버 알고리즘(14장 참조)이 주목받고 있다. 이 알고리즘은 기존 방식보다 훨씬 빠르게 방대한 데이터를 검색할 수 있다. 보험 업계에서 데이터 분석의 중요성이 계속 커지면서, 양자 알고리즘은 업무 효율화와 전반적인 성과 향상에 중요한 역할을 할 것으로 보인다.

여러 기업이 이미 보험 분야에서 양자 알고리즘의 가능성을 탐색하고 있다. 알리안츠는 IBM과 제휴하여 위험 분석이나 기타 응용 프로그램에 사용할 수 있는 양자 컴퓨팅 플랫폼을 개발했다. 스위스리Swiss Re도 오랫동안 양자 컴퓨팅 연구를 진행해 왔으며, 금융 파생 상품의 가치를 계산하는 프로토타입 알고리즘을 개발했다.

앞으로 더 많은 보험사가 양자 알고리즘의 잠재력을 탐구할 것으로 보인다. 양자 알고리즘을 효과적으로 활용하는 보험사는 위험 평가 개선, 효율적인 사기 탐지, 다양한 분야의 효율성 향상 등 상당한 이점을 얻을 것이다.

물류로 세상을 움직이기

물류는 독특한 산업이다. 이는 물리적 자원의 획득, 이동, 보관을 아우른다. 거의 모든 기업이 물류와 연관되지만, 그 규모는 회계 법인의 사무용품 조달부터 철도로 수 톤의 강철을 운반하는 대규모 작업까지 다양하다. 따라서 물류 산업은 전문 물류 회사뿐만 아니라 대부분의 기업 활동을 포함한다.

물류 업계는 끊임없이 공급망 프로세스 개선 방법을 찾고 있으며, 최근에는 양자 알고리즘이 주목받고 있다. 공급망 최적화의 복잡성을 고려하면, 양자 알고리즘은 이 분야에서 큰 잠재력을 가진다. 이 알고리즘은 대규모 데이터 분석을 쉽게 하고, 배송 경로를 최적화하며, 운송 비용을 줄이고, 전반적인 운영 효율성을 높일 수 있다.

DIFFICULT

양자 컴퓨팅으로 대용량 데이터를 처리하려면 양자 RAM이나 양자 하드 디스크가 필요하다고 오해하기 쉽다. 기존 RAM과 하드 디스크도 양자 효과를 활용하지만, 양자 컴퓨팅 버전처럼 근본적으로 양자 효과에 의존하지는 않는다. 실제로 큐비트만으로도 훨씬 더 큰 데이터를 처리할 수 있다. 전통적인 컴퓨팅과 양자 컴퓨팅 모두에서 데이터는 처리를 위해 RAM에서 CPU나 큐비트로 이동했다가 다시 RAM으로 돌아온다. 양자 컴퓨팅의 장점은 적절한 연산에서 이 처리 단계가 전통적인 컴퓨터보다 훨씬 빠를 수 있다는 점이다. 즉, 양자 RAM이나 양자 하드 디스크 없이도 전통적인 컴퓨터보다 훨씬 더 많은 데이터를 같은 시간에 처리할 수 있다. 이제 양자 컴퓨터가 등장했을 때 어떤 모습일지 함께 상상해 보자.

다음 그림은 일본 후지쯔와 도요타가 물류 최적화를 위해 양자 기반 컴퓨팅으로 수행한 최적화 단계다. 양자 컴퓨팅은 선택지의 조합이 쌓여 매우 큰 다차원 행렬을 생성하는 분야에서 탁월한 성능을 보인다.

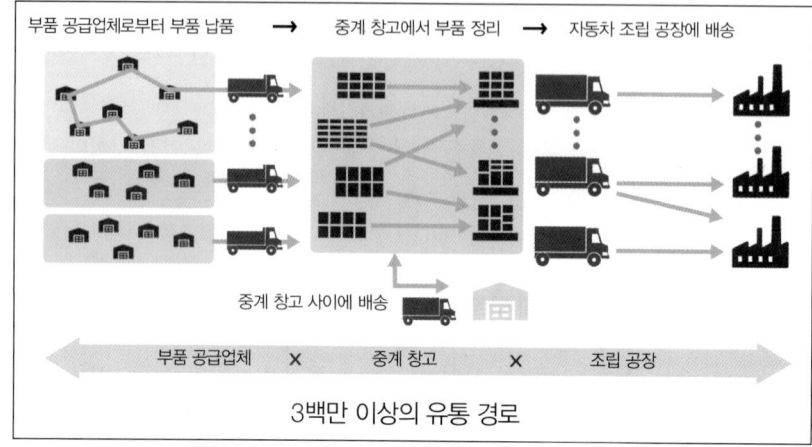

후지쯔와 도요타에서는 물류 최적화를 위해 양자 컴퓨팅을 활용하고 있다.

물류의 힘을 쉽게 이해할 수 있는 예로 배송 업체 UPS의 일일 배송 경로 계획을 들 수 있다. UPS는 운전자에게 좌회전을 피하도록 교육하고 경로를 설계하는 것으로 유명하다. 이는 정치적 의도가 아니라 좌회전을 기다리는 시간을 줄여 시간과 비용을 아끼고 사고 위험도 낮추기 위해서다.

이런 '꿀팁'은 양자 컴퓨팅 같은 강력한 기술이 필요한 이유를 보여준다. UPS를 비롯한 물류 회사들은 매일 '외판원 문제'와 씨름한다. 올바른 트럭에 올바른 화물을 싣고, 최적의 경로로 배송하여 시간과 비용을 줄이는 문제다.

한 도시의 하루 배송을 완벽히 최적화하려면 지구상 모든 컴퓨터를 동원해도 몇 년이 걸릴 수 있다. 시간이 부족해 최적의 경로를 찾지 못하니 '좌회전 금지' 같은 일괄적인 방법을 사용한다. 양자 컴퓨터가 발전해 비행기, 기차, 자동차의 경로 설정에 쓰이면 시간과 에너지, 비용을 훨씬 더 많이 절약할 수 있다.

이 분야 연구가 아직 많이 남아 있지만, 양자 컴퓨팅과 양자 알고리즘이 물류에서 더욱 중요해질 것은 분명하다. DHL, FedEx, UPS, USPS 같은 기업들은 경쟁력을 유지하고자 이 기술의 잠재적 이점을 탐색하고 운영에 통합하는 제일 나은 방법을 찾을 것이다.

양자 기반 선도 기술

오늘날 연구 중이거나 사용 중인 양자 컴퓨팅 응용 프로그램의 대부분은 전통적인 컴퓨터에서 실행되는 양자 기반 기술(8장)이나 덜 복잡한 형태의 양자 기술인 양자 어닐링(9장)에 의존한다. 논리 게이트 기반 양자 컴퓨팅(10장과 11장)은 가장 큰 잠재력을 지녔지만, 아직 실제 결과를 보여 줄 만큼 성숙하지 못했다.

저자들은 100년 된 전통적인 컴퓨팅이 새로운 기술인 양자 컴퓨팅의 도전에서 비롯된 아이디어로 갑자기 새로운 차원에 도달하는 모습이 흥미롭다고 본다. 한 세기 동안 대충 일을 처리해도 괜찮았는데, 이제 와서 양자 컴퓨터에 밀리지 않으려고 모든 것을 고쳐야 하나?

현재 양자 컴퓨팅 관련 가장 인기 있는 주식은 기존 CPU와 GPU(그래픽 처리 장치, AI에 사용되는 수학을 포함하여 특정 종류의 수학에서 매우 빠른 성능을 발휘하는)를 만드는 엔비디아^{Nvidia}다(15장 참조). 현재 엔비디아는 큐비트나 양자 어닐링을 직접 다루진 않지만, 엔비디아의 칩은 양자 시뮬레이터를 실행하고 양자 기반 컴퓨팅에 사용하는 데 매우 유용하다.

머신러닝을 꿈꾸며

머신러닝과 인공지능에 양자 알고리즘을 활용하는 것은 흥미로운 전망 중 하나다. 양자 컴퓨터는 최적화, 시뮬레이션, 패턴 인식 등 머신러닝 관련 문제를 해결하는 잠재력을 지니고 있다.

여러 기업과 연구 기관에서 머신러닝과 인공지능에 양자 알고리즘을 사용하는 방법을 모색하고 있다. 그 예는 다음과 같다.

>> IBM은 IBM Q 양자 컴퓨팅 플랫폼을 통해 연구자와 개발자에게 양자 컴퓨팅 리소스를 제공한다. IBM은 서포트 벡터 머신$^{support\ vector\ machine}$(SVM)으로 잘 알려진 머신러닝 알고리즘의 양자 버전을 개발하는 등 머신러닝용 양자 알고리즘 개발에 힘쓰고 있다.

>> 구글은 양자 신경망이라는 신경망 알고리즘의 양자 버전을 개발했다.

>> 마이크로소프트는 애저 퀀텀 플랫폼을 이용해 의사 결정 트리 알고리즘의 양자 버전을 개발하고 있다.

> D-웨이브 시스템, 리게티 컴퓨팅, 재나두도 이 분야에 참여하고 있다. 재나두는 클러스터링 알고리즘의 양자 버전 개발에 주력하고 있다.

양자 서포트 벡터 머신$^{\text{quantum support vector machine}}$(QSVM) 알고리즘은 서로 다른 클래스의 데이터를 구분하는 최적의 초평면^{hyperplane}[2]을 찾아 데이터를 분류한다. QSVM은 기존 서포트 벡터 머신보다 빠르기 때문에 대규모 데이터 처리에 적합하다. 이 분야의 또 다른 예로 양자 k-최근접 이웃$^{\text{quantum k-nearest neighbor}}$(QKNN) 알고리즘이 있다. 이는 고차원 공간에서 주어진 점에 가장 가까운 이웃을 찾아 데이터를 분류하는 데 사용된다.

양자에서 새로운 석유를 찾다

'데이터는 새로운 석유'라는 말이 오래전부터 있었다. 양자 컴퓨팅은 데이터가 우리를 압도할 때 더 나은 해답을 찾는 데 도움이 될 수 있다.

양자 알고리즘이 가능성을 보이는 중요한 분야는 최적화다. 최적화는 일련의 제약 조건 아래에서 문제에 대한 최적의 해결책을 찾는 과정이다. 스케줄링이나 물류와 같은 많은 현실 문제는 최적화 문제로 모델링할 수 있다. 전통적인 컴퓨터는 이러한 문제를 효율적으로 해결하기 어렵지만, 양자 알고리즘은 기하급수적으로 속도를 높일 잠재력이 있다.

양자 최적화 알고리즘의 한 예로 양자 어닐링이 있다. 이는 큐비트 시스템을 천천히 냉각해 사용할 수 있는 에너지를 줄임으로써 함수의 전역 최솟값을 찾는다. 이 알고리즘은 금융, 물류, 신약 개발 분야의 최적화 문제 해결에 사용된다.

또 다른 예로 양자 근사 최적화 알고리즘(QAOA)이 있다. 이는 최적화 문제에 대한 근사 해결법을 찾는다. QAOA는 네트워크에서 휴대폰 기지국 배치를 최적화하고 물류 회사의 배송 차량 경로를 최적화하는 데 사용된다. 현재 대부분의

---

[2] 옮긴이_ 데이터 과학에서 머신러닝은 다차원 가상 공간상 데이터 분류로 볼 수 있다. 서포트 벡터 머신은 데이터보다 한 차원 낮은 초평면을 나타내는 벡터의 범위를 학습으로 정하는 알고리즘이다. 예를 들어, 3차원 데이터 집합은 2차원 평면으로 나누어 구분할 수 있다. 이 2차원 평면을 초평면이라 하며, 초평면에 수직인 법선 벡터(normal vector)와 평면이 지나가는 한 점으로 정의된다.

배송 차량 경로와 기지국 배치는 전통적인 컴퓨터로 계산된다.

데이터 과학에 양자 알고리즘을 사용하는 기업의 실제 사례는 아직 많지 않지만, 몇 가지 주목할 만한 사례가 있다. D-웨이브는(9장 참조) 폭스바겐, 록히드 마틴, 구글 등 여러 대기업에서 사용하는 양자 어닐링 머신을 개발했다. 폭스바겐은 베이징의 차량 흐름을 최적화하려고, 록히드 마틴은 항공기 부품 설계를 최적화하려고 D-웨이브 머신을 사용하고 있다. 구글은 양자 컴퓨팅의 머신러닝 응용 분야를 탐색하려고 D-웨이브 머신을 사용하고 있다.

물질주의 관점의 중요성

양자 알고리즘은 재료 과학 분야에서 강력한 도구로 부상하고 있다. 재료 과학에서 가장 유망한 양자 알고리즘은 양자 화학 알고리즘이다. 이 알고리즘은 분자와 물질의 거동을 양자 수준에서 시뮬레이션하도록 설계되어 연구자들이 그 특성과 거동을 높은 정확도로 예측할 수 있게 해 준다. 양자 화학 알고리즘을 사용해 연구자들은 화학 반응을 시뮬레이션하고, 극한 조건에서 물질의 거동을 이해하며, 특정 특성을 가진 새로운 물질을 설계할 수 있다.

양자 어닐링도 재료 과학 분야에 유용하다. 이 알고리즘은 초전도 능력이나 높은 중량 대비 강도 비율과 같은 특정 특성을 가진 신소재를 찾는 데 도움이 된다. D-웨이브는 재료 과학 연구를 위해 설계된 양자 어닐링 알고리즘을 개발했으며, 여러 대학 및 연구 기관과 협력해 이 기술의 잠재력을 탐구하고 있다.

IBM은 양자 수준에서 분자와 물질의 거동을 시뮬레이션하는 양자 화학 알고리즘을 개발했다. 이 알고리즘은 이미 카페인과 이산화탄소를 비롯한 여러 중요한 분자의 거동을 예측하는 데 사용됐다. 앞으로 재료 과학 연구에 큰 영향을 미칠 것으로 기대된다.

노트르담 대학교에서는 양자 컴퓨팅과 머신러닝을 활용해 일종의 그늘 역할을 하는 유리를 만들었다. 이 유리는 열을 반사해 냉각 비용을 낮춘다.

이외에도 여러 연구 그룹이 재료 과학을 위한 양자 알고리즘의 잠재력을 탐구하고 있다. 캘리포니아 버클리 대학교의 연구원들은 양자 어닐링 알고리즘으로 에너지를 더 효율적으로 저장할 수 있는 재료 같은 특정 특성을 가진 새로운 재료를 설계한다. 옥스퍼드 대학교의 연구원들은 양자 화학 알고리즘으로 많은 산업 공정에 중요한 촉매의 거동을 연구하고 있다.

양자 컴퓨팅과 머신러닝은 열을 반사하고 냉방 비용을 낮추는 유리를 만드는 데 사용된다.

IDenis Lytiagin / Adobe Stock

건강 증진 시뮬레이션

의학에서 양자 알고리즘의 가장 유망한 응용 분야는 분자 수준에서 인체의 작동을 모델링하는 것이다. 양자 컴퓨터는 전통적인 컴퓨터가 어려워하는 이 분야에서 성공할 수 있다.

토론토 대학교의 연구원들은 양자 알고리즘으로 암 발생에 관여하는 단백질의 행동을 시뮬레이션했다. 이를 통해 단백질의 활동을 억제하는 잠재적 약물 후보를 찾아냈다. 이는 새로운 암 치료법으로 이어질 수 있다.

양자 알고리즘은 의료 영상 분야에서도 가능성을 보인다. MRI 스캔은 신체 이미지를 만들기 위해 방대한 양의 데이터를 처리하고 분석해야 한다. 전통적인 컴퓨터는 이 작업에 어려움을 겪지만, 양자 알고리즘은 훨씬 더 효율적으로 처리할 수 있다. 이는 더 빠르고 정확한 진단과 더 효과적인 치료로 이어질 수 있다.

IBM의 연구원들은 MRI 스캔에서 생성되는 복잡한 데이터를 분석하는 양자 알고리즘을 개발했다. 이를 통해 의사가 종양이나 기타 이상을 더 정확하게 찾아낼 수 있다. 이 연구는 질병의 조기 발견과 치료로 이어져 생명을 구할 수 있다.

양자 알고리즘은 생물학적 시스템에 대한 이해를 높이는 데도 사용된다. 연구자들은 복잡한 생물학적 시스템의 동작을 시뮬레이션해서 그 작동 방식에 대한 새로운 통찰을 얻고 질병에 대한 새로운 치료법을 개발할 수 있다.

서던 캘리포니아 대학교 연구원들은 양자 알고리즘으로 파킨슨병과 관련된 단백질의 행동을 시뮬레이션했다. 그 결과, 단백질이 응집되는 것을 방지할 수 있는 잠재적 약물 후보를 찾아냈다. 이는 새로운 치료법으로 이어질 수 있다.

새로운 의약품 찾기

신약 개발은 엄청난 시간과 비용이 들며, 많은 잠재적 후보가 임상시험에서 실패한다. 하지만 양자 알고리즘은 전통적인 컴퓨터로는 불가능한 수준으로 분자의 움직임을 세밀하게 시뮬레이션할 수 있다. 양자 컴퓨터의 이런 효과는 연구자들이 다양한 화합물의 효과를 더 정확하게 예측할 수 있게 해 더 빠르고 성공적인 신약 개발로 이어질 수 있다.

신약 개발에 시도되는 양자 알고리즘으로 변분 양자 고윳값 해법$^{variational\ quantum\ eigensolver}$(VQE)이 있다. 이 알고리즘은 약물 설계에서 중요한 분자의 기저 상태 에너지를 결정하는 데 사용된다.

VQE 알고리즘은 복잡한 문제를 해결하기 위해 전통적인 컴퓨팅과 양자 컴퓨팅을 결합한 하이브리드 방식을 사용한다. 화합물의 분자 구조와 표적 단백질과의 상호 작용을 정확하게 예측할 수 있어 신약 개발에 특히 유용하다.

신약 개발 분야에서 주목받는 또 다른 양자 알고리즘은 앞서 언급한 QAOA다.

이 알고리즘은 신약 개발에서 흔히 발생하는 최적화 문제를 해결한다. QAOA 알고리즘은 일련의 양자 게이트로 분자의 에너지 환경을 최적화해 연구자들이 가장 유망한 약물 후보를 찾는 데 도움을 준다.

신약 개발에서 양자 알고리즘을 성공적으로 사용한 사례로 자파타 컴퓨팅Zapata Computing의 작업이 있다. 이 회사는 VQE 알고리즘으로 신약 개발 프로세스를 가속하는 양자 컴퓨팅 플랫폼을 개발했다. 이 플랫폼은 암과 기타 질병에 대한 신약을 설계하는 데 사용되었으며, 정확성과 효율성이 크게 개선됐다고 보고됐다.

신약 개발에 양자 알고리즘을 사용하는 또 다른 회사로 케임브리지 퀀텀 컴퓨팅Cambridge Quantum Computing이 있다. 이 회사는 QAOA 알고리즘으로 화합물의 분자 구조를 최적화하는 플랫폼을 개발했다. 이 플랫폼은 알츠하이머병과 기타 신경 장애에 대한 신약을 설계하는 데 사용됐다.

안개 예측하기

일기 예보와 기후 변화 연구는 우리가 세상을 더 많이 알게 되면서 점점 더 중요해지고 있다. 양자 알고리즘의 도움으로 과학자와 연구자들은 더 정확한 데이터를 수집하고 날씨와 지구에 미치는 영향을 더 잘 예측할 수 있다.

일기 예보에 사용되는 가장 잘 알려진 양자 알고리즘은 양자 몬테카를로Quantum Monte Carlo 알고리즘이다. 원래는 양자 컴퓨팅 알고리즘이 아니었지만 연구자들이 현재 양자 컴퓨터 버전을 시도하고 있다. 이 알고리즘으로 과학자들은 시스템에서 입자의 움직임을 시뮬레이션할 수 있어, 날씨 패턴을 예측하는 데 유용하다. IBM과 구글 같은 기업이 일기 예보 모델의 정확도를 높이려고 이 알고리즘을 사용하고 있다.

변화하는 기후

기후 변화는 혁신적인 해결책이 필요한 시급한 위기다. 양자 컴퓨팅과 양자 알고리즘이 그 해결책 중 하나가 될 수 있다. 이 기술은 기후 패턴을 더 잘 이해하고 미래의 기후 변화를 더 정확하게 예측하는 데 도움이 된다. 양자 알고리즘은 복잡한 시스템을 시뮬레이션하고 훨씬 빠른 속도로 계산해 탄소 배출을 줄이고, 제조 공정이나 대기 중 탄소를 포집하며 더 효율적인 재생 에너지원을 개발하는 방법을 찾는 데 도움을 줄 수 있다.

양자 컴퓨팅과 양자 알고리즘은 기후 변화 대처 방식을 혁신할 잠재력이 있어 더 지속할 수 있는 미래에 대한 희망을 준다. 저자 헐리는 기후 관련 프로젝트인 클라이밋^{Qlimate}으로 아이젠하워 펠로우십$^{Eisenhower\ Fellowship}$을 받았다. 미국 대통령이 되기 전 드와이트 D. 아이젠하워$^{Dwight\ D.\ Eisenhower}$는 1943년 2차 세계대전에서 유럽 침공을 주도했다. 아이젠하워 펠로우십은 젊은 리더들이 서로의 나라를 '침공'하되 새로운 아이디어와 파워포인트 프레젠테이션, 논문 제안서, 기타 평화롭고 생산적인 토론 도구로만 '무장'하도록 돕는다.

일기 예보에서 흔히 사용되는 양자 알고리즘은 이 장 앞부분에서 언급한 분류 알고리즘인 그로버 알고리즘이다. 그로버 알고리즘은 대량의 데이터를 빠르고 효율적으로 검색할 수 있어 날씨 데이터를 분석하고 추세를 파악하는 데 유용하다. D-웨이브에서는 기후 변화 모델의 정확도를 높이려고 이 알고리즘을 사용했다.

복잡한 문제를 최적화하는 양자 어닐링 알고리즘의 기능은 날씨 패턴을 예측하는 데 유용하다. 록히드 마틴$^{Lockheed\ Martin}$은 이 알고리즘으로 일기 예보 모델의 정확도를 높였다.

일기 예보에서 양자 알고리즘의 실제 사용 사례로 허리케인 예측이 있다. 메릴랜드 대학교의 연구원들은 양자 어닐링으로 허리케인의 경로를 예측해 긴급 구조대가 잠재적인 재난에 대비하는 데 도움을 줄 수 있다. 또 다른 사례는 항공 분야다. 양자 알고리즘으로 일기 예보 모델의 정확도를 높여 항공사가 위험한 기상 조건을 피하는 데 도움을 줄 수 있다.

전반적으로 일기 예보와 기후 변화 연구에 양자 알고리즘을 사용하는 것은 과학자와 연구자들에게 유용한 도구임이 입증되고 있다. 양자 컴퓨팅 기술이 계속 발전함에 따라 앞으로 이 분야에서 더 많은 진전을 기대할 수 있다.

CHAPTER 14

양자 컴퓨팅 알고리즘

> **이 장의 주요 내용**
> - 알고리즘을 응용 분야에 연결하기
> - 양자 동물원 여행하기
> - 모든 코드를 해독할 수 있는 쇼어 알고리즘 만들기
> - 사이먼 알고리즘으로 주기 알아보기

양자 컴퓨팅 알고리즘은 최근 몇 년간 집중적으로 연구됐다. 이는 양자 컴퓨디가 전통적인 컴퓨터로 불가능하거나 매우 오래 걸리는 문제를 해결할 수 있기 때문이다.

'**알고리즘**'이라는 용어는 9세기 페르시아 수학자 무함마드 이븐 무사 알콰리즈미Muhammad ibn Musa al-Khwarizmi의 이름에서 유래했다. 그의 이름이 라틴어로 번역된 '알고리트미Algoritmi'는 오랫동안 '십진법'을 뜻했지만, 양자 알고리즘은 이를 훨씬 뛰어넘는 개념이다.

양자 알고리즘 개발은 아직 초기 단계지만 눈에 띄는 진전을 보인다. 이미 제안된 몇 가지 양자 알고리즘은 13장에서 설명했듯이 암호화, 최적화, 제약 등 여러 분야에 혁명을 일으킬 가능성이 있다.

TIP

이 장은 난이도가 매우 높아 양자 컴퓨터 알고리즘을 어느 정도 공부한 사람만 충분히 이해할 수 있다. 그래도 모든 독자가 이 장을 살펴보면 좋겠다. 이 분야의 발전을 따라가는 데 도움이 될 용어를 익힐 수 있기 때문이다.

이 장의 알고리즘을 살펴보면 앞으로 양자 컴퓨터가 더욱 강력해졌을 때 어떤 일을 할 수 있을지 짐작할 수 있다. 또한 새로운 문제 해결에도 도움이 될 수 있다.

전통적인 컴퓨터로는 해결할 수 없거나 시간과 비용이 많이 드는 문제를 해결하려면, 기존 알고리즘과 새로운 방식을 함께 써야 할 수도 있다.

알고리즘은 계산이나 문제 해결을 위해 따르는 일련의 단계다. 양자 컴퓨터 알고리즘은 양자 컴퓨터나 양자 기반 하드웨어에서 실행할 때 이점을 얻을 수 있는 단계를 하나 이상 포함한다.

양자 컴퓨팅 알고리즘을 응용 분야에 매핑하기

다음의 표는 양자 컴퓨팅 알고리즘이 13장에서 설명한 응용 분야와 어떻게 연결되는지 보여준다. 새로운 알고리즘이 개발되고 기존 알고리즘의 추가 용도가 발견되면서 이 관계는 더 복잡해질 것으로 보인다.

다양한 응용 분야에 유용한 양자 컴퓨팅 알고리즘

	암호화	검색 및 최적화	머신러닝
쇼어 알고리즘	X		
그로버 알고리즘		X	
양자 위상 추정(QPE) 알고리즘		X	
사이먼 알고리즘	X		
양자 푸리에 변환(QFT) 알고리즘		X	
해로-하시딤-로이드(HHL) 알고리즘		X	
양자 근사 최적화 알고리즘(QAOA)		X	
변분 양자 고윳값 해법(VQE) 알고리즘		X	
양자 카운팅 알고리즘		X	
양자 푸리에 샘플링 알고리즘		X	
양자 신경망을 사용한 양자 위상 추정(QPE-QNN) 알고리즘			X
진폭 추정 알고리즘		X	

	암호화	검색 및 최적화	머신러닝
양자 주성분 분석(PCA) 알고리즘			x
양자 서포트 벡터 머신(QSVM) 알고리즘			x
양자 걸음 알고리즘		x	
숨겨진 하위 그룹 문제(HSP) 알고리즘		x	
양자 행렬 반전 알고리즘		x	
양자 k-평균 알고리즘			x
비선형 함수의 양자 근사화(QANF) 알고리즘		x	

양자 알고리즘은 서로 흥미롭게 연관되어 있다. 다음 그림은 양자 컴퓨팅 알고리즘의 가계도다. 그림에서 볼 수 있듯이 그림 왼쪽의 **양자 푸리에 변환**quantum Fourier transform (QFT)과 오른쪽의 양자 걸음 및 그래프 알고리즘 등 그림에 표시된 몇 가지 핵심 양자 알고리즘만 이해하면 대부분의 양자 컴퓨팅 알고리즘의 핵심을 파악할 수 있다. 이렇게 얻은 지식은 자신의 작업에서 비슷한 문제를 해결하는 데 활용할 수 있다.

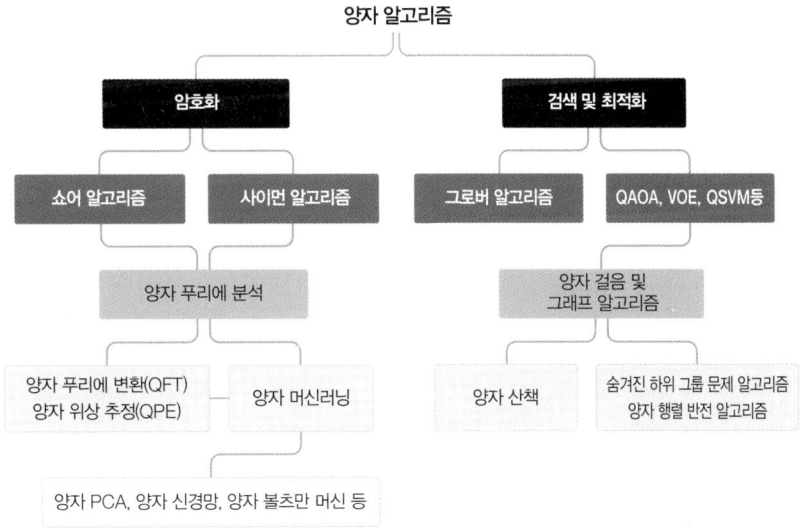

알고리즘의 가계도에는 바로 사용할 수 있는 알고리즘과 집중적인 연구가 진행 중인 영역이 포함되어 있다.

양자 알고리즘의 기초 이해하기

양자 알고리즘은 양자 역학의 특성을 활용해 복잡한 문제를 기존 알고리즘보다 효율적으로 해결한다. 이 알고리즘은 여러 상태로 동시에 존재할 수 있는 큐비트를 다룬다. 자세한 내용은 10장과 11장을 참조하자. 큐비트는 서로 얽힐 수 있으며, 이 두 특성을 함께 사용하면 병렬 계산이 가능하다.

양자 알고리즘에는 양자 컴퓨터에서 유용하게 실행할 수 있는 특정 단계가 있다. 이 단계는 양자 역학을 이용해 수많은 가능성 중에 정답을 찾아낼 수 있다. 알고리즘의 다른 단계는 전통적인 컴퓨터에서도 잘 실행될 수 있다. 양자 컴퓨팅은 많은 전통적인 컴퓨팅 단계를 포함한다.

알고리즘을 유용한 사례에 연결하기

양자 알고리즘 연구는 학계를 넘어 글로벌 2000대 기업의 혁신 센터로 퍼지고 있다. 기업의 실제 연구는 양자 알고리즘을 실용적으로 발전시키는 데 중요하다. 이런 연구는 알고리즘 개선으로 이어지기 때문이다. 또한 양자 알고리즘의 상업적 사용에 필요한 양자 컴퓨팅 하드웨어 개선에 대한 깊은 이해를 제공한다.

같은 양자 알고리즘이 여러 분야에 쓰일 수 있다. 이 알고리즘들은 금융부터 의학까지 다양한 분야에서 연구되고 구현되며, 복잡한 문제 해결 방식에 혁신을 가져올 것으로 기대된다.

이제 양자 컴퓨팅 분야에서 주목받은 몇 가지 양자 알고리즘을 자세히 살펴보며 더 깊이 알아보자. 이 알고리즘들과 잠재적 응용 분야를 대략 이해할 수 있기를 바란다. 양자 컴퓨팅 초보자든 전문가든, 이 장이 책에서 가장 가치 있는 부분이라고 생각한다. 이제 양자 알고리즘의 흥미진진한 세계로 함께 떠나보자!

연구에 대한 투자

최근 몇 년간 미국, 중국, 캐나다, 영국, 호주, 독일 등 전 세계 각국 정부는 양자 연구에 수십억 달러를 쏟아붓고 있다. 이는 학계의 집중과 대규모 비즈니스 투자를 불러왔다. 이 투자로 양자 분야가 크게 발전했고, 현재 많은 연구자가 더 강력하고 안정적인 양자 하드웨어와 소프트웨어를 개발하고 있다.

하드웨어 성능이 좋아지면서 양자 알고리즘 연구도 늘어날 것으로 보인다. 하드웨어 개발은 여전히 중요하지만, 많은 연구자는 양자 기술의 진정한 돌파구가 양자 컴퓨터의 고유한 기능을 활용하는 새로운 알고리즘에서 나올 것이라고 본다.

양자 컴퓨팅은 큐비트에만 국한되지 않는다

큐비트의 성능을 활용하는 것이 양자 컴퓨팅의 핵심이다. 그러나 전통적인 컴퓨팅 하드웨어에서 실행되는 양자 시뮬레이터와 양자 기반 컴퓨팅(8장 참조)도 활발히 연구되고 있다. 또한, 대부분의 흥미로운 문제를 해결하려면 전통적인 컴퓨터와 양자 컴퓨터 간 효율적인 업무 분담이 필요하다. 이 업무 분담을 최적화하는 것이 알고리즘을 포함한 하드웨어와 소프트웨어의 주요 과제다.

이 초점의 변화는 양자 하드웨어의 복잡성 증가와 점점 더 복잡해지는 문제를 해결하기 위한 새롭고 강력한 알고리즘의 필요성 증가 등 여러 요인에 따른 것이다. 이에 각국 정부는 앞으로 양자 알고리즘 개발에 더 많은 자금을 투자할 것으로 보이며, 특히 금융, 물류, 의료 등의 분야에 집중할 것이다. 결국 이 모든 투자가 양자 기술로 세계의 가장 시급한 문제를 해결하는 새로운 컴퓨팅 시대로 이어지기를 희망한다.

각국 정부는 얼마나 투자했을까?

전 세계 각국 정부는 양자 컴퓨팅 연구 개발에 막대한 돈을 쏟아붓고 있다. 세계경제포럼 보고서에 따르면 최근 1년간 정부 지출은 약 20억 달러로 추산됐다.

미국 연방 정부는 국가 양자 프로젝트 법안으로 앞으로 5년간 양자 연구에 12억 달러를 배정했다. 중국은 국가 양자 연구 센터에 100억 달러를 투지하겠다고 밝히는 등 양자 기술에 큰 관심을 쏟는다. 유럽 연합은 양자 연구 개발 프로젝트에 10억 유로를, 영국은 25억 파운드를 약속했다. 민간 업계도 수십억 달러를 추가로 쓴다.

이는 공식적인 발표일 뿐이다. 코미디언 스티브 마틴이 영화 〈와호장룡〉(2000)에 대해 한 농담[1]처럼, 이런 투자 발표는 빙산의 일각에 불과할 수 있다. **타이타닉호**가 빙산의 보이지 않는 부분 때문에 침몰했듯이, 실제 투자 규모는 더 클 수 있다.

그러나 현재까지 공개된 금액만 보더라도 양자 컴퓨팅이 다양한 산업에 미칠 잠재적 영향과 전 세계가 이 떠오르는 분야에서 경쟁력을 유지해야 할 필요성을 인정한다는 것을 알 수 있다.

양자 동물원 방문하기

마이크로소프트 퀀텀의 스티븐 조던Stephen Jordan이 만들고 관리하는 '양자 알고리즘 동물원quantum Algorithm Zoo'은 양자 알고리즘을 종합적으로 정리한 목록이다. 다음 그림에서 볼 수 있듯이, 이 동물원은 알고리즘을 대수 및 수 이론, 오라클, 근사 및 시뮬레이션, 최적화, 수치학, 머신러닝 등으로 분류한다. 대부분은 어려운 자료일 수 있지만, 알고리즘과 그 설명을 살펴보는 것은 재미있고 유익하다. 양자 컴퓨팅 알고리즘을 이해할수록 더 유용한 자료가 될 것이다.

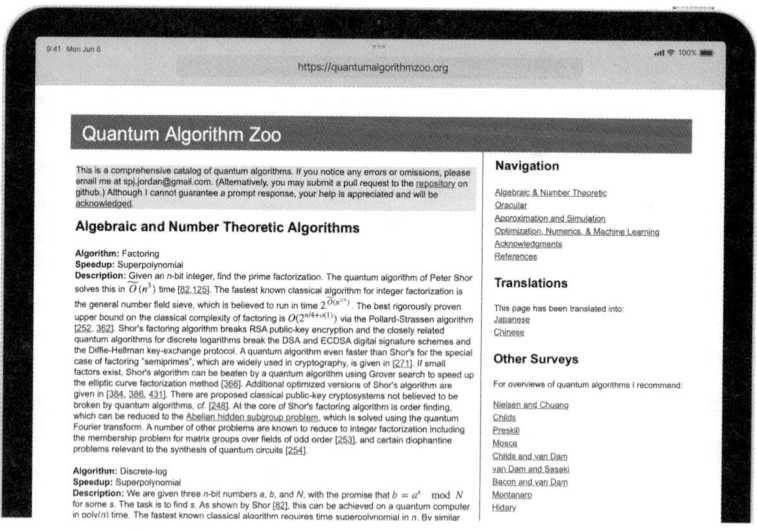

양자 알고리즘 동물원은 양자 컴퓨팅을 위한 풍부한 리소스다.

---

1 호랑이나 용이 나오지 않는다고 투덜거렸는데, 제목 그대로 호랑이는 웅크리고 있고 용은 숨어 있어서 못 본 거라고 누군가 대답했다고 한다.

새로운 종류의 시간 정의하기

양자 컴퓨팅 알고리즘이 어떻게 계산을 더 빠르게 하는지 이해하려면 시간을 다르게 봐야 한다. 영국 드라마 〈닥터 후〉의 타임로드처럼 시간을 비선형적으로 바라보는 상상을 해 보자.

컴퓨터 알고리즘을 논의할 때, 처리할 항목의 수에 따른 실행 시간 증가로 알고리즘을 나눈다.

» **선형 시간**: 처리하는 항목 수에 비례해 시간이 증가한다. 10개 항목에 10초면 100개 항목엔 100초가 걸린다. 전통적인 컴퓨터는 이런 알고리즘을 잘 처리한다. 양자 컴퓨터는 여기서 큰 이점이 없다. 단, 챗GPT 같은 대규모 언어 모델(LLM)의 내부 처리처럼 아주 많이 반복되는 경우엔 작은 속도 향상도 의미가 있을 수 있다.

» **다항식 시간(이차 시간)**: 항목 수의 제곱에 비례해 시간이 증가한다. 10개 항목에 10초면 100개 항목엔 1,000초가 걸린다. 전통적인 컴퓨터도 잘 처리하지만, 항목이 매우 많으면 근사치를 사용해야 한다. 양자 컴퓨터는 이런 문제를 선형 시간에 풀 수 있을 것으로 기대된다.

» **지수적 시간**: 시간이 2 같은 상수의 항목 수 제곱으로 증가한다. 10개 항목에 10초면 100개 항복엔 우주 종말을 넘어서는 셉틸리언^{septillion}**[2]** 년이 걸린다. 전통적인 컴퓨터로는 항목이 많으면 불가능하다. 미래의 강력한 양자 컴퓨터는 이런 문제를 이차 시간이나 선형 시간에 해결하여 인류의 가장 어려운 문제를 해결할 수 있을 것이다.

로그 시간도 있다. **로그 시간**에서는 처음 잘라내는 데 시간이 오래 걸리지만, 그 다음 단계는 점점 더 짧아진다. 이는 선형 시간과 비슷하다.

요약하면, 선형 시간은 n, 다항식 시간은 n의 거듭제곱(n^2), 지수 시간은 어떤 수의 n 거듭제곱(2^n)에 비례해 실행 시간이 늘어난다. 여기서 n은 처리하는 항목 수다.

---

[2] 옮긴이_ 10^{24}을 나타내는 어마 어마한 단위다. 우리나라 단위로는 10^{20}을 나타내는 해(垓), 다음의 10^{24}을 나타내는 자(秭)라는 단위와 같다.

양자 컴퓨팅의 가장 큰 강점은 속도다. 앞으로 양자 컴퓨터가 더 강력해지면 전통적인 컴퓨터에서 다항식 시간이 걸리는 특정 알고리즘을 선형 시간에 실행할 수 있게 된다. 또한 전통적인 컴퓨터에서 지수 시간이 걸리는 특정 알고리즘을 알고리즘에 따라 다항식이나 선형 시간에 실행할 수 있게 된다. 양자 컴퓨터의 성능이 계속 좋아지면서 더 큰 n의 값에 대한 속도 향상을 기대할 수 있어 점점 더 복잡한 문제를 해결할 수 있게 된다.

다음의 그림은 전통적인 컴퓨터에서 여러 종류의 알고리즘 시간 차이를 보여 주는 차트다. 양자 컴퓨팅은 가파른 곡선을 완만한 곡선으로 바꾼다.

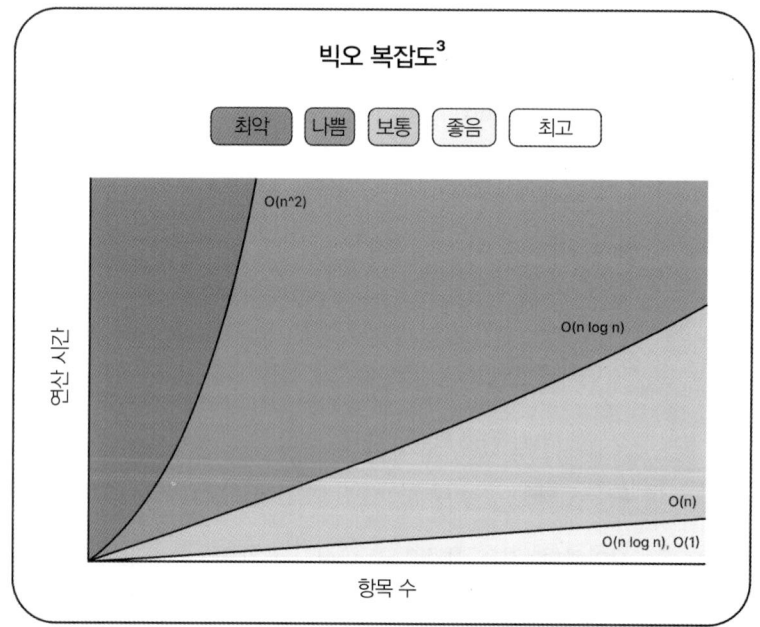

양자 컴퓨팅에서도 시간은 여전히 중요하지만 그 의미가 다르다.

각 시간 종류에는 특별한 표기법이 있다. $O(n)$[4]은 선형 시간, $O(n^2)$는 이차 시간, $O(C^n)$은 지수 시간을 나타낸다. $O(C^n)$ 표시가 보이면 최신 양자 컴퓨터를 찾아보거나 나올 때까지 기다려야 한다.

---

3 옮긴이_ 빅오 복잡도는 알고리즘의 복잡도를 나타내기 위해서 광범위하게 사용됐다. 정수론에서 점근적 상한을 나타내는 big-Omega 표기에서 유래했다.
4 옮긴이_ O(Big-O)-표시법이라고 한다.

이런 시간 종류들은 양자 컴퓨팅이 여러 문제를 풀 때 기대할 수 있는 속도 향상을 설명하는 데 사용된다.

- **다항식 속도 향상**: 전통적인 컴퓨터가 t^2 시간이 필요하지만 양자 컴퓨터는 t 시간만 필요하다. 양자 컴퓨터가 필요한 시간은 전통적인 컴퓨터 시간의 제곱근 정도. 그로버 검색 알고리즘이 이런 향상을 보여준다. 전통적인 컴퓨터에서 백만 단계가 필요한 검색을 양자 컴퓨터에선 천 단계로 줄일 수 있다.

- **기하급수적인 속도 향상**: 전통적인 컴퓨터가 2^t 시간이 걸리는 문제를 양자 컴퓨터는 t 시간에 풀 수 있다. 예를 들어, 전통적인 컴퓨터가 2^{100}초(셉틸리언 년)가 걸리는 문제를 충분히 강력한 양자 컴퓨터는 100초 정도면 풀 수 있다. 쇼어 알고리즘은 인수 분해에서 이런 속도 향상을 보여준다.

많은 양자 알고리즘은 지수 시간 문제를 이차나 선형 시간에 풀 수 있다고 한다. 이는 엄청난 속도 향상이다. 그러나 오늘날 전통적인 컴퓨터보다 실제로 나은 성능을 내려면, 즉 여러 문제에서 큰 t나 다른 변수를 다루려면 매우 강력한 양자 컴퓨터가 필요하다. 가장 어려운 문제를 풀기까지는 수십 년이 걸릴 수 있다.

그로버 알고리즘은 전통적인 컴퓨터에서 오래 걸리는 문제에 '단지' 이차 속도 향상만 준다. 검색할 때 목록 항목의 절반이 아닌 제곱근만큼만 처리하면 된다. 이는 구글과 빙이 다루는 긴 목록보다 훨씬 적은 수다. 다행히 그로버 알고리즘은 쇼어 알고리즘보다 일찍 양자 컴퓨터에서 실행할 수 있다.

따라서 구글의 모회사인 알파벳이나 빙의 소유주인 마이크로소프트가 양자 컴퓨팅에 많은 자산을 투자하는 이유를 이해할 수 있다. 하루에 적은 돈이라도 수십억 번 아낄 수 있다면, 곧 실제 돈과 경쟁사보다 훨씬 큰 경쟁력을 얻을 수 있다.

도이치-조사 알고리즘으로 시작하기

도이치-조사 알고리즘은 1992년 데이비드 도이치David Deutsch와 리처드 조사Richard Jozsa가 만들었다. 두 가지 함수를 구별하는 것이 목표다. 첫 번째는 **상수 함수** constant function로, 모든 입력에 같은 출력을 낸다. 두 번째는 **균형 함수** balanced function로, 0과 1을 같은 비율로 출력한다. 문제는 주어진 함수가 어떤 유형인지 판단하는 것이다.

도이치-조사 알고리즘은 함수에 한 번만 물어봐도 이 문제를 풀 수 있다. 반면 기존 알고리즘은 최소 두 번 물어봐야 한다. 이 속도 향상은 양자 컴퓨터가 특정 문제에서 전통적인 컴퓨터보다 훨씬 유리할 수 있다는 걸 보여 주는 초기 사례로 중요하다.

도이치-조사 알고리즘은 네 단계로 이뤄진다.

1. 모든 가능한 입력 값이 중첩된 입력 상태를 준비한다.
2. 오라클이라는 일련의 양자 게이트를 입력 상태에 적용한다. 오라클은 함수 유형에 따라 입력 상태를 변환한다.
3. 입력 상태에 두 번째 양자 게이트를 적용한다. 아다마르 게이트라는 이 게이트는 가능한 모든 출력값이 새롭게 중첩된 상태를 만든다.
4. 출력 상태를 측정하고 그 결과로 상수 함수인지 균형 함수인지를 결정한다.

이 알고리즘의 핵심은 오라클 사용이다. 오라클은 함수 유형에 따라 입력 상태를 변환하는 양자 게이트다. 이 변환은 균형 함수면 출력의 위상을 뒤집고, 상수 함수면 출력을 그대로 두며, 이에 알고리즘은 두 가지 유형의 함수를 구별할 수 있다.

이 알고리즘은 함수 평가와 의사 결정 문제에 여러 방면으로 쓰일 수 있다. 함수 평가에서는 상수 함수인지 균형 함수인지 판단하는 데 사용할 수 있다. 이는 암호화 알고리즘이 안전한지 아닌지 구분하는 게 중요한 암호 분야에서 쓸모 있다.

의사 결정 문제에서는 함수의 출력에 따라 결정을 내리는 데 사용할 수 있다. 예를 들어, 주어진 데이터 집합이 악성인지 양성인지 판단하는 데 사용할 수 있다.[5]

쇼어의 양자 컴퓨팅이 가져올 큰 변화

쇼어 알고리즘은 단순해 보이지만, 큰 수를 소인수로 나누는 방법이다.

1과 자기 자신 외에 다른 인수가 없는 소수 두 개로 시작해 보자. 1, 3, 5, 7은 모두 소수지만 9는 3과 3의 곱이라 소수가 아니다. 짝수는 2로 나눌 수 있어 소수가 아니다. 숫자가 커질수록 잠재적 인수가 많아져 소수의 개수는 줄어든다.

---

[5] 옮긴이_ 조직 검사로 종양의 데이터를 얻었다면, 모든 세포를 검사해 악성 세포가 발견되기 전까지는 양성 종양으로 볼 수 있다. 즉, 도이치-조사 알고리즘을 쓰면 빠르게 알 수 있다는 의미다.

숫자가 커질수록 컴퓨터는 주어진 숫자가 소수인지 아닌지 판단하고 인수를 찾기 어려워진다. 아주 크지 않은 숫자도 전통적인 컴퓨터로는 합리적인 시간(예: 몇 년 이내)에 소인수 분해(또는 소수 판별)를 할 수 없다.

이 복잡성 때문에 소수는 암호화에 사용된다. 두 소수의 곱인 큰 숫자로 정보를 암호화한다. 비밀 키라는 소수 하나를 알면 그 숫자를 쉽게 인수 분해하여 정보에 접근할 수 있다. 하지만 큰 수인 공개키만 가진 사람은 쉽게 소수를 찾아 정보에 접근할 수 없다.

하지만 두 가지가 있으면 상황이 달라진다. 양자 컴퓨팅으로 훨씬 빨리 숫자를 인수 분해하는 쇼어 알고리즘과 수천 개의 오류 없는 큐비트를 가진 양자 컴퓨터가 그것이다. 전 세계 비밀 수호자들에게는 다행스럽게도 이런 양자 컴퓨터가 아직 없으며 10년이나 20년 내에는 괜찮을 것 같다. 우리 은행 정보도 지켜야 할 비밀이니 우리 모두의 이야기다.

하지만 6장에서 설명했듯이 이러한 조합이 언젠가 가능할 수 있다는 위협만으로도, 쇼어 알고리즘이 개발된 후 양자 컴퓨팅에 대한 중요한 관계자들이 관심이 집중되있다.

쇼어 알고리즘은 어떻게 작동하는가? 몇 단계만 거치면 되고, 이 중 4단계에서만 양자 컴퓨팅이 필요하다.

1. 인수 분해할 숫자를 선택한다. 15를 인수 분해한다고 가정해 보자.
2. 1과 인수 분해할 숫자 사이의 아무 숫자를 선택한다. 4를 선택한다고 가정해 보자.
3. 난수와 인수 분해할 숫자의 최대공약수(GCD)를 구한다. GCD는 두 숫자에 모두 속하는 인수 중 가장 큰 수다. 여기서 4와 15의 GCD는 1이다. GCD가 1이면 다음 단계로 간다. 1이 아니면 이미 원래 숫자의 소인수 중 하나를 찾은 것이니 여기서 끝낸다.
4. 여기서 양자 컴퓨팅이 등장한다. 쇼어 알고리즘은 목표 수에 적용되는 함수의 주기를 찾는 데 사용한다. **주기**는 함수가 따르는 반복 패턴이다. 이 단계에서 쇼어 알고리즘은 아주 큰 숫자도 매우 빠르게 작업할 수 있어서 정말 대단하다.[6]

---

6 옮긴이_ 여기서 양자 푸리에 변환을 쓴다. 고른 난수 4를 1부터 계속 거듭제곱하면서 15로 나눈 나머지를 구하면 이렇다. $4^1 \mod 15 = 4$, $4^2 \mod 15 = 1$, $4^3 \mod 15 = 4$, $4^4 \mod 15 = 1$ 즉, 주기가 2임을 알 수 있다. 여기선 작은 수라 금방 계산했지만, 몇 백자리 수는 이렇게 계산하면 너무 오래 걸린다. 큐비트만 충분하다면, 난수의 거듭제곱 값들을 중첩 공간에 놓고 양자 푸리에 변환으로 주파수, 즉 주기를 순식간에 구할 수 있다.

5. 함수의 주기를 알면 전통적인 컴퓨터로 더 많은 수학적 기교를 사용하여 원래 숫자의 소인수를 알아낼 수 있다. 15의 소인수는 3과 5다.

이것이 쇼어 알고리즘의 요약이다. 이 알고리즘이 실제로 사용된다면 많은 문제가 생기겠지만, 곧 사용할 수 있기를 바라며 지금도 최적화 연구가 진행 중이다.

그로버 알고리즘으로 검색하기

검색 문제는 컴퓨터 공학에서 자주 생긴다. 대규모 데이터베이스에서 특정 항목을 찾는 문제로, 데이터베이스의 크기가 커질수록 더 복잡해진다. 검색 기술은 최적화 문제에도 자주 쓰인다.

그로버 알고리즘은 정렬되지 않은 데이터베이스에서 특정 항목을 찾으려고 만든 양자 알고리즘이다. 그로버 알고리즘은 기존 알고리즘보다 이차 속도 향상이 있어 양자 컴퓨팅의 중요한 도구로 사용된다. 이 검색 문제를 푸는 기존 알고리즘은 복잡도가 $O(N)$이다. 여기서 N은 데이터베이스의 크기다. 하지만 그로버 알고리즘은 복잡도가 $O(\sqrt{N})$로 훨씬 효율적이다.

충분히 강력한 양자 컴퓨터가 개발되면 그로버 알고리즘은 100개 항목 목록은 10배, 100만 항목 목록은 1,000배, 1조 항목 목록은 100만 배 정도 빨라질 것이다. 이는 요즘 같은 때 엄청나게 긴 검색 목록이 아니다. 더 정확히 말하면, 전에는 처리하기 힘들고 실용적이지 않았던 검색을 실용적일 만큼 빠르게 처리할 수 있게 해 준다.

그로버 알고리즘은 데이터베이스 내에서 필요한 항목을 찾기 위해 양자 병렬 처리를 사용한다. 대부분의 양자 컴퓨팅 알고리즘처럼, 이 알고리즘도 양자 컴퓨터를 가능한 모든 상태의 중첩으로 시작한다. 그런 다음 원하는 항목이 있는 상태의 진폭을 높이는 일련의 연산을 한다. 이 과정은 원하는 항목을 찾을 때까지 필요한 만큼 반복한다.

그로버 알고리즘의 단계는 다음과 같다.

1. 양자 컴퓨터를 가능한 모든 상태의 중첩으로 시작한다.
2. 오라클 함수로 원하는 항목이 있는 상태를 표시한다.
3. 평균에 대한 반전을 적용하여 표시된 상태의 진폭을 키운다.
4. 원하는 항목을 찾을 때까지 2단계와 3단계를 정해진 횟수만큼 반복한다.

양자 컴퓨팅 알고리즘의 오라클은 전통적인 컴퓨팅의 CASE 문과 같다. 이는 변수 값에 따라 알고리즘이 다르게 작동한다. 이를 수행하는 방식은 양자 컴퓨팅에 특화되어 있으며, 이름에서 알 수 있듯이 약간 마법 같지만 양자 컴퓨터의 논리 게이트 작동 원리를 이해하면 합리적이다.

최적화에서는 그로버 알고리즘으로 함수의 최솟값이나 최댓값을 찾을 수 있다. 이 알고리즘은 금융 포트폴리오나 공급망 관리 같은 복잡한 시스템을 최적화할 수 있다.

양자 위상 추정 알고리즘 사용하기

위상 추정은 여러 양자 알고리즘에서 핵심 단계로, 양자 컴퓨팅에서 매우 중요하다. 양자 상태는 두 개 이상 상태의 중첩으로 표현되며, 각 상태는 고유한 위상각을 갖는다. 위상 추정 문제는 이런 양자 상태의 알려지지 않은 위상각을 계산한다.

양자 상태가 복소수이고 위상을 직접 관찰할 수 없어 위상 추정은 어렵다. 그래서 위상각 추정에는 특별한 양자 알고리즘이 필요하다. 이 중 가장 널리 쓰이는 것이 양자 위상 추정 알고리즘이다.

이 알고리즘은 양자 푸리에 변환을 사용하여 양자 상태의 위상각을 추정한다. 알고리즘은 준비 단계와 반복 단계로 나뉜다.

준비 단계에서는 위상각을 추정할 상태와 보조 큐비트를 중첩한 입력 상태를 만든다. 보조 큐비트는 추정된 위상각을 저장한다. 그다음 입력 상태를 반복 단계에서 사용할 수 있는 상태로 변환한다.

반복 단계에서는 입력 상태에 양자 푸리에 변환을 적용한다. 양자 푸리에 변환은 양자 상태를 푸리에 계수로 바꾸는 알고리즘이다. 그 후 변환된 입력 상태의 푸리에 계수를 측정해 추정 위상각을 얻는다.

다음 그림은 블로흐 구면Bloch sphere을 보여준다. 이는 양자 컴퓨터가 결과를 계산할 때 큐비트에 적용하는 변환을 설명하는 데 사용된다.

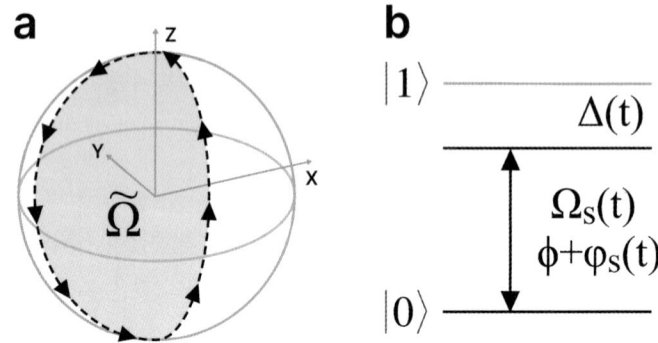

양자 위상 추정 알고리즘은 큐비트 위상 변화에 따라 프로그래밍 단계 구현에 필요한 위상 이동을 추정한다.

양자 위상 추정 알고리즘은 양자 시뮬레이션과 순서 찾기 등에 응용된다. 양자 시뮬레이션에서는 입자 수가 많은 양자 시스템을 시뮬레이션하는 데 사용된다. 이 알고리즘으로 시스템 입자를 나타내는 양자 상태의 위상각을 추정하고, 이를 통해 시스템의 특성을 계산할 수 있다.

순서 찾기에서는 유한 그룹에서 원소의 순서를 찾는 데 활용된다. 원소의 순서는 $e^n = 1$ 방정식을 만족하는 가장 작은 양의 정수이며, 여기서 e는 원소이고 n은 차수다.

사이먼 알고리즘 적용하기

사이먼 알고리즘은 전통적인 컴퓨팅 문제를 기하급수적인 속도로 해결하는 양자 알고리즘이다. 창시자 다니엘 사이먼Daniel Simon은 처음에 양자 컴퓨팅에 회의적이었다. 그는 어떤 알고리즘도 전통적인 컴퓨팅보다 뛰어난 양자 속도 향상을 이룰 수 없다고 믿었다.

사이먼은 이를 수학적으로 증명하려 했지만, 오히려 양자 우위를 보여 주는 중요한 양자 알고리즘을 만들었다. 이 알고리즘은 그 자체로 가치가 있었고, 쇼어의 획기적인 알고리즘 탄생에도 크게 기여했다.

사이먼의 알고리즘은 양자 부분과 고전 부분으로 구성된다. 양자 부분은 양자 연산으로 주기의 가능한 모든 값의 중첩을 얻는다. 고전 부분은 선형 대수로 이 중첩에서 주기를 추출한다.

사이먼 알고리즘은 양자 컴퓨터와 전통적인 컴퓨터 간 빠른 상호 작용이 필요한 작업의 좋은 예다. 오늘날 고속 상호 연결 장치가 내장된 슈퍼컴퓨터가 만들어지고 있다. 이를 통해 미래의 양자 컴퓨터는 전통적인 컴퓨터와 빠르게 연결되어 두 시스템의 장점을 살려 복잡한 문제를 해결할 수 있을 것이다.

이제 사이먼 알고리즘의 암호 분석 및 코드 해독 적용 사례를 단계별로 알아보자.

사이먼이 말하는 보안 강화

사이먼의 알고리즘은 암호화와 보안 분야에 혁명을 일으킬 수 있는 양지 컴퓨딩의 획기적인 기술이다. 이는 전통적인 컴퓨터로는 해독이 불가능한 암호화 메시지와 코드를 풀 수 있는 강력한 도구다. 이 알고리즘은 대량의 데이터에서 패턴을 식별하고, 이를 이용해 메시지 암호화와 해독에 사용되는 비밀 키를 찾는다. 따라서 민감한 정보를 보호해야 하는 보안 전문가에게 필수적인 도구다.

사이먼 알고리즘이 해결하는 문제는 컴퓨터 공학과 수학에서 흥미롭다. 이는 주기를 구하는데 2^n 시간이 걸리는 블랙박스 함수의 주기를 찾는 것이다. 블랙박스 함수는 n비트 문자열을 입력 받아 n비트 문자열을 반환한다. 이 함수의 주기는 $\{0, 1\}^n$의 모든 x에 대해 $f(x) = f(x + r)$이 되는 가장 작은 양의 정수 r이다. 문제는 이 주기 r을 구하는 것이다.

사이먼 알고리즘의 단계별 분석은 다음과 같다.

1. 두 개의 n-큐비트 레지스터를 $|0\rangle^n$ 상태로 초기화한다.
2. 첫 번째 레지스터에 아다마르 변환을 적용하여 가능한 모든 입력 문자열의 중첩을 얻는다.
   $|\psi\rangle = (1/\sqrt{2^n}) * \sum x \in \{0, 1\}^n |x\rangle$

3. 첫 번째 레지스터에 블랙박스 함수를 적용하여 가능한 모든 출력의 중첩을 얻는다.

   $|\varphi\rangle = (1/\sqrt{2^n}) * \sum x \in \{0, 1\}^n |f(x)\rangle$

4. 첫 번째 레지스터에 다시 아다마르 변환을 적용하여 출력이 같은 모든 가능한 입력 문자열의 중첩을 얻는다.

   $|\psi'\rangle = (1/\sqrt{2^n}) * \sum x, y \in \{0, 1\}^n (-1)^x \cdot y \cdot f(x) |y\rangle$

5. 첫 번째 레지스터를 측정하여 가능한 주기들의 선형 조합인 무작위 문자열 s를 얻는다. 여기서 a_i는 무작위 계수이고 x_i는 가능한 주기들이다.

   $s = \sum i = 1^r a_i x_i$

6. 방정식 시스템을 풀어 주기 r을 구한다.

사이먼의 알고리즘은 암호 분석과 코드 해독에 여러 방면으로 응용된다. 그중 하나는 RSA 암호 시스템 해독이다. 이 시스템은 큰 정수의 인수 분해가 어렵다는 점을 이용한다. 사이먼 알고리즘은 이 문제를 사이먼 문제로 축소한 뒤 양자 컴퓨팅으로 빠르게 해결해 큰 정수를 효율적으로 인수 분해할 수 있다.

또 다른 응용 분야는 이산 로그 문제 해결이다. 이는 $g^x \equiv h \pmod{p}$ 방정식에서 지수 x를 구하는 문제로, 여기서 g, h, p는 알려져 있다. 사이먼 알고리즘은 이 문제를 사이먼 문제로 바꿔 다항식 시간 내에 해결할 수 있다.

양자 푸리에 변환 알고리즘 구현하기

푸리에 변환 알고리즘은 시간 영역 신호를 주파수 영역 신호로 바꾸는 수학적 도구다. 이는 신호 처리, 이미지 분석, 양자 역학 등 여러 분야에서 활용된다.

이산 푸리에 변환discrete Fourier transform (DFT) 알고리즘은 이산 시간 영역 데이터를 복소수 주파수 영역 데이터로 변환한다. 이 변환은 원본 데이터를 정현파 주파수 성분으로 분해하고, 각 주파수를 크기와 위상을 가진 복소수로 표현한다.

DFT 알고리즘은 신호 처리, 오디오 및 비디오 압축, 이미지 처리에 널리 사용된다. 통신, 의료 영상, 지구 물리학 등 다양한 분야에 응용된다. 이 알고리즘에는 여러 변형과 최적화가 있으며, 널리 사용되려면 효율적인 구현이 중요하다.

또 다른 변형인 **고속 푸리에 변환**fast Fourier transform (FFT) 알고리즘은 놀라울 정도로 많은 분야에서 사용된다. 다음 그림은 고전적인 FFT 알고리즘이 파형을 분해 과정을 보여준다.

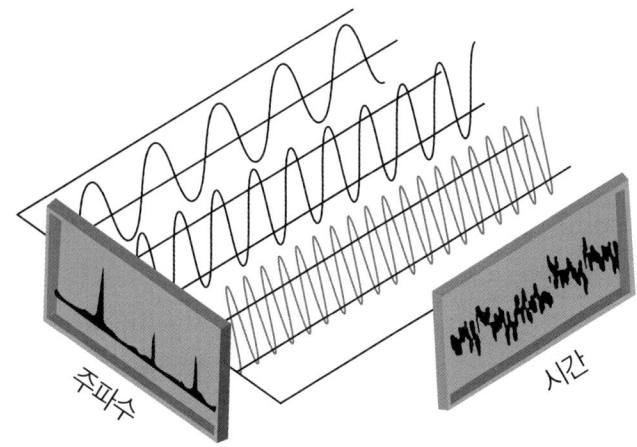

고전적인 고속 푸리에 변환은 신호를 구성 주파수로 분해한다.

사실 FFT는 재미있는 농담을 떠올리게 한다. 베토벤은 왜 자신의 악보와 지우개를 함께 묻어달라고 했을까? 오래 썩어 없어질 거라는 말을 들어서다.[7]

자세한 설명이 필요하겠지만, 고전 푸리에 변환 알고리즘은 중요하며 양자 버전도 마찬가지다. 실제로 양자 푸리에 변환 알고리즘은 기하급수적 양자 속도 향상을 보여 주는 많은 알고리즘의 기초다. 또한 직접 또는 수정해 현재 고전 푸리에 변환 알고리즘과 그 변형이 사용되는 많은 응용 프로그램을 대체하고 속도를 크게 높일 수 있다.

양자 푸리에 변환 알고리즘의 가장 중요한 응용은 양자 시뮬레이션이다. 이는 제어된 환경에서 양자 시스템의 동작을 시뮬레이션하는 데 사용된다. 또 다른 용도로는 양자 상태를 푸리에 급수 계수로 바꾼 뒤 양자 상태의 확률 분포를 계산하는 데 사용할 수 있다. 또한 신호 처리에도 사용할 수 있는데, 신호의 주파수 내용을 분석해 패턴을 찾고 이를 통해 앞으로의 동작을 예측하는 데 사용할 수 있다.

---

7 옮긴이_ decomposing이 '분해'라는 뜻과 '작곡하다(composing)'의 반대 뜻으로 하는 말장난이다.

대부분의 양자 컴퓨팅 알고리즘이 단순히 QFT를 설명한 것에 불과하다는 지적이 있다. 이는 지나친 단순화지만, 고전 컴퓨터의 FFT 알고리즘을 이해한 뒤 양자 컴퓨터에서 QFT의 작동 원리를 연구하면 기존 양자 컴퓨팅 알고리즘을 이해하고 새로운 알고리즘을 만드는 데 좋은 출발점이 될 수 있다.

바이드만의 양자 제논 효과 알아보기

양자 제논 효과quantum Zeno effect는 과학자와 연구자들이 오랫동안 탐구해 온 흥미로운 개념이다. 이는 양자 시스템을 자주 측정하면 그 시스템의 변화를 막을 수 있다는 생각에 바탕을 둔다. 쉽게 말해, 양자 시스템을 계속 지켜보면 그 시스템이 변화하는 걸 막을 수 있다는 것이다. 이 효과는 양자 측정과 상태 안정화 분야에서 많은 응용 가능성을 지닌다.

양자 제논 효과는 아직 알고리즘 자체가 아니며, 양자 컴퓨팅 프로그램에 코드로 구현되지도 않았다. 대신 큐비트를 제어하고 측정하는 데 사용할 수 있다.

양자 제논 효과는 1970년대에 물리학자 조지 수다르샨George Sudarshan이 처음 제안했다. 그는 역설로 유명한 그리스 철학자 엘레아의 제논Zeno of Elea 이름을 따서 지었다.

원래 제논 효과에는 여러 버전이 있다. 가장 간단한 버전은 달리는 사람처럼 움직이는 물체가 결승점 같은 고정된 물체에 다가갈 때, 남은 거리를 계속 반으로 줄여간다고 가정한다. 각 단계마다 일정 시간이 걸린다면, 모든 단계를 마치는 데 무한한 시간이 필요해 사람은 결코 경주를 끝낼 수 없다. 움직이는 물체(시스템)는 결코 벽(해결책)에 닿지 않는다.

다음 그림은 제논의 역설을 보여준다. 너무 깊이 생각하지 말자. 그러다 제노포비아zenophobia가 생길지도 모른다.[8]

---

8   옮긴이_ 제노포비아(xenophobia, 외국인 혐오증)와 발음이 같은 점을 이용한 말장난이다.

제논의 역설은 아무것도 이루어질 수 없다고 주장한다.

1/2 1/4 1/8 1/16

양자 제논 효과의 가장 흥미로운 응용 분야는 양자 측정이다. 양자 역학에서 측정 행위는 시스템의 상태를 바꿀 수 있는데, 이를 **관찰자 효과**observer effect라고 한다. 양자 제논 효과를 사용하면 연구자들은 관찰자 효과를 막을 수 있다. 즉, 측정 대상 시스템의 상태를 바꾸지 않고 측정할 수 있다.

또 다른 응용 분야는 상태 안정화다. 양자 시스템이 중첩 상태일 때, 그 상태는 깨지기 쉽고 외부 요인으로 쉽게 무너진다. 연구자들은 양자 제논 효과로 이런 상태를 안정화하고 붕괴를 막을 수 있다.

양자 제논 효과는 양자 역학 분야를 발전시킬 잠재력을 지닌 강력한 도구다.

HHL 알고리즘으로 선형 방정식 얻기

연립 일차 방정식linear systems of equations은 많은 과학 분야에서 흔한 문제다. 물리학, 공학, 경제학 등에서 자주 나타난다. 이는 보통 동시에 풀어야 하는 방정식 모음으로 표현된다. HHL 알고리즘은 이 문제에 대한 양자 기반 해결책을 제공한다.

2009년 아람 해로Aram Harrow, 아비나탄 하시딤Avinatan Hassidim, 세스 로이드Seth Lloyd가 개발한 HHL 알고리즘은 연립 일차 방정식을 기존 알고리즘보다 기하급수적으로 빠르게 풀 수 있다.

연립 일차 방정식 문제는 $Ax=b$로 나타낼 수 있다. 여기서 A는 $n \times n$ 행렬, x와 b는 길이 n의 벡터다. 목표는 이 방정식을 만족하는 x 값을 찾는 것이다.

기존 알고리즘은 이 문제를 풀기 위해 $O(n^3)$의 시간이 필요해 n이 크면 실용적이지 않다. 반면 HHL 알고리즘은 $O(\log n)$ 시간 내에 해를 구한다.

HHL 알고리즘은 행렬 A와 벡터 b를 양자 상태로 인코딩하는 방식으로 작동한다. 그런 다음 이 양자 상태를 일련의 양자 연산으로 바꿔 연립 일차 방정식의 해를 포함하는 새 양자 상태를 얻는다. 알고리즘은 다음 단계로 구성된다.

1. **양자 상태 준비**: 고전 푸리에 변환의 양자 버전으로 행렬 A와 벡터 b를 양자 상태로 인코딩한다.
2. **위상 추정**: 위상 추정이란 양자 알고리즘으로 양자 상태의 위상을 추정한다.
3. **역 양자 푸리에 변환**: 양자 상태에 역 양자 푸리에 변환을 적용해 연립 일차 방정식의 해를 포함하는 새 양자 상태를 만든다.
4. **측정**: 양자 상태를 측정해 해를 구한다.

HHL 알고리즘은 과학 시뮬레이션과 최적화에 다양하게 활용된다. 양자 화학, 머신러닝, 암호화 등에서 연립 일차 방정식을 풀 때 활용할 수 있다.

예를 들어, 양자 화학에서는 HHL 알고리즘으로 분자의 움직임을 시뮬레이션할 수 있다. 이는 신약과 소재 개발에 중요하다. 머신러닝에서는 딥러닝의 대규모 최적화 문제를 HHL 알고리즘으로 해결할 수 있다. 암호화 분야에서는 HHL 알고리즘을 써서 보안에 중요한 특정 암호화 프로토콜을 해독할 수 있다.

QAOA로 문제 해결과 시뮬레이션하기

양자 근사 최적화 알고리즘quantum approximate optimization algorithm(QAOA)은 조합 최적화 문제를 풀 수 있는 하이브리드 양자 기존 알고리즘이다. 이는 주어진 최적화 문제의 가능한 모든 해결책의 양자 중첩을 만든 뒤, 이를 측정하여 최적의 해법을 얻는 방식으로 작동한다.

QAOA의 유용성은 전통적인 컴퓨터로는 풀기 어렵거나 불가능한 최적화 문제를 해결할 수 있다는 점이다. 이런 문제는 금융, 물류, 화학 등 여러 분야에 걸쳐 있다. 양자 컴퓨팅 연구자들의 관심사인 양자 시스템 시뮬레이션에도 QAOA를 사용할 수 있다.

QAOA의 장점은 구현이 비교적 쉽고 양자 게이트가 필요 없어, 현재 사용 가능하고 계속 개선되는 양자 기반 컴퓨팅(8장)과 양자 어닐링(9장) 등의 양자 컴퓨팅 기능에 적합하다는 점이다. 또한 다양한 최적화 문제를 풀 수 있어 여러 분야에 적용할 수 있는 다목적 알고리즘이다.

게이트 기반 양자 컴퓨터(10장과 11장)는 엄청난 가능성을 보여 주며 언젠가 양자 기반 컴퓨팅과 양자 어닐링을 일부 또는 완전히 대체할 수 있다. 하지만 가까운 시일 내에 양자 컴퓨터가 이런 덜 복잡한 양자 컴퓨팅 기능을 따라잡긴 어려울 것이다.

그러나 QAOA가 주어진 최적화 문제의 최적 해결책을 찾는다고 장담할 순 없다. 또한 복잡한 최적화 문제를 해결하려면 필요한 큐비트와 게이트 수가 문제 크기에 따라 기하급수적으로 늘어나 많은 큐비트와 게이트가 필요하다. 이는 결맞음 시간이 짧은 오늘날의 양자 컴퓨터로는 복잡한 최적화 문제를 풀기 어렵다는 뜻이다.

이 도전 과제 때문에 양자 컴퓨터의 성능이 필요한 수준까지 성장해야 더 큰 문제를 다룰 수 있게 된다. 기하급수적으로 늘어나는 문제 처리 비용에 '싸고 좋은' 방법을 기대하긴 어렵다. 하지만 오늘날 양자 컴퓨팅이 흥미로운 이유가 바로 여기에 있다.

VQE의 기초 다지기

변분 양자 고윳값 해법(VQE) 알고리즘은 양자 컴퓨터를 사용해 주어진 해밀토니안의 기저 상태 에너지를 찾도록 설계되었다. 이는 해밀토니안이 시스템의 에너지를 나타내는 양자 화학에서 중요한 문제다. VQE 알고리즘은 분자의 최소점을 찾는 데 사용할 수 있으며, 이로써 분자의 특성을 결정할 수 있다.

VQE 알고리즘은 전통적인 컴퓨팅과 양자 컴퓨팅을 결합한 하이브리드 알고리즘이다. 전통적인 컴퓨터는 양자 회로의 파라미터를 최적화하고, 양자 컴퓨터는 회로의 에너지를 평가한다. 이런 하이브리드 방식으로 VQE 알고리즘은 양자 컴퓨팅만 사용하는 다른 알고리즘보다 더 효율적이다.

그러나 VQE 알고리즘은 여러 파라미터로 양자 회로를 여러 번 실행하는 변분법을 사용하기 때문에 정확한 결과를 얻으려면 많은 측정이 필요하다. 회로를 실행할 때마다 일련의 측정이 필요해 시간과 리소스가 많이 들 수 있다.

VQE 알고리즘은 서로 다른 파라미터로 문제를 여러 번 실행해야 하며, 양자 컴퓨팅의 오류를 줄이는 주요 기술은 같은 파라미터로 같은 문제를 여러 번 실행하는 것이다. 이 모든 요구 사항을 고려해 알고리즘을 여러 번 다시 실행하면 양자 컴퓨팅 시간이 많이 늘어날 수 있다.

또 다른 단점은 무엇일까? VQE 알고리즘은 정확한 측정과 일관성 유지를 위해 양자 컴퓨터의 기능에 의존한다. 따라서 양자 컴퓨터의 오류나 노이즈가 VQE 알고리즘의 정확도에 영향을 미칠 수 있다. 오늘날의 노이즈가 많은 양자 컴퓨터는 이런 문제에 이상적이지 않다.

추가 알고리즘 평가하기

다음은 양자 컴퓨터의 성능과 정확도가 높아지면서 가능성을 보이는 추가 알고리즘이다. 먼저 14장의 첫 번째 그림의 왼쪽에 나온 양자 푸리에 분석 관련 추가 알고리즘을 살펴보자.

- **양자 계수 알고리즘**: 쇼어 인수 분해 알고리즘에서 파생됐다. 최적화 문제, 암호화, 머신러닝에 쓸 수 있다.
- **양자 푸리에 샘플링 알고리즘**: 푸리에 변환의 양자 버전으로 함수의 주기를 구한다. 많은 알고리즘에서 널리 사용된다.
- **양자 위상 추정 알고리즘**: 정식 명칭은 양자 신경망을 사용한 양자 위상 추정(QPE-QNN)이다. 양자 상태의 위상을 추정하며, 이는 시뮬레이션 문제와 새롭고 향상된 양자 컴퓨터 개발에 유용하다. 양자 암호화에도 사용될 가능성이 높다. 양자 특성을 보인 머신러닝 구조인 양자 신경망에서 실행하면 대규모 데이터를 병렬로 처리할 수 있다. 챗GPT는 이 방식으로 더 강력해질 수 있는 응용 분야의 예다.

- **진폭 추정 알고리즘**: 주어진 양자 상태의 진폭을 추정한다. 이는 양자 위상 추정, 양자 검색 알고리즘, 양자 시뮬레이션 같은 양자 컴퓨팅 응용 프로그램에서 중요한 단계다. 양자 연산과 고전적 후처리를 조합해 진폭을 정확하고 효율적으로 추정한다.

- **양자 주성분 분석(PCA) 알고리즘**: 주성분 분석은 통계, 머신러닝, 이미지 처리, 데이터 압축에 사용된다. 양자 버전은 점점 더 큰 데이터 세트에 대한 속도 향상을 약속한다.

14장의 첫 번째 그림 오른쪽에 나온 검색 및 최적화 영역의 알고리즘도 몇 가지 더 언급하겠다.

- **양자 서포트 벡터 머신(SVM) 알고리즘**: 고전적 SVM 알고리즘은 분류와 회귀에 널리 사용된다. 양자 버전은 금융, 의료 등 머신러닝 분야에 특히 적용된다.

- **양자 걸음 알고리즘**: 전통적인 컴퓨팅의 랜덤 워크 알고리즘과 관련됐다. 격자 구조에서 움직이는 양자 입자에 초점을 맞춘다. 양자 버전은 검색, 최적화 작업 속도를 높이고 양자 시뮬레이션을 지원할 수 있다.

- **숨겨진 하위 그룹 문제 알고리즘**: 대규모 데이터에서 숨은 구조나 패턴을 찾는다. 컴퓨터 공학, 수학, 물리학에 유용하다. 양자 속도 향상으로 더 강력해져 암호화, 데이터 분석, 머신러닝에 쓰일 수 있다.

- **양자 행렬 반전 알고리즘**: 전통적인 컴퓨터에서 큰 행렬을 효율적으로 반전한다. 최적화 문제와 머신러닝에 사용된다. 양자 버전은 행렬을 지수 시간이 아닌 다항식 시간으로 반전해 크기가 커질수록 더 빨라진다.

- **양자 k-평균 알고리즘**: 군집화에 쓰이는 고전적 k-평균 알고리즘의 양자 버전이다. 기존 버전은 데이터 포인트 수에 따라 확장되지만, 양자 버전은 그 제곱근에 따라 확장돼 속도가 크게 빨라진다.

- **비선형 함수의 양자 근사화(QANF) 알고리즘**: 이 양자 접근법은 금융, 공학, 의학 등에 사용되는 알고리즘의 속도를 높인다.

앞으로의 과제

이해해야 할 내용이 너무 많다. 이 시점에서 머리가 아프지 않다면 우리가 양자 알고리즘을 설명하는 데 성공했거나 비참하게 실패한 것이다. 정말 머리가 아파도 괜찮다. 우리도 이 장을 쓰면서 머리가 아팠다.

이 양자 알고리즘들은 각각 현재 고전적으로 계산하는 데 몇 년, 몇 세기 또는 몇 천 년이 걸리는 문제를 몇 초, 몇 분, 몇 시간 안에 풀 잠재력이 있다. 이런 속도 향상은 양자 컴퓨터가 발전하면서 점점 더 어려운 문제에서도 이뤄질 것이다.

이 연구의 최전선에는 여러 대학과 단체가 있다. 예를 들어, IBM은 다양한 분야에 사용할 수 있는 양자 알고리즘 제품군을 개발하려 한다. 한편, 캘리포니아 대학교 샌타바버라 연구원들은 복잡한 시스템을 최적화하는 데 양자 알고리즘을 사용하는 방법을 찾고 있다.

이 분야에서 중요한 연구를 하는 또 다른 기관은 캐나다 고등연구소다. 이곳은 금융, 물리학, 생물학 등 여러 분야의 문제를 풀 수 있는 양자 알고리즘 개발에 전념하는 연구 팀을 두고 있다.

양자 컴퓨팅의 잠재력을 완전히 실현하려면 모든 면에서 큰 노력이 필요하다. 이 작업의 중요한 부분은 기존 양자 컴퓨팅 알고리즘을 개선하고 새로운 알고리즘을 개발하는 것이다. 하지만 오늘날의 양자 컴퓨팅 알고리즘은 강력한 출발점이며, 일종의 수학적 스키 점프 역할을 해 양자 컴퓨팅 분야를 이전 기술보다 훨씬 더 발전시킬 수 있을 것으로 기대한다. 현재와 미래의 가능성을 조금이나마 느꼈기를 바란다.

CHAPTER 15

클라우드 양자 컴퓨팅

이 장의 주요 내용
- 상용 클라우드 제공업체 조사하기
- 양자 컴퓨팅 공급업체 조사하기
- 스트레인지웍스 살펴보기

클라우드의 등장으로 양자 컴퓨팅을 시작하기가 훨씬 쉬워졌다. 이제는 양자 컴퓨팅 시뮬레이터와 소규모 시스템을 쉽게 이용할 수 있다. 많은 강좌(16장 참조)에서 클라우드 리소스를 활용해 입문자들을 돕고 있으며, 무료 크레딧을 제공하여 학습 비용을 줄일 수 있다.

이 책이 중요한 자료로 활용되기를 바란다. 이번 장을 통해 양자 컴퓨팅을 배우고 싶은 사람들이 주요 개념과 기회를 쉽게 이해하고, 시작 단계에서 겪을 수 있는 어려움을 줄이길 바란다.

클라우드 접속은 양자 컴퓨팅의 문턱을 낮추는 데 크게 기여했다. 이에 양자 컴퓨팅은 주판 발명 이후 고성능 컴퓨팅 분야에서 가장 대중적인 혁신이 될 수 있다.

이 장에서는 프로그래밍 옵션을 포함해 양자 컴퓨팅 접속을 위한 주요 클라우드 인터페이스를 알아본다. 이는 시작하는 데 도움이 될 뿐만 아니라 다른 대안을 모색하는 데도 유용할 것이다.

구름 가득 낀 정상

양자 컴퓨팅의 중급에서 고급 작업에서는 비용과 접근성이라는 두 가지 장벽에 부딪힌다.

양자 기반 컴퓨팅 시스템(9장), 양자 어닐러(10장), 게이트 기반 양자 컴퓨터(11장과 12장) 등 어떤 종류의 양자 시스템에서나 본격적인 작업을 시작하면 비용이 급격히 늘어날 수 있다. 새로운 분야라 실제로 써보기 전까지는 비용 대비 효과를 가늠하기 어렵다.

최고급 수준에서는 예산이 있어도 가용성이 문제다. 최첨단 양자 컴퓨터는 극소수이며, 사용 시간도 매우 제한적이다. 한 연구자는 가장 진보된 양자 컴퓨터에서 10초의 처리 시간을 얻으려고 거의 하루 종일 온라인 대기열에서 기다렸다고 한다. 작업은 완료됐지만, 과정은 실망스러웠다고 한다.

양자 컴퓨팅이 발전함에 따라 현명한 선택을 할 수 있도록 이 장의 자원을 활용해 학습하고 연결해 나가자.

주요 선택 유형 살펴보기

양자 컴퓨터에 대한 클라우드 접속 선택은 크게 세 가지다. 상용 클라우드 제공업체, 기기 제조업체, 스트레인지웍스 같은 접속 제공업체가 있다. 각 선택 유형을 간략히 설명하고, 뒤에서 더 자세히 알아본다.

상용 클라우드 제공업체 그룹화

AWS, 마이크로소프트 애저, 구글 클라우드 플랫폼 등 세 곳의 상용 클라우드 업체가 양자 컴퓨팅 접속 선택을 제공한다. 이들 중 하나 이상을 이미 사용 중이라면 시작하기 좋은 방법이다.

다만 각 업체는 저마다의 파트너 관계와 비즈니스 이해관계가 있다. 모든 선택지를 제공하는 업체는 없으며, 각자 양자 컴퓨터를 개발 중이거나 개발할 것으로 알려져 있다. 따라서 기존 양자 컴퓨터 제공업체와 협력하면서도 경쟁한다.

이런 '경쟁적 협력'은 시작하는 데 도움이 되지만, 최고의 제품을 고객에게 제공하는 능력을 떨어뜨릴 수 있다. 각 플랫폼에 대한 조언과 접속의 품질에도 영향을 미친다. 또한 특정 제공업체 시스템의 문제를 해당 업체 지원 담당자에게 전달하는 방법이 없을 수도 있다.

상용 클라우드 제공업체에게 양자 컴퓨팅은 전체 고성능 컴퓨팅(HPC) 세계의 한 서비스일 뿐이다. 이들은 컴퓨팅 시간과 저장 공간 판매에 관심이 있다. 양자 컴퓨팅 여부는 크게 중요하지 않으며, 당장 수익이 나는 곳에 자원을 투입한다. 따라서 양자 컴퓨팅에 특별한 관심이 있다면 지원이 부족하다고 느낄 수 있다.

또한 상용 클라우드 제공업체는 시작을 너무 쉽게 만든다. 처음엔 저렴하게 시작할 수 있지만, 계속 진행하면 비용이 늘어난다. 클라우드 컴퓨팅 분야의 농담이 있다. "'종량제'의 문제는 사용한 만큼 비용을 지불한다는 것이다."

다음 표에는 현재 주요 상용 클라우드 제공업체에서 사용할 수 있는 양자 컴퓨터가 요약되어 있다. 비교를 위해 주요 독립 접속 제공업체인 스트레인지웍스의 목록도 함께 제공한다. 이 장에서 각 서비스를 더 자세히 알아보자.

양자 컴퓨터 제조업체 살펴보기

대부분의 주요 양자 컴퓨터 제조업체는 자사 시스템에 대한 클라우드 접속을 제공한다. 이는 클라우드 등장 이전에 비해 큰 진전이다. 과거에는 컴퓨터 없이 지내거나 전체 시스템을 구매해야 했다. 시험 삼아 사용하거나 원하는 시스템에 대한 유연한 접속 비용 지급 방법이 없었다.

클라우드 덕분에 양자 컴퓨터 제조업체는 필요한 만큼만 부분적으로 접속을 제공할 수 있게 됐다.

퍼블릭 클라우드 제공업체 및 양자 컴퓨터 제조업체

회사	기술	아마존 브라켓	애저 퀀텀	구글 퀀텀 AI	접속 제공업체*
D-웨이브	양자 어닐링				x
구글	초전도			x**	
IBM	초전도				x
아이온큐	이온 트랩	x	x	x	x
OQC	초전도	x			x

회사	기술	아마존 브라켓	애저 퀀텀	구글 퀀텀 AI	접속 제공업체*
파스칼	중성 원자		X		X
퀀텀 회로	초전도		X		X
큐에라	냉각된 원자	X			X
퀀티넘	이온 트랩		X		X
리게티	초전도	X	X		X
재나두	광자				X
합계		4	5	2	10

* 이 양자 컴퓨터 목록은 스트레인지웍스 기준이며 다른 양자 컴퓨터는 다른 라인업일 수 있다.
** 구글의 양자 컴퓨터는 구글 퀀텀 AI 플랫폼을 사용하는 일부 지원자만 사용할 수 있다.

하지만 특정 제조업체에 자원을 투자하기 전에 해당 업체와 제품에 대해 최대한 알아봐야 한다. 고려해야 할 요소는 다음과 같다.

- 양자 하드웨어의 성숙도
- 기반이 되는 큐비트 기술의 수명과 경쟁력
- 양자 컴퓨터의 다른 부품을 개발할 수 있는 능력
- 시스템 사용 비용에 대한 투명성
- 이전 고객의 긍정적인 결과나 불만 사항
- 고객 지원
- 액세스 모델: 클라우드 포털 등
- 계약 및 IP 요구 사항

지금 나를 보고 있지만, 이제는 보지 못하네[1]

오늘날 컴퓨팅에서 가장 중요한 역할은 기술 영업 또는 솔루션 기술자 solution engineer(SE)다. 솔루션 설계자 solution architect(SA) 등으로도 불린다.

---

[1] 옮긴이_ 마술에서 쓰는 관용어. 'NOW YOU SEE ME'를 'NOW YOU SE ME'로 써서, 'SE'를 이용한 말장난을 했다. 한국과는 개그 코드가 아주 다르다.

SE는 주로 회사 영업 팀 소속으로 높은 연봉과 영업 실적에 따른 수수료를 받는다. SE는 고객의 기술적 문제와 공급업체 기술 팀 사이를 중재하기 때문에 매우 중요하다. 문제 해결을 돕고 고객 시스템과 공급업체 제품 사이의 가교 구실을 한다.

고객 관점에서 SE의 품질과 가용성은 해당 플랫폼을 효과적으로 사용할 수 있는지를 결정하는 핵심 요소다. 특히 양자 컴퓨팅처럼 새롭고 기술적으로 까다로운 분야에서 더욱 그렇다.

양자 컴퓨팅 접속 방법을 선택하기 전, SE나 유사 지원 자원의 강점과 플랫폼 지출 수준과의 연계성을 파악하자. 이를 바탕으로 제일 나은 방법을 결정하자. 든든한 SE 지원은 발전 가능성에 큰 영향을 미친다.

서비스 제공업체 선택은 중요하다. 특정 제조업체의 서비스가 장기적으로 가치 있는지 파악하는 데만 시간과 비용이 든다.

일부 제조업체는 클라우드 접속 시작을 쉽게 만들었지만, 오히려 너무 쉽다고 느낄 수 있다. 한 제조업체를 오래 사용하다 보면 경쟁사나 다른 플랫폼이 더 나은 선택이 아니었을지 고민하게 될 수 있다.

하지만 그때는 이미 특정 제조업과 그 클라우드 플랫폼에 많은 투자를 한 뒤일 것이다. 이글스The Eagles의 '호텔 캘리포니아'처럼 "체크아웃은 언제든 할 수 있지만, 절대 떠날 수 없는" 상황에 처할 수 있다.

한 제공업체에 쓴 시간과 비용을 다른 곳에 그대로 적용할 수는 없다. 따라서 특정 제조업체의 클라우드 접속 플랫폼을 선택하기 전에 여러 선택지를 충분히 실험해 보자.

WARNING

양자 컴퓨팅 서비스 사용 시 비용에 주의하자. 새로운 분야라 예상외 비용에 놀랄 수 있다. 많은 플랫폼이 비용 상한선을 제공하며, 이에 도달하면 작업이 중단된다. 이 기능을 활용하면 불필요한 지출을 크게 줄일 수 있다. 양자 컴퓨팅에서 가장 극적인 얽힘이 공급업체와 은행 계좌 사이의 얽힘이 되는 일은 없어야 할 것이다.

다른 문제는 안정적인 공개 접속 서비스가 각 공급업체 배포 전략의 일부일 뿐이라는 점이다. 최고의 접속이 사용자 요구에 가장 적합한 공급자를 의미하지는 않는다. 공급업체에 따라 사용자 요구에 맞춰 참여를 점진적으로 확대하기 쉬울 수도, 어려울 수도 있다. 보안, 가동 시간, 최신 혹은 최고의 하드웨어 액세스 등 중요한 문제에 대한 약속도 다를 수 있다.

마지막으로, 전체 분야가 아직 유동적이다. 특정 제조업체는 자사 시스템에만 전문성을 갖게 된다. 문제 해결 시 다른 제조업체의 접근법이나 기술을 써야 할 때, 해당 업체는 해결책의 큰 그림을 보는 데 도움을 주지 않거나 그럴 동기가 없을 수 있다.

접속 제공업체 살펴보기

먼저, 대표적인 접속 제공업체인 스트레인지웍스는 저자 힐리가 2018년에 설립해 현재 CEO를 맡고 있음을 밝힌다. 따라서 저자들이 스트레인지웍스를 완전히 객관적으로 평가하기 어려울 수 있다. 하지만 최선을 다해 공정하게 다루겠다.

일부 회사는 양자 컴퓨터 접속을 핵심 사업으로 제공한다. 이는 AWS와 애저의 양자 컴퓨팅 서비스와 비슷하게 작동하지만, 보통 더 다양한 시스템을 지원한다.

주요 접속 제공업체로는 다음 6개 회사가 있다.

» **아그노스틱**Agnostiq[2]: 2018년에 설립되었으며 토론토에 본사가 있다. 스타트업 웹사이트인 크런치베이스Crunchbase에 따르면 시리즈 A 펀딩으로 총 2,800만 달러의 자금을 유치한 것으로 나와 있다.

» **클래식**Classiq[3]: 은 2020년에 설립되었으며 텔아비브에 본사가 있다. 크런치베이스에 따르면 시리즈 B 펀딩 단계로 총 펀딩 금액은 6,180만 달러다.

» **큐브레이드**QBraid[4]: 2020년에 설립되었으며 시카고에 본사가 있다. 크런치베이스에 따르면 벤처 캐피털의 투자를 받지 않은 비상장 기업으로 정확한 자금 조달 수준은 알 수 없다.

» **큐씨웨어**QCWare[5]: 2014년에 설립되었으며 캘리포니아주 팰로알토에 본사가 있다. 비상장 기업이지만 크런치베이스에 따르면 총 4,140만 달러를 조달한 것으로 나타났다.

---

2 https://www.agnostiq.ai
3 https://www.classiq.io
4 https://www.qbraid.com
5 https://www.qcware.com

> **스트레인지웍스[6]**: 2018년에 설립되었으며 텍사스주 오스틴에 본사가 있다. 시리즈 A 펀딩 단계로 총 2,800만 달러를 유치했다.

> **자파타**Zapata[7]: 2017년에 설립되었으며 보스턴에 본사가 있다. 시리즈 B 펀딩 단계로 총 6,700만 달러를 투자받았다.

다른 유사 회사들은 덜 알려지거나 자금이 부족할 수 있다. 또한 회사마다 기술 지원 시간 면에서 특정 지역을 주로 지원할 수 있다. 접속 제공업체 선택 전 관심 있는 업체에 직접 문의해 보자.

각 회사는 여러 자원에 대한 접속을 제공한다. 대부분 아마존 브라켓, 애저 퀀텀과 D-웨이브, IBM, 아이온큐 등의 양자 컴퓨팅 시스템을 포함한다.

접속 제공업체들은 접속 외에도 다양한 고객 지원, 접속 플랫폼, 교육, 커뮤니티를 제공할 가능성이 높다. 구체적인 서비스는 고객만 접근할 수 있어 자세한 설명은 생략한다. 대신 이 장의 뒷부분에서 스트레인지웍스를 예로 살펴본다.

아마존 브라켓의 중요성

AWS의 아마존 브라켓 양자 컴퓨팅 서비스는 양자 컴퓨팅에 쓰이는 복소수 벡터를 설명하는 브라켓braket 표기법에서 이름을 따왔다. 2019년에 도입된 이 서비스는 파이썬을 사용하는 브라켓 개발 환경과 널리 사용되는 주피터 노트북 기반 인터페이스를 포함한다. AWS 양자 컴퓨팅 센터가 연구자, 학계, 업계 전문가 간 협력을 촉진해 만든 결과물이다.

현재 브라켓은 아이온큐, OQC, 큐에라, 리게티의 양자 컴퓨팅 하드웨어를 제공한다. 아이온큐는 이온 트랩 큐비트, OQC와 리게티는 초전도 큐비트, 큐에라는 냉각 원자를 사용한다(모두 10장과 11장에서 다뤘다). 여러 공급자 시스템에서 실행되는 통합 플랫폼인 브라켓은 일부 시스템에서 더 효과적일 수 있다. 문제 해결을 위해 여러 시스템의 세부 사항을 자세히 살펴봐야 할 수도 있다. 비용

---

6   https://www.strangeworks.com
7   https://www.zapatacomputing.com

도 문제인데, 시스템마다 가격과 성능이 일정하지 않아 작업량이 많아지면 큰 비용이 발생할 수 있다.

최초이자 여전히 최대 클라우드 컴퓨팅 서비스인 아마존은 많은 고객의 높은 충성도를 얻고 있다. 또 많은 고객과 대규모 선불 계약을 맺어, 새로운 비용 없이 브라켓에서 양자 컴퓨팅을 배우는 데 사용할 수 있는 AWS 크레딧을 보유하고 있을 수 있다.

브라켓은 클라우드 컴퓨팅 선도 제공업체인 AWS의 다양한 HPC 서비스 중 하나다. 브라켓의 기능은 다음과 같다.

- **무료 티어**: 브라켓은 무료 티어로 시작할 수 있다.
- **브라켓 SDK**: 이 SDK로 다양한 양자 컴퓨팅 하드웨어와 시뮬레이터에서 양자 알고리즘을 실행할 수 있다. 각 하드웨어와 시뮬레이터의 비용과 실행 시간이 다르므로, 여러 플랫폼에서 작업 비용을 실험해 봐야 한다.
- **펄스 수준 접속**: 일부 하드웨어에서 큐비트를 직접 관리할 수 있다. 하지만 많은 작업을 이 수준에서 할 때는 제조업체와 직접 협력해 최고 수준의 제어와 지원을 받아야 한다.
- **페니레인**PennyLane **통합**: 머신러닝 지향 양자 컴퓨팅 라이브러리인 페니레인이 브라켓과 통합됐다. 재나두에서 지원하며 파이토치PyTorch와 텐서플로에 연결할 수 있다.
- **OpenQASM 지원**: 게이트 기반 양자 컴퓨팅을 위한 오픈 소스 중간 수준 언어[8]로, 특정 하드웨어에 종속되지 않고 하드웨어에 가깝게 실행된다.
- **시뮬레이터 지원**: 전통적인 컴퓨터에서 양자 컴퓨팅 프로그램을 저렴하게 실행할 수 있다. 양자 하드웨어 사용 전 소프트웨어를 개선하고 최적화해 비용을 절감할 수 있다.
- **아날로그 해밀토니안 시뮬레이션 지원**: 게이트 기반 양자 컴퓨팅과 별개로 특정 시뮬레이션 문제 집합을 다룬다.
- **하이브리드 작업 지원**: 전통적인 컴퓨팅과 양자 컴퓨팅을 아우르는 작업을 지원한다. 편리하지만 가격도 하이브리드로 책정되므로 청구 금액에 주의해야 한다.
- **양자 솔루션 랩 이용 가능 여부**: 브라켓 작업에 대한 SE형 지원을 계약할 수 있는 아마존 양자 솔루션 랩과 협력할 수 있다.
- **표준화된 가격과 청구**: AWS는 제공업체 간 가격과 청구서를 표준화해 양자 컴퓨팅 사용량 증가에 따른 지출 관리를 쉽게 했다.

---

8 옮긴이_ 전통적인 컴퓨터로 비교하자면 어셈블리어와 비슷하다고 생각하면 된다.

 **DIFFICULT** 브라켓 SDK로 여러 공급업체에서 같은 프로그램을 실행할 수 있지만 기본 시스템은 크게 다르다. 따라서 일부 제공자를 다른 제공자보다 덜 지원할 수 있다. 또한 AWS는 고객의 소프트웨어 최적화나 심층 지원을 위해 브라켓 고객과 양자 컴퓨터 공급자를 직접 연결하지 않는 경향이 있다.

다음 그림은 양자 컴퓨팅 작업을 관리할 수 있는 아마존 브라켓의 콘솔을 보여준다.

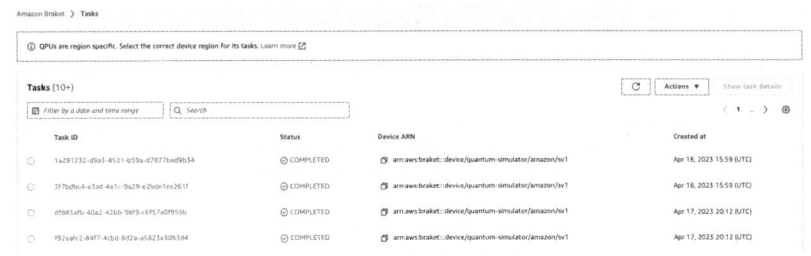

아마존 브라켓 콘솔

이 복잡한 서비스를 요약하면 다음과 같다. 많은 크레딧을 보유하고 있는 충성도 높은 AWS 사용자라면, 특히 무료 티어를 유지하거나 학습 초기에 비용을 줄일 수 있다면 이 강력한 서비스를 시작해 볼 만하다.

하지만 어느 정도 경험을 쌓고 집중할 문제를 파악한 후에는 주요 클라우드 제공업체, 양자 컴퓨터 제공업체, 스트레인지웍스 같은 접속 제공업체의 서비스를 꼼꼼히 비교해 보자. 지출이 빠르게 늘어날 수 있으므로 투자 대비 최대 효과를 얻고 있는지 확인해야 한다.

애저 퀀텀에 대한 신뢰

마이크로소프트 애저는 AWS보다 늦게 시장에 출시했지만, 몇 년 후 상용 클라우드 공급자 중 처음으로 양자 컴퓨팅 제품을 선보였다. 그러나 애저 퀀텀은 아마존 브라켓이 발표되고 출시된 후에야 일반 대중에게 공개됐다.

현재 애저 퀀텀은 애저처럼 여러 요구 사항을 충족하는 범용 제품이다. 마이크로소프트와 애저 모두 오랫동안 충성도 높은 고객층을 유지해 왔기에, 애저 퀀텀으로 순조로운 출발을 할 수 있다. 다음 그림은 애저 퀀텀 제품을 요약해 보여준다.

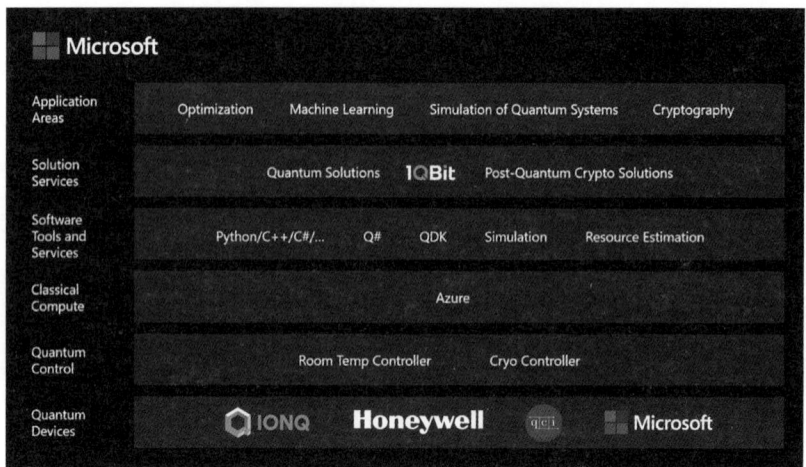

마이크로소프트의
애저 퀀텀 제품 요약

이 글을 쓰는 현재 애저 퀀텀은 5개의 양자 컴퓨팅 하드웨어 공급자를 제공한다. 아이온큐, 파스칼, 퀀티넘, 퀀텀 서킷, 리게티가 그들이다. 아이온큐와 퀀티넘은 이온 트랩 큐비트를, 파스칼은 중성 원자를, 퀀텀 서킷과 리게티는 초전도 큐비트를 사용한다. 애저는 또한 1Qbit 알고리즘과 도시바의 시뮬레이션 양자 분기 머신simulated quantum bifurcation machine (SQBM)을 비롯한 여러 최적화 해결책을 제공한다. SQBM은 전통적인 컴퓨팅 GPU로 작동한다.

애저 퀀텀은 아마존 브라켓과 달리 무료 티어를 제공하지 않는다. 대신 새 양자 하드웨어 공급자 사용을 위해 500달러의 크레딧을 제공하며, 이를 다 쓰면 추가 요청도 가능하다.

애저 서비스는 주피터 노트북 사용, 양자 라이브러리 접근, 시뮬레이터 제공 면에서 아마존 브라켓과 비슷하다. 프로그래밍을 위해 Cirq, 키스킷 및 Q# SDK를 사용할 수 있다. 하지만 아마존 브라켓과 같은 방식으로 하위 수준의 하드웨어 접근을 장려하거나 서비스를 지원하지는 않는다. 작업 비용을 예측하는 데 도움이 되는 자원 추정기를 제공한다.

다음 그림은 양자 컴퓨팅 작업을 실행하려고 작성된 샘플 주피터 노트북 화면이다.

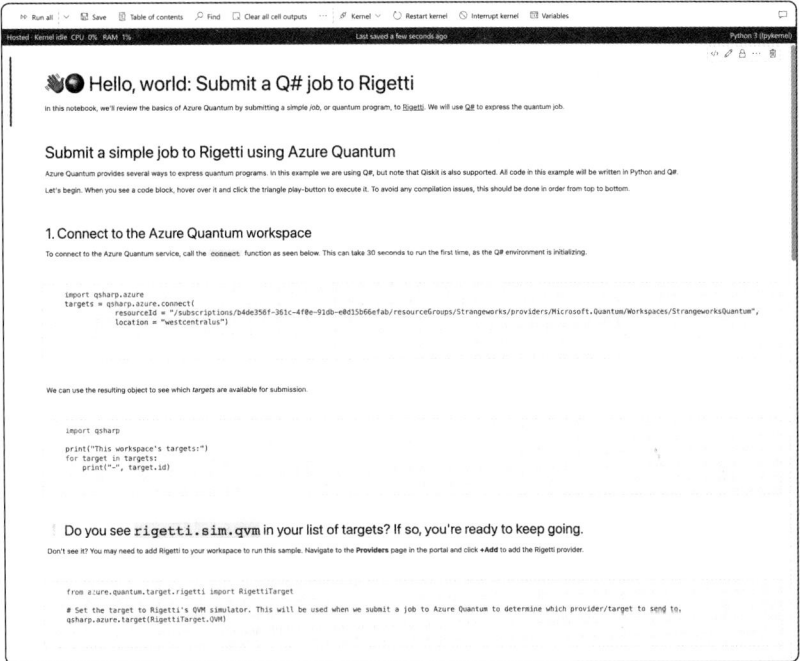

주피터 노트북을
사용하여
마이크로소프트의
애저 퀀텀
서비스에서 실행

마이크로소프트는 양자 컴퓨팅용 고급 프로그래밍 언어 Q#을 제공한다. Q#은 실제 양자 컴퓨터와 시뮬레이터에서 모두 실행되며, 널리 사용되는 비주얼 스튜디오 IDE와 통합되어 있다.

마이크로소프트는 양자 컴퓨팅 하드웨어도 개발 중이다. 상온 작동 컨트롤러 칩과 극저온 작동 컨트롤러 칩을 따로 만들고 있다. 또한 위상 큐비트 기반 양자 컴퓨팅 전략을 추구한다(12장 참조). 이에 대해 몇 차례 발표가 있었지만 아직 큰 진전은 없다.

애저 퀀텀 제품은 특히 최적화 문제 해결에 좋은 출발점이 될 수 있다. 마이크로소프트 고객들은 충성도가 높고 이 환경에 익숙하다. 그리고 무료 크레딧으로 체험해 보고 아이디어를 얻는 것도 좋다. 하지만 무료 크레딧을 다 쓴 후에는 신중히 선택해야 한다. 다른 클라우드 업체, 양자 컴퓨터 업체, 스트레인지웍스와 같은 업체들을 비교해 보고 자신의 문제 해결에 가장 도움 되는 제품을 고르는 것이 좋다.

구글 퀀텀 AI 조사하기

구글 퀀텀 AI는 아마존 브라켓이나 애저 퀀텀만큼 종합적인 양자 컴퓨팅 서비스를 제공하지 않는다. 대신 다음과 같은 개별 서비스의 모음에 가깝다.

- **아이온큐 퀀텀 클라우드**: 구글 클라우드를 통해 제공되는 관리형 서비스로, 구글의 추가 개입 없이 이용할 수 있다.
- **구글 Cirq**: 양자 프로그래밍을 위한 파이썬 라이브러리로, 애저 퀀텀에서도 지원된다.
- **텐서플로 퀀텀**: 텐서플로의 양자 버전으로, 아마존 브라켓에서도 지원된다.
- **오픈페르미온**OpenFermion: 양자 화학 등 양자 물리학의 페르미온 시스템 시뮬레이션을 위한 오픈 소스 라이브러리다.
- **양자 가상 머신**: 양자 프로세서 출력을 시뮬레이션하는 무료 에뮬레이터다.
- **Qsim**: Cirq와 통합할 수 있는 양자 회로 시뮬레이터다.
- **구글 양자 컴퓨터에 접속**: 온라인 가입이 아닌 구글 문의를 통해서만 가능하다.
- **지침서**: 양자 알고리즘 구축을 위한 학생과 일반인 대상 교육 자료다.

다음 그림은 구글의 Cirq 서비스 정보를 보여준다.

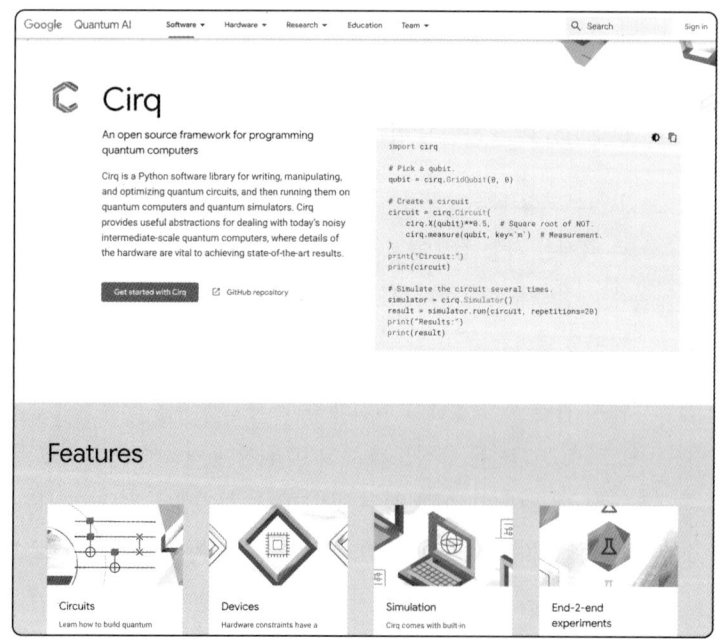

구글은 양자 회로를 위한 파이썬 소프트웨어 라이브러리인 Cirq를 개발했다.

구글의 퀀텀 AI 팀이 2018년에 개발한 Cirq는 현재 오픈 소스 프로젝트다. 이 도구는 직관적인 API와 상세한 설명서를 제공한다. Cirq는 개발자가 양자 회로로 다루고, 양자 시스템을 시뮬레이션하며, 실제 양자 하드웨어로 실험할 수 있게 돕는 다양한 도구와 라이브러리를 제공한다.

Cirq는 폭넓은 맞춤 설정이 가능하다. 다만 다른 양자 컴퓨팅 개발과 마찬가지로, 양자 시뮬레이션이나 실험에 많은 시간과 자원이 필요할 수 있다.

구글은 양자 컴퓨팅의 두 핵심 영역에서 앞서 있다.

- **양자 컴퓨팅 하드웨어**: 구글은 IBM과 함께 초전도 큐비트를 사용한 대규모 시스템 개발에서 경쟁해 왔다. 2019년 구글이 양자 우위를 처음 주장했으나, IBM이 곧바로 반박했다(6장 참조).
- **AI와 머신러닝**: 구글 클라우드 플랫폼은 머신러닝과 AI 분야에서 선도적인 상용 클라우드 제공업체로 자리 잡았으며, 양자 회로용 Cirq 파이썬 라이브러리를 개발했다.

이런 성과에도 불구하고, 구글 클라우드 플랫폼이 아마존 브라켓이나 애저 퀀텀 수준의 종합적인 양자 컴퓨팅 서비스를 제공하지 않는 점은 의외다. 구글은 연구자들과 관계를 쌓으려 노력하지만, 구글의 양자 컴퓨터가 모든 클라우드 사용자에게 접근권을 줄 만큼 충분한 용량을 갖추지 못했을 수 있다.

양자 컴퓨터 공급업체의 포털 개설

IBM은 2016년 IBM 퀀텀 익스피리언스$^{Quantum\ Experience}$를 통해 처음으로 양자 컴퓨터 클라우드 접근을 제공했다. 1년 뒤 리게티 컴퓨팅이 뒤를 이었다.

현재 12개 이상의 양자 컴퓨팅 공급업체 포털이 있으며, 이들은 각 업체의 마케팅과 서비스 제공에 중요한 역할을 한다. 이런 제공은 업체 상황과 비즈니스 요구에 따라 바뀔 수 있다.

주요 공급업체 포털 액세스에 대한 간략한 설명은 다음과 같다.

» **D-웨이브 더 립**The Leap: D-웨이브는 더 이상 아마존 브라켓에서 제공되지 않지만, 자체 클라우드 서비스인 더 립으로 양자 어닐링 시스템에 접근할 수 있다. 최근 시스템과 양자 하이브리드 문제 해결 기능을 이용할 수 있다.

» **IBM Q 익스피리언스**: IBM의 최강 양자 컴퓨터를 포함한다. 자체 그래픽 사용자 인터페이스인 퀀텀 컴포저Quantum Composer가 있어, 파이썬 코드를 생성한다(다음 그림 참조). OpenQASM 표준(아마존 브라켓에도 있음)을 사용하며 키스킷 SDK, 튜토리얼, 온라인 커뮤니티를 제공한다.

» **엔비디아 DGX 퀀텀**: 엔비디아는 AI와 머신러닝용 GPU로 유명하다. 이 하드웨어는 양자 기반 컴퓨팅(9장 참조)에도 사용된다.

» **퀀티넘 퀀텀 클라우드 서비스**: 이온 트랩 양자 컴퓨팅을 클라우드로 제공하며, TKET SDK와 확장 가능한 PyTKET 파이썬 SDK로 접근할 수 있다.

» **리게티 퀀텀 클라우드 서비스**: 초전도 큐비트를 사용하며, Forest SDK가 포함된 퀀텀 클라우드 서비스(QCS)를 제공한다. 최적화 컴파일러, 퀼Quil, 무료 시뮬레이터 QVM 접근이 가능하다.

» **재나두 퀀텀 클라우드**: 광자 양자 컴퓨팅 선두 주자로, 양자 머신러닝 등 다양한 분야의 파이썬 라이브러리와 응용 프로그램을 제공한다. 페니레인 오픈 소스 라이브러리를 관리한다.

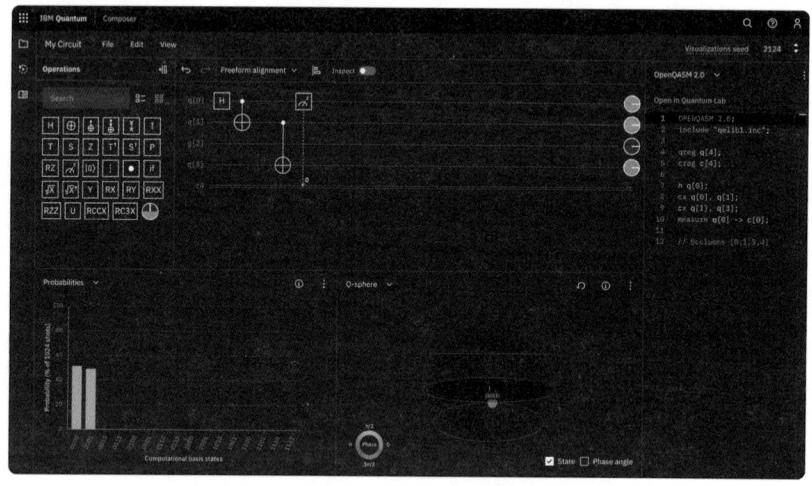

IBM 퀀텀 컴포저는 파이썬 코드를 생성하는 노코드no-code 처리 툴이다.

D-웨이브는 자사의 양자 어닐링 시스템과 연동되는 파이썬 기반 플랫폼인 오션Ocean을 제공한다(9장 참조). NASA, 구글, 폭스바겐 등이 오션 커뮤니티의 주요

구성원이다. 레딧^{Reddit}이나 트위터^{Twitter} 같은 소셜 미디어에서도 오션 사용자를 찾아볼 수 있다. D-웨이브는 비교적 쉬운 방법을 제공하지만, 여기에 소개된 대부분의 게이트 기반 시스템용 플랫폼과는 상당히 다르다(10장 및 11장 참조).

IBM의 키스킷은 이 분야에서 가장 인기 있는 프레임워크다. 2017년 IBM 양자 팀이 처음 선보인 키스킷은 파이썬을 사용하는 오픈 소스 프로젝트다. 키스킷은 양자 회로 작업, 양자 시스템 시뮬레이션, 실제 양자 하드웨어에서 실험을 쉽게 수행할 수 있는 도구와 라이브러리를 제공한다.

엔비디아는 최근 CUDA 양자 소프트웨어 플랫폼을 발표했다. 이 플랫폼을 통해 엔비디아의 고성능 컴퓨팅 사용자들은 자신의 작업을 양자 컴퓨팅 영역으로 확장할 수 있다. 또한 새로운 사용자에게는 기존 접근 방식과 양자 기반 접근 방식 그리고 완전한 양자 접근 방식의 다양한 조합을 제공한다.

퀀티넘의 TKET 양자 프레임워크는 공식적으로 하니웰^{Honeywell} 양자 교육 툴킷으로 알려져 있다. 이는 하니웰의 이온 트랩 양자 하드웨어를 비롯한 여러 양자 컴퓨팅 기술을 지원한다. TKET은 시각화 도구와 회로 재작성, 합성 알고리즘 같은 최적화 기능을 제공한다. 새로운 플랫폼이라 아직 다른 플랫폼만큼 강력한 커뮤니티 지원은 없을 수 있다.

리게티는 자사의 양자 컴퓨터에 특화된 파이퀼^{PyQuil}을 제공한다. 다른 제품처럼 파이썬 기반 오픈 소스 언어로, 비교적 접근하기 쉽다. 리게티는 사용자와 긴밀히 협력하며, 이미 파이퀼을 통해 양자 화학 시뮬레이션과 머신러닝 알고리즘 등 여러 양자 알고리즘과 응용 프로그램을 개발했다.

재나두는 사용하기 쉽게 설계된 비교적 새로운 양자 프레임워크인 페니레인을 제공한다. 페니레인은 게이트 기반 양자 컴퓨터와 연속 가변 양자 컴퓨터를 포함한 다양한 양자 하드웨어 플랫폼에서 작동한다. 개발자가 알고리즘을 한 번만 작성하면 기본 하드웨어 세부 사항에 구애받지 않고 다양한 양자 하드웨어 플랫폼에서 실행할 수 있게 하는 것이 목표다. 다만 플랫폼마다 큰 차이가 있어 실제 이점은 달라질 수 있다.

깃허브^{GitHub}에서 찾을 수 있는 Mitiq은 또 다른 종류의 양자 프로그래밍 도구다. 양자 오류 완화 라이브러리인 Mitiq는 양자 컴퓨팅의 안정성과 정확성을 높여준다. 이 도구는 오류 정정 알고리즘, 노이즈 모델링, 양자 상태 단층 촬영 기능을 포함한다. 양자 컴퓨터 소프트웨어나 해결책 개발에 깊이 들어가면 Mitiq이 유용한 도구가 될 수 있다.

양자 컴퓨팅은 아직 초기 단계라 쉽게 답을 찾기 어려운 몇 가지 선택에 직면하게 된다.

>> 일부 프레임워크는 단일 업체의 시스템에 최적화되어 있어 다소 제한적이지만, 코딩부터 실행까지 직접 관리할 수 있다.

>> 반면 다른 프레임워크는 여러 플랫폼을 지원해 유연성을 제공하지만, 각 시스템에서 문제 해결이나 성능 최적화가 필요할 때마다 직접 개입해야 한다. 또한 플랫폼에 따라 비용 차이가 크게 날 수 있다.

>> 일부 플랫폼은 초기 작업을 위한 저렴한 시뮬레이터 접속을 제공한다. 이를 통해 준비가 될 때까지 실제 양자 컴퓨팅 하드웨어 사용 비용을 미룰 수 있다.

>> 또한 오랜 역사와 풍부한 자원, 경험을 갖춘 플랫폼이 있는 반면, 최신 기술에 접근할 수 있는 새로운 플랫폼도 있다.

>> 비용은 예상치 못한 방식으로 문제가 될 수 있다. 처음 시도할 때는 무료 크레딧으로 충당할 만큼 저렴할 수 있지만, 실제 문제 해결에 들어가면 비용이 급격히 늘어날 수 있다.

쉬운 해답은 없다고 했지만, 다양한 선택지는 있다. 현명한 선택과 초기 커뮤니티 기여는 상당한 보상으로 이어질 수 있다.

스트레인지웍스로 양자 잠재력 활용하기

당장 스트레인지웍스를 사용할 계획이 없더라도 이 부분을 읽어보길 바란다. 스트레인지웍스 포털은 교육용으로 만들어져 실제 양자 컴퓨팅을 시작했을 때 어떤 일을 하게 될지 잘 보여준다.

스트레인지웍스는 양자 컴퓨팅에 관심 있는 모든 사람이 이용할 수 있도록 설계됐다. 스트레인지웍스 포털은 양자 컴퓨팅의 복잡성을 단순화한 사용자 친화적 통합 인터페이스를 제공한다. 이를 통해 개발자, 연구자, 애호가들이 양자 알고리즘과 응용 프로그램을 협업하고 혁신하며 구축할 수 있다. 무료 데모 환경에서 초기 작업을 한 뒤, 유료 자원에 가입해 더 깊이 탐구할 수 있다. 때때로 비용의 일부 또는 전부를 상쇄할 수 있는 무료 크레딧도 제공한다.

이 플랫폼은 컴퓨팅 제공자뿐 아니라 키스킷, 스트레인지웍스 SDK, 스트레인지웍스 파이썬 SDK, QUBO 문제를 위한 QAOA 알고리즘에 대한 접근도 제공한다. 커뮤니티 라이브러리와 활발한 커뮤니티가 있어 스트레인지웍스로 접근할 수 있는 모든 기술을 논의하고 비교할 수 있다.

스트레인지웍스는 다양한 역할을 한다. 가장 광범위한 시스템을 위한 실험실 벤치, 양자 컴퓨팅 입문자를 위한 지원 서비스, 양자 컴퓨팅을 진지하게 탐구하는 이들을 위한 가속기, 하나 이상의 공급자와 협력해 본격적으로 자원을 투입하고자 할 때 연결 고리 역할을 한다. 현재 이용 가능한 서비스 중 가장 폭넓은 제품이다.

스트레인지웍스는 관리형 서비스로, 양자 컴퓨터뿐만 아니라 기존 고성능 컴퓨팅 기반과 통합되는 생태계를 포함한다. 여기에 아마존 브라켓과 애저 퀀텀 제품 등 고객이 사용하는 통합 플랫폼도 포함된다. 예를 들어, 고객은 스트레인지웍스를 통해 매스매티카Mathematica, 매트랩MATLAB 또는 API 호출을 인터페이스로 사용해 양자 컴퓨팅 시스템에 접속할 수 있다. 이 플랫폼은 사용자가 실제 응용 프로그램에서 양자 알고리즘을 이해하고, 설계하고, 시뮬레이션하고, 최종적으로 배포할 수 있는 도구와 자원을 제공한다.

스트레인지웍스 사용은 다음 그림의 기본 대시보드에서 시작하는 가이드 투어로 시작된다. 무료 체험과 프리미엄 제품이 제공된다.

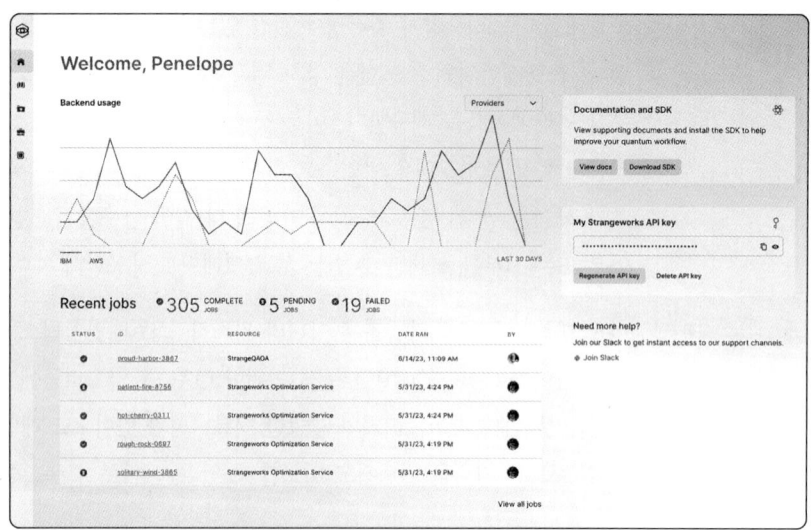

스트레인지웍스 포털은 양자 컴퓨팅 정보를 손쉽게 제공한다.

대시보드에는 현재까지 실행된 작업에 대한 정보, 제품 설명서 링크, 플랫폼에 작업을 제출하는 데 사용하는 스트레인지웍스 소프트웨어 개발자 키트(SDK) 다운로드 링크가 제공된다. 또한 광범위한 생태계의 모든 기술을 이용할 수 있는 관문인 스트레인지웍스 API 키도 포함되어 있다. 지원을 위해 고객과 사용자를 위한 개방형 슬랙Slack 채널을 운영한다.

낯설고 새로운 세계 탐험하기

각 포털의 숨겨진 자산은 그 뒤에 있는 팀이다. 지역 소방서처럼 서비스가 필요할 때까지는 그 가치를 알기 어렵다. 이 시점에서, 양자 컴퓨팅 예산이 바닥나지 않도록 그들이 유능한 전문가이길 바랄 뿐이다.

스트레인지웍스 팀은 소프트웨어 기술에 대한 전문성을 갖추고 있다. 이들은 고급 컴퓨팅 전반과 특히 양자 컴퓨팅에 대한 해박하다. 이 첨단 기술의 혁신적 특성을 잘 이해하고 있어 현재 업계 규모뿐 아니라 앞으로의 발전 가능성을 고려해 이런 첨단 플랫폼에서의 개발을 더욱 적극적으로 지원한다.

저자 헐리가 여기서 중요한 역할을 한다. 그는 강연을 하고 새로운 양자 컴퓨터 발표회에 참석하는 등 여러 곳을 다니며 하드웨어 및 소프트웨어 공급업체는 물론 사용자와 그 조직에 스트레인지웍스를 알린다. 이런 활동은 새로운 사람들과 아이디어가 스트레인지웍스 플랫폼에 계속 유입되어, 바쁘게 일하는 스트레인지웍스 팀과 그가 열정적으로 영입하는 공동 저자들이 최고의 작업에 계속 참여하게 된다.

고전적인 양자 기술 카탈로그 살펴보기

스트레인지웍스 플랫폼에서 모든 작업은 다음 그림에 표시된 것처럼 스트레인지웍스 제품 카탈로그의 제품과 연결된다.

제품 카탈로그의 자원 목록은 특정 작업 공간에 맞춰 제공된다. 예를 들어 다음 그림은 데모 환경의 작업 공간이다.

아래로 스크롤하면 컴퓨터 제공업체 목록도 볼 수 있다. 포털에는 양자 기반 컴퓨팅(전통적인 컴퓨터에서 실행)부터 게이트 기반 양자 컴퓨팅까지 스트레인지웍스가 제공하는 모든 컴퓨팅 제공업체 목록이 있다.

스트레인지웍스는 다양한 공급업체를 제공하므로 양자 컴퓨팅의 최신 기술을 쉽게 파악할 수 있다. 또한 시간이 지나면서 어떤 업체가 목록에 포함되고 제외되는지도 알 수 있다.

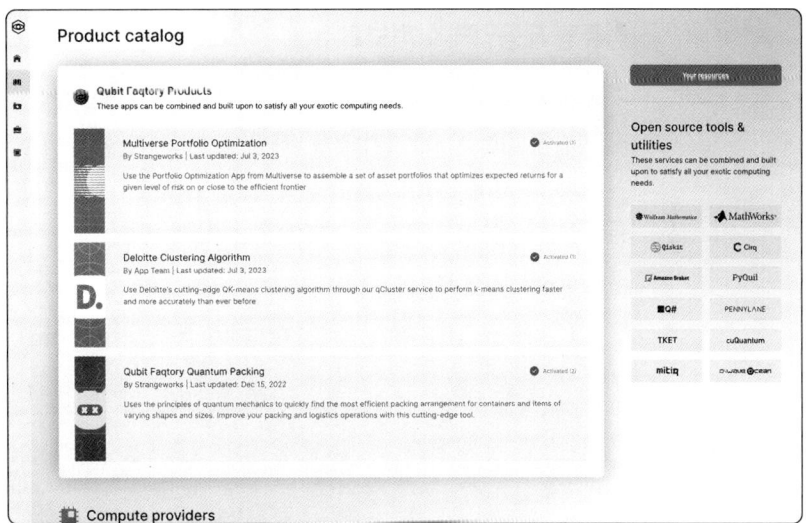

스트레인지웍스 제품 목록으로 다양한 자원에 접근할 수 있다.

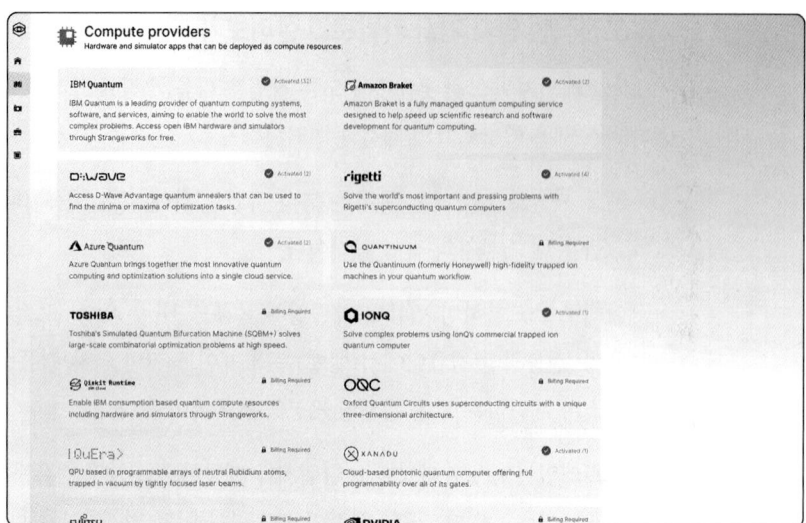

스트레인지웍스에
양자 컴퓨팅을
제공하는
다양한 업체들

컴퓨팅 제공업체 살펴보기

각 컴퓨팅 제공업체에는 자체 페이지가 있다. 여기에는 사용할 수 있는 기술, 시작 방법에 대한 문서, 가격 정보, 해당 제공업체와 함께 작동하는 스트레인지웍스 제품 및 서비스 정보가 포함된다. 이는 사용자가 쉽게 접근하고 어떤 것이 가능한지 파악할 수 있도록 하기 위함이다. 다음 그림은 IBM 퀀텀의 컴퓨팅 제공업체 페이지를 보여준다.

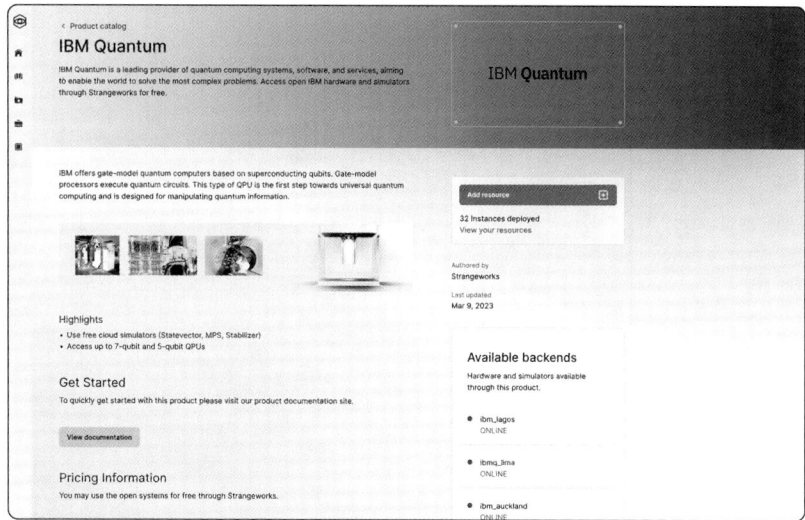

IBM 퀀텀은 스트레인지웍스 포털에서 사용할 수 있는 컴퓨팅 제공업체 중 하나다.

특정 제품의 이용 약관 요약을 보려면 자원 추가를 클릭한다. 그런 다음 약관에 동의해 활성화한다.

자원을 활성하한 후 선택한 환경에 배포한다. 배포한 자원은 배포된 자원 목록에 나타난다. 필요에 따라 각 자원 이름을 변경할 수 있다. 예를 들어 자원을 사용하는 팀의 이름을 지정할 수 있다.

특정 자원을 클릭하면 해당 자원의 ID가 표시된다. 자원 ID와 API 키로 작업을 스트레인지웍스 플랫폼에 제출한다. 해당 플랫폼에 제출된 모든 작업을 보려면 다음 그림 왼쪽의 관련 작업 개요를 확인한다. 아래로 스크롤하면 관련 거래 청구서가 표시된다.

선택한 자원에서
실행 대기 중인
작업을 볼 수 있다.

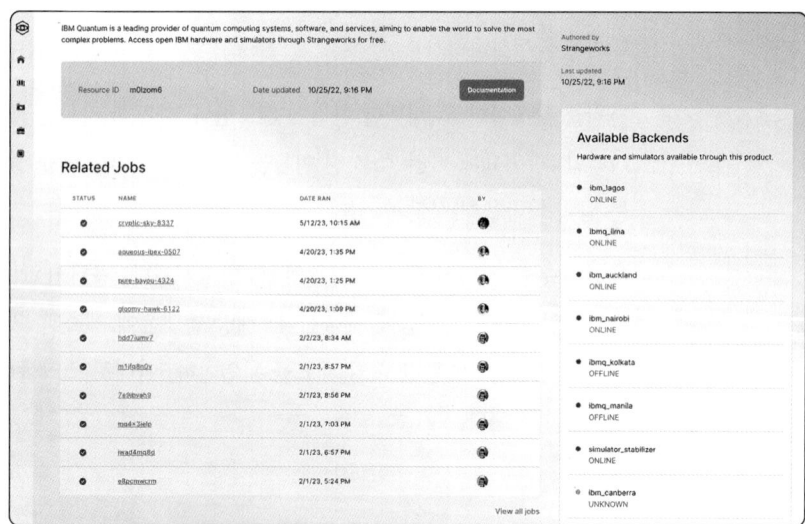

선택한 자원에서
실행 대기 중인
작업을 볼 수 있다.

다음 그림은 실행된 회로, 히스토그램, 결과 등 특정 작업의 세부 정보가 포함된 화면을 보여준다.

관리형 응용 프로그램 이해하기

대시보드 페이지 아래쪽에는 관리형 응용 프로그램 부분이 있다. **관리형 응용 프로그램**은 스트레인지웍스로 제공되는 여러 컴퓨팅 제공업체에서 실행할 수 있는 추상화된 버전의 제품이다. 좋은 예로 스트레인지웍스 최적화 서비스가 있다. 이 단일 제품으로 스트레인지웍스 플랫폼의 여러 제공업체에 QUBO 공식을 제출할 수 있다.

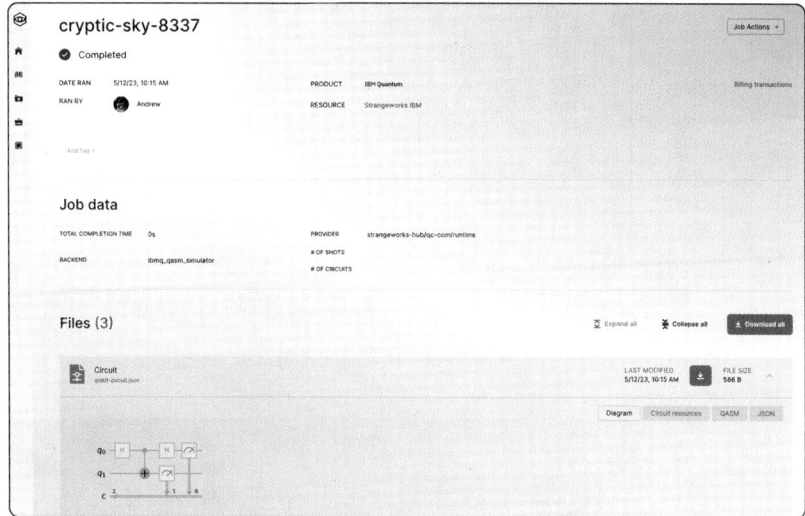

클릭하면 작업 공간에서 실행 중인 각 작업의 세부 정보를 볼 수 있다.

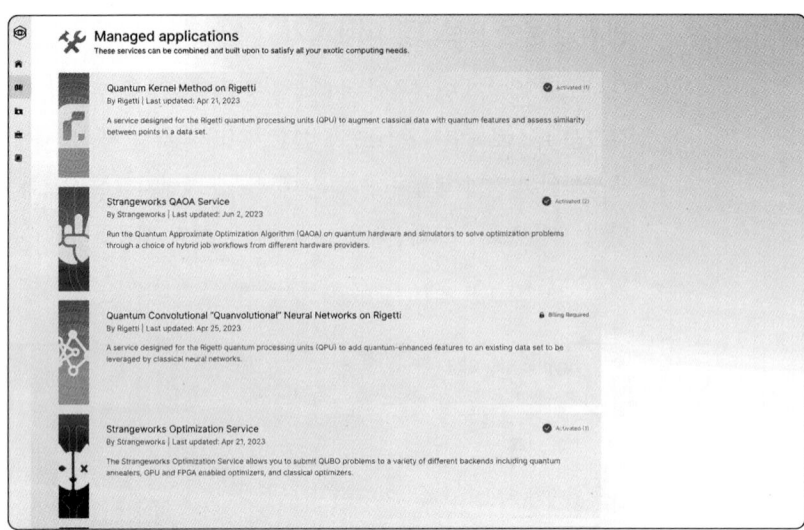

여러 공급업체에서
실행되는
스트레인지웍스
관리형
응용 프로그램

특정 서비스의 세부 정보를 보려면 선택한다. 예를 들어, 다음 그림의 스트레인지웍스 최적화 서비스는 여러 공급업체에서 실행되는 인기 서비스다. 이를 통해 여러 공급업체의 성능, 비용 등을 비교할 수 있다.

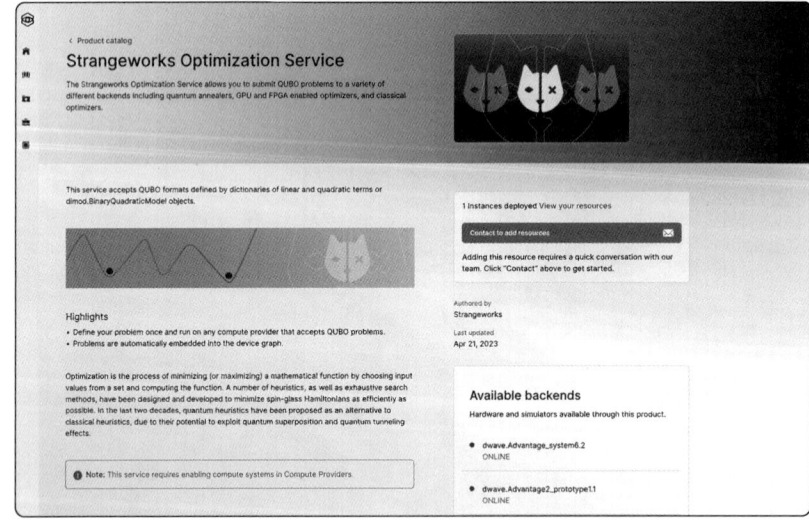

스트레인지웍스
최적화 서비스 같은
각 스트레인지웍스
관리형 응용
프로그램의
세부 정보를 클릭할
수 있다.

요약하자면, 모든 제품은 같은 방식으로 작동한다. 제품을 활성화하면 자원 목록에 표시된다. 왼쪽 사이드바 메뉴로 자원 목록으로 이동할 수 있으며, 개별 컴퓨팅 공급자부터 관리형 응용 프로그램까지 모든 것이 포함되어 있다. 특정 작업을 선택하면 해당 작업을 실행한 사람과 관련 최종 결과를 확인할 수 있다.

스트레인지웍스에는 비용을 파악하는 데 사용할 수 있는 청구 부분도 있다. 또한 사용자를 추가하여 각 사용자에게 적절한 역할과 권한을 부여할 수 있다. 중요한 점은 작업 공간 예산 한도를 설정할 수 있어서 청구 시점에 놀라지 않는다는 점이다.

CHAPTER 16

교육 자료

이 장의 주요 내용
- 온라인 수업 수강하기
- 문서 자세히 살펴보기
- 양자 재미있게 즐기기
- 웹 무작위 산책하기

양자 컴퓨터 프로그래밍을 배우고 싶다고 가정해 보자. 이 장대한 여정을 어디서부터 시작해야 할까?

인터넷 검색만 하면 대학, 기업, 스타트업에서 제공하는 다양한 온라인 강의를 찾을 수 있다. 하지만 이 여정에서 어떤 자료가 가장 유용할까?

이 질문에 답하기 위해 이 장을 썼다. 양자 컴퓨터 프로그래밍을 배우는 데는 구조화된 과정, 구조화되지 않은 과정, 재미로 하는 과정 등 세 가지 방법이 있다. 이 장에서는 이 모든 것을 살펴본다. 양자 컴퓨팅 여정에서 알아야 할 것이 많으니 바로 본론으로 들어가 보자.

온라인 수업 수강하기

양자 컴퓨터 프로그래밍을 배우려면 온라인 강의가 도움이 될 수 있다. 이 방식은 학교로 돌아가는 것처럼 학습 세션을 구성하고 계획해야 한다.

튜토리얼이나 온라인 수업은 집중력과 동기 유지, 기억력 향상, 시간 활용에 도움이 된다. 학습 자료를 관리하기 쉬운 분량으로 나누고 구체적인 목표를 세우면 더 효율적이고 효과적으로 학습할 수 있다. 이렇게 하면 개선이 필요한 부분을 파악하고 진행 상황을 추적할 수 있다.

양자 컴퓨팅의 비즈니스

많은 사람이 개발자나 경쟁사 관점에서 양자 컴퓨팅 응용 분야에 관심을 둔다. 어떤 이들은 투자처나 효과 같은 산업적 관점에 관심이 있다.

업계 관점에 관심이 있다면 보스턴 컴퓨팅 그룹(BCG) 웹사이트[1]를 꼭 방문해 보자. 여기엔 많은 내용이 있고, 새롭게 떠오르는 양자 컴퓨팅 분야를 더 넓은 경제와 연결하려는 시도를 볼 수 있다.

일부 수업은 다른 수업보다 더 어려울 수 있지만, 여기서 설명한 내용으로 이 흥미로운 분야에 진출하는 데 필요한 양자 지식을 습득하는 데 도움이 되길 바란다.

MIT 양자 정보 과학[2]

다음 그림이 있는 MIT 양자 정보 과학 온라인 강의는 MIT의 양자 정보 및 계산 분야를 탐구할 특별한 기회를 제공한다.

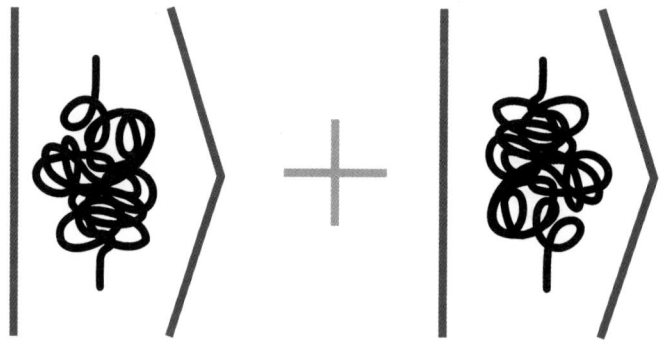

MIT 양자 정보 과학 사이트에서 표현한 양자 중첩

---

1 https://bcg.com/capabilities/digital-technology-data/emerging-technologies/quantum-computing
2 https://ocw.mit.edu/courses/8-370x-quantum-information-science-i-spring-2018

운영 전문성, 깊이, 창의적 자유

세상엔 **많은** 소프트웨어 개발자가 있다. 최근 추산에 따르면 미국에만 440만 명이 넘는 소프트웨어 개발자가 있으며, 이는 미국 전체 인구의 1%를 조금 넘는다. 다른 분야와 마찬가지로 숫자가 폭발적으로 늘면 전문화가 이뤄진다. 양자 컴퓨터 프로그래밍에 어떤 기술과 통찰력을 제공할 수 있을까?

첫째, 여러 분야를 아우르는 프로그래머로서 운영 전문성을 제공할 수 있다. 선택한 언어에 뛰어난 프로그래머이고, 그 프로그램을 양자 세계에서 작동하게 하는 법을 배우고 싶다고 가정해 보자. '닥치고 계산하는' 접근법에 집중할 수 있다. 양자 컴퓨팅 코드를 컴파일하고 실행하여 현재 양자 컴퓨터 하드웨어와 소프트웨어에서 유용한 결과를 내는 것이다.

둘째, 하드웨어 수준으로 접근할 수 있다. 이 방식에서는 코드와 컴파일러, 양자 컴퓨팅의 어셈블리어라 할 수 있는 오픈캐즘OpenQASM, 큐비트 간 상호 작용을 깊이 살펴볼 수 있다. 양자 영역에서 진정한 프로그래밍 전문가가 될 수 있다.

마지막으로, 미래의 양자 컴퓨터 하드웨어와 소프트웨어 개발에 기여할 수 있도록 양자 컴퓨터 프로그래밍을 배우는 것을 제안한다. '하늘과 땅에는 당신의 철학에서 꿈꾸는 것보다 더 많은 것이 있다'는 셰익스피어의 말처럼, 이 새로운 영토의 호레이쇼[3]들과 함께 전리품을 얻으려 싸워야 할지도 모른다.

영화 〈피셔 킹〉(1991)에서 로빈 윌리엄스가 연기한 캐릭터의 말을 빌리면 이렇다. "도전은 무엇을 해야 할지 알아내는 게 아니라 자신이 누구인지 알아내고 그렇게 되는 것이다." 당신이 잘하는 것을 알아내고, 그 기술을 양자 컴퓨팅에 적용하자.

이 수업은 세 부분으로 나뉘어 양자 역학의 원리, 양자 알고리즘, 양자 오류 정정, 양자 암호화, 양자 시뮬레이션 등 다양한 주제를 다룬다. 전문 강사가 이끄는 이 과정은 양자 정보 과학에 대한 이해와 숙련도를 높이고자 포괄적인 강의, 대화형 데모, 실습을 제공한다.

참가자는 최첨단 연구 자료에 접근할 수 있다. 덕분에 빠르게 발전하는 이 분야의 선두에 설 수 있다. 온라인으로 진행되어 다양한 배경의 학생들이 유연하게 학습할 수 있다.

이 MIT 온라인 강의는 양자 기술에 관심 있는 모든 사람에게 양자 기술의 미래를 탐구하고 기여하는 데 필요한 도구와 통찰력을 제공한다.

---

3 옮긴이_ 66쪽 '호레이쇼의 새로운 철학' 설명을 참고하자.

양자 암호학[4]

칼텍Caltech의 저렴한 온라인 강좌 '양자 암호학'은 양자 통신이 자연법칙으로 보장되는 보안을 제공하는 방법에 중점을 둔다. 이 강좌는 양자 얽힘과 불확실성 같은 양자 효과를 활용해 기존 방식으로는 불가능한 수준의 보안을 갖춘 암호화 작업을 구현하는 방법을 다룬다. 또한 보안에 양자 효과를 사용하는 방법을 배우면 프로그래밍에 양자 효과를 적용하는 독특한 관점을 얻을 수 있다. 이 과정은 10주 동안 진행되며, 수강생은 매주 약 6~8시간을 투자해야 한다.

양자 인터넷과 양자 컴퓨터는 세상을 어떻게 바꿀까?[5]

네덜란드의 선도적 대학인 델프트 대학교는 '양자 인터넷과 양자 컴퓨터: 세상을 어떻게 바꿀 것인가?'라는 영어 온라인 강좌를 제공한다. 이 강좌는 양자 기술의 혁신적 잠재력을 이해하려는 초보자에게 유용하다.

6주 과정인 이 강좌는 양자 컴퓨팅의 기본 원리와 응용, 새롭게 떠오르는 양자 인터넷을 포괄적으로 소개한다. 일련의 흥미로운 강의와 대화형 실습을 통해 참가자는 양자 역학, 양자 정보 이론, 양자 컴퓨팅의 원리에 대한 탄탄한 기초를 다진다.

이 과정은 양자 알고리즘, 양자 오류 정정, 양자 암호화 같은 주제를 탐구한다. 또한 양자 인터넷의 개념과 보안 통신 및 분산형 양자 컴퓨팅에 미치는 영향도 알아본다.

실제 사례와 사례 연구를 강조해 양자 기술의 실제 적용과 사회적 영향에 대한 통찰을 제공한다. 이 분야를 처음 접하고 이 기술이 미래를 어떻게 바꿀지 이해하려는 사람들에게 귀중한 자료가 될 것이다.

---

[4] https://learning.edx.org/course/course-v1:CaltechDelftX+QuCryptox+3T2018/home
[5] https://edx.org/course/the-quantum-internet-and-quantum-computers-how-w-2

양자 컴퓨터의 이해[6]

온라인 강좌 '양자 컴퓨터의 이해'는 양자 역학의 기본 원리와 양자 컴퓨터 구축 동기를 개념적으로 소개한다. 강의 설명에 따르면 기본에 충실하면서도 양자 컴퓨팅 하드웨어와 새롭게 떠오르는 양자 정보 기술 산업을 간략히 개괄한다. 이 강의는 복잡한 수학적 방정식을 최소화하고 핵심 개념을 그래픽으로 표현하려 노력한다. 이런 접근 방식은 초보자에게 도움이 될 수 있다.

퀀텀 퀘스트[7]

대학에 진학하기 전에 양자 컴퓨팅 개발에 뛰어들고 싶은가? 큐소프트^{QuSoft}가 도와준다. 퀀텀 퀘스트^{Quantum quest} 웹 강좌는 양자 물리학 및 양자 컴퓨팅의 매혹적인 세계를 탐구하는 데 관심이 있는 고등학생을 위해 고안된 전문 교육 프로그램이다.

주로 디스코드^{Discord}로 소통하는 이 대화형 웹 수업은 양자 역학, 양자 정보, 양자 기술의 기본 원리를 다루는 체계적인 커리큘럼을 제공한다. 이 강의는 다음 그림과 같이 다소 간결한 텍스트와 매력적인 그래픽을 사용하여 젊은 층에게 친근하게 다가간다.

매력적인 강의, 대화형 데모, 실습 활동으로 학생들은 중첩과 얽힘을 비롯한 양자 현상에 대한 확실한 이해를 얻게 된다. 이 수업은 또한 학생들에게 양자 컴퓨팅과 그 잠재적 응용 분야를 소개한다.

퀀텀 퀘스트 웹 강좌는 고등학생들이 복잡한 개념을 쉽게 이해하고 흥미를 가질 수 있도록 맞춤 제작되어 양자 과학에 대한 호기심과 열정을 키울 수 있다. 이 프로그램에 참여함으로써 학생들은 최첨단 연구 주제를 탐구하고 양자 기술의 미래에 대한 귀중한 통찰력을 얻을 수 있다.

---

6 *https://futurelearn.com/courses/intro-to-quantum-computing*
7 *https://quantum-quest.org*

퀀텀 퀘스트는 고등학생을 위해 설계된 학습 기회를 제공한다.

Alexey Kuznetsov / Adobe Stock

양자 머신러닝[8]

토론토 대학교에서 제작한 '양자 머신러닝'은 코드 저장소를 포함해 양자 컴퓨팅과 양자 강화 머신러닝에 대한 실습 소개를 제공한다. 강의 요약에 따르면 이 강의는 몇 가지 양자 머신러닝 알고리즘을 소개하고 파이썬으로 구현하는 방법도 소개한다. 이 자기 주도형 9주 온라인 과정은 주당 6~8시간이 소요될 것이다.

양자 컴퓨팅: 공식은 줄이고 이해는 더하다[9]

상트페테르부르크 대학교의 '양자 컴퓨팅: 공식은 줄이고 이해는 더하다'는 양자 컴퓨팅 입문 과정으로, 대부분의 시간을 개념 이해에 집중한다. 이 무료 온라인

---

[8] https://learning.edx.org/course/course-v1:University_of_TorontoX+UTQML101x+2T2019/home
[9] https://online.spbu.ru/quantum-computing-less-formulas-more-understanding

강의는 5주 과정으로 구성되며, 강의 계획서에 각 주차별 내용이 자세히 정리되어 있다. 여러 언어로 제공된다.

양자 컴퓨팅 강좌를 위한 교재

크리톤Creighton 대학교 물리학 조교수인 토마스 웡Thomas Wong 박사는 양자 컴퓨팅을 가르치며 『기존 및 양자 컴퓨팅 입문Introduction to Classical and Quantum Computing』이라는 교재를 집필했다. 이 책은 아마존[10]에서 구매할 수 있으며, PDF 형태[11]로 무료 제공된다. 전통적인 컴퓨팅과 양자 컴퓨팅을 소개하고, IBM 퀀텀 익스피리언스에서 코드를 프로그래밍하고 실행하는 방법을 설명한다.

블랙 오팔[12]

'제로 백그라운드에서 실제 양자 컴퓨터 프로그래밍으로'는 큐컨트롤Q-Ctrl의 블랙 오팔Black Opal 강좌의 슬로건이다. 다소 광범위해 보이지만 블랙 오팔은 많은 자료를 포함하며, 자격증 옵션을 통해 실제 직업 준비를 목표로 한다. '초-초 중첩' 같은 개념을 배울 준비를 하자.

튜토리얼과 문서 활용하기

개발자는 비즈니스 유형에 따라 기업이 정성스럽게 제공하는 웹사이트, 안내서, 백서를 건너뛰고 바로 문서로 이동하는 경향이 있다. 이는 전통적인 컴퓨팅에서 효과적이며, 양자 컴퓨팅에서도 마찬가지다. 다음은 시간을 들여볼 만한 가치가 있는 몇 가지 양자 컴퓨팅 문서 사이트와 튜토리얼이다.

---

10 https://amazon.com/Introduction-Classical-Quantum-Computing-Thomas/dp/B09QP2ML3P
11 https://www.thomaswong.net/introduction-to-classical-and-quantum-computing-1e4p.pdf
12 https://q-ctrl.com/black-opal

닐슨과 추앙[13]

이 워드프레스 사이트는 양자 알고리즘 문제에 초점을 맞춘 연습 문제를 공유한다. 특정 프로그래밍 언어, 툴킷, 양자 컴퓨터의 제조사와 무관하며, 양자 수학 애호가를 위한 '쓰기 프롬프트' 역할을 한다.

포레스트 및 파이퀼 문서[14]

리게티 컴퓨팅은 포레스트Forest SDK로 파이퀼pyQuil을 배우고 사용하기 위한 광범위한 튜토리얼을 제공한다. 파이퀼은 양자 명령어quantum instruction language (Quil)로 프로그램을 생성하는 오픈 소스 파이썬 라이브러리다. 깃허브에 호스팅되어 있으며, 퀼Quil을 지원한다. 퀼은 양자 컴퓨터가 곧 보조 프로세서로 작동하고 기존 CPU와 함께 작동할 것을 전제로 한다. 따라서 퀼은 공유된 기존/양자 아키텍처를 갖춘 양자 가상 머신에서 실행되도록 설계됐다.

튜토리얼에 따르면 퀼 프로그램은 다양한 큐비트 연산을 시뮬레이션할 수 있는 양자 가상 머신(QVM)에서 실행할 수 있다. QVM은 양자 프로세서의 클라우드 기반 기존 기뮬레이션이다. 이 문서는 초보자를 위한 정보도 제공한다.

오션용 문서[15]

오션Ocean 소프트웨어는 D-웨이브 시스템D-Wave Systems의 도구 모음으로, 양자 어닐러(양자 컴퓨터의 일종)로 어려운 문제를 해결하기 위해 설계됐다. D-웨이브의 클라우드 기반 립Leap 통합 개발 환경(IDE)에서 실행되며, 개인 깃허브 저장소나 수정할 수 있는 코드 예제 모음에서 코드를 실행하기 위한 재사용/폐기 가능한 작업 공간을 제공한다. 문서에는 양자 컴퓨터 개발 경험과 무관하게 시작하는 데 유용한 예제와 방법이 많이 포함되어 있다.

---

[13] https://workedproblems.wordpress.com/category/nielsenchuang/
[14] https://pyquil-docs.rigetti.com/
[15] https://docs.ocean.dwavesys.com/en/stable/getting_started.html

재나두의 스트로베리 필드에 대한 문서[16]

광자 연속 변수photonic continuous-variable 방식은 빛의 특성, 특히 전자기장의 직교 진폭과 관련된 연속 변수를 활용해 양자 정보를 처리한다. 이 방식은 이산 양자 비트(큐비트)를 사용하는 이산 변수 방식과 달리, 연속 변수 큐모드continuous-variable qumodes와 같은 연속 변수 양자 시스템을 사용한다. 이 큐모드는 압착, 변위, 간섭 측정 작업으로 조작되며, 무한 차원 힐베르트 공간에서 정보를 표현할 수 있어 고차원 양자 상태와 연속 자유도의 장점을 제공한다.

재나두의 소프트웨어 개발 키트(SDK)는 연속 가변 양자 시스템을 이용해 양자 알고리즘을 구현하는 종합적인 프레임워크다. 이 SDK는 연구자와 개발자가 다양한 양자 컴퓨팅 작업을 시뮬레이션하고 실험할 수 있는 사용자 친화적인 인터페이스와 도구 세트를 제공한다. 여기에는 광자 양자 회로 시뮬레이션, 양자 알고리즘 최적화, 재나두의 클라우드 기반 양자 컴퓨팅 자원 접근을 위한 라이브러리가 포함되어 있어, 사용자들이 연속 가변 양자 계산의 가능성을 탐색하고 활용할 수 있게 돕는다.

이 사이트의 친근한 이름에서 짐작할 수 있듯이, 재치 있는 그래픽과 애니메이션이 포함되어 있다. 다음 그림에서 볼 수 있듯이, 이 사이트를 방문하면 흥겨운 진동의 들뜸을 느끼게 될 것이다.

---

16 *https://strawberryfields.ai/photonics/demonstrations.html*

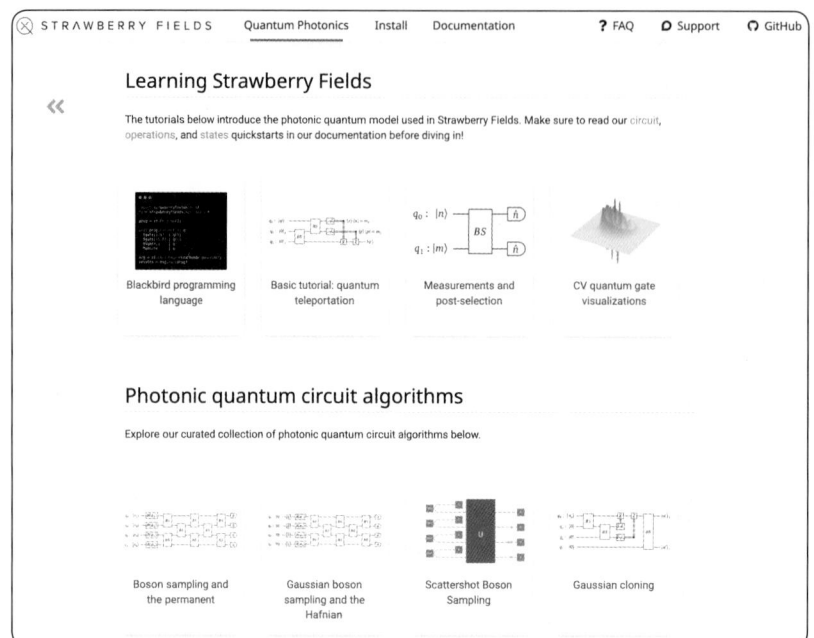

스트로베리 필드는
작업하는 데
오래 걸리지 않는다.

SDK의 이름은 비틀즈의 노래인 〈스트로베리 필즈 포에버Strawberry Fields Forever〉에서 따왔다. 스트로베리 필드에서 작업이 영원히 지속될 거라고 약속할 순 없지만, 그 과정에서 많은 것을 배울 수 있을 것이라 약속할 수 있다.

스트로베리 필드는 재나두에서 가장 인기 있는 SDK는 아니다. 지금까지 가장 큰 인기를 얻은 것은 비틀즈의 또 다른 노래 〈페니 레인Penny Lane〉의 이름을 딴 '페니 레인'이다. 페니레인은 양자 회로를 최적화하고 하이브리드 모델을 만드는 데 도움을 준다. 이 도구는 케라스Keras, 파이토치PyTorch, 텐서플로Tensorflow 같은 머신러닝 라이브러리와 연동된다.

IBM Q 전체 사용자 안내서[17]

IBM Q 사용자 안내서는 사용자가 IBM Q의 양자 컴퓨팅 플랫폼을 효과적으로 활용할 수 있도록 필요한 정보와 지침을 제공하는 종합적인 자료다. 이 안내서는

---

17 https://learning.quantum.ibm.com/

양자 컴퓨팅 소개, 양자 회로의 원리, IBM의 양자 컴퓨팅용 소프트웨어 개발 키트인 키스킷을 사용한 양자 알고리즘 프로그래밍 등 여러 주제를 다룬다. 또한 IBM Q 시스템에서 양자 프로그램을 작성하고 실행하는 방법에 대한 단계별 지침, 코드 예제, 실용적인 팁을 제공한다.

이 안내서는 양자 게이트, 양자 상태 시각화, 오류 완화 기법 등의 주제도 자세히 설명한다. 초보자부터 숙련된 양자 프로그래머까지, IBM Q 사용자 안내서는 양자 컴퓨팅의 복잡한 개념을 이해하고 IBM의 양자 기술을 활용하는 데 유용한 참고 자료가 될 것이다.

DIFFICULT

사용자 안내서는 IBM의 양자 컴퓨터 프로그래밍을 위한 지침서로 볼 수 있지만, 넓게는 모든 게이트 기반 양자 컴퓨터 프로그래밍을 위한 입문서로도 읽을 수 있다. 이 안내서를 공부한 후 실제 현장에서 능숙하게 활용할 수 있도록 두 가지 관점을 모두 고려하는 것이 좋다.

양자 계산에 대한 존 프레스킬의 노트[10]

칼텍의 '양자 계산 과정' 물리학 219/컴퓨터 공학 219는 존 프레스킬John Preskill이 가르친다. 높은 평가를 받는 이 개괄적 강좌는 양자 컴퓨팅의 기초와 응용을 탐구한다. 강의 노트는 양자 역학과 양자 정보 과학의 관련성에 대해 깊이 있게 이해할 수 있는 안내서 역할을 한다.

이 노트는 양자 알고리즘, 양자 오류 정정, 양자 암호화, 양자 시뮬레이션 등의 주제를 심도 있게 다룬다. 프레스킬 교수의 전문성과 매력적인 강의 방식 덕분에 물리학과 컴퓨터 공학 학생 모두 이 강좌를 쉽게 이해할 수 있으며, 양자 계산의 이론적 측면에 대한 탄탄한 기초를 쌓을 수 있다.

다음 그림에서 볼 수 있듯이 프레스킬 교수의 노트에는 밥과 앨리스 사이의 양자 통신 작동 방식에 대한 자세한 설명이 나와 있다.

---

18 https://theory.caltech.edu/~preskill/ph219/index.html#lecture

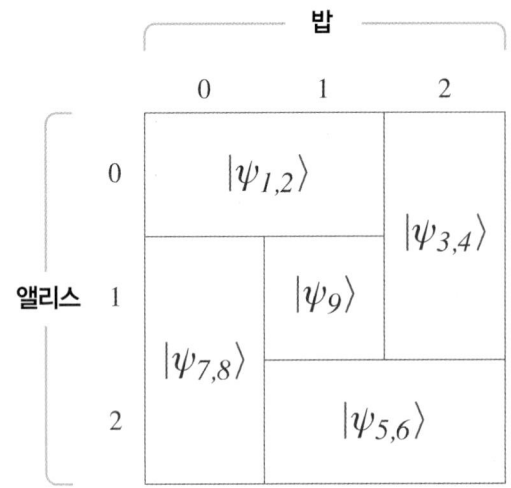

밥과 앨리스 사이의 직교적 상호 작용은 존 프레스킬의 노트에 설명되어 있다.

참고로 밥과 앨리스는 양자 통신을 포함해 안전한 방식으로 통신하려는 두 당사자를 가리키는 일반적인 이름이다.

이 과정은 여러 도구와 플랫폼을 사용해 양자 알고리즘을 구현하고 분석하는 실습과 프로젝트를 통해 실용적인 측면도 강조한다. 이론과 실제 구현 사이의 틈을 좁혀 양자 계산을 철저히 이해하고자 하는 모든 사람에게 훌륭한 자료가 될 것이다.

키스킷 튜토리얼[19]

주피터 노트북은 양자 컴퓨팅을 위한 오픈 소스 소프트웨어 개발 키트인 키스킷의 사용법을 보여 주는 대화형 교육 플랫폼이다. 키스킷은 양자 컴퓨팅 개발을 배우는 개인에게 유용한 자료 역할을 한다. 사용자는 노트북의 단계별 지침과 코드 예제를 따라가면서 키스킷에 대한 실무 경험을 쌓고 양자 프로그래밍의 다양한 측면을 탐구할 수 있다.

이 주피터 노트북은 양자 게이트, 양자 회로, 양자 알고리즘, 양자 시뮬레이션 등 다양한 주제를 다룬다. 또한 양자 화학 및 최적화 문제와 같은 양자 컴퓨팅의 실

---

[19] https://github.com/Qiskit/qiskit-tutorials

제 응용 분야도 소개한다.

주피터 노트북의 대화형 특성 덕분에 사용자는 실험하고, 코드를 수정하며, 양자 계산에 미치는 영향을 실시간으로 관찰할 수 있다. 이런 실용적인 접근 방식은 개념 이해를 돕고 창의력과 문제 해결 능력을 증진하는 데 도움이 된다. 주피터 노트북은 양자 컴퓨팅 개발을 배우는 사람들이 키스킷을 효과적으로 활용하고 양자 혁신의 여정을 시작할 수 있게 돕는 귀중한 자원이다.

IBM은 이런 주피터 노트북과 관련 주제에 대한 배경 설명을 결합한 멋진 대화형 교과서[20]도 제공한다.

양자 알고리즘 동물원[21]

13장에서 언급했듯이 양자 알고리즘 동물원은 양자 컴퓨팅 개발을 배우는 모든 사람에게 유용한 자료다. 동물원은 양자 알고리즘의 저장소 역할을 하며 각 알고리즘에 대한 설명 및 코드 구현을 제공한다.

큰 수를 인수 분해하는 쇼어 알고리즘이나 비정형 검색을 위한 그로버 알고리즘 같은 잘 알려진 알고리즘은 물론 최적화, 머신러닝, 암호화 같은 작업을 위한 전문적인 알고리즘도 폭넓게 다룬다는 점에서 가치가 높다. 다양한 양자 알고리즘을 탐색하고 연구할 수 있는 체계적인 플랫폼을 제공한다.

이 장의 다른 자료와 마찬가지로, 양자 동물원은 양자 컴퓨팅의 기능과 잠재력을 이해하는 출발점이 된다. 개발자가 다양한 알고리즘을 배우고 실험하며 기본 원리를 이해하고 새로운 알고리즘 개발에도 기여할 수 있게 해 준다. 결국 양자 알고리즘 동물원은 양자 컴퓨팅 개발 분야의 학습과 혁신을 촉진하는 필수 도구다.

양자 컴퓨팅 놀이터[22]

구글의 양자 컴퓨팅 놀이터Playground는 양자 컴퓨팅 개발을 배우려는 사람들이 사

---

[20] https://learning.quantum.ibm.com/
[21] https://quantumalgorithmzoo.org
[22] https://quantumplayground.net/#/home

용하기 쉬운 대화형 환경을 제공하는 웹 기반 플랫폼이다. 최대 22큐비트까지 시뮬레이션할 수 있는 3D 양자 상태 시각화 도구를 포함하고 있어 사용자의 사고를 충분히 확장할 수 있다.

이름에서 알 수 있듯이 놀이터는 물리적 양자 하드웨어 없이도 양자 회로, 알고리즘, 시뮬레이션을 실험할 수 있는 가상 공간을 제공한다. 이를 통해 귀중한 양자 컴퓨터 크레딧을 실제 작업에 사용할 수 있다.

이 플랫폼은 양자 게이트, 중첩, 얽힘, 양자 순간 이동 등 양자 컴퓨팅의 기본 개념을 다루는 여러 예제와 연습 문제를 제공한다. 사용자는 양자 상태를 조작하고 시각화하며, 맞춤형 양자 회로를 만들고, 양자 계산의 결과를 실시간으로 관찰할 수 있다.

양자 컴퓨팅 놀이터는 초보자도 쉽게 접근할 수 있는 직관적인 인터페이스를 제공하며, 특히 쇼어 알고리즘에 중점을 둔다(14장 참조).

또한 숙련된 사용자를 위한 고급 기능도 제공한다. 이를 통해 사용자는 양자 프로그래밍을 실제로 경험하고, 양자 알고리즘을 탐색하며, 양자 시스템의 동작에 대한 직관을 기를 수 있다.

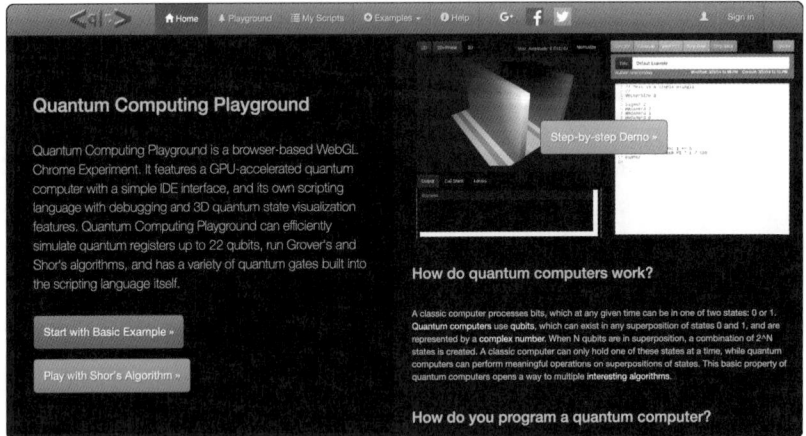

양자 컴퓨팅 놀이터로 양자 컴퓨팅 분야를 배울 수 있다.

양자 컴퓨팅 놀이터는 실습 환경을 제공하여 양자 컴퓨팅 개발을 배우려는 사람들이 가상의 양자 놀이터에서 귀중한 통찰력과 기술을 익힐 수 있게 돕는 유용한 도구다.

퀀텀 카타스[23]

퀀텀 카타스Quantum Katas[24]는 코딩 연습과 튜토리얼 모음을 제공함으로써 양자 컴퓨팅 개발을 배우는 개인을 지원하려고 고안된 귀중한 자원이다. 숙달을 위해 여러 번 반복하는 간단한 연습인 코딩 **카타스**의 개념에서 영감을 받은 퀀텀 카타스는 사용자가 전통적인 컴퓨팅 언어인 C#에서 영감을 받았지만 양자 컴퓨팅을 위해 설계된 프로그래밍 언어인 Q#을 사용해 양자 알고리즘 작성 기술을 연습하고 개선할 수 있는 일련의 도전 과제를 제공한다.

카타스는 양자 게이트, 중첩, 얽힘, 그로버 검색 및 쇼어 인수 분해 알고리즘과 같은 양자 알고리즘을 포함한 광범위한 주제를 다룬다. 각 카타스는 문제에 대한 설명, 안내 질문, 사용자가 문제를 해결하려면 완료해야 하는 코드 템플릿 세트를 제공한다. 카타스로 개인은 양자 프로그래밍에 대한 실무 경험을 쌓고, '양자적으로' 사고하는 법을 배우고, 양자 알고리즘을 구현하는 데 능숙해질 수 있다.

퀀텀 카타스의 대화형 특성과 상세한 설명 및 힌트는 양자 개념에 대한 깊은 이해를 돕고 문제 해결 능력 개발을 촉진한다. 양자 컴퓨팅 개발을 배우는 개인에게 유용한 도구로 활용되어 실무 능력을 향상시켜 양자 시스템 프로그래밍에 대한 자신감을 얻을 수 있다.

데이터 과학자를 위한 양자 머신러닝[25]

'데이터 과학자를 위한 양자 머신러닝'은 다비드 콥치크Dawid Kopczyk가 쓴 논문으로, 데이터 과학에서 양자 머신러닝 알고리즘의 적용에 초점을 맞춰 양자 컴퓨팅과 머신러닝의 접점을 탐구한다. 이 논문은 양자 머신러닝 기술의 현재 상황을 개관하고 전통적인 컴퓨팅 기술과 비교해 양자 머신러닝의 잠재적 장단점을 논의한다.

또한 양자 서포트 벡터 머신, 양자 클러스터링, 양자 신경망 등 다양한 양자 머신러닝 알고리즘을 살펴본다. 양자 노이즈, 오류 정정, 하드웨어의 현재 한계가 이런 알고리즘의 실제 구현에 미치는 영향도 알아본다.

---

23 https://quantum.microsoft.com/en-us/tools/quantum-katas
24 옮긴이_ Kata는 태권도의 '품새' 같은 무술 동작을 뜻하는 일본어다.
25 https://arxiv.org/abs/1804.10068

형식에 얽매이지 않는 학습으로 개념 잡기

형식에 얽매이지 않는 학습은 저자들이 가장 좋아하는 접근 방식 중 하나로, 이 책을 쓰는 과정에서 많이 활용했다. 이 학습 방식은 개인이 딱딱한 커리큘럼의 제약 없이 자신의 교육적 관심사를 추구할 수 있게 해 준다. 특히 학습 의욕이 강하고 자신만의 방식으로 주제를 탐구하고자 할 때 유용하다. 형식에 얽매이지 않는 학습을 통해 자신의 속도에 맞춰 학습하고 가장 관심 있는 주제를 깊이 있게 탐구할 수 있다.

형식에 얽매이지 않는 학습은 더 충실한 학습 경험과 양자 컴퓨터 프로그래밍 방법에 대한 이해도를 높이는 데 도움이 된다. 또한 여러 자원을 탐색하면서 해당 분야의 주요 인물들을 파악해 앞으로의 참고가 될 인맥을 만들 수 있다.

형식에 얽매이지 않는 학습은 개인이 자기 훈련, 비판적 사고, 창의성 같은 기술을 개발하고 이를 양자 영역에 적용하는 데 도움이 된다. 특정 주제에 대한 열정은 있지만 공식적이거나 체계적인 교육을 받을 시간이나 자원이 없는 사람에게 특히 유용할 수 있다.

블로그

앞서 언급한 내용에 이어, 양자 컴퓨팅 분야의 최신 동향을 파악하는 가장 좋은 방법은 관련 주제의 전문 블로그를 구독하는 것이다. 초보자는 깊이 있는 토론과 에세이 주제를 이해하기 어려울 수 있지만, 블로그를 통해 이 분야에서 어떤 주제가 주목받고 있는지 파악할 수 있다.

양자 컴퓨팅 블로그는 강좌 수강이나 양자 컴퓨터 프로그램 제작을 통해 이해도를 높이는 데도 도움이 된다. 블로그를 꾸준히 읽는 것이 최신 정보를 얻는 효과적인 방법이므로, 여기에 관련 블로그 목록을 정리했다.

| 알고리즘 어설션[26] |

크레이그 기드니 Craig Gidney가 운영하는 이 블로그는 양자 컴퓨팅과 일반 컴퓨팅을 다룬다. 기드니는 구글 양자 컴퓨팅 팀의 유명 연구원이자 쿼크 Quirk라는 드래그 앤 드롭 양자 회로 시뮬레이터 개발자이다. 프로그래머에서 연구 과학자로 전향한 그는 틈틈이 글을 올린다.

| 비트 오브 퀀텀[27] |

양자 컴퓨팅에 대한 연구 그룹인 큐텍 연구소 QuTech Institute 회원들이 가끔씩 글을 올리는 블로그다. 자주 업데이트되진 않지만, 연구 현장과 일상을 엿볼 수 있다.

| 디코도쿠[28] |

IBM 연구원 제임스 우튼 James Wootton이 운영하는 블로그로, 양자 계산에 관한 흥미로운 글을 종종 올린다. 우튼은 소셜 미디어에서도 활발히 활동한다.

| 머스티 쏘우츠[29] |

폴란드 출신 양자 소프트웨어 기술자 미하우 스탱흐위 Michał Stęchly의 개인 블로그다. 이전에는 자파타 컴퓨팅 Zapata Computing에서 근무했다. 자주 업데이트되지는 않지만 읽을 만한 에세이를 제공한다.

| 퀀텀 프론티어[30] |

칼텍의 양자 정보 및 물질 연구소 Quantum Institute for Quantum Information and Matter에서 운영하는 이 블로그는 접근성이 높고 정기적으로 업데이트된다. 월 1~3회 새 글이 올라오며, 연구 관련 뒷이야기를 주로 다룬다.

---

26 https://algassert.com
27 https://blog.qutech.nl
28 https://decodoku.medium.com
29 https://mustythoughts.com
30 https://quantumfrontiers.com

| 슈테틀 옵티마이즈드[31] |

이 목록의 마지막은 스콧 애런슨Scott Aaronso의 개인 블로그인 슈테틀 옵티마이즈드Shtetl Optimized다. 정보에 밝고 의견이 풍부한 그는 이 블로그를 정기적으로 업데이트한다. 그는 텍사스 대학교 오스틴의 슐룸버거 센테니얼Schlumberger Centennial 컴퓨터 공학 석좌교수이자 양자 정보 센터장이다. 게시물은 주로 양자 컴퓨팅과 AI 그리고 두 가지가 만나는 지점에 초점을 맞춘다.

논문

양자 컴퓨팅 분야는 빠르게 발전하기에 책의 내용이 금방 구식이 될 수 있다. 따라서 과학 논문은 최신 기술을 따라잡는 데 좋은 자료다.

지금은 과거보다 훨씬 다양한 버전의 과학 논문을 무료로 볼 수 있지만, 권위 있는 학술지의 최종 버전은 보통 유료다.

과학 논문이 어렵게 느껴질 때는 과학 기술 관련 언론에서 제공하는 쉬운 버전을 찾아보자. 온라인에서 논문 저자 이름이 포함된 최근 기사를 검색하면 된다.

| 양자 머신러닝의 기회와 도전 과제[32] |

이 논문에서 연구원들은 1,000개의 '완벽한' 큐비트를 가진 양자 컴퓨터의 가능성을 탐구한다. **머신러닝** 분야에서 양자 컴퓨터가 뛰어난 성능을 보일 수 있는 몇 가지 예를 제시한다. 또한 양자 보조 헬름홀츠 머신quantum-assisted Helmholtz machine(QAHM)이라는 새로운 개념을 소개한다. 이 기술은 전통적인 컴퓨팅과 양자 컴퓨팅을 통합해 학습 능력을 높이며, 가까운 미래에 머신러닝을 혁신할 양자 컴퓨팅의 잠재력을 보여준다.

---

31 https://scottaaronson.blog
32 https://arxiv.org/abs/1708.09757

양자 머신러닝 그리고 그 이상[33]

피터 위텍Peter Wittek의 '양자 머신러닝: 양자 컴퓨팅이 데이터 마이닝에 주는 의미'는 양자 컴퓨팅과 머신러닝의 접점을 폭넓게 탐색한다. 현재 책으로도 출간된 이 논문은 데이터 마이닝을 혁신할 양자 컴퓨터의 가능성을 살피고 이 분야를 전반적으로 개괄한다.

이 백서는 양자 역학의 원리, 머신러닝을 위한 양자 알고리즘, 양자 머신러닝 모델 구현의 장단점 등 여러 주제를 다룬다. 양자에서 영감을 얻은 알고리즘에 대한 실용적인 통찰을 제공하고 복잡한 최적화와 패턴 인식 문제 해결에 어떻게 적용할 수 있는지 알아본다. 또한 양자 머신러닝이 여러 산업에 미칠 영향을 논하며 데이터 분석과 의사 결정 능력 향상 가능성을 강조한다.

이 백서는 양자 역학과 양자 계산의 기본 개념을 설명하고, 양자 머신러닝 기술 적용을 보여 주는 실용적인 예시와 사례 연구도 제공한다. 이해하기 쉬운 문체와 폭넓은 내용으로, 또한 데이터 마이닝과 머신러닝 분야에서 양자 컴퓨팅의 의미를 알고 싶어 하는 연구자, 실무자, 학생에게 유용할 것이다.

양자 컴퓨팅을 개방적으로 만들기: 오픈 소스 프로젝트에서 얻은 교훈[34]

이 연구 논문은 양자 컴퓨팅 분야에서 오픈 소스 프로젝트의 중요성과 장점을 살펴본다. 소프트웨어 개발 전반에서 성공적인 오픈 소스 프로젝트의 교훈을 검토하고 이를 새롭게 떠오르는 양자 컴퓨팅 분야에 적용한다.

이 백서에서는 혁신을 주도하고 커뮤니티 참여를 촉진하며 양자 기술 개발을 가속화하는 데 있어 개방성, 협업, 투명성의 장점을 강조한다. 또한 양자 컴퓨팅 영역에서 효과적인 오픈 소스 관행을 확립하기 위한 잠재적 과제를 논의하고 권장 사항을 제시한다.

---

[33] https://books.google.com/books/about/Quantum_Machine_Learning.html?id=92hzAwAAQBAJ&source=kp_book_description
[34] https://researchgate.net/publication/330870969_Making_Quantum_Computing_Open_Lessons_from_Open-Source_Projects

상호 작용과 재미에 빠져들기

양자 컴퓨팅을 배울 때 상호 작용과 재미는 매우 효과적인 도구다. 학습을 즐겁고 흥미롭게 만들면 정보를 더 쉽게 기억하고, 질문하며 개념을 깊이 탐구하게 된다. 실습 활동, 게임, 그룹 토론 등으로 양자 컴퓨팅을 재미있게 배우면 동기 부여와 학습 목표 달성에 도움이 된다. 따라서 양자 컴퓨팅을 배울 때 재미와 상호 작용을 적극 활용하자. 이것이 잠재력을 최대한 발휘하는 열쇠가 될 수 있다.

커뮤니티

양자 컴퓨팅 같은 복잡한 주제를 배울 때 온라인 커뮤니티 포럼이 큰 도움이 된다. 다양한 양자 관련 플랫폼이 있어 어떤 형태나 코드 기반을 선택해도 자연스럽게 다음 단계로 나아갈 수 있다.

다음은 이 분야 초보자가 주목할 만한 커뮤니티 목록이다.

- **IBM Q 커뮤니티**[35]: IBM 퀀텀 익스피리언스 커뮤니티 포럼이다.
- **IBM Q 키스킷 커뮤니티**[36]: 키스킷과 양자 컴퓨팅 토론을 위한 슬랙 채널이다.
- **Q 커뮤니티**[37]: Q의 양자 프로그래밍의 오픈 소스 커뮤니티로 블로그, 코드 저장소, 온라인 모임 등을 제공한다.
- **양자 컴퓨팅 및 응용 프로그램 분야의 여성**[38]: 시애틀 기반 포괄적 밋업 그룹으로, 강연과 튜토리얼 시리즈를 주최한다.
- **마이크 & 아이크 서브레딧**Mike & Ike Subreddit[39]: 『양자계산과 양자정보』(에이콘 출판사, 2022) 책에 대한 토론을 진행한다.
- **양자 컴퓨팅 스택익스체인지**Stack Exchange[40]: 양자 컴퓨팅 관련 질문과 답변 사이트로, 특정 질문에 대한 답변과 전문가 교류가 가능하다.

---

35 https://www.ibm.com/quantum/community
36 https://airtable.com/appkU8W0NtENifBxX/shrv2nz4kGxpCAsOp
37 Q# 오픈 소스 커뮤니티로 운영됐지만, 현재는 운영이 중단된 상태다.
38 https://onequantum.org/women-in-quantum/
39 https://www.reddit.com/r/MikeAndIke/
40 https://quantumcomputing.stackexchange.com/

- **전 세계 양자 정보 및 양자 컴퓨터 공학자들의 모임[41]**: 양자 연구 토론을 위한 페이스북 그룹이다.
- **리게티 커뮤니티[42]**: 리게티와 양자 컴퓨팅 토론을 위한 슬랙 채널이다.

밋업meetup도 고려해 보자. 팬데믹 이후 많은 밋업이 온라인으로 진행되어 전문가에게 배우고 전 세계 사람들과 소통할 수 있다.

TIP

거주 지역 밖 그룹을 보려면 밋업의 거리 필터를 조정해야 하지만, 그만한 가치가 있다.

워싱턴 DC 양자 컴퓨팅 밋업은 시간대와 무관하게 참여할 만한 가치가 있다. 미국 정부 청사와 국가 보안 기관의 본부가 근처에 있어 특별하다. 웹사이트[43]에 접속해 보자. 다만 익명의 청중이 암호화 관련 질문을 할 수 있으니 주의하자.

대화형 학습 도구

대화형 학습 도구는 재미있어 적극 추천한다! 앞서 소개한 딱딱한 자료에서 벗어나 좋은 휴식을 취할 수 있다.

| 쿼크[44] |

쿼크Quirk는 양자 회로를 쉽고 직관적으로 설계, 시각화, 분석할 수 있는 시뮬레이터다. 이 웹 기반 도구는 드래그 앤 드롭 방식이라 초보자도 쉽게 사용할 수 있다.

쿼크는 다양한 양자 게이트와 연산을 지원한다. 사용자는 요소를 드래그해 연결하는 것만으로 복잡한 양자 회로를 만들 수 있다. 양자 상태를 실시간으로 보여줘 게이트 조합이 큐비트에 미치는 영향을 바로 확인할 수 있다. 이 사이트에는 다음 그림처럼 양자 회로 편집기가 있다.

---

41 https://www.facebook.com/groups/qinfo.scientists.unite/
42 운영하지 않는다.
43 https://meetup.com/washington-quantum-computing-meetup
44 https://algassert.com/2016/05/22/quirk.html

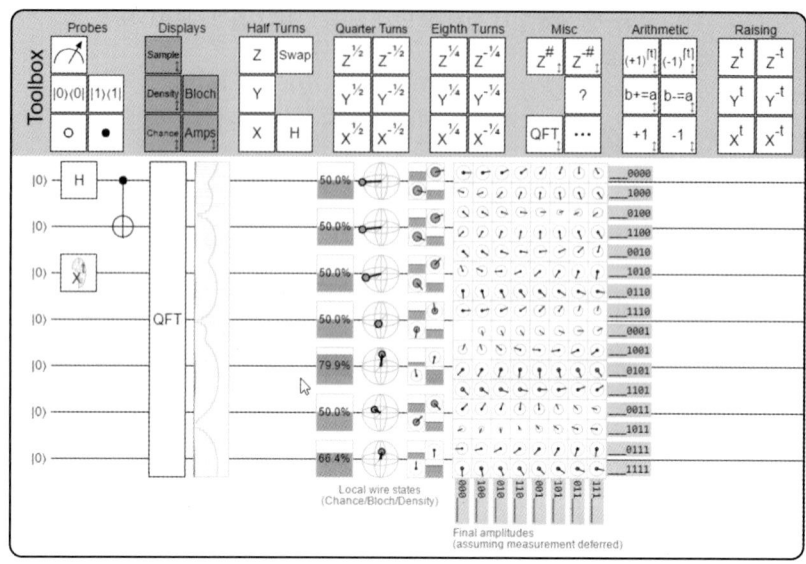

쿼크는 단점이 있을 수 있지만 양자 컴퓨팅도 마찬가지다.

쿼크는 측정, 상태 시각화, 잡음 시뮬레이션 같은 기능도 제공해 양자 회로를 탐색하고 이해하는 데 필요한 종합적인 도구를 갖추고 있다. 단순하고 대화형인 쿼크는 양자 회로의 개념과 작동을 이해하려는 사람에게 귀중한 학습 및 실험 도구가 될 수 있다.

| 퀀텀 오디세이[45] |

퀀텀 오디세이Quantum Odyssey는 양자 물리학과 양자 컴퓨팅 세계를 흥미진진하게 여행할 수 있는 마이크로소프트 윈도우용 교육 게임이다. 이 게임은 대화형 게임 플레이와 교육용 콘텐츠를 결합해 양자 개념을 재미있게 학습할 수 있게 한다. 플레이어는 양자 원리를 적용하고 양자 역학을 사용해 퍼즐을 푸는 퀘스트와 도전에 나서게 된다. 게임을 통해 플레이어는 중첩, 얽힘, 양자 알고리즘과 같은 양자 현상을 더 깊이 이해할 수 있다.

퀀텀 오디세이는 몰입형 대화 학습 경험을 제공하므로 학생, 교육자 그리고 게임화된 환경에서 양자 물리학의 경이로움을 탐구하는 데 관심이 있는 모든 이에게 유용한 도구다.

---

45 https://quarksinteractive.com/quantum-odyssey

| 큐비트 터치다운[46] |

큐비트 터치다운 Touchdown은 토마스 웡 박사가 만든 보드 게임이다. 웡 박사는 이 장 앞부분에서 『기존 및 양자 컴퓨팅 입문』의 저자로 소개했다. 이 게임은 미식축구를 주제로 하며 양자 컴퓨팅 지식이 없어도 즐길 수 있지만, 관련 설명도 포함되어 있다. 게임을 직접 만들거나 구매할 수 있다.

동영상

이 부분에서는 우리가 가장 좋아하는 양자 컴퓨팅 동영상을 소개한다. 유튜브를 검색해 동영상을 보는 것만으로도 많은 것을 배울 수 있다. 조회 수와 댓글을 살펴보고 최고의 동영상을 찾아보자.

| 컴퓨터 공학자를 위한 양자 컴퓨팅[47] |

이 동영상은 마이크로소프트 연구소의 입문용 강연이다. 이 강연은 대중문화의 공상 과학적 비유를 피하고 하나의 중요한 질문에 집중한다. "컴퓨터 공학 관점에서 양자 컴퓨터는 어떻게 전통적인 컴퓨터를 능가할 수 있을까?"

이 동영상은 다음 내용을 다룬다.

- 기본적인 선형 대수(행렬과 벡터)로 계산을 표현하는 방법
- 큐비트, 중첩, 양자 논리 게이트의 계산 원리
- 양자 컴퓨터가 고전적인 방법을 능가하는 가장 간단한 문제인 도이치 오라클 문제 해결
- 양자 얽힘과 순간 이동 문제를 해결하는 방법

---

[46] https://thomaswong.net
[47] https://youtube.com/watch?v=F_Riqjdh2oM

PART

알아 두면 좋은 열 가지 이야기

초기 양자 컴퓨터의 성공 사례를 살펴본다.
저자 헐리의 프레젠테이션을 바탕으로 기술과 비즈니스 관련 질문에 대한 답을 찾아보자.
양자 컴퓨팅 분야를 선도하는 대학 연구 프로그램을 알아본다.

CHAPTER 17 | 양자 컴퓨팅에 대한 열 가지 오해

CHAPTER 18 | 기술 관련 열 가지 질문과 답

CHAPTER 19 | 비즈니스 관련 열 가지 질문과 답

CHAPTER 20 | 주목할 만한 열 가지 대학 연구 프로그램

CHAPTER **17**

양자 컴퓨팅에 대한 열 가지 오해

> **이 장의 주요 내용**
> - 10년 후가 아닌 지금 양자 컴퓨팅의 가능성 탐구하기
> - 물리학자 외에도 여러 분야의 전문가가 필요한 이유 밝히기
> - 양자 컴퓨팅 분야의 인재 수요 강조하기

양자 컴퓨팅은 기술 업계에서 뜨거운 관심을 받는 주제다. 전문가들은 물론 일반인들도 이 분야의 잠재력에 매료되고 있다. 양자 컴퓨팅은 그 탁월한 연산 능력으로 혁신적인 발전을 가져올 것으로 기대를 모으고 있다.

하지만 이런 과도한 기대는 여러 미신과 잘못된 개념을 낳았고, 이는 두려움과 불확실성, 의구심을 키우고 있다. 양자 컴퓨팅을 둘러싼 수많은 오해가 생겨난 것도 이 때문이다.

이 장에서는 대표적인 열 가지 오해를 살펴보고 바로잡아, 이 혁신적인 분야의 실체를 밝히고자 한다. 이를 통해 독자들이 양자 컴퓨팅의 가능성과 한계 그리고 미래에 미칠 영향을 더 정확히 이해할 수 있기를 바란다.

DIFFICULT

이 장과 책 전체에서 언급하는 '큐비트'는 10장과 11장에서 설명한 범용 게이트 기반 양자 컴퓨터의 큐비트를 뜻한다. 9장에서 다룬 양자 어닐러도 큐비트를 사용하지만, 그 성능과 용도가 게이트 기반 양자 컴퓨터의 큐비트와는 다르다는 점에 유의해야 한다.

오해 1: 양자 컴퓨팅은 10~15년 후에나 상용화될 것이다

양자 컴퓨터는 오랫동안 미스터리로 여겨졌고, 그 실용성에 대해 여러 추측이 난무했다. 이 분야에 대한 관심과 투자가 늘어나면서 과장된 뉴스 헤드라인도 많아졌고, 이에 양자 컴퓨팅이 현실보다는 공상 과학에 가깝다는 인식이 퍼졌다. 하지만 양자 컴퓨팅의 상용화가 10~15년 후에나 가능하다는 생각은 잘못됐다.

실제로 양자 컴퓨터는 이미 상업적으로 이용되고 있다. 현재 클라우드를 통해 접근할 수 있으며 연구자, 정부 기관, 기업들이 사용 중이다. IBM, 구글, 마이크로소프트 같은 대기업들이 양자 컴퓨터 개발과 대중화에 큰 진전을 이뤘고, D-웨이브, 아이온큐, 리게티 컴퓨팅 같은 스타트업들도 양자 컴퓨팅에 적극적이다.

AWS 브라켓, 마이크로소프트 애저, 스트레인지웍스 등의 업체들은 클라우드를 통해 양자 컴퓨터, 코드 샘플, 교육 자료에 대한 접근을 제공한다. 주목할 점은 이 분야의 대다수 기업이 스타트업이라는 것이다. 비록 큰 수익을 내고 있지는 않지만, 양자 컴퓨팅의 상용화가 시작됐다고 볼만한 수준이다. 이 분야의 오랜 전문가들이 양자 컴퓨팅이 상용화되기 이전 시절을 그리워한다는 점도 이를 뒷받침한다.

다만 양자 컴퓨팅이 아직 상업적으로 큰 성공을 거두지 못했다는 점은 분명하다. 사람들의 업무 방식을 획기적으로 바꾸거나 투자자들에게 큰 수익을 안겨주는 실제 응용 사례는 아직 나오지 않았다.

너무 많은 오해, 너무 짧은 시간

이 책을 쓰면서 자주 접한 열 가지 통념을 다루기로 했다. 양자 컴퓨팅은 인류가 아직 해결하지 못한 문제들을 풀 수 있는 흥미진진한 분야다. 하지만 아직 발전 중인 기술이기에, 이 분야에 관심 있는 모든 이들은 양자 컴퓨팅에 대한 흔한 오해를 알아야 한다. 이런 오해를 바로잡고 양자 컴퓨팅의 실상과 잠재력을 제대로 이해하면, 더 나은 토론을 이끌어내고 이 혁신적인 기술을 제대로 활용할 수 있을 것이다.

또한 이 기술의 아직 답하지 못한 질문도 많이 있다. 기존 하드웨어에서 실행되는 양자 컴퓨팅은 몇 가지 성공을 거두기 시작했지만(8장에서 설명한 대로), 같은 종류의 최적화 문제에 사용되는 양자 어닐링은 계속해서 증명하려고 노력한다(9장 참조). 그리고 게이트 기반 양자 컴퓨터는 이제 막 주목을 받고 있지만 (10장과 11장 참조), 성공 가능성을 높이려면 더 많은 큐비트와 성공적인 오류 정정 기술 등 기술적 발전이 필요하다.

권위 있는 기관들의 활동과 지속적인 연구를 보면 양자 컴퓨팅이 예상보다 훨씬 빨리 현실 세계에서 획기적인 발전을 이룰 수 있을 것으로 보인다. 현재 사용 가능한 양자 컴퓨터는 상업적 성공을 위한 토대를 마련한다고 믿는다.

오해 2: 큐비트는 0과 1이 동시에 될 수 있다

양자 컴퓨팅의 흥미로운 점 중 하나는 큐비트가 동시에 여러 상태로 존재할 수 있는 중첩 개념이다. 하지만 큐비트가 0과 1을 동시에 나타낼 수 있다는 생각은 오해다. 이런 잘못된 인식은 양자 컴퓨팅의 광대한 가능성을 제대로 이해하기 어렵게 만든다.

실세로 큐비트는 컴퓨터 프로그램이 실행(회로라고 함) 중 변하는 실수와 허수의 선형 조합 값을 나타내는 상태의 중첩에 있을 수 있다. 이 유연성과 큐비트 간 얽힘 덕분에 양자 컴퓨터는 병렬 연산을 수행할 수 있고, 특정 알고리즘의 속도를 크게 높일 수 있다. 그러나 회로의 끝에 측정하면 큐비트는 0 또는 1로 측정되는 하나의 상태로 붕괴한다.

여기서 언어가 혼란을 일으킨다. 양자 세계에서는 처리 과정을 중단하지 않고는 양자 값을 측정할 수 없다. 큐비트는 측정 전까지는 정의된 값이 없으며, 측정이 끝나면 프로그램 실행도 끝난다. 따라서 큐비트를 알 수 없는 상태로 만들고, 프로그래밍 단계에서 정확히 조작하지만 여전히 값을 알 수 없는 상태로 두다가, 마지막에 프로그램 실행을 중단하고 값을 측정한다.

오해 2를 더 정확히 표현하면 다음과 같다.

>> 큐비트는 처음 측정할 때 0 또는 1이 나올 수 있는 값으로 초기화한다.

>> 그다음 큐비트를 게이트라는 일련의 단계로 프로그래밍한다. 각 단계에서 측정하면 0 또는 1이 나올 수 있다.

>> 모든 게이트가 끝나면 큐비트를 측정해 최종적으로 0 또는 1을 얻는다.

중첩의 값은 전통적인 컴퓨팅의 이진 값 개념과 다르기 때문에 이해하기 어려울 수 있다. 하지만 양자 컴퓨팅의 잠재력을 제대로 이해하려면 이런 오해를 바로잡는 것이 중요하다.

오해 3: 양자 컴퓨터가 전통적인 컴퓨터를 대체할 것이다

양자 컴퓨터가 전통적인 컴퓨터를 완전히 대체할 것이라는 생각은 자주 되풀이되는 오해다. 하지만 현재로서는 양자 컴퓨터가 특정 유형의 문제 해결에만 뛰어날 뿐, 전통적인 컴퓨터를 완전히 대체하도록 설계되지 않았다. 전통적인 컴퓨터와 양자 컴퓨터는 각각 다른 종류의 작업에 더 적합하기 때문에 그럴 필요도 없다. 망치 대신 드라이버로 못을 박는 것처럼, 가능하더라도 크게 의미가 없다.

전통적인 컴퓨터는 일상적인 컴퓨팅 작업, 범용 프로그래밍, 데이터 처리, 고성능 컴퓨팅(HPC)과 슈퍼컴퓨팅의 비양자 알고리즘 문제 등 오늘날 우리가 사용하는 작업에 여전히 필수적이다.

반면 양자 컴퓨터는 복잡한 최적화 문제 해결, 큰 수 인수 분해, 양자 시스템 시뮬레이션, 암호화 분야에서 독특한 장점을 제공한다. 예를 들어, 엑셀로 하는 기본적인 계산을 양자 컴퓨터를 하지는 않을 것이다.

DIFFICULT

엑셀에서 진정한 난수가 필요할 때는 양자 컴퓨터가 유용할 수 있다. 전통적인 컴퓨터는 진정한 난수를 생성할 수 없어서, 엑셀의 RAND( ) 함수는 실제로 의사 난수를 생성한다. 진정한 난수를 얻으려면 큐비트를 사용해야 한다.[1]

앞으로도 고전적인 컴퓨팅과 양자 컴퓨팅은 서로 다른 계산 요구를 충족시키며 공존할 것으로 보인다. 또한 양자 컴퓨터에 데이터를 전달하고 그 결과를 받아 처리할 전통적인 컴퓨터가 필요하다. 이를 통해 양자 컴퓨터의 고유한 문제 해결 능력을 활용할 수 있다.

---

1 옮긴이_ 실제 완벽한 난수를 얻으려고 방사성 동위원소 붕괴의 무작위성을 이용하거나, 우주에서 관찰되는 무작위 신호를 이용하기도 한다.

오해 4: 물리학자만이 양자 컴퓨터를 프로그래밍할 수 있다

물리학자만이 양자 컴퓨터를 프로그래밍할 수 있는 지식과 기술을 가졌고 믿는 경향이 있다. 공상 과학 영화와 TV 프로그램에서 뛰어난 과학자들이 양자 기술을 다루는 장면이 많아 이런 믿음이 더 강해졌다. 하지만 이는 오해다. 양자 컴퓨팅을 더 쉽게 접근할 수 있게 만드는 진전이 꾸준히 이뤄지고 있어, 이 오해는 점차 해소될 것이다.

사용하기 쉬운 프로그래밍 언어, 소프트웨어 프레임워크, 자세한 설명서, 기계의 복잡성을 어느 정도 가리는 추상화 계층의 발전으로 양자 컴퓨터 프로그래밍은 더 많은 사람들이 할 수 있게 됐다. 예를 들어, IBM, 마이크로소프트, 스트레인지웍스 같은 기업들은 직관적인 인터페이스와 도구를 갖춘 클라우드 기반 플랫폼을 제공한다. 이를 통해 다양한 배경의 사용자가 양자 프로그래밍에 참여할 수 있어 더 큰 협업과 혁신이 가능해졌다.

양자 컴퓨팅이 발전하면서 더 많은 자원과 교육 프로그램이 생겨나고 있다. 이는 양자 컴퓨터 프로그래밍이 물리학자에게만 국한되지 않도록 돕고 있다.

오해 5: 양자 컴퓨터가 곧 모든 전통적인 컴퓨터 문제를 해결할 것이다

양자 컴퓨터는 놀라운 연산 능력을 보여 줄 수 있지만, 곧 모든 컴퓨터 문제를 한 번에 해결할 거라는 생각은 잘못됐다. 이런 오해가 어디서 시작됐는지는 중요하지 않다.

양자 알고리즘은 특정 문제를 엄청나게 빠르게 풀 수 있지만, 모든 계산 문제의 해답은 아니다. 큰 수의 인수 분해를 위한 쇼어 알고리즘, 비정형 검색을 위한 그로버 알고리즘, 양자 시뮬레이션 알고리즘 등은 기존 알고리즘보다 훨씬 뛰어나다. 하지만 일상적인 계산 작업을 포함한 많은 문제는 여전히 전통적인 컴퓨터가 더 잘 푼다. 양자 컴퓨팅의 한계와 가능성을 제대로 아는 것이 중요하다. 그래야 너무 큰 기대를 하지 않을 수 있다.

시간이 지나면서 양자 컴퓨터가 더 복잡한 문제를 풀 수 있게 되는 건 맞다. 오늘날의 양자 컴퓨터는 그로버 알고리즘을 큰 규모로 유용하게 쓸 수 없지만, 몇 년 후면 가능해질 것이다. 쇼어의 더 어려운 알고리즘은 큰 소수에 대해 효과적으로 쓰기까지 10년 넘게 걸릴 수 있다.

오해 6: 우리는 모두 '닥치고 계산'해야 한다

인간의 모든 노력에는 초조해하고, 계산하고, 세밀하게 조정하는 것을 멈추고, 일이 끝날 때까지 묵묵히 기다려야 할 때가 있다. 양자 컴퓨팅도 마찬가지다. "닥치고 계산하라"는 유명한 말은 이 자세를 잘 보여준다.

그러나 일부 사람들은 양자 컴퓨팅과 양자 역학의 더 깊은 비밀이 드러날 때마다 이 말을 습관적으로 쓰는데, 이는 잘못됐다고 본다. 때로는 실행에 집중해야 하지만, 때로는 계산을 잠시 멈추고 마음을 비울 필요도 있다.

모든 분야에는 꿈꾸는 사람이 필요하고, 우리 모두 접근 방식에 상상력을 더해야 한다. 이는 양자 컴퓨팅에서 특히 중요하다.

크게 생각하자. 먼저 밖으로 나가 산책을 하자. 개와 놀거나 아이와 대화를 나누거나, 아니면 마음을 비워보자. 그런 다음 3장의 양자 역학이나 13장에 나온 응용 프로그램을 살펴보자. 기술 분야라면 14장의 알고리즘을 들여다보자. 양자 컴퓨팅 분야와 우리가 해결하려는 문제에 대해 더 폭넓게 생각하는 새로운 방법을 상상해 보자. 참신한 답이 떠오를 것이다.

오해 7: 곧 소수의 양자 하드웨어 회사만 존재할 것이다

소수의 기업이 양자 컴퓨팅 산업을 지배할 것이라는 믿음은 오해다. 이는 양자 컴퓨팅 하드웨어를 대량 생산할 능력이 있는 조직만이 살아남을 수 있다는 생각에서 비롯됐다고 본다.

실제 양자 컴퓨팅 생태계는 대기업부터 혁신적인 스타트업까지 다양한 하드웨어 공급업체가 있다. D-웨이브, 구글, IBM, 아이온큐, 마이크로소프트, 리게티 컴퓨팅 같은 기업들이 양자 하드웨어 연구 개발에 적극적으로 참여한다. 이들 중 상당수는 소프트웨어와 알고리즘 서비스도 제공한다. 이 업체들은 고립된 채로 움직이지 않는다. 결국 혁신을 더 효율적이고 효과적으로 추진하려면 하드웨어 접근성을 높이기 위한 협력 관계를 맺어야 한다.

양자 컴퓨팅은 계속 변화하는 활기찬 생태계다. 앞으로 수백 개, 어쩌면 수천 개의 기업이 이 분야에 뛰어들 것이다. 이 분야가 발전하면서 더 많은 기업 간 경쟁이 치열해질 것이고, 이는 혁신을 촉진하고 산업을 발전시킬 것이다.

오해 8: 양자 기업은 산업 성장에 필요한 모든 인재를 보유한다

마이크로소프트의 빌 게이츠와 스티브 발머, 애플의 '두 스티브(故 스티브 잡스와 스티브 워즈니악)', 페이스북의 마크 저커버그와 셰릴 샌드버그처럼 양자 기술 분야에서도 중요한 인물들이 짝을 이뤄 나타나곤 한다. 하지만 양자 기업에 필요한 모든 기술이나 비즈니스 리더가 이미 자리 잡고 열심히 일하고 있다고 생각하는 건 잘못됐다. 만약 그렇다면 지금쯤 양자 컴퓨팅 해결책이 훨씬 더 널리 퍼졌을 것이다. 이 분야는 아직 새롭게 떠오르는 중이며, 발전하면서 새로운 역할과 특별한 기술이 계속 필요해지고 있다.

양자 컴퓨팅은 빠르게 변화하는 분야로 물리학자, 컴퓨터 공학자, 수학자, 기술자, 비즈니스 전문가 등 여러 분야의 전문성이 필요하다. 양자 컴퓨팅 분야의 숙련된 인재 수요는 현재 공급을 훨씬 초과하고 있어 기업들이 뛰어난 인재를 뽑고 유지하는 게 어려운 과제다. 양자 컴퓨팅 산업의 성장을 돕기 위해서는 학계와 업계 간 협력, 교육 프로그램, 인재 육성에 대한 투자가 필수적이다.

오해 9: 양자 컴퓨팅은 데이터 암호화를 파괴할 것이다

양자 컴퓨팅이 암호화와 사이버 보안의 종말을 가져올 것이라는 생각은 쉽게 풀 수 있는 오해다. 양자 컴퓨팅이 수년 내에 오늘날의 데이터 암호화 표준을 무력화할 수 있는 것은 사실이다. 하지만 양자 컴퓨팅으로 오늘날 최고의 암호화 방법을 깰 수 있다면, 더 안전한 새로운 해결책을 만드는 데도 쓸 수 있다.

보안은 위협과 해결이 끊임없이 얽힌 춤과 같다. 더는 2차 세계대전 때의 에니그마 암호 해독기가 필요 없고, 어떤 나라도 가장 중요한 비밀에 최고의 암호화가 아닌 다른 방식을 쓰지 않는다. 따라서 양자 컴퓨팅은 보안 표준을 개선하도록 자극하면서 새로운 수단을 제공하는 최신 도전 과제일 뿐이다.

양자 컴퓨터는 RSA나 ECC 같은 현재 암호화 알고리즘을 깰 잠재력이 있지만, 포스트 양자 암호화라고도 하는 양자 내성 암호화 방법이 개발 중이다.

전 세계 연구자들은 양자 컴퓨터(또는 외계인)의 공격에도 견딜 수 있는 양자 기반 대체 암호화 체계를 열심히 연구한다. 정부, 연구 기관, 전문가들은 민감한 데이터의 장기적인 보안을 위해 양자 내성 암호화 해결책을 개발하고 표준화에 협력한다.

양자 컴퓨팅이 현재의 사이버 보안을 앞지르면 현재의 방법으로 보호되는 정보가 노출될 수 있다는 게 현실적인 문제다. 일부 악의적인 사람들은 머지않은 미래에 양자 컴퓨터로 내용을 드러낼 목적으로 오늘날에 암호화된 문서 사본을 저장한다.

따라서 양자 컴퓨팅 시대에 사이버 보안을 유지하려면 양자 내성 암호화 방법을 채택하여 경계를 늦추지 않고 선제적으로 대응하는 것이 필수다. 하지만 양자 컴퓨팅이 사이버 보안을 영원히 무너뜨릴 거라고 말하는 건 근시안적인 생각이다.

오해 10: 양자 안전 암호화는 완벽한 데이터 보안을 제공한다

시간과 자원, 충분한 인내심이 있다면 뚫을 수 없는 자물쇠는 없다. 모든 위협에서 데이터를 보호하는 기능도 마찬가지다. 양자 안전 암호화quantum-safe cryptography[2] 같은 해결책은 양자 컴퓨터의 공격에 맞설 힘을 주지만, 완벽한 데

---

[2] 옮긴이_ 고전적인 RSA 암호에 뒤를 이어 양자 컴퓨팅으로도 안전한 암호화 기법을 양자 내성 암호화, 양자 안전 암호화 등으로 부른다.

이터 보안을 제공한다고 믿는 건 오해다. 양자 안전 암호화는 전통적인 컴퓨터와 양자 컴퓨터의 공격을 막는 암호화 알고리즘을 말한다.

이 알고리즘은 양자 컴퓨터의 위협을 줄일 것으로 기대되지만, 모든 잠재적 공격에서 벗어날 순 없다. 암호화 시스템은 복잡하며 시간이 지나면서 약점이 나타날 수 있다. 따라서 양자 컴퓨팅 시대에 전반적인 데이터 보안을 지키려면 양자 안전 암호화, 안전한 중요 관리 관행, 새로운 위협에 대한 지속적인 모니터링을 결합한 체계적인 사이버 보안 접근 방식이 중요하다.

CHAPTER 18

기술 관련 열 가지 질문과 답

[이 장의 주요 내용]

- 필요할 때 앤트맨 찾기
- 실용적인 양자 컴퓨팅이 언제 가능할지 예측하기
- 양자 컴퓨팅과 AI가 만났을 때의 결과 예측하기

저자 헐리는 세계 각지의 콘퍼런스와 행사에서 양자 컴퓨팅에 대해 자주 강연한다. 이 장에서는 최근 강연에서 나온 양자 기반 기술, 특히 양자 컴퓨팅에 관한 질문들을 다룬다. 양자 역학 일반에 대한 몇 가지 질문으로 시작해 양자 컴퓨팅에 대한 기술 관련 질문으로 이어진다. 양자 컴퓨팅 비즈니스와 관련된 질문은 다음 장에서 다룬다.

양자 기술이 개인용 제품에 적용될 수 있을까?

양자 역학의 기본 원리는 3장에서 설명했듯이 1900년에서 1930년 사이에 정립됐다. 하지만 텔레비전(1927년), 원자 폭탄(1945년), 레이저(1960년) 등 양자 기술의 실용화는 빠르게 이어졌다.

양자 컴퓨팅과 관련된 중요한 질문은 수 세기 동안 다뤄져 왔지만, 양자 컴퓨터에 대한 최초의 제안은 1980년대 초에 리처드 파인먼이 내놓았다. 하지만 현재의 양자 컴퓨터는 대부분 크고 비싸며 절대 영도에 가깝게 냉각해야 한다. 질문자가 암시했듯이 이런 시스템은 초기 메인프레임 컴퓨터보다 구축, 설치, 관리가 훨씬 더 어렵고, 둘 다 개인용 제품이 아니다.

현재의 양자 컴퓨터는 대부분 클라우드로 접속하며, 사용자는 시분할 방식으로 사용료를 낸다. 이 방식은 앞으로도 몇 년간 주를 이룰 것이다. 양자 컴퓨팅 기술, 특히 큐비트가 개인용 컴퓨터나 스마트폰에 들어가려면 무엇이 필요할까?

우리가 상상할 수 있는 가장 간단한 사용 사례는 단일 큐비트로 외부 소스나 간섭에서 독립적으로 양자 무작위성을 이용해 진정한 임의의 수를 만드는 진성 난수 생성기다.[1] 더 나아가, 양자 보안 통신 시스템의 일부로 한두 개의 큐비트를 기기에 사용할 수도 있다.

현재로서는 개인용 제품에서 양자 컴퓨팅(즉, 다중 큐비트)의 필요성을 느끼지 못하지만, 어떻게 될지는 모른다. 물론 몇 년 후 양자 컴퓨터가 대학 서점에서 학생들에게 팔리기 시작하면 누군가는 이 문장을 인용하며 비웃을지도 모르겠다.

양자 영역은 실재할까? 앤트맨이 세상을 구할 수 있을까?

질문자는 양자 역학 전반을 언급하며, 2022년에 개봉한 〈앤트맨과 와스프: 퀀텀매니아〉, 〈에브리씽 에브리웨어 올 앳 원스〉, 〈닥터 스트레인지: 대혼돈의 멀티버스〉 등 최근 양자 역학 관련 영화를 예로 들었다. 아마존 프라임 비디오의 〈높은 성의 사나이〉, 2023년에 개봉한 〈오펜하이머〉, 넷플릭스 시리즈 〈삼체〉도 양자 기술이 등장한다.

이런 영화들이 만들어지는 걸 반기는 이유는 대중이 양자 역학적 사고에 익숙해지는 과정의 일부이기 때문이다. 머지않아 양자 역학적 원리와 양자 컴퓨팅이 일상화된 세상에서, 지금으로선 상상도 못 할 곳으로 이 기술을 발전시킬 인재들이 나올 것으로 기대한다.

이런 응용 프로그램 중 일부는 '앤트맨'이나 영웅적 노력이 필요할 정도로 위험할

---

[1] 옮긴이_ 우리나라 스타트업인 EYL이 실제로 2021년에 방사성 동위원소 붕괴의 불확정성을 이용한 양자 난수 생성기와 암호 기능을 원칩 형태로 개발했다고 보도했다.

수 있다. 양자 역학은 이미 원자 폭탄을 가능하게 했고, 이는 분명 인류에게 위험했다. 덜 심각하게 말하면, 텔레비전도 비슷한 예다.

13장에서는 양자 컴퓨팅의 미래 발전에 AI와 머신러닝이 필수적이라고 봤다. 이 기술들은 희망과 두려움을 동시에 불러일으킨다. 영화 〈콜로서스Colossus: The Forbin Project〉(1970)와 〈터미네이터〉(1984)가 대표적인 예다. 따라서 기술을 발전시키면서도 기술의 오용에서 우리를 지키려면 영웅과 슈퍼히어로 모두 필요하다.

사람들에게 양자 컴퓨팅을 어떻게 설명하나?

양자 컴퓨팅은 양자 역학적 특성을 보인 큐비트를 사용한다. 큐비트는 원자, 전자, 광자 수준에서 볼 수 있지만 일상에서는 볼 수 없는 특이한 방식으로 작동한다. 각 큐비트는 한 번에 여러 값을 가질 수 있는 중첩성을 보인다. 두 개 이상의 큐비트는 얽힘으로 연결돼 겉보기에 독립적인 양자 입자가 서로의 상태를 공유한다.

양자 컴퓨팅이 발전하면 큐비트는 복잡한 처리 과정 최적화, 다자간 상호 작용 등의 작업에서 강력한 성능을 발휘할 것이다. 또한 암 치료에 효과적인 분자 같은 양자 역학적 대상을 시뮬레이션할 수 있게 된다.

오늘날의 양자 컴퓨터는 비싸고, 만들고 운영하기 어려우며, 오류 정정 기능이 부족하다. 하지만 이미 양자 역학과 양자 컴퓨팅 연구 개발에 귀중한 도구로 쓰이고 있다. 또 특정 분야의 문제를 풀고 미래 양자 컴퓨터를 위한 새로운 알고리즘을 개발하는 플랫폼 역할도 한다.

양자 컴퓨팅 분야는 어디로 가고 있나?

양자 컴퓨팅의 잠재력은 매우 커서 연구 개발 도구와 사업 기회뿐 아니라 국가 안보와 군사 문제에도 중요하다. 최초의 디지털 컴퓨터가 2차 세계대전 때 암호 해독을 위해 개발된 걸 생각하면 이는 새로운 걱정은 아니다. 양자 컴퓨팅의 미래는 중요하면서도 양자 역학 자체처럼 정확히 예측하기 어렵다.

현재 가장 진보된 양자 컴퓨터도 수십 또는 수백 큐비트에 불과하며, 만들고 운영하는 데 큰 비용이 든다. 또 오류 정정 기능이 부족해 결과가 부정확할 수 있다. 이런 컴퓨터는 연구 개발에 매우 유용하며, 전통적인 컴퓨터의 도움을 받아 실제 문제를 푸는 데도 쓰인다.

미래의 양자 컴퓨터는 수천 또는 수백만 큐비트로 구성되고, 제작과 운영 비용이 훨씬 저렴하며, 오류 정정 기능이 내장될 가능성이 높다. 기술이 더 빠르고, 더 저렴하고, 더 나은 방향으로 발전하면서 양자 컴퓨터는 점점 더 많은 문제를 해결할 수 있게 될 것이다.

양자 컴퓨터의 발전으로 미래 세대의 양자 컴퓨터를 설계하는 데도 양자 컴퓨터가 쓰일 것이다. AI와 머신러닝도 이 진화의 일부가 될 것이다. 이런 기술이 현실화되면 발전 속도는 더욱 빨라질 것이다. 현재 양자 컴퓨팅에서 가장 우려되는 점은 경쟁 국가나 악의적인 조직 또는 개인이 새로운 양자 컴퓨팅이나 양자 통신 능력을 급격하게 발전시키는 것이다.

양자 컴퓨팅은 언제쯤 상업적으로 실용화될까?

현재 상당수의 대기업이 양자 컴퓨팅에 투자하고 있다. 이런 초기 투자의 장기적인 효과를 당장 평가하긴 어렵다.

양자 컴퓨팅이 널리 중요해질 시점을 묻는 질문에 흔히 '10년 정도'라고 대답한다. 지난 10년 또는 20년 동안 늘 같은 대답이었다는 농담이 있을 정도다.

그러나 현재의 변화 속도와 비교적 보수적인 분석가들의 독립적인 추정에 따르면 2030년대 초중반에 큰 발전이 있을 것으로 보인다. 이 예측이 맞다면 미래를 내다보는 개인과 조직은 지금부터 참여하는 게 좋다.

1970년대에는 서로 연결된 컴퓨터가 거의 없었고, 플로피 디스크라는 저용량 저장 매체로 정보를 공유했다. 1980년대에 들어 유선으로 컴퓨터를 연결하는 게 실용화됐고, 업계 간행물에선 '네트워크의 해'를 선포했다. 이 선언은 5~6년간 매년 반복돼 웃음거리가 됐다. 하지만 1980년대 말에는 대부분의 사무실 컴퓨터가 네트워크로 연결됐다. 마찬가지로 양자 컴퓨팅의 구체적인 발전 시점을 정확히 예측하기는 어렵지만, 조만간 등장할 가능성이 크다.

양자 컴퓨팅의 가장 멋진 응용 분야는 무엇인가?

어떤 양자 컴퓨팅 응용 분야가 가장 멋진지에 대한 '최고의' 답은 없다. 저자의 답변을 소개한다.

- **플로이드 스미스**: 큐비트로 신소재 개발에서 양자 입자의 행동을 모델링하거나 시뮬레이션하는 것이 가장 흥미롭다. 완전히 새로운 '물질'을 대량 생산할 수 있다는 건 놀라운 일이고, 인류가 가장 우려하는 기후 변화 문제 해결에도 도움이 될 것이다. 더 좋은 소재는 더 나은 양자 컴퓨터를 만드는 데 쓰이고, 그 컴퓨터로 또다시 좋은 소재를 찾을 수 있는 선순환이 생길 것이다.

- **윌리엄 헐리**: 알고리즘과 소프트웨어에 집중하고 하드웨어 개발은 필요에 따라 두는 편이다. 양자 우위는 새 양자 알고리즘에 달려 있고, 이 알고리즘은 서로를 바탕으로 발전한다. 우리는 이미 양자 소프트웨어에서 계산과 정보 이론의 기본을 배우고 있는데, 이는 정말 흥미진진한 일이다. 지금은 알고리즘 개발에 더 집중해야 한다. 그러면 앞으로 몇 년 안에 훨씬 더 큰 성과를 낼 수 있을 것이다.

양자 컴퓨팅이 가장 파괴적인 영향을 미칠 분야는 어디일까?

기술은 여러 발전이 얼마 전까지 상상도 못 했던 새 현실을 만들 때 가장 파괴적인 힘을 발휘한다. '우버'나 '리프트' 같은 앱으로 부르는 자율주행 전기차 택시는 여러 기술이 합쳐져 새로운 경험을 만든 좋은 예다.

어느 한 분야만 강조하긴 어렵다. 앞으로 5~10년 안에 큰 발전을 이루려면 양자 컴퓨팅 분야의 많은 전문가가 힘을 모아야 한다. 그래야 10~20년 후에 더 혁신적인 성과를 거둘 수 있을 것이다.

쇼어 알고리즘이 RSA를 깨기까지 얼마나 걸릴까?

오늘날 RSA는 보통 1,024, 2,048 또는 4,096 비트를 사용한다. 그중 가장 낮은 수준의 암호를 깨는 것은 10년 안에 가능할 수 있다. 하지만 RSA는 확장할 수 있어서 비트를 더 추가하면 수명이 늘어난다. 이는 업계가 이론적으로 깨지지 않는 새로운 양자 안전 암호화를 개발하고 구현할 시간을 벌어준다.

제조 분야에서 양자 컴퓨팅을 어떻게 활용할 수 있을까?

이 질문을 뒤집어 생각해 볼 수도 있다. 양자 컴퓨팅의 이점을 누리지 못할 제조 환경이 있을까? 예를 들어, 제조 분야에서 AI와 머신러닝을 사용할 수 있는 범위는 매우 넓고, 이 분야는 양자 컴퓨팅과 통합해 이점을 얻을 가능성이 크다.

그러나 근본적인 변화는 양자 컴퓨팅이 우리를 새로운 재료로 이끌 것이다. 따라서 세계는 새 기계와 도구로 새로운 재료로 만든 새 물건을 제조하게 될 것이다. 아마 이 모든 것이 양자 컴퓨팅, AI, 머신러닝의 조합으로 제어될 것이다.

양자 컴퓨팅과 AI, 머신러닝이 겹치는 부분은 어디일까?

머신러닝은 데이터를 단계별로 처리하는 세밀한 알고리즘 제어 구조를 사용한다. 이런 상위 수준의 알고리즘 제어 구조로 데이터를 전달하면서 신경망을 학습시켜 매우 어려운 문제를 해결할 수 있게 된다. 양자 컴퓨팅은 특정 제어 구조 단계들을 크게 가속할 수 있을 것으로 보이지만, 현재로선 그 결과를 예측하기 어렵다.

머신러닝을 포함하는 광범위한 분야인 AI에 대한 해답은 아직 완벽하지 않다. AI의 궁극적 목표는 인공 일반 지능artificial general intelligence (AGI)으로, 여러 작업에서 인간을 대신할 수 있는 기계다.

사람들은 전통적인 컴퓨터로 이 목표를 추구했지만, 이는 어떤 면에서 적절하지 않은 방식이다. 전통적인 컴퓨터는 인간의 마음과는 다른 세 가지 특징이 있다.

- **결정론적**: 전통적인 컴퓨터는 항상 같은 입력에서 같은 결과를 낸다. 인간의 마음은 그렇지 않다.
- **비감정적**: 전통적인 컴퓨터는 직관, 느낌, 아름다움에 대한 매력 등 인간의 추론에 필수적인 능력이 부족하다.
- **제한적**: 많은 요소가 상호 작용을 하는 복잡한 상황에서 정답을 고르라고 하면 전통적인 컴퓨터는 각 상호 작용의 답을 정확히 계산하다 고려할 요소가 증가하면 멈춘다. 인간은 수많은 변수를 빠르게 통합해 결론에 이를 수 있다.

양자 컴퓨터는 결정론적이지 않고 복잡한 상호 작용을 처리하는 데 제한적이지 않다. 아직 감정을 인식하지는 못하지만, 감정과 비슷한 정보 처리 방식이 가능할 것으로 보인다.

CHAPTER **19**

비즈니스 관련 열 가지 질문과 답

[이 장의 주요 내용]
- 양자 컴퓨팅의 미래 직업 파악하기
- 양자 컴퓨팅 교육을 받을 수 있는 곳 알아보기
- 자금 조달 및 비즈니스 구축 방법 배우기

저자 헐리는 세계 각지의 콘퍼런스와 행사에서 양자 컴퓨팅 강연을 한다. 강연이 끝나면 청중과 질의응답 시간을 갖는다. 앞 장에서는 기술 관련 질문을, 이 장에서는 양자 컴퓨팅의 비즈니스 측면에 대한 질문과 답변을 공유한다.

새로운 회사, 제품 또는 서비스의 시장을 어떻게 평가할 수 있나?

양자 컴퓨팅은 혁신적인 분야라 시장 평가가 쉽지 않을 수 있다. 기업가들이 고려해야 할 몇 가지 질문은 다음과 같다.

>> 당신이나 조직이 양자 컴퓨팅 또는 고성능 컴퓨팅(HPC) 분야에서 경험과 명성을 쌓았나? 아니라면, 활용할 만한 유사 경험과 평판이 있나?

>> 비즈니스 아이디어가 시장 초기에 주목받을 수 있나?

>> 최소기능제품minimum viable product(MVP) 개발과 첫 고객 유치와 고객 지원에 필요한 핵심 인력은 몇 명인가?

>> 고객 확보 전에 어떤 작업이 필요한가? 직원 채용, 제품 개발, 장기 노력, 비용 등 어떻게 계획할 것인가?

> 양자 컴퓨팅 분야에 지금 참여해 아이디어를 발전시키고 실현하는 데 도움을 줄 사람들을 어떻게 만날 수 있나?

기업이 얼리어답터가 되어야 할지 어떻게 판단할까?

이는 기존 기업 내에서 위험을 감수하는 사내 기업가 정신과 관련이 있다. 고려해야 할 질문들은 다음과 같다.

> 조직의 평소 위험 감수 성향은 어떠한가? 경쟁사나 유사 기업 6곳과 비교했을 때, 새로운 기회를 추구하는 데 있어 적극적인가? 또한 조직 구성원들은 새 아이디어를 얼마나 긍정적으로 받아들이는가?

> 당신의 조직이 업계 내 대기업에 속하는가? 보통 대기업은 새로운 기회를 위한 자원이 많고, 이를 추구할 때 더 큰 보상을, 놓칠 때 더 큰 위험을 안는다.

> 조직이 이미 양자 컴퓨팅 전문 지식을 갖추고 있는가? 비공식적이라도 관련 프로젝트나 노력이 있는가?

> 경쟁사가 양자 컴퓨팅 도입의 선두 주자로 알려질 경우, 당신 조직이 받을 수 있는 위험은 무엇인가?

> 반대로 당신 조직이 선두 주자가 될 때 얻을 수 있는 잠재적 이점은 무엇인가?

이 질문들에서 몇 가지 가정을 볼 수 있다. 첫째, 사람들은 보통 이익을 얻을 기회보다 손실 위험이나 경쟁자의 위협 같은 두려움에 더 강하게 반응한다.

이익 기회는 매력적이지만 두려움보다는 동기를 부여하지 못한다. 마키아벨리의 "사랑받는 것보다 두려움의 대상이 돼라"는 말은 정치뿐 아니라 비즈니스 기회에도 적용된다.

양자 컴퓨팅 프로젝트를 고위 경영진에게 설득할 때는 희망과 두려움을 모두 활용하되, 두려움을 먼저 언급하는 것이 좋다. 경쟁사에 뒤처지는 상황을 먼저 보여 주고, 그다음 회사가 앞서가는 모습을 그리며 방향을 전환하자.

현재 개발 단계에서는 어떤 역할과 직무가 필요할까?

양자 컴퓨팅 발전에 기여할 수 있는 기술 인력, 특히 전기 기술자, 물리학자, 시스템 레벨 소프트웨어 개발자(특히 전기 기술자, 물리학자와 협업할 수 있는)의 수요가 매우 크다. 관련 분야 경험이 많을수록 유리하다. 이런 직종에서 실적을 쌓았다면, 독학으로 양자 컴퓨팅을 공부하고 인맥을 넓힐 좋은 기회가 될 수 있다.

비즈니스와 마케팅 등 비기술 분야 종사자는 상황이 더 어렵다. 양자 컴퓨팅 경험이 없는 상태에서 어떻게 경험을 쌓을 수 있을까?

다행히 앞서 언급한 정보 고속도로를 지금 바로 이용할 수 있다. 16장에서 소개한 온라인 자원으로 연결하고, 배우고, 기여할 수 있다. 오늘 다른 이를 돕는 것이 내일 도움을 받을 기회가 될 수 있다.

이 책의 공동 저자들의 파트너십이 좋은 예다. 몇 년 전, 저자 스미스가 런던의 포일 서점Foyle's bookshop에서 양자 컴퓨팅 관련 책을 대거 구매했다. 영국은 양자 컴퓨팅의 선두 주자이며, 괴짜 과학자 유형의 책이 인기 있다. 프랑켄슈타인 박사와 괴물도 영국인이 만들었다. 스미스는 이 책의 출판사인 와일리에 양자 컴퓨팅 입문서 필요성을 문의했다.

와일리는 먼저 스트레인지웍스의 창립자이자 CEO인 헐리에게 연락했다. 헐리는 너무 바빠서 직접 모든 작업을 할 수 없었고, 스미스는 이미 입문서 집필 경험이 있어 팀은 바로 작업에 착수했다.

양자 컴퓨터 코딩을 배우려면 어떤 배경 지식이 필요할까?

양자 컴퓨팅 소프트웨어 개발은 파이썬이나 C# 같은 특정 언어 능력뿐만 아니라 새로운 언어와 개념을 빠르게 습득하는 능력이 필요하다. 수학 지식도 중요한데, 양자 컴퓨팅의 대부분은 미적분이 아니라 선형대수인 행렬 연산이다.

DIFFICULT

양자 컴퓨팅 프로그래밍의 특성상, APL(a programming language의 약자)[1]이나 포트란('수식 변환'의 합성어) 같이 수학 중심의 '베어 메탈bare metal에 가까운[2]' 오래된 언어를 양자 컴퓨팅용으로 부활시키는 아이디어를 좋아한다.

양자 역학 원리를 아는 것도 좋다. 일부 개발자는 존재에서 의식의 역할 같은 양자 역학의 놀라운 의미를 거부한다. '닥치고 코딩'이 그들의 좌우명이다. 하지만 우리는 양자 역학을 깊이 이해하려는 큰 그림 사고가 사람들의 마음을 열어준다고 본다. 그러면 '닥치고 코딩'할 때도 창의적인 새 접근법을 더 잘 발견하고 구현할 수 있다.

관련 프로그래밍 경험, 수학 지식, 양자 역학 지식이 없으면 양자 컴퓨팅을 배우기 어렵다. 물론 이런 요소 없이도 성공하는 사람이 있겠지만, 그러려면 몇 가지를 깊이 공부해야 한다.

처음 시작하는 사람들에게 해 줄 조언이 있다면?

친구의 도움을 조금만 받으면 충분히 할 수 있다. 먼저 온라인에서, 그다음 직접 만나거나 기존 인맥에 연락해 참여하자. 이 분야에서 발전하려는 다른 이들을 돕다 보면 여러분도 소중한 자원이 되고, 부족한 기술을 가진 사람들과 일하기가 더 쉬워진다.

추천하는 대학 프로그램이 있다면?

시상식에서 수상자들이 누군가를 빼먹을까 걱정하는 것처럼, 우리도 그 심정을 이해한다. 하지만 전 세계 리더들이 추천하는 네 개의 프로그램을 소개한다.

---

1 옮긴이_ 1960년대 만들어진 난해한 프로그래밍 언어. 여러 특수문자로 되어 있고 배열을 주로 다뤄 현재 파이썬 넘파이 브로드캐스팅 등에 영향을 줬다. 예로 1부터 R까지 모든 소수를 찾는 코드는 "(~R∊R∘.×R)/R←1↓ιR" 이렇게 쓴다. 더 깊이 공부하지 않는 게 정신 건강에 이로울 것 같다.

2 옮긴이_ 베어 메탈은 원래 소프트웨어가 설치되지 않은 순수 하드웨어 컴퓨터를 가리킨다. 여기서는 다른 화려한 기능 없이 수학에 중점을 둔 프로그래밍 언어를 가리킨다.

- 캐나다 워털루 대학교는 2002년에 설립된 양자 컴퓨팅 연구소가 있으며 현재 수백 명의 선임 연구원이 있다. 이들은 양자 컴퓨팅 상용화를 위해 힘쓴다.
- 영국 옥스퍼드 대학교는 1980년대부터 양자 컴퓨팅에 기여해 온 초기 리더다. 양자 컴퓨팅 사회 전체에 기여하는 것에 관심이 많다.
- 미국 하버드 대학교, 캘리포니아 대학교, 매사추세츠 공과대학교(MIT)가 이 분야의 선구자다. MIT는 양자 컴퓨팅과 함께 양자 정보 이론도 연구한다.
- 호주 시드니 대학교는 양자 컴퓨팅의 양자 역학적 뿌리와 기업가 정신을 모두 강조하는 선두 주자다.

이외에도 중요한 대학들이 많지만, 이 대학들이 항상 상위 목록에 있을 것이다. 자세한 내용은 다음 장을 참조하자.

현재 양자 컴퓨팅을 선도하는 개발자는 누구인가?

양자 컴퓨팅 비즈니스에서 코카콜라와 펩시의 대결과 같은 경쟁이 있다면, 100년 전통의 메인프레임 컴퓨팅 기업 IBM과 오늘날 컴퓨팅 리더 구글의 대결이 될 것이다. 구글의 경쟁자 애플은 요즘에는 가전 제품 회사로 더 많이 인식되고 있다.

구글은 양자 컴퓨팅과 가장 밀접한 회사다. 2019년 양자 우위의 첫 사례를 발표하며 이 분야 최대 뉴스를 만들었다. IBM은 이를 반박했고, 논란은 계속되고 있다. 이는 양자 컴퓨팅 주도권을 놓고 벌이는 두 회사의 경쟁을 보여준다.

구글이 양자 컴퓨팅에 주력하는 이유는 명확하다. 주 수익원인 인터넷 검색과 광고에 양자 컴퓨팅이 큰 이점을 줄 수 있기 때문이다. 백만 개 항목 중 하나를 찾는 검색에서 전통적인 컴퓨팅은 평균 50만 개의 쿼리($n/2$), 양자 컴퓨팅은 평균 1,000번이 검색($\sqrt{n}$)이 필요하다. 이 경우 50배의 이점이 있다.[3] 구글의 실제 검색은 이보다 훨씬 크므로 양자 이점이 더욱 커진다.

구글은 또한 검색 결과 옆에 애드워즈 광고를 게재하려고 많은 검색과 매칭을 수행한다. 현재 구글의 비즈니스는 챗GPT, 마이크로소프트의 도전을 받고 있어,

---

3 옮긴이_ 정확히는 500,000건과 1,000건이기 때문에 500배가 맞다.

양자 컴퓨팅 기반 검색을 먼저 확보하면 비용을 크게 줄이면서 더 나은 서비스를 제공할 수 있다. 반대로 경쟁사가 먼저 이 기술을 확보하면 구글에 큰 위협이 된다.

IBM은 다른 기업에 서비스를 제공하는 기업이다. 양자 컴퓨팅 리더십을 확보하면 사업이 크게 강력해질 것이다. 양자 컴퓨팅은 구글만큼 IBM에 실존적 위협은 아니며, IBM은 구글보다 규모가 작아 투자 지원도 적다. 그럼에도 IBM은 양자 컴퓨팅 분야에서 인상적인 진전을 보인다.

스타트업을 위한 아이디어가 있다면 어떻게 해야 하나?

창업을 꿈꾸는 이들은 보통 독창적인 아이디어에 높은 가치를 두지만, 투자자들은 그렇지 않다. 투자자들은 새로운 아이디어를 실현할 수 있는 입증된 능력을 더 중요하게 여긴다. 예를 들어, 구글은 검색 엔진의 작동 버전을 완성한 후에야 투자를 받았고, 애플은 Apple Ⅰ으로 초기 성공을 거두고 Apple Ⅱ 생산 준비가 된 후에야 투자를 받았다.

따라서 좋은 아이디어만으로는 부족하다. 작동하는 프로토타입, 잠재 고객, 고객의 피드백, 나아가 초기 수익이 필요하다. 아이디어를 실현할 수 있는 인맥과 경험을 보여 줄 수 있다면 더욱 유리하다. 구글 창업자들은 스탠퍼드 컴퓨터 공학과 학생들로, 고문과 잠재적 직원들이 주변에 있었다. 애플의 창업자들은 이미 전자제품 애호가들 사이에서 유명했다.

이 기준을 충족하고 있거나 충족하고 싶다면, 먼저 관심사를 공유하는 사람들을 찾고 동료를 모집하기 시작하자. 다른 이들에게 보여 줄 만한 가치가 있을 때만 엔젤 투자와 도움을 받을 수 있다.

경력에 도움이 된 습관은 무엇인가?

성공한 기업가들은 공통된 특성이 있지만, 그렇지 않은 성공한 사람들도 많다. 기업가 정신은 팀 스포츠여서, 예를 들어 기술력이 부족한 '일반인'이 기술 분야의 스타를 영입해 함께 투자를 유치할 수도 있다.

우리가 선호하는 몇 가지 습관이나 접근 방식은 다음과 같다.

- 열정 있는 분야에서 일하기
- 해당 분야(기술이든 비즈니스 운영이든)에서 전문가로 명성 쌓기
- 제안한 고객층을 잘 파악하기
- 유능한 자기 홍보자가 되기

이 목표를 달성하면 창업, 취업 등 다양한 방법으로 많은 것을 이룰 수 있다.

가장 큰 교훈은 무엇인가?

저자들은 50대 이상으로 오랫동안 기술 업계에서 일해왔다. 그래서 성공과 실패, 교훈을 얻을 수 있는 경험이 많다. 다음은 우리가 배운 주요 교훈들이다. 대부분 개인 경험에서 나온 것이다.

- **가장 잘하는 기술에 먼저 집중할 것**: 대부분의 사람은 세상에 줄 수 있는 독특한 재능을 하나 또는 몇 개 가지고 있다. 이런 핵심 기술을 연마하고 공유하면 보통 성공으로 이어진다.
- **날개를 펼 것**: 체커 게임에서 한 번에 보드 끝에서 끝으로 갈 순 없다. 하지만 한두 칸씩 건너뛰면 필요한 관점의 변화를 얻을 수 있다.
- **연결성을 유지할 것**: 무분별하게 인맥을 쌓지 말고 가장 존경하고 즐겁게 교류하는 사람들과 꾸준히 관계를 맺고 유지하자.
- **직감에 귀를 기울일 것**: 양자 컴퓨팅에 뛰어든 사람들은 확실한 비용 편익 분석으로 성공 가능성이 높다고 알아서 시작한 게 아니다. 지금도 이 분야는 열정적인 프로젝트지만, 일찍 뛰어든 사람 중 지금 당장 그만두고 싶어 하는 사람은 많지 않을 것이다.

CHAPTER 20
주목할 만한 열 가지 대학 연구 프로그램

[이 장의 주요 내용]
- 버클리에서 영감 얻기
- 하버드에서 큐비트 찾기
- 호주에서 혁신을 즐기기

이 장에서는 양자 컴퓨팅 분야의 뛰어난 대학 연구 프로그램 10개를 소개한다. 선정 기준은 이 주제에 대한 초기 기여와 최근의 공헌, 명성이다. 이 목록은 기관의 초기 기여도와 언어, 지역을 고려해 순서를 정했다. 이는 최종 목록이 아니라 많은 공헌자 중 일부를 보여 주는 표본이라고 생각하면 된다.

양자 컴퓨팅에 관심 있는 사람들에게 주요 학부 전공은 컴퓨터 과학과 물리학이다. 두 전공 모두 관련 수학에 중점을 둔다. 컴퓨터 공학도 적합하지만, 양자 컴퓨팅 하드웨어는 몇 가지 표준 구조로 정착될 수 있어 알고리즘이나 소프트웨어 분야보다 인력 수요가 빨리 줄어들 수 있다.[1]

대학원에서는 물리학 학부생이 컴퓨터 공학 박사 과정에 진학할 수 있고, 그 반대도 가능하다. 어떤 단계에서든 수학을 공부하는 것은 언제나 좋은 선택이다. 저자들은 대학에서 각각 정보 시스템과 통계학(스미스), 전자 음악(헐리)을 전공했다. 스미스는 학위가 두 개고 헐리는 없다. 그래서 우리의 수학에 대한 존중

---

[1] 옮긴이_ 'Computer Science'와 'Computer Engineering' 전공을 나누어서 설명했다. 우리나라 대학은 주로 컴퓨터 공학(Computer Science and Engineering)으로 통합되어 있다. 일부 대학은 컴퓨터 과학과도 있다. 본문에서는 주로 컴퓨터 공학으로 통일했다.

은 경험보다는 열망에서 비롯됐다.

양자 컴퓨팅 연구와 교육은 많은 기관에서 빠르게 성장하고 있다. 새 프로그램이 생기고 기존 프로그램이 확장되는 중이다. 현재 영국에서만 40개 대학이 대학원 과정을 제공하며, 대부분 최근에 생겼다.

앞으로 1~2년 동안 양자 컴퓨팅 교육의 질과 특정 프로그램 이수로 얻을 기회, 명성, 인맥이 다른 어떤 분야보다 빠르게 변할 것이다. 양자 컴퓨팅으로 여러분의 진로를 정하려면 주의해야 한다.

이 목록은 완전하지 않으며 순위를 매긴 것도 아니다! 영어권 독자들의 이해를 돕고자 영어권 학교를 중심으로 선정했다. 학교의 장점으로 순위를 매기는 대신, 옥스퍼드/영국(앨런 튜링을 추모하며)에서 시작해 미국(서부에서 동부로), 캐나다, 호주 순으로 나열했다. 솔직히 말하면, 2020년 이후 양자 컴퓨팅 교육에 많은 투자를 한 여러 학교 중 우승자를 가리기엔 아직 이르다고 본다.

옥스퍼드 대학교

옥스퍼드는 컴퓨팅과 양자 컴퓨팅의 초기 선두 주자다. 4장에서 언급했듯이 옥스퍼드의 데이비드 도이치와 아르투르 에커트가 핵심적인 공헌을 했다. 옥스퍼드와 요크 대학교에서 핵자기 공명을 이용한 작동하는 양자 컴퓨터를 최초로 선보였다. 옥스퍼드는 오늘날에도 초전도 큐비트 개발과 이론, 실험 분야에서 크게 기여하며 선도적 위치를 지키고 있다.

캘리포니아 버클리 대학교

버클리도 양자 컴퓨팅의 초기 리더다. 4장에서 말했듯이 1980년대 초 버클리의 폴 베니오프가 이 분야에 대한 초기 관심을 불러일으켰다. 이 대학은 양자 정보 및 계산을 위한 버클리 센터를 운영하고 있다. 또한 양자 컴퓨팅 전용 연구소를 추가한 로렌스 리버모어 연구소와도 긴밀히 협력한다. 2022년 노벨 물리학상을 얽힘 연구로 공동 수상한 존 클라우저는 관련 연구의 대부분을 버클리에서 수행했다.

스탠퍼드 대학교

스탠퍼드는 최초로 작동하는 양자 컴퓨터와 큰 수를 인수 분해하는 쇼어 알고리즘을 구현하는 데 초기에 이바지했다. 또한 IBM과 양자 컴퓨팅 분야의 비즈니스 리더십을 공유하는 구글의 초기 본거지이기도 하다. 최근 스탠퍼드에서는 구글 양자 컴퓨터로 열역학 제2법칙을 거스르는 새로운 형태의 물질인 시간 결정을 만들었다.

캘리포니아 공과대학교

캘리포니아 공과대학교(칼텍)은 4장에서 말했듯이 양자 역학 시뮬레이션에 양자 컴퓨팅을 처음 고안한 리처드 파인먼의 모교다. 칼텍은 양자 컴퓨팅의 이론적 연구를 포함한 이론 물리학의 선두 주자이며, 양자 정보 및 물질 연구소를 갖추고 있다.

매사추세츠 공과대학교

매사추세츠 공과대학교(MIT)는 4장에서 언급했듯이 양자 컴퓨팅의 첫 콘퍼런스를 주최했으며, 양자 컴퓨딩에 꾸준히 기여한다. 칼텍처럼 MIT의 이론 물리학 분야에서 강점은 양자 컴퓨팅 연구로 이어졌다. MIT는 초전도 큐비트에 집중하며 양자 정보(QI) 이론과 양자 컴퓨팅을 결합해 QI/QC라는 연구 분야를 탐구한다. 또한 쇼어 알고리즘으로 유명한 피터 쇼어의 학문적 고향이기도 하다.

하버드 대학교

하버드 연구자들은 양자 정보의 초기 발전에 이바지했으며, 하버드 대학교는 하버드 양자 프로젝트Harvard Quantum Initiative를 주관한다. 이들의 연구는 이온화된 원자가 아닌 중성 원자에 기반한 양자 컴퓨터, 양자 네트워킹, 양자 센싱을 포함한다.

시카고 대학교

시카고 대학교 과학자들은 초전도 기반 양자 컴퓨터와 중성 원자 시스템 연구를 이끌고 있으며, 최근 큐비트의 결맞음 길이를 연장하는 데 기여했다. 이 대학은 양자 정보 연구의 중심인 시카고 양자 거래소Chicago Quantum Exchange의 본거지이기도 하다.

1루수가 누구야?

'1루수가 누구야?'는 1938년 라디오에서 처음 방송된 애벗Abbot와 코스텔로Costello 팀의 코미디다. 당시엔 텔레비전도 인터넷도 없었지만, 전신은 여전히 인기였다. 이 코미디는 이름이 '누가'인 야구 선수가 1루에, '무엇'인 야구 선수가 2루에 있을 때 두 아나운서가 혼란스러워하는 상황을 그렸다. 사람들은 흔히 혼란한 상황을 빗대어 "1루수가 누구야?"라고 말한다.

이 혼란스러운 맥락에서 보면, 이 책이 나온 2023년 중반에 IBM은 낯선 새 세계를 탐험하는 5개년 미션으로 1억 달러 규모의 학술 지원 파트너십을 시작했다. 이는 미래 100,000큐비트 양자 컴퓨터 개발을 위한 10개년 미션의 일환이다. IBM은 파트너로 도쿄 대학교와 시카고 대학교를 골랐다(이 책에는 시카고 대학교만 실었다).

우리는 최고의 양자 컴퓨팅 대학 프로그램 최종 목록을 만들지 못했음을 인정한다. 이 목록을 완벽한 개요가 아닌 시작점으로 삼아주길 바라며 공유한다.

메릴랜드 대학교

메릴랜드 대학교는 워싱턴 DC에서 가장 가까운 양자 연구 선도 대학이다. 이곳은 양자 컴퓨팅 분야를 이끄는 미국 국립표준연구소National Institute of Standards and

Technology(NIST), 펜타곤, 기타 미국 연방 정부 기관의 거점과 가깝다. 이 대학은 NIST와 공동 양자 연구소를 운영한다.

워털루 대학교

캐나다 온타리오주의 워털루 대학교는 2002년 양자 컴퓨팅 연구소를 세워 이 분야에 일찍 큰 투자를 했다. 현재 약 300명의 연구원이 일한다. 이후 이 분야의 주요 발전에 기여하고 있으며, 초전도 큐비트에 중점을 두고 기술의 상용화를 강조한다.

시드니 뉴사우스웨일스 대학교

호주는 양자 컴퓨팅 발전의 중심지이며, 시드니 뉴사우스웨일스 대학교가 그 중심에 있다. 이 학교는 최근 1.5K에서 작동하는 '핫' 큐비트 개발을 주도했다. 이 온도는 대부분의 양자 컴퓨터가 쓰는 밀리켈빈(천분의 1도 켈빈)의 극저온보다 훨씬 높다.

INDEX

ㄱ
게이트 기반 양자 컴퓨터 46
게이트 속도 205
결맞음 75, 78
결맞음 시간 204
결어긋남 79
결정론적 66
결함 기반 큐비트 223
계산자 53
계산적 양자 이점 199
고속 푸리에 변환 (FFT) 293
관찰자 효과 99
광범위한 양자 이점 199
광자 33, 47
광전 효과 87
구글 퀀텀 312
그로버 알고리즘 124
극초단파 증폭 106
기본 입자 76

ㄴ
노이즈가 있는 중간 규모 양자 (NISQ) 162
닐스 보어 88

ㄷ
다이아몬드 공동 211
다항식 시간 151
단열 양자 계산 120
담금질 189
데이비드 도이치 118, 121
도이치-조사 알고리즘 121

ㄹ
란다우어의 원리 115
레이저 106
로브 그로버 124
롤프 란다우어 115
리게티 퀀텀 클라우드 서비스 314
리처드 조사 121
리처드 파인먼 57

ㅁ
막스 보른 92
막스 플랑크 86
메이저 106
무어의 법칙 146
문제 해밀토니안 257

ㅂ
범용 양자 컴퓨터 118, 163
범지구 위치결정 시스템 (GPS) 105
베르너 하이젠베르크 90
변분 양자 고윳값 해법 (VQE) 273
불가능 정리 116
불확정성 75
불확정성 원리 90
블로흐 구면 237
비선형 함수의 양자 근사화(QANF) 알고리즘 299
빅오 표기법 124

ㅅ
사이먼 알고리즘 291
서비스형 양자 컴퓨팅 (QCaaS) 186

선형 시간   283
솔베이 회의   94
쇼어 알고리즘   121
숨겨진 하위 그룹 문제 알고리즘   299
슈뢰딩거 고양이   44
스트레인지웍스   307
시계 장치 우주   84
실리콘 점   217

ㅇ

아그노스틱   306
아다마르 게이트   241
아마존 브라켓   307
아이온큐   134
안티키테라   53
알렉산더 홀레보   116
애저 퀀텀   309
앨런 튜링   62
양자 걸음 알고리즘   299
양자 계수 알고리즘   298
양자 근사 최적화 알고리즘 (QAOA)   248, 296
양자 기반   152
양자 기반 알고리즘   175
양자 기반 컴퓨팅   45
양자 내성 알고리즘   262
양자 도약   215
양자 몬테카를로   274
양자 무삭제 정리   116
양자 서포트 벡터 머신 (QSVM)   270
양자 센싱   106
양자 순간 이동   133
양자 신경망   269

양자 알고리즘   48
양자 알고리즘 동물원   282
양자 어닐링   45, 46
양자 오류 정정   123
양자 위상 추정   289
양자 위상 추정 알고리즘   298
양자 유용성   49, 140
양자 정보 과학 (QIS)   111
양자 제논 효과   294
양자 주성분 분석(PCA) 알고리즘   299
양자 철학   95
양자 컴퓨팅 에뮬레이터/시뮬레이터   162
양자 컴퓨팅 포털   186
양자 푸리에 변환(QFT)   279, 293
양자 푸리에 샘플링 알고리즘   298
양자 프로그래밍 프레임워크   241
양자 프로그램   240
양자 행렬 반전 알고리즘   299
양자 회로   242
양자 k-평균 알고리즘   299
양자화   75
언덕 오르기 방법   190
에니그마   64
에드워드 스노든   136
에이다 러브레이스   84
엔비디아 DGX 퀀텀   314
오러리   56
오류 완화   48, 163
오류 정정   163
오션   314
오픈 양자 어셈블리 언어   186
오픈 캐즘   186
외판원 문제   150

INDEX

원자시계 105
위상학적 큐비트 223
이산 푸리에 변환 (DFT) 292
이온 트랩 47
이온화된 원자 33
이징 156
이차 비제약 이진 최적화 (QUBO) 156
인공 원자 217
인공 일반 지능 (AGI) 65

ㅈ

자기 공명 영상 (MRI) 109
자파타 307
재나두 퀀텀 클라우드 314
전자 현미경 102
전통적인 컴퓨터 52
제한적 양자 이점 199
조합 폭발 150
존 벨 94
주사 전자 현미경 (SEM) 102
주판 53
중성 원자 47
지수적 시간 150
진폭 추정 알고리즘 299
집적 회로 (IC) 70

ㅊ

찰스 배비지 84
초전도 금속 루프 47
초전도체 33
충실도 204

ㅋ

컴퓨터 버그 62
콜로서스 66
쿠퍼 216
퀀티넘 퀀텀 클라우드 서비스 314
큐브레이드 306
큐씨웨어 306
클래식 306
키스킷 247

ㅌ

터널링 전자 현미경 103
튜링 기계 62
튜링 완전 66
튜링 테스트 65
트랜스몬 216

ㅍ

파이퀼 315
페니레인 315
포스트 양자 암호화 262
표 집계기 60
플랑크 상수 86
피터 쇼어 121

ㅎ

하이브리드 양자 컴퓨팅 48
핵자기 공명 (NMR) 108
혼합 해밀토니안 257
홀레보의 경계 117
흑체 복사 문제 85

A

Ada Lovelace 84
adiabatic quantum computation 120
Agnostiq 306
AI 312
Alexander Holevo 116
annealing 189
Antikythera 53
artificial atom 217
artificial general intelligence(AGI) 65
ASCII 69

B

BEC 큐비트 223
big O notation 124
black body problem 85
Bloch sphere 237

C

Cirq 313
Classiq 306
clockwork universe 84
CNOT 게이트 118
Colossus 66
combinatorial explosion 150
cooper 216

D

D-웨이브 135, 314
David Deutsch 118, 121
deterministic 66
Deutsch-Jozsa algorithm 121

diamond vacancies 211
discrete Fourier transform(DFT) 292

E

Edward Snowden 136
elementary particle 76
Enigma 64

F

fast Fourier transform(FFT) 293
fidelity 204

G H

global positioning system(GPS) 105
HHL 알고리즘 156, 295
hill-climbing method 190
Holevo's bound 117

I J K L

IBM Q 익스피리언스 314
integrated circuit(IC) 70
IonQ 134
Ising 156
James Park 116
John Bell 94
k-최근접 이웃(KNN) 270
Lov Grover 124

M

magnetic resonance imaging(MRI) 109
maser 106
Max Planck 86

INDEX

Mitiq **316**
mixing Hamiltonian **257**

N
neutral atom **47**
NISQ **163**
noisy intermediate-scale quantum(NISQ) **162**
nuclear magnetic resonance(NMR) **108**

O
Ocean **314**
Open Quantum Assembly Language **186**
OpenQASM **186**
Orrery **56**

P
Pauli **242**
Peter Shor **121**
photoelectric effect **87**
photon **33, 47**
post-quantum cryptography **262**
problem Hamiltonian **257**
PyQuil **315**

Q
Q-데이 **167**
QaaSQuatum as a service **72**
QBraid **306**
QCWare **306**
quantum Algorithm Zoo **282**
quantum annealing **45, 46**
quantum approximate optimization algorithm(QAOA) **248, 296**
quantum computing-as-a-service(QCaaS) **186**
quantum Fourier transform(QFT) **279**
quantum information science(QIS) **111**
quantum inspired **152**
quantum leap **215**
quantum philosophy **95**
quantum support vector machine(QSVM) **270**
quantum teleportation **133**
quantum utility **49, 140**
quantum Zeno effect **294**
quantum-inspired computing **45**
quantum-resistant algorithm **262**

S
scanning electron microscope(SEM) **102**
Shor's algorithm **121**
silicon dot **217**
superconducting metal loop **47**
superconductor **33**

T
transmons **216**
trapped ion **47**
traveling salesman problem **150**
Turing complete **66**
Turing machine **62**
Turing test **65**

V Z
variational quantum eigensolver(VQE) **273**
Zapata **307**